우리말 능엄경

우리말
능엄경

— 황정원 풀어씀 —

운주사

머리말

절집에서 학인學人에게 불경을 가르칠 적에 『능엄경楞嚴經』을 맨 먼저 가르친다. 그 다음에 『원각경圓覺經』과 『금강경金剛經』을 강의한다. 옛 선지식인 고덕古德이 이렇게 교과 과정을 만드신 데는 반드시 그 이유가 있을 것이다. 근래의 대강백이신 운허耘虛 스님께서 "『능엄경』을 알면 불교의 전체를 알 수 있다"고 하시면서, "이 『능엄경』은 적은 분량인데도 불교 교리의 핵심 부분을 거의 망라하고 있기 때문에 대장경의 축소판이다"라고 하셨다. 한편 견성見性을 강조하는 선가에서도 일찍부터 이 『능엄경』을 필독서로 중요시하였다.

그런데 "좋은 약은 입에 쓰다"고 하는 격언처럼, 『능엄경』은 좀 난해하다. 흔히 '차돌 능엄'이라고 하여 절집에서도 이해하기 어려운 경전으로 분류하고, 불교를 전공하는 승려들도 이 『능엄경』은 어렵다고 기피한다. 세상에서 가장 심오한 불교 이론을 작은 책자에다 압축하여 설명한 이른바 팔만대장경의 축소판이니, 이해하기 어려울 것이 당연하다.

흔히 재가의 학인들이 불교 공부를 할 경우, 『천수경』이나 『금강경』을 가까이한다. 분량이 적어 부담이 없어서 그런 것 같다. 그러나 『천수경』에는 불교의 철리哲理를 설명한 내용이 부족하고, 『금강경』은 수준이 높은 경전이라서 초심자가 읽고서 이해하기가 어렵다.

『금강경』에 "보살은 아상我相·인상人相·중생상衆生相·수자상壽者相이 없기 때문이다"라는 구절이 있다. 여기에 나오는 아·인·중생·수자라는 사상四相의 의미는 『원각경』에 자세하게 나오고, 보살에게 그런 사상이 없는 까닭은 『능엄경』을 배워야만 비로소 알 수 있다. 일찍이 고덕古德께서는 "먼저 『능엄경』을 읽고서 그 내용을 소화한 후에야 비로소 『금강경』·『반야심경』·『능가경』 삼경三經의 의취를 이해할 수가 있다"고 말씀하셨다. 불교 공부는 가장 어려운 대도大道를 배우는 과정이므로 순서대로 밟아나가야 제대로 이해할 수가 있고, 빨리 효과를 얻을 수가 있다는 사실을 명심해야 한다.

재가 불자들이 불교에 입문하는 교과서로 『능엄경』을 권장하는 전통은 오래된 것이다. 700년 전 고려 시대의 정몽주鄭夢周 선생은 이 『능엄경』을 읽고서 한 소식을 했다고 전해오며, 조선 초기에 새로 만든 한글로 경전을 언해할 적에 가장 먼저 출판한 경전도 이 『능엄경』이다. 또 이율곡李栗谷 선생은 소싯적에 모친상을 당하자, 출가하려고 입산했던 삼 년 동안에 『능엄경』을 천 독千讀했다는 이야기도 있다. 이렇게 우리의 선조들은 이 경을 사랑했다. 따라서 생활인으로 불도를 닦으려면 우리는 이런 선배들의 전통을 본받아, 먼저 이 경부터 충분히 읽고 자세히 익혀나가는 것이 올바른 공부 순서라고 하겠다.

『능엄경』의 전체 내용을 개관해 보면, 『능엄경』에는 처음에 진짜 마음을 가리키는 '사마타奢摩他' 법문이 나온다. 여기에는 먼저 마음이 있는 처소를 찾아보는 '칠처징심七處徵心' 설법이 나오고, 견성見性을 설명하면서 진심眞心을 직지直指하는 '변견지심辯見指心' 법문이 이어진다. 다음에는 오음五陰과 18계界와 칠대七大의 실상實相을 밝히는 설명이 나온다. 다음 제4권의 '부루나장'에는 인생과 우주의 시종始終을 밝히는 법문이 나오고, 만법의 출처를 여래장如來藏에서 찾아본다. 그 다음 두 번째는 '삼마제三摩提' 법문이 나온다. 먼저 무명無明과 육근六根의 실상을 밝히고, 제5권에는 '삼매三昧'를 닦는 25종種의 원통 공부圓通工夫가 등장하는데, 이근耳根원통 공부만 따로 제6권에서 자세히 설명하고 있다. 제7권에는 잘 알려진 능엄주楞嚴呪에 대한 설명이 나오고, 다음에는 세 번째로 수행하여 얻는 수증修證 과정을 57위位로 설명하는 '선나禪那' 법문이 나온다. 그리고 나서 중생 세계인 삼계三界의 12류類와 칠취七趣를 설명하고, 마지막에는 수행자의 주의사항인 50종의 마경魔境을 설명하는 '50종種 변마사辨魔事' 법문이 자세하게 펼쳐지고, 다시 오음五陰의 본질을 설명하는 법문이 나온다. 특히 마지막에 나오는 '50종 변마사' 법문은 다른 경에서는 볼 수 없는 내용으로, 수행의 장애障碍 사항들이 망라되어 있어서 옛날부터 '마구니'들이 가장 싫어하는 법문으로 알려져 왔다. 그래서 마구니들 때문에 불경 중에서 『능엄경』이 가장 먼저 없어질 것이라는 예언까지 전해오고 있다. 세상에 떠도는 위경설僞經說에서 "『능엄경』은 중국에서 만든 위경이라"고 하는 주장도 있는데, 이것이 바로 마구니들의 장난에 속한다. 왜냐하면 중국의 역대 조사祖師들이 이『능엄경』을 존중하였고, 또 인도

나란다 대학에 소장된 경전을 그대로 옮겨간 티벳대장경에는 이 『능엄경』이 『마하실달다반달라경摩訶悉怛多般怛羅經』, 즉 『대백산개경大白傘蓋經』이라는 이름으로 밀교부密敎部에 들어 있기 때문이다.

특히 후반부에 들어 있는 내용들은 오후悟後의 수행과 관련된 것이 많아서 공부가 깊고 견처見處가 높아야만 이해할 수 있는 부분이 많다. 그래서 후반부에는 해설을 가급적 줄이고, 초보자에게 도움이 되도록 괄호 안에 경문經文을 많이 붙여 보았다.

전생에 『능엄경』을 공부한 인연이 있어야만, 금생에도 이 경을 공부할 생각이 날 수 있다. 인연이 없는 사람은 읽어지지가 않는다. 그렇다면 일부러 정진精進하는 마음을 크게 내어야만 이 『능엄경』을 읽을 수가 있다. 부디 이번 기회를 놓치지 말고, 이 『능엄경』에만 담긴 부처님의 변견지심 법문을 자세히 읽고 이해하기 바란다. 그리하여 진심眞心을 분명하게 알고, 나아가 견성見性하고서, 잇달아서 삼마제 법문과 선나를 통달하여 성불成佛하시기를 기원한다.

서기 2013년 가을
부산 보림선원에서
야청也靑 황정원 합장

머리말 • 5

능엄경 제1권

서분

능엄경 설법의 배경 • 17

정종분

제1장 사마타를 설명하여 진상眞相을 가르침 • 25

　　제1절 마음을 밝히다 • 25

　　　　1. 진심과 망상 • 25

　　　　2. 아난이 마음을 찾아보다 • 29

　　　　3. 두 가지 근본: 반연심攀緣心과 청정체淸淨體 • 49

　　제2절 견見을 설명하여 진심眞心을 밝히다 • 60

　　　　1. 견見은 마음의 작용이다 • 62

　　　　2. 견성見性은 요동하지 않는다 • 66

능엄경 제2권　　3. 견성見性은 늙거나 죽지 않는다 • 71

　　　　4. 만법은 마음에서 나왔다 • 77

　　　　5. 견성은 돌려보낼 곳이 없다 • 81

　　　　6. 견성은 물상物像이 아니다 • 86

　　　　7. 견성은 크기가 없다 • 89

8. 견見과 물상은 불이不二다 • 92

9. 견성은 인연도 자연도 아니다 • 100

10. 견성은 견정見精이 아니다 • 105

11. 만법은 무시망견無始妄見이다 • 107

12. 본각은 진심이다 • 113

13. 견정은 화합을 벗어났다 • 116

제3절 만법의 정체를 밝히다 • 120

1. 상相과 성性 • 120

2. 오음의 정체를 밝히다 • 125

능엄경 제3권

3. 육입의 정체를 밝히다 • 137

3. 십이처의 정체를 밝히다 • 148

4. 십팔계의 정체를 밝히다 • 156

5. 칠대七大의 정체를 밝히다 • 167

제4절 대중이 무가애를 얻다 • 189

능엄경 제4권

제5절 우주의 생성과 상속을 밝히다 • 193

1. 부루나의 질문 • 193

2. 세계의 기원 • 195

3. 여래는 전도顚倒가 없다 • 204

제6절 여래장을 밝히다 • 207

1. 오대五大의 원융 • 207

2. 여래장은 공空이다 • 211

3. 여래장은 불공不空이다 • 212

4. 여래장은 사구四句를 벗어났다 • 213

제7절 무명을 밝히다 • 215

1. 무명의 정체를 밝히다 • 215
2. 광성狂性의 정체를 밝히다 • 218
3. 대중들이 미증유未曾有를 얻다 • 224

제2장 삼마제를 설명하여 삼매三昧를 가르침 • 227

제1절 수행의 전제요건인 이결정의二決定義 • 227

1. 인과는 동일하다 • 228
2. 육근이 번뇌의 근본이다 • 233

제2절 문성聞性을 직지하다 • 244

1. 여래의 칠상주과七常住果 • 244
2. 문성聞性은 상주한다 • 245
3. 상근대지의 수행법 • 250

제3절 결박과 해탈을 밝히다 • 252

제4절 육해일망六解一亡과 무생법인 • 258

제5절 원통 공부와 삼매 • 264

1. 원통을 묻다 • 264
2. 육진의 원통 공부 • 266
3. 육입六入의 원통 공부 • 270
4. 육식六識의 원통 공부 • 276

5. 칠대七大의 원통 공부 • 281

능엄경 제6권　제6절 관세음보살의 이근원통 공부 • 292

　　　　　　　1. 이근耳根원통 공부 • 292

　　　　　　　2. 이근원통 공부의 공덕 • 295

　　　　　　　3. 대중들이 금강삼매를 얻다 • 304

　　　　　제7절 문수보살의 게송 • 305

　　　　　　　1. 문수보살의 평론 • 305

　　　　　　　2. 문수보살의 가르침 • 315

　　　　　　　3. 문수보살의 선택 • 319

　　　　　제8절 본심을 증득하다 • 321

　　　　　제9절 도량과 음살도망 • 322

능엄경 제7권　제10절 도량과 능엄신주 • 332

　　　　　　　1. 신주로 습기를 대처함 • 332

　　　　　　　2. 도량의 건립 • 334

　　　　　　　3. 다라니를 선설하시다 • 337

　　　　　　　4. 다라니의 공덕 • 349

　　　　　　　5. 신장들이 보호함 • 356

제3장 선나를 설명하여 수행修行을 가르침 • 359

제1절 이종전도二種顚倒 • 361

1. 중생전도 • 361
2. 세계전도 • 364

능엄경 제8권

제2절 수증하는 과정 • 368

1. 삼종점차 • 368
2. 간혜지 • 371
3. 십신 • 372
4. 십주 • 376
5. 십행 • 378
6. 십회향 • 379
7. 사가행 • 381
8. 십지 • 381
9. 등각 • 382
10. 묘각 • 383

제3절 경의 이름을 가르침 • 385

제4장 삼계의 칠취七趣를 밝힘 • 387

제1절 지옥취 • 392

제2절 귀취 • 400

제3절 축생취 • 402

제4절 인취 • 404

제5절 선취 • 406

제6절 천취 • 408

    1. 욕계천 • 408

능엄경 제9권   2. 색계 • 412

    3. 무색계 • 418

제7절 아수라 • 422

제8절 윤회하는 원인 • 423

제5장 마사魔事를 밝힘 • 425

제1절 마구니의 정체 • 425

제2절 오음의 경계와 마장 • 430

    1. 색음의 경계를 밝히다 • 430

    2. 수음의 경계와 마장 • 439

    3. 상음想陰의 경계와 마장 • 448

능엄경 제10권   4. 행음의 경계와 사견 • 464

    5. 식음의 경계와 사견 • 480

제3절 오음을 벗어남 • 491

제6장 오음五陰을 밝힘 • 493

제1절 오음은 망상이다 • 493

1. 색음은 견고망상堅固妄想 • 494
2. 수음은 허명망상虛明妄想 • 495
3. 상음은 융통망상融通妄想 • 496
4. 행음은 유은망상幽隱妄想 • 496
5. 식음은 미정망상微精妄想 • 497

제2절 돈오와 점수 • 497

제7장 유통분 • 499

부록 중봉中峰의 「징심변견徵心辯見」• 501

부언 • 519

일러두기

1. 『능엄경』의 한글 번역은 이해하기 쉽게 하고자 의역意譯을 원칙으로 하였다. 이 번역에 사용한 판본은 대만인경처臺灣印經處에서 출간한 『능엄경』이다.
2. 다른 의미로 착각하기 쉽거나 중요한 부분이라고 생각되면 필요한 경우에 부호(" ", ' ')를 사용하여 강조하였다.
3. 중요한 단어는 이중二重으로 표현하기도 하였다. 예를 들면 '분명하게 아는 명료심明了心'에서 '분명하게 아는'은 명료明了를 풀이한 것이고, '알아보는 견見'에서 '알아보는'은 견見을 풀이한 것이다.
4. 원래 한역본漢譯本이 넉자배기로 번역되어 있어서, 한문에 능통한 세대世代라도 풀이하는 스님들의 견처見處에 따라서 번역과 해설이 다른 경우가 있으므로, 필요한 경우는 서로 주장이 엇갈리는 부분을 해설에서 간단하게 소개하였다.
5. 한글 번역은 주로 운허耘虛·탄허呑虛·각성覺性 큰스님의 역해譯解를 참조하였다.
6. 해설은 해당 부분이나 능엄경 전체를 이해하는 데 필요한 설명을 간략히 붙였는데, 중국 명明나라의 교광交光 진감眞鑑 대사의 『능엄경정맥소楞嚴經正脈疏』와 감산憨山 덕청德清 대사의 『능엄경통의楞嚴經通議』를 주로 참고하였다.

능엄경 제1권

서분
능엄경 설법의 배경

이와 같이 나 아난은 들었다. 한때에 부처님께서 실라벌성의 기환정사에서 대비구의 무리 1,250명과 함께 계셨는데, 그들은 모두 마음이 경계를 따라 새어나가지 않는 무루無漏의 경지에 도달한 대大아라한들이었다.

🪷 무루無漏는 새는 것이 없다는 뜻으로, 새는 것이 있다는 유루有漏의 반대말이다. 사람들이 경계를 만나면 견물생심見物生心하게 되는데, 마음이 경계를 따라 다녀서 바깥으로 새어나가므로 번뇌가 생기니, 이것을 가리켜 유루라고 한다. 그러나 아라한과 같은 도인들은 마음이 주위의 경계에 끄달리지 않으므로 마음이 바깥으로 새지 않고, 번뇌도 없어서 무루라고 한다.

그들은 불제자로서 부처님의 가르침을 잘 따라서 우주에 존재하는 모든 세계(諸有)를 초월하였으므로, 능히 여러 세계의 여러 국토에서 훌륭한 모습을 나투어 부처님을 따라 법륜을 굴리되, 부처님의 유촉을 잘 따르면서 계율(毘尼)을 엄격하고 청정하게 지켜서 삼계에 큰 모범이 되고, 중생을 제도하고자 몸을 한량없이 나투어서 그들을 해탈시켜 미래의 고통에서 구제하고 모든 번뇌에서 벗어나게 하는 분들이었다.

🍀 삼계三界란 고대 인도에서 중생의 몸을 기준으로 우주(法界)를 세 가지로 분류한 것이다. 육신을 가진 생명체가 사는 세계인 욕계欲界, 육신은 없고 정묘精妙한 물질로 구성된 색신色身인 묘신妙身을 가진 중생들이 사는 색계色界, 물질로 된 몸은 없고 정신작용인 식신識身만 가진 중생들만 사는 무색계無色界, 이렇게 차원이 서로 다른 세 종류의 세계가 우주에 공존하고 있다. 각 세계의 차원이 다르면 주파수도 다르기 때문에 다른 세계의 중생들을 서로 알아보지 못한다.

그 이름은 대지사리불·마하목건련·마하구치라·부루나미다라니자·수보리·우파니사타 등이 상수가 되었으며, 또 한량없는 벽지불辟支佛들과 무학無學들과 초심자들이 함께 부처님의 처소(기환정사)에 모였다. 마침 그때가 비구들이 하안거를 마치고 자자自恣하는 날이었다.

🔖 음력으로 7월 보름인 백중날에 하안거夏安居를 마치고 해제解制한다. 이날은 결제 기간인 석 달 동안에 닦은 덕행과 지은 허물에 대하여 서로 흉금을 털어놓고 절차탁마切磋琢磨하면서 서로 충고하고 스스로 반성하는 전통이 있다. 이것을 자자自恣라고 한다.

시방의 보살들이 평소에 공부하다가 의심나는 부분을 부처님께 질문하고 배워서 해결하고자 기환정사에 찾아와서 자비와 위엄을 갖춘 부처님을 뵙고 그 높고 깊은 설법을 듣고자 하였다.
그때에 여래께서 법좌를 펴시고 편안히 앉아 모든 회중會衆을 위하여 심오한 법문을 말씀하시니, 법회에 모였던 청정한 대중들은 과거에 일찍이 없었던 미증유未曾有의 깨달음을 얻었다.

🔖 지금 자자自恣하는 날에 개최한 부처님의 법문이 끝이 났다.

이때 가릉빈가의 울음소리 같이 아름다운 부처님의 선음仙音이 시방세계에 가득하자, 항사恒沙의 수많은 보살들이 (기환정사의) 도량으로 모여왔는데, 문수사리文殊師利가 보살들 중에서 상수上首가 되었다.

🔖 선음仙音이라 함은 부처님의 음성이 아름다우면서 동시에 거리의 원근에 관계없이 바로 곁에서 듣는 것과 같이 들린다는 뜻이다.
불교에는 상식적으로는 이해하기가 힘든 용어가 자주 등장한다.
불교인들이 모두 선생님으로 받드는 불佛과 보살菩薩을 예로 한 번

들어보자. 진리를 깨달아서 해탈한 사람은 붇다Buddha, 즉 불타 佛陀라고 하는데 흔히 불佛이라고 줄여서 부르고, 우리말로는 부처 라고 한다. 이 우주에는 생사를 초탈하신 부처님이 아주 많아서 과 거·현재·미래인 삼세를 통하여 삼천 명의 불타가 있다고 하는데, 우리 귀에 익숙한 석가모니불이나 아미타불도 그중에 한 분이다.

또 보살은 보디삿트바Bodhi-sattva의 음역인 보리살타菩提薩埵의 준말로 각유정覺有情이라고 번역한다. 이 보살은 공부가 진행 중인 구도자로서 아직 부처는 못 되었으나 중생을 가르칠 정도의 실력 은 갖추고 있는 법왕자法王子들인데, 그 수효는 당연히 부처님들보 다 많다. 불교는 시간과 공간적으로 무한한 우주와 수많은 종류의 세계를 인정하므로, 각 세계마다 공부 수준이 서로 다른 수많은 보 살들이 있다고 한다. 보살마다 각각 특징이 있으니 그중에서 지혜 는 문수사리文殊師利보살이 가장 높고, 자비심은 관세음觀世音보살 이 으뜸이고, 행원行願은 보현普賢보살이 제일이다. 이러한 보살들 은 유정물이 존재하는 세계에는 어느 곳이나 찾아가서 중생제도에 진력하는데, 그들은 우주의 모든 세계에 자유로이 왕래하는 신족 통神足通을 갖추고 있다. 비록 현재 그들의 공부가 높은 경지에 이 르렀지만 여전히 부처 되는 공부를 계속하고 있기 때문에, 우주의 여러 다른 세계에 흩어져 있다가도 지구에서 석가모니부처님의 설 법이 있으면 신통으로 알아보고 바로 그 법회 장소에 찾아온다. 이 런 불보살의 현존現存과 불보살이 계시는 세상이 수없이 많다는 사 실들은 우리들 상식으로는 이해하기가 쉽지 않다.

또한 몸을 가진 중생들이 살고 있는 세상의 종류도 매우 많다. 분류하는 기준에 따라 삼계三界와 사생四生과 구류九流 등으로 크게 나누지만, 구체적으로 헤아리면 이루 셀 수 없이 많다. 이런 세상들은 각기 차원이 다르므로 그 세상마다 고유한 주파수나 파장을 가지고 있다. 그래서 서로 주파수가 다르면 서로가 서로를 보지도 듣지도 못한다. 사람이 천상이나 지옥을 못 보고 귀신을 못 보는 것은 다 그 고유하게 사용하는 주파수나 사이클이 다르기 때문이다. 이를테면 천상의 하늘나라 중에서 도솔천이나 대범천이나 극락세계에서 사용하는 주파수는 각기 서로 다르니, 당연히 서로 보지 못하고 서로 그 존재조차 모르고 있다. 우리가 밤하늘에 보는 은하계는 인간과 같은 차원의 주파수를 사용하는 세계이다. 이런 중생세계가 허공에 겹겹이 존재하면서 서로서로 걸림이 없이 얽혀져 있다는 것이 불교의 세계관이다.

그날은 파사닉왕波斯匿王이 그의 부왕을 위하여 왕이 돌아가신 날에 재齋를 베푸는 날이었다. 왕은 부처님을 궁궐의 내전으로 청하여 몸소 영접하고 진수성찬을 차렸으며, 겸하여 여러 대보살들도 몸소 맞아들였다.

실라벌성 안에 사는 장자와 거사들도 같은 때에 스님들께 공양을 올리고자 하여 부처님께서 왕림해 주시기를 기다리므로, 부처님께서 문수보살에게 분부하시어 보살과 아라한들 중 일부를 데리고 가서 여러 재주齋主들의 공양을 받도록 하셨다.

🙏 조상의 은혜와 뜻을 기리는 행사로 제사를 지내는 풍습은 부처님

당시에 인도에도 있었다. 재齋는 죽은 이의 명복을 빌기 위하여 부처님이나 스님들에게 음식이나 재물을 마련하여 바치며 지성을 드리는 불교 공양의식으로, 엄밀히는 천지신명이나 조상의 넋에 제사지내는 제祭와는 그 의미가 구분되지만, 죽은 이의 명복을 빈다는 점에서는 공통되므로 우리가 제사를 유교만의 고유한 의식이라고 보거나 귀신을 모시는 미신이라고 일방적으로 폄하하는 것은 잘못이다.

오직 아난만은 먼저 다른 초청을 받아서 멀리 출타하여 마침 궁궐의 초청에 참석하지 못했다.

🕉 아난阿難은 Ānanda의 음역으로, 의역意譯하면 경희慶喜나 환희歡喜의 뜻이다. 부처님의 사촌동생으로서 8세에 출가했고, 20세부터 부처님의 시자侍者가 되어 평생 부처님을 모시고 다녔으므로 설법을 가장 많이 들었다. 그래서 그를 다문제일多聞第一 아난이라고 하고, 모든 불경은 이 아난이 부처님 열반 후에 구술한 것이다. 그래서 모든 불경의 첫머리에 나오는 '여시아문如是我聞'에서 '아我'는 바로 아난을 가리킨다.

아난은 동행하는 승려도 없이 혼자 외출했다가 돌아오는 길이었다. 그날은 공양이 없어서 돌아오는 길에 성중에서 발우를 들고 차례로 걸식을 하게 되었는데, 마음속으로 아직까지 한 번도 스님에게 공양을 시주한 적이 없는 사람한테 밥을 빌어보자고 생각하였다. 아난은 일체 중생이 공덕을 원만히 성취할 수 있도록 보시할 기회를 고르게 제공하여 주고자 신분계급이나 빈부를 가리지 않고 미천한 사람도 꺼리지 않고 평등한 자비심으로 걸식을 하였다. 또 아난은 전에 부처님께서 수보리와 대가섭을 보고 아라한인데도 마음이 평등하지 못하다고 꾸짖었던 사건을 상기하면서, 부처님의 툭 트이시어 전혀 아무런 구애를 받지 않으시고 모든 의심과 비방을 초월하신 거동을 흠앙欽仰하여 부처님을 본받고자 하였다. 그리하여 그는 성밖에서 천천히 성문을 거쳐서 성안으로 걸어 들어가면서 위의를 엄정하게 가다듬고 바르게 걸식하는 법도를 따랐다.

그때 아난이 걸식하는 중에 홍등가를 지나가게 되었는데, 거기에서 환술을 하는 마등가摩登伽라는 여자를 만났다. 그녀는 사비가라 외도들이 사용하는 선범천先梵天 주문으로 아난의 정신을 몽롱하게 만들어서 집안으로 끌어들여서는, 몸을 어루만지면서 유혹하여 아난의 계율을 허물어 버리고자 하였다.

🐾 다른 경에 보면 마등가는 오백세 동안 아난의 부인이었다고 한다. 사비가라를 번역하면 금두金頭 또는 황발黃髮이며, 이들이 주로 사용하는 주문呪文을 선범천주先梵天呪라고 한다.

여래께서는 이때 파사닉왕의 궁궐에 계셨는데, 아난이 마등가의 요술에 걸려든 것을 아시고는 공양을 마치시자마자 곧바로 기환정사의 도량으로 급히 돌아오시니, 왕과 대신과 장자와 거사들이 모두 부처님의 법문을 듣고자 도량으로 따라왔다.

그때 세존께서 정수리에서 백 가지의 보배 빛이 나는 두려움 없는 광명인 백보무외광명百寶無畏光明을 나투시고, 그 광명 가운데서 천 개의 꽃잎을 가진 보배연꽃인 천엽보련千葉寶蓮을 나투셨다. 그 천엽보련 위에 부처님의 화신化身이 가부좌를 틀고 앉아서 신주神呪를 외우면서 문수사리보살에게 분부하셨다.

"이 신주를 가지고 가서 어서 아난을 보호하라."

문수사리보살이 즉시 부처님의 분부를 받들어 마등가의 집으로 가시어서 그 신주를 외우시니, 마등가의 사비가라 주문의 주력呪力이 소멸되었다. 이에 문수사리보살은 아난과 마등가를 데리고 부처님이 계신 기환정사로 돌아오셨다.

🕉 불경을 읽다 보면 부처님께서 신통을 보이시는 장면이 가끔씩 등장하는데, 보통사람으로서 이해하기 힘든 부분이다. 『능엄경』에도 부처님의 신통이 여러 번 등장하는데, 설법 내용에 따라 보여주는 장면이 각기 다르다. 여기에는 화신化身을 나투셨는데, 화신은 항상 현전하는 육체가 아니고 필요에 따라 일시적으로 나투는 몸이다. 신주神呪는 불가사의한 신비한 주문으로, 여기서는 제7권에 나오는 능엄다라니楞嚴陀羅尼를 가리킨다.

정종분

제1장 사마타를 설명하여 진상眞相을 가르침

제1절 마음을 밝히다

1. 진심과 망상

아난이 부처님을 뵙고는 엎드려 절하고 슬피 울면서, 오랫동안 부처님의 설법을 많이 듣기만 하고 도력을 얻지 못한 것을 한탄하였다. 그는 시방세계의 부처님들이 보리를 얻게 된 묘한 사마타와 삼마와 선나의 최초의 방편을 말씀해 주시기를 부처님께 은근히 청하였다.

> 보리菩提는 Bodhi의 음역으로 지혜智慧·도道·지智·각覺 등으로 다양하게 번역하는데, 여기서는 가장 높고 바른 지혜라는 무상정등

정각無上正等正覺인 아뇩다라삼먁삼보리를 말한다. 사마타奢摩他는 Samatha의 음역으로, 지止·적정寂靜·능멸能滅 등으로 번역한다. 『능엄경』에서는 관觀이라는 의미로 마음을 관찰하는 견도見道를 가리킨다. 삼마三摩는 Samādhi, Samāpatti의 음역으로 삼마제三摩提·삼마지三摩地·삼마발제三摩鉢提·삼매三昧 등으로 표기하는데, 『능엄경』에서는 정定·삼매三昧라는 의미로 선정을 익히는 수도修道를 가리킨다. 선나禪那는 Dhyāna의 음역으로 흔히 선禪·정려靜慮·사유수思惟修라고 번역한다. 『능엄경』에서는 수도하여 불과佛果를 증득하여 가는 과정을 가리킨다.

이때에 항하사와 같이 많은 보살과 시방의 대아라한과 벽지불 등이 함께 법문을 듣고자 하여, 모두 물러나 앉아서 잠자코 부처님의 설법을 기다렸다.

이때 세존께서 대중 앞에서 금색 팔을 펴서 아난의 정수리를 만지시고, 아난과 대중께 말씀하셨다.

"삼마제三摩提가 있으니 이름이 대불정수능엄왕大佛頂首楞嚴王이라. 만행萬行을 갖추었으며 시방의 모든 부처님이 같은 문으로 초탈하신 묘한 장엄로莊嚴路이다. 네가 이제 자세히 들어보아라."

아난이 엎드려 절하고서 자비하신 가르침을 듣고 있었다.

🐾 대불정大佛頂은 위대한 부처님의 정수리로 무상無上·지존至尊의 뜻이고, 수능엄首楞嚴은 Śūraṃgama의 역어로 모든 번뇌를 끊어서 다시는 부서지지 않는다는 의미고, 왕王은 최고라는 말이다. 이 대목

은 우리나라 통행본通行本에는 조금 뒤쪽에 있는데, 중국의 통행본에 따라서 이곳으로 옮겨왔다.

부처님께서 아난에게 말씀하셨다.
"너와 나는 사촌이라, 정이 친형제와 같다. 네가 처음 발심할 때에 나의 어떤 모습을 보았기에 세상의 깊고 중한 은혜와 사랑을 단박에 끊어버리고 출가하게 되었느냐?"
아난이 부처님께 사뢰었다.
"여래의 32가지 뛰어난 몸매인 32상相이 너무 훌륭하여 형체가 맑게 사무치는 것이 마치 유리와 같으므로, 스스로 '이런 모습은 세상의 욕애欲愛로 생긴 것이 아니다. 왜냐하면 남녀 간의 욕기慾氣는 거칠고 탁하고 비린내와 누린내가 얽히고 피고름이 뒤섞여서 저런 청정하고 밝은 자금광의 몸매를 만들 수가 없다'고 생각하였으므로, 부처님을 진정으로 존경하여 우러러보고 부처님을 따라서 머리를 깎았습니다."
부처님께서 말씀하셨다.
"잘했다, 아난아! 너희들은 마땅히 알아라. 일체 중생이 끝없는 옛날부터 죽고 사는 생사가 계속하여 이어지는 것은 그 원인이 모두 상주하는 진심의 본성이 깨끗하고 밝은 바탕(性淨明體)인 줄을 알지 못하고 온갖 망상을 쓰기 때문이다. 이 망상은 허망하여 진짜가 아니기 때문에 중생들이 여기저기서 윤회하고 있다.

🔖 상주常住하는 진심眞心을 쓰지 않고, 진짜가 아닌 망상妄想을 쓰기

때문에, 대부분의 수도자들이 도를 이루지 못하고 여기저기 윤회하고 있다고 설명한다. 이 법문은 바로 『능엄경』의 대의大義를 밝힌 중요한 부분이다.

이제부터 부처님은 먼저 변하는 망상을 자세하게 설명하시고, 다음에는 변하지 않는 진짜 마음인 진심을 자세하게 밝히시려고 한다. 이렇게 진심과 망상을 구별하여 제자들이 제 마음의 구조를 분명하게 알도록 설명하시는 설법이 사마타奢摩他 법문이다. 우리는 이 사마타 법문을 듣고 제 마음 중에서 변하지 않는 '마음'과 찰나찰나에 변하는 '생각'을 잘 가려내어야 한다. 마음과 생각은 분명히 다른 개념이다. 우리는 생각을 마음으로 혼동하면서 살아가고 있다. 마음은 어린이나 청년이나 장년이나 항상 제 '마음'으로 변화가 없지만, 내 마음이 일으키는 '생각'은 시시각각으로 변한다.

네가 지금 무상보리無上菩提를 공부하여 참으로 본성을 깨닫고자 한다면 응당 직심直心으로 내가 묻는 말에 대답해야 한다. 시방의 여래께서 동일한 도로 말미암아 생사를 벗어났으니, 모두 이 직심이기 때문이다. 마음과 말이 다 정직하기에 처음부터 끝까지 그 중간에 굽은 부정직한 모습이 전혀 없다.

아난아! 내가 지금 네게 묻겠다. 너의 발심이 여래의 32상을 인연했다 하는데, 나의 32상을 무엇으로 보았으며 또 무엇이 좋아했느냐?"

아난이 부처님께 사뢰었다.

"세존이시여! 그것은 저의 눈과 마음(心目)으로 애락愛樂한 것입니다. 눈으로는 부처님의 훌륭한 몸매를 보고, 마음으로는 좋아하는 생각을 하였기에 크게 발심하여 생사를 버리려고 하였습니다."

> 아난의 출가가 '제 눈으로 보고, 제 마음이 생각하여' 이루어졌던 사실을 지금 확인하시는 이유는 무엇일까? 부처님께서 장차 아난의 눈과 견見을 설명하여 그의 진심眞心을 밝혀주시려는 의도가 있기 때문이다.

2. 아난이 마음을 찾아보다

부처님께서 아난에게 말씀하셨다.

"네가 말한 바와 같아서, 보고 좋아하는 것은 눈과 마음으로 말미암은 것이다. 그러하니 만일에 마음과 눈이 있는 곳을 알지 못하면 진로塵勞를 능히 항복받지 못할 것이다. 비유하면 나라의 임금이 적의 침략을 받아 즉시 군대를 동원하여 적을 토벌하려 할 때에, 마땅히 적이 있는 곳을 먼저 알아야 하는 것과 같다. 지금 너로 하여금 윤회하게 하는 것은 너의 눈과 마음이 보고 좋아하는 탓이다. 내가 지금 너에게 묻겠다. 너의 눈과 마음이 현재 어디에 있느냐?"

> 진로塵勞는 번뇌煩惱의 다른 명칭인데, 진塵은 육진六塵이고 노勞는 피로疲勞이니, 바깥의 육진六塵 경계를 상대하여 피로하게 일어나는 번뇌를 말한다.

1) 마음은 몸 안에 있는가

아난이 부처님께 사뢰었다.

"세존이시여! 일체 세간에 열 가지 이생異生들의 아는 마음인 식심識心은 모두 몸속에 있습니다. 부처님의 푸른 연꽃 같은 눈은 부처님 얼굴에 있고, 저의 눈은 제 얼굴에 있습니다. 이와 같이 아는 마음인 식심은 몸 안에 있습니다."

 부처님의 사마타 법문이 시작된다. 견見을 방편으로 설법을 하시려고, 먼저 시각현상에서 보는 놈과 보이는 빛깔을 가지고 설법하실 계기를 만드신다. 식심識心은 견문각지見聞覺知할 줄 아는 마음을 가리킨다. 사람들은 세간을 인식하고 생각도 할 줄 아는데, 이런 정신작용은 제 마음에서 일어난다. 미물인 개미나 파리도 마음이 존재한다는 사실은 분명하다. 그렇다면 그 마음은 도대체 어디에 있는가? 아난은 우선 상식적으로 '내 몸 안에 내 마음이 있다'고 대답했다.

부처님께서 아난에게 말씀하셨다.
"네가 지금 이 강당에 앉아서 저 기타 태자의 숲을 보는데, 이 강당과 저 기타림祇陀林 숲은 지금 어디에 있느냐?"
"세존이시여! 크고 겹겹으로 된 이 청정한 강당은 수달 장자의 급고독원給孤獨園에 있고, 저 기타림 숲은 이 강당 밖에 있습니다."
"아난아! 네가 지금 이 강당에서 무엇부터 먼저 보느냐?"
"세존이시여! 제가 이 강당 안에서 먼저 부처님을 보고, 그 다음 대중들을 보고, 그리고 바깥을 바라보면 저 숲과 정원을 보게 됩니다."

"아난아! 네가 숲과 정원을 보는데 어떻게 보느냐?"

"세존이시여! 이 대강당의 문이 활짝 열려 있어서, 제가 강당 안에 앉아 있으면서도 멀리 바라보게 됩니다."

부처님께서 아난에게 말씀하셨다.

"네가 말한 바와 같이, 몸이 강당 안에 있으면서도 문이 활짝 열려 있기 때문에 멀리 숲과 정원을 바라본다고 한다면 어떤 사람이 이 강당 안에 있으면서도 여래는 못 보고 강당 밖을 보는 수가 있겠느냐?"

아난이 대답하였다.

"세존이시여! 강당 안에 있으면서 부처님은 못 보고 숲과 샘물만 본다는 것은 있을 수 없습니다."

"아난아! 너도 또한 이와 같다. 일체를 분명히 아는 것은 너의 마음인데, 만약 지금 네 눈앞에 나타나 분명하게 아는 명료심明了心이 참으로 네 몸 안에 있다면 먼저 몸 안부터 분명하게 알아야 될 것이다. 그런데 먼저 제 몸 안을 보고 그 다음에 몸 바깥에 있는 물건을 보는 사람이 이 세상에 과연 있느냐? 비록 심장·간·지라·위장 같은 오장육부는 보지 못한다 하더라도, 손톱이 나고, 머리카락이 자라고, 힘줄이 움직이고, 맥박이 뛰는 것쯤은 분명하게 알아야 할 터인데, 어찌하여 모르느냐? 마음이 제 몸 안의 것도 알지 못하는데, 어떻게 몸 밖의 것을 알겠느냐?

🦌 흔히 『능엄경』은 팔만대장경의 축소판이라고 한다. 불과 10권인데

불교의 철리哲理와 수행을 모두 함축하고 있으니, 불경 중에서 가장 어려운 경이다. 그래서 일반인의 상식으로 납득이 되지 않는 부분이 많이 나온다.

'마음이 몸 안에 있다면 몸 안에 있는 오장육부를 먼저 보고, 몸 밖을 보아야 한다'는 이 문장도 상식적으로는 이해가 안 간다. 우리는 '본다'는 작용이 얼굴에 있는 '눈'이란 신체기관을 통해서 '시신경'과 '두뇌'가 작동해야만 가능하다고 알고 있다. 빛깔이나 모습을 보는 것은 반드시 감각기관인 '눈'을 통해야만 볼 수가 있고, 눈은 얼굴에 붙어 있으니 몸속에 있는 오장육부五臟六腑는 당연히 못 본다고 우리는 상식적으로 알고 있다. 따라서 지금 이 사제 간의 문답을 보고 상식 밖의 이야기라고 외면할 사람도 있을 수 있다. 그러나 어리석은 이야기라고 속단하지 말고, 계속해서 부처님의 설명을 끝까지 경청해볼 필요가 있다.

아난이 말하였다.
"보는 것은 눈입니다. 마음으로 아는 것과 눈으로 보는 것은 서로 다릅니다. 따라서 마음으로 아는 것을 본다고 표현하시는 것은 옳지 않습니다."
부처님께서 말씀하셨다.
"만약에 눈이 능히 본다면 네가 방안에 있을 적에 문이 능히 보아야 할 텐데, 사실은 그렇지 않다. 그리고 금방 죽은 사람도 눈은 아직 상하지 않았으니 응당 물건을 보아야 할 것이다. 만약에 죽은 사람이 능히 물건을 본다면 어찌 죽었다고 하겠느냐?

🙵 부처님은 사물을 보는 것은 '눈'이 아니고 '마음'이라고 하신다. 즉 "얼굴에 붙은 '눈'이라는 기관으로 보는 것이 아니니, 눈으로 본다면 금방 죽은 사람이면 '눈' 조직은 아직도 부패하지 않아서 싱싱한데 어째서 못 보는가?"라고 반문을 하신다. 시각현상을 보는 것은 '눈'과 '시신경'과 '두뇌'가 관여한다고 상식적으로 생각하고 있으나, 사실은 '마음'이 본다고 말씀하신다. 보는 작용이 우리가 알고 있는 것처럼 '눈'이나 '두뇌'를 통해서 일어나는 것이 아니라는 말씀이다.

우리가 이 세상에 태어나서 사람의 몸을 받으면 육신의 제약을 어쩔 수 없이 받는다. 처음에 사람의 몸을 받아서 신생아로 태어나면 '귀'는 들리지만 '눈'은 '시신경'이 미비한 상태라 잘 안 보인다고 한다. 신생아가 '눈'으로 사물을 보려면 두서너 달 정도 기다려야만 가능하고, 차차 시간이 흐르면서 '눈'으로 사물을 보는 버릇이 숙달되면 그때부터 '눈'을 통해서 마음대로 볼 수가 있다는 것이다.

사실은 '마음'이 스스로 보고 듣는데, 육신을 가진 인간으로 태어나면 오감기관인 '눈'이나 '귀'를 사용하여서 보고 듣는 버릇이 생겨나면서 '마음'으로 보고 듣는 기능이 쇠퇴한다. 시간이 흐르면서 '눈과 귀'를 통하여 시청視聽하는 버릇이 고착되어, 볼 때는 '눈'을 통해서만 볼 수 있고, 들을 때는 '귀'를 통해야만 듣게 된다. 즉 '눈과 귀'를 사용하여 보고 듣는 버릇이 체질화된 것이다. 그래서 깨어 있는 동안에는 이 버릇에 젖어서 생활하다 보니 '눈과 귀'로 견문見聞한다고 믿게 되었다. 그리하여 '눈'은 빛깔을 비추어 주는 시각기관이고, 그 빛깔을 인식하는 것은 '마음'이라는 진실을 망각하고 산다.

그런데 마음이 육체의 구속을 일시적으로 벗어나는 꿈속에는 '눈'이나 '귀'가 없어도 '마음'이 직접 보고 듣고 하지만, 우리는 '그것은 꿈속이니 진짜가 아니고 헛것이라'고 하여 마음이 견문見聞한다는 사실을 부정하고 만다. 잠이 들어서 꿈을 꿀 때에는 분명히 '눈'을 감고 있어서 외부의 물체를 볼 수가 없는데도, 그 꿈속에서 인물과 주위 배경이 등장하고 그 가운데 내가 있고 남도 있어서 모든 상황을 내가 다 본다. 보고 듣기만 하는 것이 아니고 말도 하고 생각도 하면서 생시처럼 행동한다. 이처럼 꿈속에서는 분명히 얼굴 위에 붙어 있는 '눈과 귀'를 통하여 보고 듣는 것이 아니다. 꿈을 꾸는 주인공인 몽상夢想이라는 '마음'이 스스로 시청각 현상을 연출하면서 동시에 스스로가 보기도 하고 듣기도 하는 것이다. 즉 꿈속에서는 몽상이라는 '마음'이 보고 듣는 것이지, '눈'과 '귀'가 보고 듣는 것은 아니다.

버릇인 습기習氣를 설명하는 비유를 하나 생각해 보자. 자동차를 운전하다 보면 차 안에서는 머리 위의 하늘이나 발밑의 땅을 '눈'으로 볼 수가 없다. 그저 운전에 필요한 전후방이나 좌우만 유리문이나 백미러를 통하여서 내다볼 수가 있다. 운전 중에는 유리나 거울을 통하여 보는 것이 습관이 되어 운전자의 시계視界는 차의 구조에 따라 제약을 받는 것이다. 그러나 운전자의 '눈'이 원래 상하를 못 보는 것은 아니다. 차에서 내리면 금방 상하를 볼 수가 있다. 그러나 차 안에 있을 적에는 창문이나 거울을 통해서만 내다볼 수가 있다. 우리가 '눈'을 통해서 보는 버릇이 고착되면 '마음'으로 보는 줄을 깜빡 잊어버리는 것도 마치 이와 같다.

그러니까 마땅히 알아라. 네가 말한 깨닫고 능히 아는 각료능지지심覺了能知之心이 네 몸 안에 있다는 말은 옳지 않다."

🐍 깨어 있으며 능히 아는 마음, 즉 각료능지지심覺了能知之心이 내 몸 안에 있다는 우리들의 상식이 틀린 것으로 판명되었다.
『능엄경』에는 이 마음이란 단어가 자주 등장하는데, 경우에 따라서 여러 개의 다른 명칭으로 마음을 가리키고 있다. 처음에 진심眞心과 망상妄想을 구별하면서, 진심을 성질이 청정하고 분명한 바탕인 성정명체性淨明體라고 표현했는데, 앞에서는 그 마음을 일체를 분명하게 요지了知하는 놈이라고 일체명료一切明了라고 표현하였고, 또 아는 마음인 식심識心이라고도 말하더니, 지금은 깨어 있으며 능히 아는 마음, 즉 각료능지지심覺了能知之心이라고 부르고 있다. 이렇게 마음을 지칭하는 단어가 자꾸 바뀌는 이유는 마음의 특성을 여러 가지로 표현하면서 그 특징들을 자세하게 설명하시어 제자들이 마음을 분명하게 파악할 수 있도록 특별히 배려하신 때문이다. 이러한 노파심에서 마음을 다양하게 표현하고 설명하신 것이므로, 번역에 가능한 한자를 그대로 표기하면서 그 앞에 설명하는 수식어를 중복하여 붙였다.

2) 마음은 몸 밖에 있는가

아난이 머리를 조아리고 부처님께 사뢰었다.

"제가 여래의 이와 같은 법문을 듣고 보니, 저의 마음이 사실은 몸 밖에 있다는 것을 알겠습니다. 그 까닭을 말하자면, 비유컨대 등불이 방안에 있으면 방안을 먼저 비추고 다음에 문을 통하여 정원까지 비추는데, 일체 중생이 자기 몸 안을 알지 못하고 다만 몸 밖의 것만 보는 것은 마치 등불이 방 밖에 있어서 방안을 비추지 못하는 것과 같습니다. 이 뜻이 분명해서 의심할 여지가 없습니다. 그래서 부처님의 뜻과 같아서 틀림없지 않겠습니까?"

부처님께서 아난에게 말씀하셨다.

"이 여러 비구들이 나를 따라서 실라벌성에서 음식을 차례대로 빌어서 기타림 숲에 돌아왔다. 나는 먼저 먹었다마는, 네가 비구들을 보아라. 한 사람이 먹는데 여러 사람의 배가 부르느냐?"

아난이 대답하였다.

"그럴 수 없습니다, 세존이시여! 왜냐하면 이 비구들이 비록 아라한이오나 몸과 생명이 각자 별개입니다. 그런데 어찌 한 사람이 밥을 먹어서 능히 여러 사람의 배를 부르게 할 수 있겠습니까?"

🐾 만약에 마음이 몸 밖에 있다고 하면 내 마음이 타인의 마음과 같은 시간에 같은 장소인 몸 밖, 즉 외부공간에 같이 있으니 내 마음과 남의 마음이 화합하여 서로 구별이 안 된다. 그렇다면 내가 배부른 걸 느끼면 남도 배가 부른 걸 같이 느껴야만 이치가 맞다.

부처님께서 아난에게 말씀하셨다.

"또 너의 깨닫고 아는 각료지견지심覺了知見之心이 만일 몸 밖에 있다면 몸과 마음이 따로따로 있어서 서로 관련이 없을 것이니, 마음이 아는 것을 몸이 깨닫지 못하고, 몸이 깨달은 것을 마음은 알지 못할 것이다. 내가 지금 내 손을 네게 보이면 네 눈이 내 손을 볼 때에 마음이 분별하느냐?"

아난이 대답하였다.

"그러합니다, 세존이시여!"

🔖 마음을 지칭하기를, 앞에서는 분명하게 아는 마음, 즉 명료心明了心이라고 표현하고, 다음에는 깨닫고 능히 아는 마음, 즉 각료능지지심覺了能知之心이라고 불렀는데, 여기에 와서는 각료지견지심覺了知見之心이라고 지칭한다.

부처님께서 아난에게 이르셨다.

"만일 눈과 마음이 서로 안다면 마음이 몸 밖에 있다고 할 수 있겠느냐? 그러니까 마땅히 알아라. 네 말처럼 깨닫고 아는 각료능지지심覺了能知之心이 몸 밖에 있다는 말은 옳지 않다."

3) 마음은 안구 뒤에 있는가

아난이 부처님께 사뢰었다.

"세존이시여! 부처님께서 말씀하신 바와 같이, 몸 안을 보지 못하니 마음이 몸 안에 있는 것이 아니고, 몸과 마음이 서로를 알아서 서로 여의지 아니하니 몸 밖에 있는 것도 아닙니다. 지금 다시 생각해 보니, 마음이 있는 곳을 알겠습니다."

부처님께서 말씀하셨다.

"그곳이 어디냐?"

아난이 대답했다.

"이 깨달아 아는 요지심了知心이 몸 안은 알지 못하면서도 능히 바깥을 보니, 안구 뒤에 있다고 생각합니다. 마치 어떤 사람이 안경을 끼면 비록 안경알이 눈앞에 있으나 보는 데 장애가 없어 저 안구가 보는 빛깔을 따라서 잘 분별합니다. 그러나 각료능지지심覺了能知之心이 몸 안에 있는 것을 보지 못하는 것은 안구 뒤에 있는 탓이고, 분명히 밖에 있는 것을 보되 장애가 없는 것은 안구 뒤에 잠재하여 있기 때문입니다."

> 마음은 모습이 없어서 그 소재所在를 찾기가 어려우므로, 이해하기 쉽도록 보는 작용을 예로 들어서 마음의 소재지를 추측하고 있다. 즉 시각기관인 눈을 통하여 제 마음을 찾고 있다. 예로부터 시각현상을 알아보는 주체에 대하여 두 개의 주장이 있었다. 그 주체가 안근인 눈이라고 보는 견해도 있고, 마음이라고 하는 견해도 있었다. 지금 아난이 '안근의 안쪽에 시각현상을 알아보는 마음이 있다'고 대답한 것은 종래의 두 견해를 종합한 절충설에 해당한다.

부처님께서 아난에게 말씀하셨다.

"네 말대로 안구 뒤에 들어 있는 것이 마치 안경 낀 것과 같다면 안경을 낀 사람이 산과 강을 볼 때 안경알을 보느냐, 못 보느냐?"

아난이 대답했다.

"그러합니다, 세존이시여! 그 사람이 안경을 눈에 갖다 대었으니 당연히 안경을 봅니다."

부처님께서 아난에게 말씀하셨다.

"네 마음이 안구 뒤에 있는 것이 마치 눈이 안경을 낀 것과 같다면 네 마음이 산과 강을 볼 때에 어찌하여 네 눈을 보지 못하느냐? 만일 눈을 본다면 눈이 바깥 경계와 같아서 저 안구가 보는 빛깔을 따라서 분별한다는 말이 성립되지 못한다. 또 눈을 보지 못한다면 어떻게 깨닫고 알고 하는 마음이 안구 뒤에 들어 있는 것이, 마치 눈이 안경을 낀 것과 같다고 하겠느냐?

그러니까 마땅히 알아라. 네가 말한 깨달아 아는 능지지심能知之心이 안구 뒤에 들어 있는 것이 마치 안경을 낀 것과 같다는 말은 옳지 않다."

4) 눈 뜨면 밖을 보고, 눈 감으면 안을 보는가

아난이 부처님께 사뢰었다.

"세존이시여! 제가 다시 이와 같은 생각을 해봅니다. 이 중생의 오장육부는 몸 안에 있고 눈구멍은 밖에 있으니, 오장육부는 어둡고 눈구멍은 밝습니다. 지금 제가 눈을 뜨고 명明을 보는 것은 마음이 몸 밖을 보는 것이 된다고 말할 수 있고, 눈을 감고 암暗을 보는 것은 마음이 몸 안의 것을 보는 것이 된다고 말하면 어떻습니까?"

🐾 아난이 대답할 말이 궁했던 모양이다. 지금 마음의 소재를 살피고 있는데, 마음이 있는 곳은 대답하지 않고 난데없이 보는 견見을 가

지고 화제를 바꾸려고 한다. 즉 몸의 바깥은 밝음(明)이고, 몸 안은 어둠(暗)이라고 보아서, 견의 명암을 가지고 마음의 주소를 설명해 보려고 한다.

부처님께서 아난에게 말씀하셨다.

"네가 눈을 감고 암暗을 보는 것을 마음이 몸 안의 오장육부를 보는 것이라고 하는데, 네가 암暗을 볼 적에 그 어두운 경계가 네 눈과 상대하느냐, 네 눈과 상대하지 않느냐?

만일 어두운 경계가 네 눈과 상대한다면 암暗이 네 눈앞에 있으니 어떻게 몸 안을 보는 것이라 하겠느냐? 만일 어두운 경계를 보는 것이 굳이 몸 안을 보는 것이라고 주장한다면 방안에 촛불이 없어 어두울 적에는 그 어두운 방안이 모두 너의 오장육부가 되느냐!

만일 어두운 경계가 네 눈과 상대하지 않는다면 어떻게 보는 견見이 성립되겠느냐?

만약 외견外見을 여의고 내견內見이 성립하여 눈 감고서 암暗을 보는 것이 몸 안이라고 한다면 반대로 눈을 뜨고 명明을 볼 적에 네 얼굴을 네가 보겠구나.

만일 몸 밖을 본다고 하면서도 얼굴을 보지 못한다면 몸 안을 본다는 이론도 성립되지 않는다.

만약 얼굴을 본다면 너의 마음과 눈이 허공에 있는 것이니, 어떻게 몸 안을 볼 수가 있겠느냐? 만일 눈과 마음이 허공에 있다면 그것은 너의 몸이라고 할 수 없다. 너의 눈과 마음이 허공에 있더라도 너의 몸이라 한다면 지금 여래가 네 얼굴을 보고 안다면 나의 이 몸도 역시 네 몸이라고 하겠구나! 그렇다면 네 눈은 알더라도 네 몸은 깨닫지를 못해야 하리라.

네가 만약 몸도 알고 눈도 안다고 고집한다면 마땅히 두 개의 알음알이가 있는 것이니, 너 한 사람이 두 부처를 이루어야 하리라.

그러니까 마땅히 알아라. 어두운 것을 보는 것이 몸 안을 보는 것이라는 네 말은 옳지 않다."

5) 마음은 육식을 따라서 생기는가

아난이 사뢰었다.

"제가 일찍이 들으니, 부처님께서 사부대중에게 가르치시기를 '마음이 생기므로 말미암아 가지가지 법法이 생기고, 법이 생기므로 말미암아 가지가지 마음이 생긴다'고 하셨습니다. 제가 지금 생각해 보니 생각하는 놈이 바로 저의 심성心性일진대, 경계를 따라서 합하는 곳에 제 마음이 따라 생겨나므로, 안과 밖과 중간의 세 곳에 마음이 있는 것이 아닙니다."

🪔 대답이 궁한 아난이 '유법생고有法生故 종종심생種種心生'을 근거로 하여 '육근六根과 육진六塵이 상대하면 육식六識이 생기는데, 그 자리에 마음이 생긴다'고 대답한다. 즉 육식이 바로 마음이라고 대답하고 있다.

불교에서는 인식 과정을 설명할 적에, 감각기관을 근根이라 부르고, 몸을 유근신有根身이라고 부른다. 감각기관인 눈·귀·코·혀·몸·뜻이라는 육근六根이 경계인 빛깔·소리·냄새·맛·촉감·법이라는 육진六塵을 상대하면 그 인연으로 안식眼識·이식耳識·비식鼻識·설식舌識·신식身識·의식意識이라는 여섯 개의 알음알이인 육식六識이 생긴다고 설명한다. 아난은 지금 '육식이 바로 마음이다'라고 대답하고 있다. 육식과 마음을 구별하지 못한 탓으로 이런 대답을 내놓고 있다.

부처님께서 아난에게 이르셨다.
"네가 지금 말하기를, 법이 생기므로 말미암아 가지가지 마음이 생기니, 법에 합하는 곳을 따라서 마음이 따라 생긴다고 하는데, 네가 말하는 그 마음에 바탕(體)이 있느냐, 없느냐?

마음이 만약에 바탕이 없다면 법에 합할 수가 없을 것이니, 네가 마음은 바탕이 없으면서 능히 법과 합한다고 주장하면 없는 것이 없는 것과 합한다는 말이 되니 옳지 않다.

만약에 마음이 바탕이 있다면 네가 손으로 네 몸을 때리는 경우에 너의 아는 마음이 안에서 나오느냐, 밖에서 들어가느냐? 만일 안에서 나온다면 또한 몸 안을 보아야 할 것이요, 만약 밖에서부터 들어왔다면 먼저 네 얼굴을 보아야 할 것이다.

아난아! 또 너의 깨달아 아는 능지지심能知之心이 만일에 반드시 바탕이 있다면 그 마음이 일체一體이냐, 다체多體이냐? 또 지금 너의 몸에 있다면 온몸에 두루하여 있느냐, 두루하지 않느냐?

만일 마음이 일체라서 하나라면 네가 손으로 팔이나 다리를 때릴 때에 사지가 다 같이 아픔을 느낄 것이요, 만일 모두 같이 느낀다면 때린 부위가 따로 없을 것이다. 만약 아픔을 느끼는 부위가 따로 있다면 너의 마음이 일체라고 할 수가 없다.

　만일 마음이 다체라서 여러 개가 있다면 여러 사람을 이룰 것이니 어느 마음 바탕이 네가 되겠느냐?

🙎 여기는 만약 '마음이 바탕이 있다'고 하면 그 마음이 하나인가, 아니면 여러 개인가를 따지는 장면이다.

또 마음이 온몸에 두루하여 있다면 앞에서 때린 비유와 같다.
　만약 마음이 몸에 두루하지 않다면 네가 머리를 부딪치면서 동시에 발도 부딪치는 경우에, 머리에만 감각이 있고 발은 감각이 없거나, 아니면 발에만 감각이 있고 머리에는 감각이 없어야 하는데, 실제로는 그렇지가 않다.
　그러니까 마땅히 알아라. 경계를 따라서 합하는 곳에 마음이 따라 생긴다는 것은 옳지 않다."

🙎 여기서는 '만약에 마음이 바탕이 있다'고 하면 다시 그 마음이 온몸에 두루한가, 아니면 두루하지 않는가를 검토하고 있다. 만일 마음이 몸에 두루하다면 머리를 만질 적에 온몸이 같이 그 촉감을 느껴야 한다. 만일 마음이 몸에 두루하지 않다면 머리와 발을 동시에 만질 적에 머리에만 촉감이 있거나 발에만 촉감이 있어야 한다. 그러나 사실은 그러하지 않다. 그러므로 '육식이 생길 적에 마음이 동시에 같이 생긴다'는 말은 옳지 않다.

6) 마음은 중간에 있는가

아난이 부처님께 고하였다.

"세존이시여! 제가 또한 듣자오니, 부처님이 문수와 여러 법왕자法王子와 더불어 실상實相을 말씀하실 때, 세존께서 말씀하시기를 '마음이 안에도 있지 않고, 또한 밖에도 있지 않다'고 하셨습니다.

제가 지금 생각하오니, 몸 안을 보지 못하니 몸 안에 있다고 할 수 없고, 또 몸과 마음이 서로 아는지라 몸 밖에 있다고 할 수도 없습니다. 지금 몸과 마음이 서로 알면서도 또 몸 안을 보지 못하니, 마땅히 중간에 있는 것 같습니다."

부처님께서 말씀하셨다.

"네가 중간에 있다고 말하니, 이 중간이란 것이 분명히 위치가 있을 것이다. 지금 네가 중간에 마음이 있다고 추측하는데, 그 중간은 어디쯤이냐? 몸 밖에 있는 것이냐, 몸에 있는 것이냐?

만일 몸에 있다면 몸 거죽에 있으면 중간이 아니요, 몸속에 있다면 보지 못하는 오장육부와 같다.

만약에 몸 밖에 있다면 표시할 수가 있느냐, 표시할 수가 없느냐?

만약에 표시할 수가 없다면 마음이 없는 것과 같다.

표시할 수가 있다고 해도 일정하지가 않나니, 왜냐하면 어떤 위치를 찾아서 중간이라고 표시하더라도 동쪽에서 보면 서쪽이 되고, 남쪽에서 보면 북쪽이 되어서 표시가 혼란하니, 마음이 응당 혼란할 것이다."

아난이 사뢰었다.

"제가 말하는 중간은 이 두 가지가 아닙니다. 세존께서 말씀하신 바와 같이, 눈과 빛깔이 인연이 되어 안식을 낸다고 하니, 눈은 분별이 있고 빛깔은 지각이 없는데, 안식이 그 중간에서 생기는 것이니, 이곳이 곧 마음이 있는 곳이 되겠습니다."

🦶 중간中間이라는 단어가 가지는 의미는 다양하다. 또 수학에서 점을 정의하는 것처럼, 중간의 정확한 위치는 논증할 수가 없다. 아난이 처음에는 위치를 가지고 중간을 따지다가 말이 성립되지 않으니, 이번에는 유정有情인 안근眼根과 무정無情인 경계에서 그 중간을 찾고 있다.

부처님께서 말씀하셨다.
"네 마음이 만일 안근과 색진의 중간에 있다면 이 심체心體가 근根과 진塵 둘을 겸하느냐, 겸하지 않느냐?

만일 둘을 겸하면 근과 진이 잡란하게 된다. 근은 유지有知하고 진은 무지無知하니 서로 대적이 되어 양립하는데 어떻게 중간이 있겠느냐?

근과 진의 둘을 겸하지 않으면 지知도 부지不知도 아니어서 중간의 체성이 없으니 중간이 무슨 모양이 있겠느냐? 그러니까 마땅히 알아라. 마음이 중간에 있다는 주장은 옳지 않다."

7) 마음은 소재가 없는가

아난이 부처님께 사뢰었다.
"세존이시여! 제가 예전에 보니까, 부처님께서 대목련, 수보리,

부루나, 사리불 등 사대 제자와 더불어 같이 법륜을 굴리실 적에 늘 말씀하시기를 '깨달아 알고 분별하는 심성(覺知分別心性)이 이미 안에도 있지 않고 또한 밖에도 있지 않으며 중간에도 있지 않아서, 아무 데도 소재가 없다'고 하시어 일체에 집착이 없는 것을 마음이라고 하셨으니, 제가 이제 '집착이 없는 것이 마음이다'라고 해도 되겠습니까?"

부처님께서 말씀하셨다.

"네가 지금 깨달아 알고 분별하는 심성이 소재가 없다고 말하는구나. 네가 지금 집착이 없다고 하는 말은, 세간의 허공과 육지와 바다에서 날아 다니거나 걸어 다니는 온갖 물상物象들인 이 일체가 있다는 말이냐, 없다는 말이냐?

일체의 물상이 없다면 거북 털이나 토끼 뿔과 같은데, 어떻게 집착하지 않는다고 말할 수 있겠느냐?

🦌 부처님께서 집착이 없다는 무착無着이란 단어를 가지고 아난의 대답을 점검하신다. 즉 '물상이 있는데도 불구하고 무착이란 말인가? 아니면 물상이 없어서 무착이란 말인가?' 하고 질문하신다. 원래 집착이란 단어는 대상을 두고서 하는 말이다. 따라서 물상이 없다는 경우는 집착 여부를 따질 것이 없다. 거북 털과 토끼 뿔이란 말은 명칭만 있고 그 실체는 없는 것이니 저절로 집착할 일이 없다.

만약 일체의 물상이 있으나 내가 집착하지 않는다고 한다면 집착이 없다고 말하지 못할 것이다.

모습(相)이 없다면 물상이 없는 것이요, 모습이 없는 것이 아니라면 곧 모습이니, 모습이 있다고 하면 존재하는데, 어찌 집착이 없다고 하겠느냐?

🙏 불교에서 '집착하지 말라'는 말은 수행에서 금과옥조金科玉條에 해당한다. 그러나 집착의 의미를 잘 모르고 그냥 입버릇처럼 '집착하지 말라'는 말만 애용하고 있다. 지금 여기에 나온 '모습(相)이 있다(有)고 하면 존재(在)를 인정한 것이니, 어찌 집착이 없다고 하겠느냐'라는 '상유즉재相有則在 운하무착云何無著'이라는 글을 자세히 음미해 보면 집착의 의미를 알 수 있다. 즉 '모습이 있다'고 말하면 벌써 그 존재를 인정한 것이 되고, 대상인 존재가 있으면 이미 주객이 있어서 반연攀緣하는 마음이 생기니 '어떻게 집착하지 않을 수가 있겠느냐?'라는 말씀이다.

이와 관련되는 중요한 법구法句가 『금강경』에 있다. 육조六祖 대사가 한 번 듣고서 견성見性했다고 하여 널리 알려진 '응무소주應無所住 이생기심而生其心'이라는 구절이다. 흔히 '마땅히 머무른 바 없이 그 마음을 내라'고 해설한다. 그런데 지금 『능엄경』의 이 구절과 비교하여 그 내용을 검토해 보면 그렇게 해설하지 못한다. '거지를 보고 불쌍한 생각이 나서 돈을 준다'는 보시의 경우에, 거지라는 모습을 인정하면 『능엄경』의 상유즉재相有則在에 해당한다. 거지가 보이면 벌써 불쌍한 거지가 존재하는 것이고 그 모습에 집착한 것이다. 그런데 어떻게 '집착 없이 무주상無住相으로 보시를 하고, 머무른 바 없는 마음을 낸다'는 말인가? 우리나라 불자라면 『금강경』을 많이 읽어 본 경험이 있을 것이고, 이 유명한 구절도 잘 알고 있을 것이다. 그리고 자기 나름대로 해석할 자신도 가지고 있을 것이다. 지금 『금강경』의 '응무소주 이생기심'이라는 구절을 어떻게 해석하여야 『능엄경』의 상유즉재相有則在에 어긋나지 않고 두 법문이 조화를 이루게 될까?

그러니까 마땅히 알아라. 일체에 집착이 없는 것을 각지심覺知心이라고 한다는 말은 옳지 않다."

❧ 아난은 망상을 마음이라고 여기고, 일곱 차례에 걸쳐서 마음의 처소를 몸의 안팎 중간에서 찾아보았다. 예로부터 이 부분은 아난이 마음을 일곱 처소에서 찾아 본 문답이라고 해서 보통 '칠처징심七處徵心' 법문이라고 한다. 앞에서 말한 바와 같이 아난은 경계를 반연하는 망상을 제 마음이라고 믿고서 그 주소를 안팎으로 찾아보았다. 부처님은 아난이 마음의 주소라고 제시하는 칠처七處가 모두 틀렸다고 부인하신다.

여기서 주의할 것은 '칠처에 마음이 있지 않다'고 하신 것이 아니라, 칠처가 망상인 마음의 주소라고 생각하는 아난의 잘못된 견해를 깨트렸을 뿐이다. 정작 마음의 주소에 대해서는 어떤 설명도 하지 않았다. 이른바 파사破邪만 하고 현정顯正을 하지는 않았다. 이러한 파사의 논리를 그대로 계승하여 활용한 사람으로 용수龍樹 보살을 들 수 있다. 그는 『중론中論』에서 부처님의 칠처징심하는 논리를 가지고 세속제世俗諦의 한계를 논파하고, 언어 문자의 모순을 논증하였다. 그리하여 상식으로 이해되는 세속제는 희론이라고 하면서, 제일의第一義인 승의제勝義諦를 강조하였다.

3. 두 가지 근본: 반연심攀緣心과 청정체淸淨體

그때에 아난이 대중 가운데 있다가 곧 자리에서 일어나 오른쪽 어깨를 벗고 오른쪽 무릎을 땅에 꿇고서 합장하고 공경하며 부처님께 사뢰었다.

"저는 여래의 가장 어린 동생으로 부처님의 사랑을 입어서 비록 출가는 했으나, 오히려 어여삐 여김을 믿고서 많이 듣기만 하고 무루無漏를 얻지 못하였습니다. 그리하여 사비가라의 주문에 홀려서 마등가의 방에 들어갔습니다. 이것은 진제眞際의 실상實相을 모르고 있었기 때문입니다.

원하옵건대 세존께서는 큰 자비심으로 불쌍히 여기사 저에게 사마타奢摩他의 길을 열어 주시어서, 불법을 모르고 비방하는 무리들로 하여금 그릇된 사견邪見을 버리도록 하여 주십시오."

이렇게 말하고는 오체五體를 땅에 엎드리고 대중들과 함께 정성을 다하여 부처님의 가르침을 듣고 싶어 하였다.

그때에 세존께서 얼굴에서 가지가지 광명을 놓으시니 그 밝고 빛나는 것이 마치 십만 개의 태양과 같았다.

이때에 모든 부처님의 세계가 여섯 종류로 진동하며, 이와 같이 티끌 수만큼 많은 미진수의 시방 국토가 일시에 다 보이는데, 부처님의 위신이 모든 세계를 합하여 하나의 세계로 만드시니, 그 세계

가운데 있는 모든 대보살들이 모두 그들의 본국에 머물러 있으면서 함께 합장하고 부처님의 법문을 듣고 있었다.

✎ 부처님께서 신통을 두 번째로 나투신 장면이다.
'모든 부처님의 세계가 여섯 종류로 진동한다'는 구절에 나오는, 모든 부처님의 세계라는 단어는 부처님의 수가 매우 많다는 것을 전제로 하고 있다. 그 당시에 석가모니부처님과 아미타부처님을 위시하여 많은 부처님이 시방세계에서 중생을 교화하고 계셨다는 뜻이다. 또 '여섯 종류로 진동한다'에서 여섯은 육근六根·육진六塵·육식六識으로 구성된 우리 세계의 특징을 말한 것이고, 진동은 근진根塵이 가지는 독특한 사이클의 작용을 비유한 것이다.
또 '미진수의 시방 국토가 일시에 다 보이는데, 부처님의 위신이 모든 세계를 합하여 하나의 세계로 만드셨다'는 구절에서, 미진수 세계의 국토는 수많은 은하계를 전제로 한 것이다. 그런데 수많은 모든 세계를 합하여 하나의 세계로 만드셨다는 것은, 각각 다른 차원에서 다른 주파수를 쓰는 삼계의 수많은 세계를 하나의 주파수로 맞추어서 중생들에게 한꺼번에 보여주는 능력이 부처님에게 있다는 말이다. 이것을 부처님의 위신력威神力이라고 한다. 원래 끝없는 허공은 하나뿐인 허공이니, 그 가운데서 기멸起滅하는 세계가 아무리 많아도 모두 그 허공 안에 있을 뿐이다.

부처님께서 아난에게 이르셨다.
"모든 중생들이 끝없는 옛적부터 소견들이 잘못되어서 업의 종자가 자꾸 모여 헤아릴 수가 없이 많아지고 있다.

또 모든 수행인들도 능히 무상보리를 얻어 도를 성취하지 못하고 옆길로 새어 성문이나 연각을 이루거나 외도나 천상의 마왕이나 그 권속이 되고 있다.

이것은 모두가 수행할 적에 두 가지 근본 진리인 두 가지 근본(二種根本)을 알지 못하고 잘못 닦아 익히기 때문이니, 근본을 모르고서 잘못 닦는 것은 마치 모래를 삶아서 좋은 음식을 만들려는 것과 같은 짓이다. 두 가지 근본을 모르면 비록 미진수 겁을 수행할지라도 마침내 무상보리를 얻을 수가 없다.

무엇이 두 가지 근본이냐?

아난아! 첫째는, 처음이 없는 생사의 근본(無始生死根本)이다. 곧 너와 모든 중생들이 경계에 끄달리는 반연심(攀緣心)을 가지고 각자의 자성(自心)으로 잘못 여기는 것이다.

둘째는, 처음이 없는 보리 열반의 원래 청정한 바탕(無始菩提涅槃元淸淨體)이다.

🐾 수행에 필요한 이종근본二種根本이 무엇인가? 이 근본을 모르면 아무리 수행을 하여도 결코 도통道通할 수가 없다고 한다. 하나는 반연심攀緣心이고, 또 하나는 청정체淸淨體이다. 사람이라면 누구나 이 두 가지 마음을 가지고 있다. 이러한 사실을 알아야 제대로 수행할 수 있다는 말씀이시다. 반연심은 경계에 끄달려서 생기는 생각으로, 이른바 육진을 반연하여 생기는 육진연영六塵緣影이니 중생들이 일상에 사용하는 변덕스런 마음이다. 청정체는 보리菩提와 열반

인 마음의 원래 청정한 바탕이니, 중생들이 본래부터 갖추고 있는 청정한 마음을 가리킨다. 중생이 상용하는 반연심은 대상인 경계에 따라서 변동되는 허망한 것이므로 인연인 심心으로 망심妄心이라 부르고, 본래의 마음인 청정체는 본래 심으로 항상하고 불변하니 진심眞心이라고 부른다. 여기에 나오는 이 두 가지 마음을 잘 구별하되, 특히 진심을 분명하게 아는 것이 마음공부의 첫걸음이다.

지금 너의 식정識精의 원명元明한 놈이 능히 모든 인연을 나투는데, 그만 나타난 인연에 끄달려서 원래 청정한 바탕인 청정체를 잊어버리고 말았다. 모든 중생들이 이 본명本明을 유실했기 때문에 비록 하루 종일 수행을 하더라도 스스로 깨닫지 못하고 육도에서 윤회하고 있다.

✎ '식정識精의 원명元明한 놈이 능히 모든 인연因緣을 나툰다'는 구절은, 세상의 삼라만상은 전부가 식정의 원명에서 나온 것이라는 말이다. 이 구절은 『능엄경』에 나오는 첫 번째 승의제(勝義諦, 眞諦)로서, 불교를 대변하는 명구인 일체유심조一切唯心造나 만법유식萬法唯識의 내용과 같다. '식정원명識精元明 능생제연能生諸緣'이란 구절에서, 식정이란 단어는 육식六識의 식識이라는 글자에 정精자를 붙인 것인데, 이 식정에다 원명元明을 첨부한 것은 육식의 근원을 가리키려는 의도이다.

『능엄경』에는 '제8아라야식'이나 '제7마나식'이라는 용어가 없다. 다만 '아타나미세식(陀那微細識)'이라는 용어는 『능엄』 제5권에 나오는 부처님의 게송에서 등장하지만, 그에 대한 설명이 전혀 없다. 보충설명을 하면, 중생들은 진심眞心인 청정체가 갖춘 본래의 묘명妙明한 작용인 본명本明을 유실하면서 '아타나미세식'이라는 '제8아라야식'으로 전변轉變되고, 이러한 망식妄識을 마음으로 오인하므로 윤회를 하게 된다는 내용이다. 이렇게 진짜 마음인 청정체의 본명本明을 잊었기 때문에 변하는 반연심攀緣心이 주인공이 되어 망견妄見과 망상妄想 속에서 생활하고 있다는 것인데, 비록 하루 종일 나름대로 수행을 하더라도 결코 본명本明인 청정체를 깨닫지 못하고, 따라서 불도佛道도 이루지 못한다고 말한다.

아난아! 네가 지금 사마타의 길을 알아서 생사에서 벗어나고자 하니, 지금 다시 너에게 묻겠다."
즉시에 여래가 금빛의 팔을 들어서 손가락을 구부리시고, 아난에게 일러 말씀하셨다.
"네가 지금 보느냐?"
아난이 대답하였다.
"봅니다."
부처님께서 말씀하셨다.
"네가 지금 어떻게 보느냐?"
아난이 대답하였다.
"제가 부처님께서 팔을 들어 손가락을 구부리시고 빛나는 주먹(光明拳)을 만들어서 광명을 저의 마음과 눈(心目)에 비치게 하시는 것을 보고 있습니다."

부처님께서 말씀하셨다.

"네가 무엇을 가지고 보았느냐?"

아난이 대답하였다.

"제가 대중과 더불어 같이 눈을 가지고 보았습니다."

부처님께서 아난에게 말씀하셨다.

"네가 지금 나에게 대답하되, 여래가 손가락을 구부려서 빛나는 주먹을 만들어 나의 마음과 눈에 비치게 하였다고 하니, 너의 눈은 볼 수 있지만 무엇을 가지고 너의 마음이라고 하느냐?"

아난이 대답하였다.

"여래께서 지금 마음의 소재를 물으시니, 제가 지금 마음으로 추궁하고 찾아보고 있습니다. 이렇게 능히 추궁하고 찾아보는 이놈을 제 마음이라고 생각합니다."

부처님께서 말씀하셨다.

"예끼! 아난아! 그것은 너의 마음이 아니다."

❧ 보고, 듣고, 생각하고, 말도 하는 이것이 바로 내 마음이다. 그러면 추궁하고 찾아보는 놈도 분명히 내 마음이다. 그런데 부처님이 그건 마음이 아니라고 하신다. 마치 청천에 벽력같은 이야기다! 그럼 마음이란 도대체 어떤 것이란 말인가? 이런 진심眞心 법문은 부처님만이 하셨고, 부처님만이 하실 수 있는 명 법문이다.

아난이 놀라서 자리에서 벌떡 일어서서는 합장하고 부처님께 여쭈었다.

"이것이 저의 마음이 아니라면 마땅히 무엇이라고 불러야 합니까?"

부처님께서 아난에게 이르셨다.

"그것은 경계인 육진六塵의 허망한 모습을 인연하여 일어나는 생각인 허망상상虛妄相想이다. 너는 허망상상인 망상을 너의 진성眞性으로 착각하고 있다. 네가 처음이 없는 옛날부터 금생에 이르기까지 마치 도둑놈을 아들로 잘못 알듯이, 망상을 진심으로 잘못 알기 때문에 너의 원래 항상하는 원상元常을 잃어버리고 윤회를 당하고 있다."

🐟 육근이 육진을 상대하여 육식을 일으키는데, 상대하는 경계인 육진은 항상 변화하는 허망한 모습이다. 우리가 내 마음이라고 여기는 것은 이 허망한 모습들을 상대하여 일으키는 반연심이므로 당연히 허망상상虛妄相想이 된다. 이 허망상상을 줄여서 망상妄想이라 하는데, 이것을 중생들은 제 마음이라고 여기고 생활하고 있다.

아난이 부처님께 아뢰었다.

"세존이시여! 저는 부처님의 총애를 받은 동생이라. 마음으로 부처님을 사랑하여 금생에 출가하였으나, 제 마음이 어찌 홀로 석가여래만 받들어 모셨겠습니까? 항하사수와 같은 많은 세계를 두루 다니면서 여러 부처님과 선지식을 받들어 섬기면서 큰 용맹심을 내어 온갖 행하기 어려운 수행을 닦아온 것이 모두 다 이 마음으로 한 것입니다. 설령 정법을 비방하여 영원히 정도正道에서 퇴보하여 물러난다고 하더라도 이것 또한 이 마음으로 하는 것입니다. 만약

제1장 사마타를 설명하여 진상을 가르침 55

이렇게 추궁하고 찾아보는 것이 제 마음이 아니라고 한다면 저는 흙과 나무처럼 마음이 없겠습니다. 이 깨달아 아는 각지覺知를 여의면 다시 다른 마음이 없는데, 어찌하여 여래께서 이 마음은 제 마음이 아니라고 말씀하십니까? 저는 실로 놀랍고 두려우며, 여기 모인 대중들도 의심이 없지 아니하오니, 오직 대비심大悲心으로 깨치지 못한 저희들을 위하여 부디 잘 가르쳐 주십시오."

그때에 세존께서 아난과 여러 대중들을 깨우쳐서 그들로 하여금 무생법인無生法忍에 들게 하고자, 사자좌에서 아난의 정수리를 만지시면서 말씀하셨다.

"여래가 항상 설법하되 '모든 법이 생기는 것은 오직 마음이 나툰 것이니, 일체 인과와 세계와 미진이 모두 마음으로 인하여 바탕을 이루었다'고 하였다.

> 무생법인無生法忍은 '불생불멸한다는 진리'라는 불교용어다. 만상이 생겨난 적이 없다는 말인데, 『반야심경』의 불생불멸不生不滅이 바로 그 뜻이다. 또 '모든 법이 생기는 것은 오직 마음이 나툰 것(諸法所生 唯心所現)'이라는 말은 앞에 나온 승의제勝義諦인 '식정원명識精元明 능생제연能生諸緣'과 같은 내용이다. 이 구절은 두 번째 등장하는 승의제이니, 그 내용도 일체유심조一切唯心造를 부연하고 있다.

아난아! 모든 세계에 존재하는 온갖 것이, 그중에 풀잎과 실낱같은 터럭이라도 그 근원을 따지고 보면 모두 다 체성體性이 있고, 비록 허공이라도 모양과 이름이 있다. 하물며 모든 마음의 본성인 청정하고 묘정한 밝은 마음인 청정묘정명심清淨妙淨明心이 어떻게 실체가 없겠느냐!

만일 네가 분별각관分別覺觀하여 분명하게 아는 요지성了知性을 고집하여 네 마음이라고 한다면 이 마음이 응당 일체의 빛깔·소리·냄새·맛·촉감과 모든 육진 경계의 인연을 떠나고도 따로 독립된 온전한 성품인 전성全性이 있어야 할 것이다.

> 불가에서 만물을 설명할 때에 그 바탕과 특성과 작용으로 나누어서 체體·상相·용用 세 가지 방면으로 설명하는 것이 일반적이지만, 경우에 따라서는 체·용 두 가지로 간단하게 설명하기도 한다. 여기서 독립된 온전한 성품인 전성全性이란 것은 이른바 체대體大에 해당하는 완전한 체성體性으로 이른바 자성自性을 가리킨다. 불교계에서는 '사람마다 자성이 있다'라는 말을 흔하게 사용하는데, 이 자성이란 것은 주위의 인연을 떠나서도 따로 독자적으로 인정되는 완전한 체성을 가리키는 말이다.
> 불교의 삼법인三法印 중에 제법무아諸法無我가 있는데, 『능엄경』의 전성全性이라는 구절과 상반되는 것 같이 보인다. 이 모순은 진심眞心이 청정체淸淨體임을 알고 나면 저절로 해결이 되므로, 여기서는 설명을 뒤로 미루기로 한다.

지금 네가 나의 설법을 알아듣는 것은, 소리를 인연하여 분별하는 것이다.

🦚 일상에 청각현상을 알아듣는 것은, 견문각지見聞覺知하는 마음이 경계인 소리를 반연하여 분별하는 것이다.

설사 일체의 견문각지를 모두 여의고 안으로 내심內心의 고요한 경계인 유한幽閑을 지키더라도, 이것도 역시 법진法塵인 유한이라는 상념을 분별하는 그림자인 분별영사分別影事이다.

🦚 '안으로 유한幽閑을 지키더라도'라는 말은 무념무상이 되어서 경안輕安한 상태를 말한다. 견문각지하는 경계는 떠났으나, 안으로 유한이 있으면 이것은 유한이라는 법진을 반연하고 있는 것이다. 그렇다면 역시 반연하는 마음을 벗어나지 못한 상태이다.

내가 네게 명령하여 분별하는 놈이 네 마음이 아니라고 억지로 믿으라는 것은 아니다. 다만 네가 네 마음을 자세히 관찰하여 보아라. 만약에 육진 경계를 떠나고서도 분별하는 놈이 따로 독립하여 있다면 이것이 참으로 네 마음이라고 하겠지만, 만약에 분별하는 놈이 육진 경계를 여의고는 따로 실체가 없다면 네가 마음이라고 믿고 있는 그 분별하는 놈은 곧 눈앞의 육진 경계를 분별하는 그림자인 분별영사分別影事일 뿐이다.

경계인 육진은 상주하는 것이 아니므로 변하고 사라지는데, 이때에 너의 분별도 같이 변하고 사라진다. 이 변하고 사라지는 분별심이 네 마음이라면 네 마음은 곧 거북 털이나 토끼 뿔과 같아서 곧 너의 법신法身이 단멸하리니, 그 무엇이 도를 닦아서 능히 무생법인을 증득하겠느냐?"

🐾 경계를 분별하는 반연심攀緣心인 망심妄心을 자세히 설명하신 부분이다. 변동하는 경계에 집착하여 생긴 반연심이므로 변하는 경계를 따라서 마음도 변하기 마련이다. 얼음 위에 새긴 글은 얼음이 녹으면 저절로 없어지듯이, 반연심으로 닦은 도는 상주할 수가 없다. 경계가 변하면 반연심도 변하고, 또 반연심을 기반으로 이룬 도과道果도 함께 변하고 만다.

법신法身은 진짜 몸으로 진짜 마음인 진심眞心과 같은 의미이다. 삼계에 나타난 세 가지 몸인 육신·묘신妙身·식신識身이 모두 이 법신을 의지하고 있다.

그때에 아난과 여러 대중이 침묵하여 망연자실하였다.
부처님께서 아난에게 말씀하셨다.
"세간에 도를 닦아 배우는 수도인들이 지금 비록 차례대로 닦는 아홉 가지 선정인 구차제정九次第定을 이루었으나, 무루無漏인 아라한을 이루지 못하는 것은, 모두 이렇게 일어났다 꺼졌다 하는 허망한 생각인 망상을 진실한 것으로 오인한 탓이다. 이런 까닭으로 너도 지금 비록 다문多聞을 얻었으나 성과聖果를 이루지 못한 것이다."

🐾 구차제정은 이른바 아홉 단계의 선정禪定으로, 색계色界의 사선정四禪定과 무색계無色界의 사공정四空定에다, 수음受陰과 상음想陰이 그친 멸진정滅盡定을 합한 것이다.

'무루無漏인 아라한을 이루지 못하는 것(不得漏盡 成阿羅漢)'에 대한 은 설명은 다양하다. 운허·탄허 두 스님은 '누漏가 다함을 얻지 못하고 아라한을 이루는 것'이라고 새기고, 각성 스님은 '누漏가 다하여 아라한이 되는 것을 얻지 못하는 것'으로 새긴다. 비록 아라한의 의미를 해석하는 것에 차이가 있으나, '진심을 모르면, 비록 멸진정까지 성취하더라도 무루가 못 된다'고 보는 점에서는 서로 같다. 이 구절은 구차제정을 폄하하는 것이 아니고, 진심眞心을 강조하는 것이 부처님의 취지이다.

제2절 견見을 설명하여 진심眞心을 밝히다

아난이 설법을 듣고 나서 거듭 슬피 눈물을 흘리면서 오체를 투지하고 꿇어앉아 합장하고 부처님께 사뢰었다.

"제가 부처님을 따라 발심 출가하였으나, 부처님의 위신력만 믿고 늘 스스로 생각하되 '나는 애써서 닦지 않아도 장차 여래께서 나에게 삼매를 주실 것이다'라고 생각하고는, 몸과 마음이 본래 서로 대신하지 못한다는 것을 알지 못하여 나의 본심本心을 잃어버렸습니다. 비록 몸은 출가했으나 마음이 도에 들지 못한 것이, 비유컨대 빈궁한 아들이 아버지를 버리고 가출한 것과 같사옵니다. 오늘에야 비록 많이 들어도 바르게 수행하지 않으면 듣지 못한 것과 같은 것이, 마치 사람이 먹는 이야기를 종일 하여도 결코 배가 부르지 않는 것과 같은 줄을 알았습니다.

세존이시여! 저희들이 지금 두 가지 장애인 이장二障에 얽힌 것은 진실로 고요하면서 불변하는 적상寂常한 심성心性을 알지 못하기 때문이니, 오직 원하옵건대 여래께서는 빈궁하고 외로운 저희를 불쌍히 여기시고 묘하고 밝은 마음인 묘명심妙明心을 펴시어 저희들의 도안道眼을 열어 주십시오."

🐾 아난이 이제야 망심과 진심이 다른 것인 줄 알아보고, 진심이란 무엇인가? 하는 의문을 제기한다. 이렇게 제자들이 의문을 제기하면 그 의문점을 대화를 통하여 설법으로 풀어주는 것이 석가모니부처님의 교수 방법이다. 두 가지 장애인 이장二障은 나를 중심으로 하는 번뇌장煩惱障과 불법을 중심으로 하는 소지장所知障을 말한다.

그때에 여래께서 가슴의 만자卍字로부터 보배로운 광명을 쏟아내시니 그 빛이 찬란하게 빛나면서 백천 가지의 빛깔이 있는데, 시방의 티끌과 같이 많은 불세계를 한꺼번에 두루 비추시고, 시방에 있는 보배로 장엄된 세계의 모든 여래의 정수리에 그 광명을 대시며 다시 돌이켜 아난과 대중에게 비추시고는, 아난에게 일러 말씀하셨다.

"내가 지금 너를 위하여 큰 정법正法의 깃발을 세워서 시방의 일체 중생으로 하여금 묘미밀妙微密하고 성품이 정명淨明한 마음을 찾아서 청정안淸淨眼을 얻게 하리라.

🐾 신통을 세 번째로 나투는 장면이다. 설법하기 전에 대중들의 신심

을 일으키고자 설법의 내용을 먼저 신통을 통하여 보여주셨다. 광명이 백천 가지의 빛깔이라야 능히 미진수의 사이클을 사용하는 백천 세계를 빠짐없이 모두 비출 수가 있다.

1. 견見은 마음의 작용이다

아난아! 네가 앞에서 나에게 대답하기를 '빛나는 주먹인 광명권光明拳을 보았다'고 하였는데, 이 주먹의 광명이 무엇으로 인하여 있으며, 어떻게 주먹이 되었으며, 네가 무엇을 가지고 보느냐?"

아난이 대답하였다.

"부처님은 몸 전체가 황금색이라서 주먹에도 금빛 광명이 있고, 또 손가락을 구부려 쥐고서 사람에게 보이시므로 주먹이란 모양이 있으며, 그것을 제가 제 눈으로 보았습니다."

부처님께서 아난에게 말씀하셨다.

"여래가 오늘 진실한 말로 너에게 말하나니, 지혜로운 사람은 비유를 통하여 모두가 깨달음을 얻느니라.

여기서부터 부처님께서 시각현상인 견見을 비유로 하여 진심을 이리저리 자세하게 설명하신다. 열 번에 걸쳐 시각현상인 견見을 설명하시므로 이 부분을 '십번변견十番辯見' 내지 '십번현견十番顯見' 법문이라고 한다. 앞에 나온 칠처징심七處徵心 법문은 심心의 주소를 찾는 법문이지만, 십번변견 법문은 견見을 자세하게 설명하는 과정에서 심心을 자세하게 현시顯示하는 법문이다.

마음은 모양이 없으므로 그 본래의 작용인 견성見性을 통해서 그 존재를 설명하고 있다. 마음이 가지고 있는 본래의 작용 중에서 볼 줄 아는 성능을 견성見性, 들을 줄 아는 성능을 문성聞性, 냄새를 아는 것을 후성嗅性, 맛을 아는 것은 상성嘗性, 감촉하는 것은 각성覺性, 인식하는 것을 지성知性이라고 한다. 이 육성六性을 간단하게 견문각지見聞覺知라고 한다.

『능엄경』은 시각현상을 알아보는 놈을 비유로 사용하여 진심을 직지直指하는 법문이므로, 그 본지는 변견지심辯見指心 내지 변견현심辯見顯心에 있다. 이 변견지심 법문은 『능엄경』에만 나오는 법문이니, 꼼꼼하게 정독하여 견見을 통하여 진심을 이론적으로 확실하게 파악하도록 마음을 집중해야 할 부분이다. 여기서 주의할 것은, 『능엄경』에 나오는 견見이라는 글자는 뜻이 일정하지 않고 '봄', '시각현상', '시각현상을 보는 놈' 등으로 다양하게 사용되고 있는 점이다. 또 '시각현상을 보는 놈'은 다시 견성見性과 견정見精으로 구분하여 사용하고 있다. 즉 견성見性은 우리 마음의 자성본용自性本用 중에서 볼 줄 아는 성품을 말하고, 견정見精은 사람의 분상에서 보는 작용을 가리킨다. 그런데 주의할 것이 있다. 선가禪家에서는 자기 마음인 자성을 직접 증득함을 견성見性이라고 한다. 같은 단어인데도 뜻이 전혀 다르니, 잘 구별하여 혼동하지 말아야 한다.

아난아! 비유컨대 만일 내 손이 없으면 내 주먹을 이루지 못하고 만일 네 눈이 없으면 네가 볼 수가 없을 것이니, 네 눈을 가지고서 내 손에 비유한다면 그 뜻이 같겠느냐, 다르겠느냐?"

아난이 대답하였다.

"예! 그렇습니다, 세존이시여! 제 눈이 없으면 제 견見을 이루지 못할 것이니, 제 눈으로써 여래의 손에 비유하건대 그 이치가 서로 유사하겠습니다."

부처님께서 아난에게 말씀하셨다.

"네가 서로 같다고 말하지만 그 이치가 그렇지 않다. 무슨 까닭이냐? 손이 없는 사람은 주먹이 필경 없지만, 저 눈이 먼 사람은 보는 것이 전혀 없는 것이 아니다.

왜냐하면 네가 시험 삼아 길에 나가서 눈 먼 장님에게 당신도 보이는 것이 있느냐? 하고 물어보면 모든 장님들이 반드시 너에게 대답하기를, 나는 지금 눈앞에 오직 컴컴한 것만 보이고 다시 다른 것은 보이지 않는다고 말할 것이다. 이 이치로 보면 장님은 눈앞이 안 보여서 어두운 것이지 보는 견이야 무슨 탈이 있겠느냐?"

아난이 말하였다.

"모든 장님들의 눈앞에는 오직 어두운 것만 보일 뿐인데, 어찌 그것만 가지고 장님도 보는 견見이 있다고 단정할 수 있겠습니까?"

부처님께서 아난에게 말씀하셨다.

"모든 장님들이 눈이 없어서 오직 어두운 것만 보는 것을 눈 있는 사람이 암실에서 어둠을 보는 것과 비교하면, 이 두 가지 어둠이 서로 같으냐 다르냐?"

아난이 대답하였다.

"그와 같습니다, 세존이시여! 이 암실에서 어둠을 보는 것과 장님이 어두운 것 보는 것을 비교해 보면 서로 다를 것이 없습니다."

부처님께서 말씀하셨다.

"아난아, 만일 눈이 안 보이는 장님이 눈앞의 컴컴한 것만 보다가, 치료를 받아서 문득 눈으로 볼 수가 있게 되어서 눈앞의 가지가지 색깔을 보는 것을 두고서 만약 눈이 본다고 표현한다면, 암실에 있던 사람이 촛불을 켜서 가지가지 색깔을 보게 되는 것은 촛불이 본다고 말하겠구나.

만일 촛불이 본다면 촛불이 능히 보는 견見이 있으므로 촛불이라고 할 수가 없고, 또 촛불이 본 것이니 너와는 관련이 없다.

🐾 부처님 당시의 인도에서는 '시각현상을 보는 놈', 즉 견見의 주체를 두고 논란이 있었다.

그러므로 마땅히 알아라. 촛불이 능히 색깔을 나타내지만, 그 색깔을 보는 것은 안근眼根이지 촛불이 아니다. 이와 같이 눈이 능히 색깔을 나타내지만, 이와 같이 볼 줄 아는 성품인 견성見性은 마음이지 눈이 아니다."

🐾 부처님께서 '시각현상을 보는 놈은 눈이 아니고 마음이다'라고 하신다. 우리가 눈을 통하여 시각현상을 인식하기는 하지만, 그때 눈은 다만 렌즈 같은 도구에 지나지 않으며, 정작 빛깔을 인식하는 주체는 마음이라는 설명이다. 안근인 눈은 카메라와 같은 기관일 뿐이다. 동공을 통하여 빛깔을 받아들이고, 필름처럼 영상을 처리하고, 그것이 시신경을 통하여 두뇌에 전달되는 과정에 안근이 필요

할 뿐이다. 따라서 시각현상에서 보고서 그것을 알아보는 놈은 눈이 아니다. 다만 마음의 자성본용自性本用인 견성見性이 볼 줄을 아는 능력을 가지고 있는 것이다. 그래서 '보는 놈은 눈이 아니고 마음이다'라고 하신다.

2. 견성見性은 요동하지 않는다

아난이 이 말씀을 듣고는 여러 대중과 같이 입은 비록 침묵했으나 마음은 깨달아 열리지 못하여, 여래께서 자비한 음성으로 계속하여 설명하여 주시기를 원하면서 합장한 채로 마음을 비우고서 부처님의 자비로운 가르침을 기다렸다.

그때에 세존께서 빛나는 손을 들어 다섯 손가락을 펴시고는, 아난과 여러 대중에게 가르쳐 말씀하셨다.

"내가 처음에 성도하고 녹야원에서 아야다阿若多 등 다섯 비구와 너희 사부대중을 위해 설법하기를 '일체 중생이 보리와 아라한을 성취하지 못하는 것은 모두 객진客塵 같은 번뇌로 인하여 잘못되었기 때문이다'고 했는데, 너희들은 당시에 무엇을 깨달아서 마음이 개오開悟하여 지금 성과聖果를 이루었느냐?"

그때에 교진나가 일어서서 부처님께 고하였다.

"제가 지금 장로長老로서 대중 가운데 해오解悟했다는 이름을 얻은 것은 객진이라는 두 글자를 통하여 깨달아서 성과를 성취했기 때문입니다.

세존이시여! 비유하면 나그네인 객이 여관에 들러서 숙식을 할 때에 먹고 자는 일이 끝나면 행장을 수습하고 길을 떠나지만, 여관 주인은 항상 머무니 떠나가는 일이 없습니다. 이와 같이 머물지 않는 것을 객이라 하고 머무는 것을 주인이라고 하므로, 객진에서 객客은 머물지 않는다는 뜻입니다.

또 날씨가 개어서 맑은 햇살이 하늘에 가득하면 햇살이 문틈으로 들어와서 방안에 떠다니는 많은 먼지를 보게 됩니다. 이때 먼지는 요동하고 허공은 고요하니, 그와 같이 맑고 고요한 것은 허공이라 이름하고, 요동하는 것을 먼지인 진이라고 이름하는 것이니, 즉 객진에서 진塵은 요동한다는 뜻입니다."

부처님께서 말씀하셨다.

"네 말이 옳다. 그와 같다."

🍃 번뇌는 생각에서 생긴다. 아무 생각도 없으면 아무 번뇌도 없다. 그런데 생각은 항상 '일어났다 꺼졌다' 한다. 그에 따라 괴로운 번뇌가 출몰한다. 그런데 생각은 마음이 출처다. 교진나(憍陳那: 교진여, 아야다)가 생각은 일어나고 사라지면서 요동하지만 마음은 전혀 요동하지 않는다는 사실을 알고, 객진客塵이라는 두 글자의 뜻을 깨달아서 성과聖果를 성취했다고 한다.

즉시에 여래께서 대중 가운데에서 다섯 손가락을 오므렸다가 다시 펴시고, 폈다가는 다시 또 오므리시고는, 아난에게 일러 말씀하셨다.

"이것을 보느냐?"

아난이 대답하였다.

"저는 여래께서 대중 가운데서 손가락을 폈다 오므렸다 하시는 것을 보았습니다."

부처님께서 아난에게 말씀하셨다.

"네가 여래의 손이 폈다 오므렸다 하는 것을 보았다고 하니, 내 손이 폈다 오므렸다 하느냐, 너의 보는 견見이 폈다 오므렸다 하느냐?"

아난이 대답했다.

"세존께서 손을 폈다 오므렸다 하시기 때문에 제가 여래의 손이 폈다 오므렸다 하는 것을 본 것이지, 저의 보는 성품(見性)이 폈다 오므렸다 하는 것은 아닙니다."

부처님께서 말씀하셨다.

"무엇이 움직이고, 무엇이 고요한가?"

아난이 대답했다.

"부처님의 손이 움직였습니다. 나의 보는 성품은 오히려 고요하다고 할 것도 없는데, 어찌 머물지 않았다고 하겠습니까."

부처님께서 말씀하셨다.

"네 말이 옳다. 그와 같으니라."

🐚 시각현상은 시시각각으로 변하지만, 시각현상을 볼 줄 아는 성능인 견성見性은 변화가 없다. 부처님 손은 요동하지만, 그것을 볼 줄 아는 아난의 견성은 요동하지 않는다는 말씀이다.

'오히려 고요하다고 할 것도 없는데, 어찌 머물지 않았다고 하겠습니까?'라는 말은 설명이 필요하다. 원래 고요할 정靜은 움직일 동動

과 상대되는 단어로, 먼저 움직이다가 그치면 고요하다고 하는 것이다. 그런데 견성見性은 본래 아무 모습이 없으니 요동하여 움직이는 모습을 포착할 수가 없다. 견성은 무상無相인지라, 일찍이 움직인 적이 없으니 고요하다고 표현할 것도 없다는 말씀이다.

이어서 여래께서 손바닥으로 한 줄기 보광寶光을 날리시어 아난의 오른쪽을 비추시는지라, 즉시에 아난이 머리를 오른쪽으로 돌려서 광명을 보았다. 여래께서 다시 보광을 날려서 아난의 왼쪽을 비추시니, 아난이 또 머리를 돌려 왼쪽을 보았다.
부처님께서 아난에게 말씀하셨다.
"네 머리가 지금 무슨 이유로 좌우로 요동했느냐?"
아난이 대답하였다.
"저는 여래께서 묘한 보광을 나투시어 저의 좌우에 날리셨으므로, 제가 좌우로 돌아본다고 머리가 스스로 요동했습니다."
"아난아, 네가 부처님의 광명을 보려고 좌우로 머리를 움직였을 때에 너의 머리가 움직였느냐, 너의 보는 성품이 움직였느냐?"
"세존이시여! 제 머리가 스스로 움직인 것이지, 저의 보는 성품은 오히려 정지한 것도 없는데 무슨 요동이 있겠습니까."
부처님께서 말씀하셨다.
"네 말이 옳다. 그와 같으니라."
이에 여래께서 대중에게 널리 말씀하셨다.
"이와 같이 중생들은 요동하는 것을 진塵이라 하고, 머물지 않는 것을 객客이라 부른다.

너희들은 아난을 보아라. 아난의 머리는 스스로 요동할지언정, 그 요동하는 머리를 보는 너희들의 견見은 움직임이 없었다.

또 너희들은 나를 보아라. 내 손은 스스로 폈다 오므렸다 할지언정, 폈다 오므리는 내 손을 보는 너희들의 견見은 폈다 오므렸다 함이 없었다.

그런데 어찌하여 너희들은 움직이는 것을 네 몸으로 삼고, 또 움직이는 것을 경계로 삼아서 처음부터 끝까지 생각 생각마다 움직이고 생멸하면서 진성眞性을 잃어버리고서 뒤바뀐 짓만 하고 있느냐?

성품인 마음(性心)이 진짜로 부동하는 진심을 잃고서 물상物象을 자기 몸으로 오인하여, 그 속에서 윤회하여 스스로 유전을 택한 것이다."

🍃 먼저 견성見性이 가진 특성 중에서 부동不動을 설명하셨다. 변동하는 시각현상을 따라서 그것을 알아보는 견성도 항상 움직인다고 착각하고 사는 것이 중생이다. 즉 원래 견성과 진심眞心은 움직인 적이 없다는 진실을 모르기 때문에 윤회에서 벗어나지 못하고 있다. 시각현상에서 보이는 장면이 바뀌어도 견성은 요동이 없고, 수많은 생각들이 출몰해도 마음은 부동이다.

3. 견성見性은 늙거나 죽지 않는다

그때에 아난과 여러 대중이 부처님의 가르침을 듣고 몸과 마음이 태연하게 되었으니, 끝없는 옛적부터 본심本心을 잃어버리고 육진에 끄달려서 분별하는 그림자인 연진분별영사緣塵分別影事를 마음으로 잘못 알고 있다가 오늘에야 본심을 개오開悟하니, 마치 젖을 잃은 아이가 문득 자모慈母를 만남과 같다는 생각이 들어서 합장하고 예불하였다. 그리고 여래께서 몸과 마음에 대하여 진망眞妄이나 허실虛實이나 생멸生滅과 불생멸不生滅인 두 가지로 현전하는 성품을 밝혀주시는 법문을 계속하여 듣고자 하였다.

때에 파사닉왕이 일어서서 부처님께 여쭈었다.

"제가 전날에 부처님의 가르침을 직접 배우지 못했던 시절에, 외도인 가라구타 가전연과 산사야 비라지자를 만났었는데, 그들이 모두 '이 몸이 죽고 나면 아무 것도 없는데, 이것이 열반이다'라고 말했습니다. 제가 지금 부처님을 만났으나 지금까지 그에 대한 의문이 남아 있으니, 어떻게 이해하여야 이 마음이 생멸하지 않는다는 불생멸不生滅의 경지를 증득하여 알겠습니까? 지금 이 모임에서 유루有漏인 사람들이 모두 그 법문을 듣기 원합니다."

🔖 죽으면 그만이다. 죽고 나면 아무 것도 없다는 것은 세상 사람들의 통념이다. 왕은 세상 사람들의 이러한 생각을 대변하여 질문을 하

고 있는 셈이다.

부처님께서 대왕에게 말씀하셨다.

"그대의 육신이 지금 있으니 그대에게 묻겠다. 그대의 이 육신이 금강과 같아서 항상 머물러 썩지 않느냐, 아니면 변하고 썩느냐?"

"세존이시여! 저의 지금 이 몸은 항상 변하고 마침내 썩고 맙니다."

부처님께서 말씀하셨다.

"대왕이여! 그대가 일찍이 죽어보지 않았거늘 어떻게 장차 죽을 것을 아는가?"

"세존이시여! 저의 이 변하고 죽어가는 무상無常한 몸이 아직은 죽지 않았으나, 지금도 생각 생각에 변화하고 새록새록 머물지 않는 것이 마치 불이 타고 나서 재가 되는 것과 같아서 점점 삭아 떨어져서 죽고 없어지고 있으니, 장차 이 몸이 꼭 사라지고 말 것을 알고 있습니다."

부처님께서 말씀하셨다.

"그와 같다, 대왕이여! 그대의 나이가 이미 노인에 해당하니, 얼굴이 소년 시절과 비교하면 어떠한가?"

"세존이시여! 제가 옛날 어렸을 적에는 피부가 윤택하였고, 차차 장성함에 따라 혈기가 왕성하더니, 지금 나이가 들어 노인이 되니 형색이 초췌하고 정신이 혼매하며 두발이 희고 얼굴이 쭈그러져서 장차 오래가지 못할 것 같은데, 어떻게 젊은 때와 비교하겠습니까."

부처님께서 말씀하셨다.

"대왕이여, 그대의 모습이 갑자기 늙지는 않았을 것이다."

파사닉왕이 대답하였다.

"세존이시여! 변화가 모르는 사이에 일어나서 제가 알지 못했으나, 세월이 흘러가면서 이 지경에 이르렀습니다. 제 나이가 20세일 때에는 비록 연소하다 하지만 용모가 이미 10세 때보다 늙었고, 30세 때에는 또 20세 때보다 늙었습니다. 지금은 62세라, 지난 50세 시절을 되돌아보니 그 시절에는 정말 건강했습니다. 세존이시여! 제가 모르는 사이에 조금씩 늙은 것이 지금은 이렇게 엄청나게 늙고 말았습니다.

늙으면서 흘러 변하는 것을 10년 단위로 말한 것이 이와 같지만, 만일 다시 자세히 살펴본다면 그 변하는 것이 어찌 오직 10년 단위이겠습니까. 실은 해마다 변합니다. 어찌 오직 해마다 변할 뿐이겠습니까. 또한 달마다 변합니다. 어찌 다만 달마다 변하겠습니까. 또한 날마다 시간은 흘러가니, 곰곰이 생각하고 자세히 관찰해 보면 찰나 찰나에, 생각 생각에 시간은 정지하지 않습니다. 그리하여 제 몸도 마침내 변하여 없어질 것을 압니다."

부처님께서 대왕에게 말씀하셨다.

"그대가 변화하여 늙어가는 것이 쉬지 않는 것을 보고 그대가 장차 죽을 것을 깨달았다면, 또한 죽을 때에 그대 몸 가운데 죽지 않는 것이 있는 줄을 아느냐?"

파사닉왕이 합장하고 부처님께 여쭈었다.

"제가 그것을 모릅니다."

부처님께서 말씀하셨다.

"내가 지금 그대에게 나고 죽는 것이 없는 성품을 보여주겠다. 대왕이여, 그대 나이 몇 살 때에 갠지스 강물을 처음 보았는가?"

왕이 대답하였다.

"제가 태어난 후 세 살 적에 어머니가 저를 데리고 기바천(耆婆天, 장수천)에 참배를 갔는데, 그때에 이 물을 건너가면서 이 갠지스 강물을 처음으로 보았습니다."

부처님께서 말씀하셨다.

"대왕이여! 그대가 이야기한 바와 같아서, 20세가 10세보다 노쇠했으며 이에 60세에 이르기까지 날과 달과 해마다 생각 생각에 몸은 변하고 늙어갔다. 그대가 3세에 이 강물을 본 것과 비교해서 나이 13세에 그 강물은 어떠하던가?"

왕이 대답하였다.

"3세 때와 같아서 전혀 다름이 없었으며, 이에 지금 나이 62세에 이르렀지만 또한 다름이 없습니다."

부처님께서 말씀하셨다.

"그대가 지금 스스로 머리카락이 희고 낯이 쭈그러짐을 서러워하는데, 분명코 얼굴은 어린 시절보다 쭈그러졌다. 그러나 그대가 지금 이 강물을 보는 견見이 옛날에 그 강물을 보던 견과 더불어 어리고 늙음에 차이가 있느냐?"

왕이 대답하였다.

"아닙니다, 세존이시여!"

부처님께서 말씀하셨다.

"대왕이여, 그대의 얼굴은 비록 늙어 쭈그러졌으나 강물을 보는 견정見精은 그 성품이 일찍이 늙거나 쭈그러지지 않았다. 쭈그러지는 것은 변하지만 저 쭈그러지지 않는 것은 변하지 않으며, 변하는 것은 없어지지만 저 변하지 않는 것은 원래 생멸이 없다. 그런데 어찌하여 그대는 견見이 생사를 받는다고 생각하는가. 지금도 저 외도들이 말한, 이 몸이 죽고 나면 아무 것도 없다는 이야기를 인용하겠느냐?"

왕이 이 말을 듣고는, 육신이 죽은 뒤에도 이 생生을 버리고 또 저 생으로 태어나는 것을 알고서 여러 대중으로 더불어 기뻐 뛰면서 일찍이 몰랐던 진리를 깨달았다.

※ '그대가 3세에 이 강물을 본 것과 비교해서 나이 13세에 그 강물은 어떠하던가?'라는 구절은 문장이 생략되어서 오해할 소지가 있다. 즉 '나이 13세에 그 강물은 어떠하던가?'라는 부분은, 원래는 나이 13세에 본 그 강물을 이야기하는 것이 아니다. 강물이란 원래 시시각각으로 수량과 흐름이 변화하므로, 3세에 본 강물과 13세에 본 그 강물이 같을 수가 없다. 여기서 대화의 주제는 시시각각으로 변하는 강물이 아니고, 강물을 보는 견정見精이다.

'지금 이 강물을 보는 견정이 옛날에 그 강물을 보던 견정과 더불어 어리고 늙음에 차이가 없다'라는 대답은 강물을 알아보는 파사닉왕의 견정은 나이의 다소에 관계없이 전혀 변화가 없었다는 말이다. 즉 시각현상을 알아보는 견정은 늙고 죽음이 없다는 말이다. 부처님은 『능엄경』에서 견성見性이라는 용어 이외에 따로 견정見精이라는 용어를 자주 사용하고 있다. 이 견정은 시각현상에서 어떤 부분을 지칭하는 것인지 분명하지가 않다.

불교에서 자주 인용하는 말 중에 '같은 강물을 보아도 중생의 종류에 따라서 다르게 보인다'는 일수사견一水四見 이야기가 있다. 중생 세계는 세상마다 그 차원이 다르므로 사용하는 사이클도 다르다. 같은 강물이라도 차원이나 사이클이 다르면 제각기 다르게 보인다는 이야기다. 같은 강물을 사람은 물로 보고, 천상에서는 유리로 보고, 물고기는 사는 공간으로 보고, 아귀는 똥물이나 피고름으로 본다. 마음이 있는 중생이면 누구나 견문각지를 할 줄 안다. 따라서 중생들의 견성見性은 평등하다. 그러나 태어난 세상의 차원에 따라서 실제로 시각현상을 알아보는 내용은 다르다. 이것은 각 중생들의 견정見精이 다르기 때문에 일어나는 현상이라고 설명할 수 있다. 그런데 이 견정은 각자의 세상에 태어나서 살아가는 동안에는 그 주파수에 변동이 없고, 또 대상을 보이는 그대로 알아보는 특징이 있다. 뒤에 나오는 설명에 따르면 견성見性이 제1월第一月이라면 견정見精은 제2월第二月에 해당한다고 하니, 견정은 견성이 전변한 것이다. 즉 시각현상을 볼 줄 아는 본능이 견성見性이라면 사람의 차원에서 시각현상을 알아보는 놈을 견정見精이라고 부른다. 사람의 눈으로 강물을 알아보는 놈은 사람의 견정이고, 귀신의 눈으로 강물을 알아보는 놈은 귀신의 견정이고, 천상의 눈으로 강물을 알아보는 놈은 천상의 견정이다. 세상의 차원에 따라 그 주파수가 다르니, 세상에 따라 견정도 당연히 그 주파수에 차이가 있다.

견정이란 개념은 부처님이 견見을 자세히 설명하기 위하여 『능엄경』에서만 특별히 사용하는 단어이다. 변견지심辯見指心 법문에 필요하여 방편으로 가설한 것이다. 그 이유는 견정은 안식眼識이므로 직관이며, 현량現量이기 때문이다. 직관인 현량은 제6의식이 안식을 대상으로 삼아 분별을 일으키기 이전의 순수한 직관 상태이므로 항상 진상眞相을 그대로 볼 뿐이다. 그것은 진심眞心의 본용本用인 견성見性을 설명하는 데 꼭 필요한 개념이다. 그래서 이 견정이란 용어를 방편으로 사용하고 있는 것 같다. 또한 이 견정이란 개념 때문에 『능엄경』은 육대六大 대신에 칠대七大를 설명하고 있다.

4. 만법은 마음에서 나왔다

아난이 자리에서 일어나 예불하고 합장하고 꿇어앉아 사뢰었다.

"세존이시여! 만일 이 보고 듣는 견문見聞이 반드시 생멸하지 않는다면 어찌하여 세존께서 저희들더러 진성眞性을 유실하고 뒤바뀐 짓을 한다고 책망하십니까? 원하건대 자비하신 마음으로 저희들의 의심을 씻어주십시오."

여래께서 즉시 금색 팔을 드리워서 손을 아래로 내리시어서 아난에게 보이시면서 말씀하셨다.

"네가 지금 내 손을 보아라. 내 손이 바로 되었느냐, 거꾸로 되었느냐?"

아난이 대답하였다.

"세간 중생들은 이것을 거꾸로라고 하는데, 저는 어느 것이 바로인지 거꾸로인지 모르겠습니다."

부처님께서 아난에게 이르셨다.

"아난아, 세상 사람들이 만약 이것을 거꾸로라고 한다면 세상 사람들이 어떤 것을 바로라고 하느냐?"

아난이 대답했다.

"여래께서 팔을 위로 세우시고 손이 허공을 가리키시면 사람들이 바로라고 하겠습니다."

부처님께서 곧 팔을 세우시고 아난에게 말씀하셨다.

"아난아! 이렇게 세간 사람들이 말하는 거꾸로인 전도顚倒는 다만 위아래가 서로 바뀌었을 뿐이다.

그러나 너희들의 몸과 여래의 청정한 법신을 비교해 보면 여래의 몸은 올바르게 모든 것을 아는 정변지正徧知라 하고, 너희들의 몸은 성품을 잘못 알고 있는 성전도性顚倒라고 한다.

네가 자세히 살펴보아라. 네 몸이 부처님 몸과 비교하여 거꾸로 전도되었다고 하는 것은, 도대체 무엇을 보고서 거꾸로 전도되었다고 하느냐?"

이에 아난과 대중이 눈을 부릅뜨고 부처님을 쳐다보면서 눈을 깜박거리지 않은 채, 몸과 마음이 거꾸로 전도된 곳을 알지 못하였다.

부처님께서 자비하신 마음으로 아난과 대중을 애처롭게 여기시고, 해조음海潮音으로 널리 회중에게 말씀하셨다.

"선남자야! 내가 항상 말하기를 '색色과 심心의 제연諸緣과 심소사心所使와 모든 소연법所緣法이 오직 마음에서 나툰 것이다'라고 하였다.

너의 몸과 마음이 모두 이 묘명진정妙明眞精한 묘심妙心에서 나툰 것인데, 너희들이 어찌하여 본묘本妙하고 원묘圓妙한 밝은 마음을 유실하였느냐?

🙦 여기서는 만법을 색色·심心·제연諸緣·심소사心所使·제소연법諸所緣法의 오종五種으로 분류하고 있다. 색은 무정인 물질과 에너지를 말하고, 심은 유정인 심식이고, 제연은 육근과 육진이고, 심소사는 마음이 일으키는 모든 작용이고, 제소연법은 우주에 가득한 근신기계根身器界와 기타의 삼라만상을 가리킨다. 이 모든 소연법이 오직 마음에서 나툰 것이다는 '제소연법諸所緣法 유심소현唯心所現'은『화엄경』의 일체유심조를 또다시 천명하고 있는 것이다.

보명寶明한 묘성妙性이 깨달은 오悟 중에 있으면서 미迷를 인식하여 회매晦昧하여 허공이 되고, 허공과 회암晦暗한 가운데서 암暗이 맺혀서 물질이 된다. 물질이 망상과 섞이어서 생각인 상想과 허망한 모습인 상相을 몸이라 여기고, 연緣을 모아 안으로 흔들리면서 밖으로 나가 분주하게 설치는 그 모습을 자기 심성이라 여긴다. 한번 미迷하여 마음이라고 믿고는 마음은 몸 안에 있다고 잘못 알고, 이 몸과 밖에 있는 산하와 대지와 허공이 모두 묘명진심妙明眞心 가운데 있는 물건인 줄을 알지 못한다.

🙦 통설通說은 이 구절을 읽을 때에, '너의 몸과 마음이 모두 이 묘명진정妙明眞精한 묘심妙心에서 나툰 것인데, 너희들이 어찌하여 본묘本妙하고 원묘圓妙한 밝은 마음인 보명寶明한 묘성妙性을 유실하고, 오悟 중에서 미迷를 인식하느냐?'라고 해석하고 있다. 물론 문맥상 그

렇게 해석할 수도 있다. 그러나 그 다음에 나오는 문장들을 자세히 살펴보면 '보명한 묘성이 깨달은 오悟 중에 있으면서 미迷를 인식하여'라는 구절은, 다음에 나오는 "회매晦昧하여 허공이 되고, 허공과 회암晦暗한 가운데서 암흑이 맺혀서 물질이 된다"는 설명의 첫머리에 해당한다. 이 글은 본래의 마음이 우주와 은하계를 만든 최초의 과정을 설명한 것이다. 이른바 일체유심조를 논리정연하게 풀이한 내용으로 '삼계유심三界唯心이요 만법유식萬法唯識이라'는 뜻이니, '보명한 묘성이 깨달은 오悟 중에 있으면서 미迷를 인식하여'라고 끊어서 읽는 것이 무난하다.

마지막에 나오는 '이 몸과 밖에 있는 산하와 대지와 허공이 모두 묘명진심妙明眞心 가운데 있는 물건인 줄을 알지 못한다'는 구절은, 제 마음이 만든 삼라만상을 독립하여 존재하는 외부의 경계로 오인하는 중생들의 착각을 지적하고 있다.

비유하면 맑고 큰 바다를 버리고 작은 물거품 하나를 가지고 큰 바다라고 오해하여 오대양을 다 포함한다고 생각하는 것과 같다. 이렇게 너희들은 미迷한 중에 다시 혼미하게 사는 사람이니, 내가 손을 드리운 것과 다를 것이 없다. 그래서 여래가 너희들을 '불쌍한 사람들이다'라고 말한다."

ॐ 중생들을 불쌍하게 여기는 이유는, 삼라만상이 제 마음에서 나온 사실을 잊어버리고 경계에 집착하여 탐심貪心이나 진심嗔心을 내고 있기 때문이다. 마치 마술사가 제가 만든 환물幻物을 진짜로 오인하

여 그것에 집착하는 것과 같다.

5. 견성은 돌려보낼 곳이 없다

부처님께서 대중을 구원하시고자 이처럼 자비심으로 자세하게 가르치시자, 아난이 눈물을 흘리면서 합장하고 부처님께 사뢰었다.

"제가 부처님의 이와 같은 묘한 설법을 듣고 묘명심妙明心이 본래 원만하고 상주하는 심지心地인 줄을 깨달았습니다. 그런데 제가 지금 부처님의 설법하시는 소리를 깨닫는 것은 현재의 이 반연심攀緣心으로 하는 것이며, 부처님을 우러러보는 것도 이 반연심으로 하는 것입니다. 그러나 이 마음이 본원심지本元心地인지 아닌지를 아직 모르고 있사오니, 원컨대 불쌍하게 여기시고 원음圓音을 베푸셔서 의심의 뿌리를 뽑아 무상도無上道에 돌아갈 수 있게 하옵소서."

부처님께서 아난에게 말씀하셨다.

"너희들이 아직도 반연심으로 법을 들으니 이 법도 또한 연緣이 되어 법성法性을 얻을 수 없다. 마치 어떤 사람이 달을 손가락으로 가리켜서 다른 사람에게 보이면 그 다른 사람이 손가락으로 인하여 달을 보아야 할 것이다. 만일 그 다른 사람이 손가락을 보고 달이라고 말한다면 그 다른 사람은 달만 모르는 것이 아니고 손가락까지 모르는 것이다. 왜냐하면 가리키는 손가락을 밝은 달이라고 잘못 말하기 때문이다. 어찌 손가락만 모르겠느냐? 밝은 것과 어두운 것조차도 모른다. 왜냐하면 손가락을 보고 달의 밝은 성품이라고 한다면 그는 밝음과 어두움을 모두 모르기 때문이다. 너도 마치 그와 같다.

만일 설법하는 음성을 분별하는 것이 너의 마음이라 한다면 그 마음이 마땅히 음성을 여의고도 따로 분별하는 성품이 있어야 할 것이다.

비유컨대 어떤 나그네가 여관에 투숙하면 잠깐 머물렀다가 떠나가니 마침내 상주하지 않지만, 여관 주인은 떠나지를 않으니 그를 주인이라고 한다.

이것도 또한 그와 같으니, 너의 진짜 마음이라면 떠나갈 곳이 없어야 된다. 그런데 어찌하여 음성을 여의고는 따로 분별하는 성품이 없느냐?

음성을 분별하는 마음만 그런 것이 아니고, 내 용모를 분별하는 것도 나의 색상色相을 여의고는 따로 분별하는 성품이 없다.

❦ 특정한 경계를 인식하고 분별하는 반연심은 그 경계가 없어지면 같이 사라진다. 그래서 경계 따라 생긴 반연심은 그 대상인 경계가 출처이니 그곳으로 돌려보낼 수 있다.

이와 같이 하여 분별이 전혀 없어서 색色도 아니고 공空도 아닌 자리를 외도인 구사리拘舍離들은 혼매하여서 명제冥諦라고 부른다.

❦ 경계가 없어지면 분별이 없어지고, 반연심도 저절로 사라진다. 이렇게 경계와 분별이 없는 자리를 만법의 근본자리라고 믿는 사람들이 있다. 중국의 도가에서 말하는 도道나 유가의 극칙인 태극太極

이 그런 부류에 속하고, 부처님 당시의 수론數論 외도인 사비가라가 말하는 명제(冥諦: 만물의 본질, 본성)도 같은 개념이다.

만법의 연緣을 여의고 분별하는 자성이 따로 없다면 네 심성이 각각 돌아갈 데가 있다는 말인데, 그런 심성을 상주하는 주인이라고 할 수가 있겠느냐?"

아난이 여쭈었다.

"만일 저의 심성이 각기 돌려보낼 데가 있다 하시오면 여래께서 말씀하시는 묘명원심妙明元心은 어찌하여 돌려보낼 데가 없습니까? 바라옵건대 알아듣도록 분명하게 설명하여 주십시오."

부처님께서 아난에게 말씀하셨다.

"네가 나를 볼 때에 너의 보는 견정見精인 명원明元이 비록 하늘의 달과 같은 묘정명심妙精明心은 아니지만, 눈을 눌러서 보는 제2월과 같은 것으로 반연심처럼 월영月影은 아니다.

🕉 부처님이 여기서 처음으로 견정見精의 특징을 설명하신다. 즉 '너의 보는 견정見精인 명원明元이 묘정명심妙精明心은 아니지만, 제2월第二月과 같은 것으로, 반연심처럼 월영月影은 아니다'라고 하신다.

여기에서 묘정명심妙精明心은 견성見性에 해당하고, 견정見精인 명원明元은 자기가 사는 세상의 차원과 주파수를 통하여 시각현상을 알아보는 놈이다. 이 견정見精은 특정한 세계의 사이클에서 나타난 시각현상에서 그것을 인식하는 놈으로 견성見性의 구체적인 작용이다. 즉 '견성과 같은 것도 아니지만, 견성과 전혀 다른 것도 아니다.' 그래서 견성見性이 제1월第一月이라면 견정見精은 제2월에 비유하고 있다. 예를 들면 제1월은 하늘에 뜬 달이고, 제2월은 근시가 보는 일그러진 달 모습이다. 이 제2월은 비록 일그러진 모습이긴 하지만 하늘의 제1월이 직접 그 출처이므로, 제1월의 영상인 물에 비치는 달그림자(月影)와는 판연히 다르다. 거울에 비유하면 거울은 마음에 해당하고, 거울이 사물을 그대로 비추는 허명虛明한 성질은 견성見性에 해당한다. 허명한 거울이 꽃을 비출 때에 거울의 표면이 오목한가 볼록한가에 따라서 비치는 영상이 달라지는데, 이 오목거울과 볼록거울의 비추는 작용이 견정見精에 해당한다. 그리고 거울에 비친 꽃은 빈 영상影像으로 헛것이다.

네가 자세히 들어라. 이제 너에게 보는 견見은 돌려보낼 데가 없음을 보여주겠다.

아난아! 이 강당이 동향東向이므로 해가 뜨면 밝게 환하고, 한밤중에 달이 없고 운무가 자욱하면 어둡다. 문으로는 통함을 보고, 담장에서는 막힘을 본다. 분별하는 곳에서는 연緣을 보고, 허공은 모두 비었는데, 어두운 황사 먼지가 자욱하면 흙비가 오고, 맑게 개어서 안개가 걷히면 청명함을 본다.

아난아! 네가 이 여러 가지 변화하는 상相을 보지만, 내가 이제 이 상들을 본래 원인한 곳으로 돌려보내겠다. 무엇이 본래의 원인이냐?

아난아! 이 여러 가지 변화하는 모습에서, 밝은 것은 태양에게 돌려보낸다. 왜냐하면 태양이 없으면 밝지 못하므로 밝은 원인은 태양에 속하니, 그러므로 태양에게 돌려보낸다. 어두움은 흑월黑月에 돌려보내고, 통함은 문에 돌려보내고, 막힘은 담장에 돌려보내고, 연緣은 분별에 돌려보내고, 빈 것은 허공에 돌려보내고, 흙비는 황사 먼지에 돌려보내고, 청명은 맑은 데로 돌려보낸다. 모든 세간에 있는 일체의 것이 이런 종류에서 벗어나지 못한다.

그런데 네가 이 여덟 가지 현상을 볼 때에, 그것을 알아보는 견정見精의 분명한 성품은 마땅히 어디로 돌려보내겠느냐? 왜냐하면 만일 밝은 데로 돌려보낸다면 곧 밝지 않을 때엔 다시 어두운 것을 볼 수가 없어야만 할 것이기 때문이다. 비록 명암이 가지가지로 차별이 있으나, 그것을 보는 견정見精은 차별이 없다.

🦋 우리가 사람의 견정見精으로 외부의 경계를 견휼할 적에, 시각현상에서 육진의 명암과 차별된 모습을 그대로 알아본다. 그러나 차별된 경계를 알아보는 견정은 아무런 변화도 일어나지 않는다. 마치 볼록거울이 여러 가지 다른 영상들을 이것저것 번갈아서 볼록하게 비추더라도, 거울이 가진 볼록하게 비추는 성능에는 아무런 변화가 없는 것과 같다.

돌려보낼 수 있는 것들은 당연히 네가 아니지만, 네가 돌려보내지 못하는 것은 네가 아니고 무엇이겠느냐?

🦋 이 구절은, 돌려보낼 곳이 없는 견정을 설명하면서, 동시에 마음도 온 곳이 없다는 점을 설명하고 있다. 고려 시대 보조普照 국사 지눌

知訥의 제자인 진각眞覺 국사 혜심慧諶이 불경과 조사어록에서 전해 오던 1,463개의 공안公案을 모두 정리하여 『선문염송禪門拈頌』 전30권을 편찬하였는데, 이 구절은 제53번째 공안으로 들어 있다.

그러므로 네 마음이 본래 묘명정妙明淨하건마는, 네 스스로가 미하고 답답하여 근본을 잃어버리고 윤회하면서 생사 속에서 항상 뜨고 잠기는 줄을 알아라. 그러므로 여래가 너를 가련하다고 하느니라."

6. 견성은 물상物像이 아니다

아난이 부처님께 여쭈었다.

"제가 비록 견성이 돌려보낼 수 없는 것인 줄은 알았으나, 이것이 저의 진성眞性인 줄을 어떻게 하여야 알 수가 있겠습니까?"

🐟 영지靈知한 진심眞心이 견문각지見聞覺知하는 작용에서 나타나는 자성본용自性本用에는 견성見性과 문성聞性과 지성知性 등이 있다. '견성이 돌려보낼 수 없는 것인 줄은 알았으나, 이것이 저의 진성(眞性, 眞心)인 줄'이란 구절은 견성이 진심의 본용임을 확인하는 말이다.

부처님께서 말씀하셨다.
"아난아, 너에게 묻겠다. 네가 아직 무루인 청정은 얻지 못하였으나 나의 신력을 의지하면 초선천初禪天을 걸림 없이 보며, 아나율은 염부제를 손바닥에 있는 암말라 열매를 보듯이 보고, 여러 보살들은 백천 세계를 보고, 시방의 여래는 미진수의 청정한 국토를 전부 다 보지만, 중생이 꿰뚫어 보는 것은 분촌分寸을 지나지 못한다.

🐾 시각현상을 알아보는 견정見精은 각자가 소속된 세상의 고유한 사이클에 따라서 볼 수 있는 범위가 달라진다. 또 수행의 고저에 따라서도 견정에 차이가 있다. 그러나 그렇게 볼 줄 아는 견성은 모두가 평등하다. 오목거울도 볼록거울도 모두 허명虛明하다.

아난아! 너와 내가 사천왕이 거주하는 궁전을 볼 적에 그 중간에 널려 있는 바다와 육지와 허공에 있는 모든 것들을 함께 둘러보는데, 비록 어둡고 밝은 종류의 형상들이 다양하게 있으나, 모두 전진前塵으로서 분별의 대상들이다.

네가 여기서 자와 타로써 주관과 객관을 분별하여 보아라. 내가 이제 너를 위하여 견見에서 어느 것이 너의 바탕(體)이며, 어느 것이 물상物象인가를 구별하여 주겠다.

아난아! 너의 견하는 시력을 다하여 일월궁日月宮까지 본다고 하여도 모두 물상이지 네가 아니며, 칠금산七金山에 이르러 두루 관찰하여도 비록 가지가지 빛깔이 보이나 역시 물상이요 네가 아니며, 다시 구름이 뜨고 새가 날고 바람이 불고 티끌이 날리는 것이나, 수목과 산천과 풀과 잡초와 사람과 축생들을 보아도 모두 물상이지 네가 아니다.

아난아! 이 가깝고 먼 데 있는 모든 물상의 성질은 서로 다르지만, 이 모든 것을 너의 청정한 견정見精으로 보고 있다. 이때 물상은 종류에 따라서 차별이 있지만, 이것들을 보는 너의 견성見性은 차별이 없다. 이 보는 견정의 묘명妙明한 것이 진실로 너의 보는 견성이다.

🐾 시각현상을 알아볼 적에, 보이는 경계는 차별이 있으나 그것을 알아보는 주체인 견정은 항상 평등하다. 그러므로 경계와 견정은 분명히 다른 것이다.
여기서 다시 견정見精과 견성見性의 차이를 설명하셨다. 시각현상에서 보는 주체인 견정의 묘명한 성품이 바로 견성이라고 하셨다.

만약 견정見精이 물상이라면 네가 나의 견정을 볼 수 있어야 하리라.
만약 함께 보는 것으로 나의 견정을 본다고 한다면 내가 불견不見할 때에는 어찌하여 나의 불견하는 곳을 보지 못하느냐?
만약 나의 불견하는 곳을 본다면 자연히 저 불견하는 상相이 아니다.
만약 나의 불견하는 곳을 보지 못한다면 자연히 물상이 아니다. 그렇다면 어떻게 견정이 네가 아니겠느냐?
또 네가 지금 물상을 볼 적에, 네가 물상을 보고 물상도 또한 너를 본다면 체성體性이 분잡하여 너와 나와 모든 세간들이 제대로 성립할 수가 없을 것이다.

🦂 이 부분은 '견정見精은 물상物象이 아님'을 설명하는 내용인데, 만약(若)이란 용어가 네 번 나오므로 흔히 '사약장四若章'이라고 한다. 이 설법은 넉 자로 번역한 한문 문장이라 생략된 구절이 많아서 번역이 좀 복잡하지만, 요지는 견정은 물상과 다르다는 내용이다.
'자연히 저 불견不見하는 상相이 아니다(自然非彼不見之相)'라는 구절은 해석에 이견이 있다. 감산 덕청 대사는 '만약 불견不見하는 곳을 본다면 그것은 너의 망견이므로, 자연히 내가 보지 않고 있는 물상은 아니다'라고 새긴다. 교광 진감交光眞鑑 대사는 '만약 불견하는 곳을 본다면 나의 견이 이미 그 물상을 보지 않고 떠났으니, 저 내가 보지 않고 있는 물상이 내 견은 아니다'라고 새긴다.
이 구절은 『선문염송禪門拈頌』에 제49번째 공안으로 들어 있다.

너는 어찌하여 너의 견성見性이 너의 진성眞性임을 스스로 의심하여, 견성을 너의 진성이 아니라고 생각하고서 나에게 진실을 물어서 구하고자 하느냐?"

7. 견성은 크기가 없다

아난이 부처님께 사뢰었다.

"세존이시여! 만일 이 견성이 반드시 저 자신이라서 다른 것이 아니라면 제가 부처님과 함께 사천왕의 궁전을 보려고 일월궁에 있을 적에는 이 견見이 두루 원만하여 사바세계의 국토들을 두루 다 보았는데, 정사에 돌아와 보니 가람만 보이고, 또한 방안에 앉아 있으니 처마 끝만 보입니다.

세존이시여! 이 견성은 그 바탕이 본래는 한 세계에 두루하던 것이 지금 방안에 있을 적에는 겨우 한 방안에만 가득하오니, 본래 큰 견성이 축소되어 작아진 것입니까, 아니면 담장과 지붕 때문에 차단되어 끊어진 것입니까?

제가 이 까닭을 모르오니, 바라옵건대 큰 자비로 저희들을 위하여 분명하게 설명해 주십시오."

부처님께서 말씀하셨다.

"아난아! 일체 세간의 크고 작은 내외의 모든 사물은 다 객체로 육진 경계에 속하니, 너의 보는 견성이 늘어나거나 줄어든다고 말하지 말라.

🙠 아난이 다시 견성見性의 특징을 알고자 그 대소大小와 신축伸縮을 질문한 부분이다. 견성은 본래 물건이 아니니 허공처럼 모습이 없고, 모습이 없으니 크기와 변동이 당연히 없다. 그런데 아난은 여전히 견성을 물상의 일종으로 보고 있기 때문에 그 확대·축소와 연결·단절 등을 질문하고 있다.

비유하면 네모난 그릇 속에서 네모난 허공을 보는 것과 같다. 다시 네게 묻겠다. 이 네모난 그릇 속의 네모난 허공이 네모난 것으로 정해진 것이냐, 정해진 것이 아니냐?

만일 허공이 네모난 것으로 정해진 것이라면 그 허공을 둥근 그릇에 옮겨 담아도 허공이 둥글지 않고 네모가 나야 할 것이다.

만일 허공이 네모난 것으로 정해진 것이 아니라면 네모난 그릇 속에서도 네모난 허공이 없다.

네가 '이 까닭을 알지 못한다'고 말하는 그 이치가 이와 같으니라.

아난아! 만일 허공이 네모나고 둥근 것이 없는 줄을 알고자 하면 단지 네모난 그릇만 치우면 된다. 허공 자체는 일찍이 네모난 적이 없으니, 허공의 네모난 모양을 제거해야 한다고 말할 필요가 없다.

만일 네가 질문한 것처럼 방안에 들어갈 적에 견성見性이 줄어서 축소하였다면 하늘의 해를 쳐다볼 적에는 견성이 크게 확대되어 해에 닿은 것이냐?

담장과 지붕이 견성을 작게 끊어버렸다면 만일 작은 구멍이 뚫어져 있을 적에는 어째서 견성을 이은 흔적이 없느냐? 그러므로 그런 이치가 없다.

일체 중생이 아득한 옛날부터 물질인 육신을 자기라고 오인하여 본심本心을 잃어버리고 물질에 끄달려 왔으니, 그중에서 크고 작은 것을 본다. 그러나 만일 물질을 능히 굴릴 줄을 알면 여래와 같이 되어서, 몸과 마음이 원명圓明하여서 도량에서 움직이지 않고 한 터럭 끝에 시방의 국토를 모두 능히 포함하여 받아들일 수 있다."

🐾 이 부분은 부처님께서 물전物轉과 전물轉物의 차이를 설명하신 것이다. 즉 중생들이 육진이라는 경계에 끄달려서 모습을 분별하는 버릇에 사로잡힌 것이 물전이고, 도인들이 일체유심조를 알아서 공적영지空寂靈知가 만들어낸 허망한 경계를 잘 굴리는 것이 전물이다.

경계에 끄달려 그것이 존재한다고 믿으면 '크고 작은' 대상에 따라서 그 대소의 모습에 구애를 받으므로, 이른바 물전은 저절로 탐착하여 애오愛惡가 생겨서 윤회하게 된다. 그러나 공적영지가 나툰 몽환夢幻인 줄 알고서 경계에 끄달리지 않으면 애오가 생기지 않으니, 이른바 전물은 도량에서 움직이지 않고, 한 터럭 끝에 시방의 국토를 모두 능히 포함하여 받아들일 수 있어서 만법을 능히 굴릴 수가 있다.

8. 견見과 물상은 불이不二다

아난이 부처님께 사뢰었다.

"세존이시여! 만일 견정見精이 반드시 저의 진짜 묘성妙性이라면 지금 이 묘성이 제 앞에 나타나 있습니다.

이 견정이 제 진성眞性이라면 지금 저의 이 몸과 마음은 어떤 물건입니까? 지금 제 몸과 마음은 분별할 실체가 있으나, 저 견見은 제 몸과 분별할 만한 실체가 없습니까?

만일 제 마음이 저로 하여금 능히 보게 한다면 견성이 참으로 저요, 이 몸은 제가 아닐 것이니 그렇다면 여래께서 먼저 틀린다고 지적하신 물건이 능히 나를 보리라고 하셨던 것과 어떻게 다릅니까?

바라옵건대 큰 자비로써 모르는 것을 깨우쳐 주십시오."

❋ 앞에서 부처님이 진심眞心인 영지靈知를 설명하고자 견정見精을 자주 거론하였으므로, 아난이 문득 '신심身心 이외에 견정이라는 존재

가 따로 있는 것인가?' 하는 생각이 들었다. 아난은 '지금 내 앞에 나타나 있는 시각현상을 보는 견정이 반드시 나의 진짜 묘성이라면 이 신심은 도대체 무엇인가?' 하는 의심이 생겼다. 그렇다면 견정과 신심은 서로 다른 존재인가 같은 존재인가? 의심은 제때에 풀어야 한다. 그래서 당장 질문을 하였다.

이 질문에서 아난이 네 가지 의문을 제기했다고 해석하는 것이 통설이다. 즉 '첫째, 만일 이 견정이 반드시 저의 진짜 묘성이라면 지금 이 묘성이 제 앞에 나타나 있습니까? 둘째, 이 견이 제 진성이라면 지금 저의 몸과 마음은 어떤 물건입니까? 셋째, 지금 제 몸과 마음을 분별해 보면 실체가 있으나, 이 견은 제 몸과 따로 분별할 실체가 없습니까? 넷째, 만일 제 마음이 저로 하여금 능히 보게 한다면 견성이 참으로 저요 이 몸은 제가 아닐 것이니, 그렇다면 여래께서 앞에서 틀렸다고 지적하신 물건이 능히 나를 보리라고 하셨던 법문 내용과 어떻게 다릅니까?'

이 네 가지 의문은 모두 '지금 제 앞에 나타나 있는 이 견정이 반드시 저의 진짜 묘성이라고 한다면'이라는 전제를 두고서 아난이 제기한 질문들이다.

부처님께서 아난에게 말씀하셨다.

"지금 '제 견정이 앞에 나타나 있다'는 너의 말이 옳지 않다. 만일 참으로 네 견見이 앞에 있어서 네가 참으로 견정을 본다면 이 견정이 있는 처소가 있을 터이니, 그 처소를 구체적으로 지적하여 가리킬 수 있을 것이다.

지금 기타림에 앉아서 숲과 냇물과 전당을 두루 보며, 위로는 해와 달을 보고, 멀리 앞으로는 항하를 대하였으니, 네가 지금 내 사자좌 앞에서 손을 들어서 분명하게 가리켜서 지적해 보아라. 이 여러 가지 모습들이 그늘진 것은 숲이요, 밝은 것은 태양이요, 막힌 것은 벽이요, 통한 것은 허공이니, 이와 같이 초목과 실낱같은 터럭까지도 크고 작은 모양은 다르지만 모습이 있는 것은 모조리 지적하여 가리킬 수가 있다.

만약 네 견정이 반드시 네 앞에 있다면 네가 손으로 확실하게 가리켜 지적해 보아라. 어느 것이 네 견정이냐?

아난아! 마땅히 알아라. 만일 허공이 견見이라면 허공이 이미 견이 되었으니, 어느 것이 허공이냐?

만일 물건이 견見이라면 물건이 이미 견이 되었으니 어느 것이 물건이냐?

너는 이 삼라만상을 자세하게 관찰하여 정명精明하고 정묘淨妙한 견정을 분석해 내어서 저 다른 물상을 가리키듯이 분명하게 나에게 지적하여 가리켜 보아라."

아난이 말하였다.

"제가 지금 이 강당에서 바라보니, 멀리는 항하를 보고 위로는 해와 달을 보는데, 손으로 가리키고 눈으로 보는 것이 모두 다 물건인지라 견정이 없습니다.

세존이시여! 부처님의 말씀과 같이 저는 아직도 마음이 새는 유루有漏인 초학성문初學聲聞이거니와, 비록 보살이라도 이 만물상에서 견정을 가려내어서 모든 물상과 구별하여 따로 견정의 자성을 분명하게 지적하여 가리킬 수는 없습니다."

부처님께서 말씀하셨다.

"그와 같고, 그와 같다."

🐾 앞에서 육진인 경계는 서로 차별이 있어서 구별이 되지만 보는 주체인 견정見精은 차별이 없어 평등하므로, 객체인 경계와 주체인 견정은 서로 다르다고 할 수밖에 없다. 서로 다른 놈이니 당연히 구별하여 가려낼 수가 있어야 한다.

'일체의 물건과 구별하여 따로 견정을 가려낼 수는 없습니다'라는 것은, 즉 '물상에서 견을 가려낼 수가 없다', 내지는 '경계에서 따로 견정을 분명하게 떼어낼 수가 없다'는 말이니, 지금 눈앞에 보이는 것은 모두 물상이지, 특별히 견정이라고 할 만한 것이 따로 없다는 말이다.

부처님께서 다시 아난에게 말씀하셨다.

"아난아! 네 말대로 견정見精이 일체의 물건을 여의고 따로 자성이 없다면 네가 가리키는 이 물건 가운데는 견見이라고 할 것이 없겠구나.

내가 지금 다시 네게 말하나니, 네가 여래와 함께 기타림에 앉아서 숲과 동산과 내지 해와 달을 다시 보아라. 여러 가지 물상의 모습이 서로 다르지마는 그 가운데에 네가 가리켜 보일 견정이 없다면 네가 다시 밝혀 보아라. 이 물상 가운데에서 어느 것이 네 견見이 아니냐?"

아난이 대답하였다.

"제가 이 기타림을 두루 살펴보지만, 이 가운데서 어느 것이 견見이 아닌지를 알 수가 없습니다.

왜냐하면 나무가 제 견見이 아니라면 어떻게 제가 나무를 볼 수가 있으며, 또 나무가 저의 견見이라면 나무가 이제 제 견見이 되었으니 어떤 것이 나무이겠습니까?

이와 같이 허공이 제 견見이 아니라면 어떻게 제가 허공을 볼 수 있으며, 또 허공이 제 견見이라면 어떤 것이 허공이겠습니까? 제가 지금 다시 생각해 보니, 삼라만상 중에 제 견見이 아닌 것이 없습니다."

부처님께서 말씀하셨다.

"그러하고, 그러하니라."

이때에 무학無學이 아닌 대중들은 부처님의 이 법문을 듣고 아득하여 그 이치를 잘 알지 못하여 한참 동안 어쩔 줄 몰라 마치 알았던 것을 잃어버린 듯하였다.

🔹 앞에서 '물상物象과 견見은 다르지만 물상에서 견을 가려낼 수가 없다'고 하더니, 이번에는 반대로 '물상이 견 아닌 것이 없다'고 설명한다. 즉 물상이 내가 아니면 내가 그 물상을 볼 수가 없다고 설명한다. 주파수가 다르면 보이지 않는다는 말이다. 물상이 보인다는 것은 시각현상에서 주체와 객체가 다른 것이 아니기 때문이라고 한다. 논리적으로는 분명히 옳지만 결론이 이상하게 되었다. 앞뒤의 두 설명에서 결론이 분명히 서로 모순된다. 이 두 가지 설명은

상식적으로 이해할 수 없는 모순되는 경우이므로, 대중들이 그 의도를 몰라 어리둥절한 장면이다. 이런 것은 상식적으로는 해결이 되지 않으므로 희론戲論이라고 한다.

여래께서 그들의 마음과 생각이 혼란하고 당황함을 아시고는, 자비로운 마음을 내시어 아난과 대중들을 위안하셨다.
"모든 선남자들아! 무상법왕無上法王은 진실하게 말하며, 사실대로 말하며, 속이는 말도 없고, 거짓말도 없다. 외도인 말가리末伽梨들이 주장하는 네 가지 궤변이 아니니, 너희들은 잘 살펴보고 부질없이 슬픈 생각을 하지 말라."

✧ 상식으로 풀어보면 이처럼 상호모순인 결론이 나왔다. 이런 모순을 해결하는 논리가 있다는 뜻인가? 아니면 우리가 사용하는 논리가 희론이라는 사실을 일깨우시려고 부처님이 짐짓 이런 법문을 하신 것인가?

이때에 문수사리보살이 사부대중을 불쌍히 여기시어, 대중 가운데 계시다가 일어나서 부처님의 발에 정례하고 합장하고 공경하면서 부처님께 사뢰었다.
"세존이시여! 여래께서 설명하신 주체인 견정見精과 객체인 색공色空에서, 대중들이 보이는 대상인 색공이 보는 주체인 견정과 같다, 다르다(是非是)는 설명을 이해하지 못하고 있습니다.
세존이시여! 이 눈앞의 연진緣塵인 색공이 만일 견見이라면 어떤 것이 견이라고 분명하게 가리킬 수가 있어야 하고, 색공이 만일 견이 아니라면 색공을 보지 못해야 할 것입니다.

지금 대중들이 이 이치를 알지 못하여서 놀라고 당황한 것이지, 옛날의 선근이 적거나 가벼운 것은 아니오니, 바라옵건대 여래께서 큰 자비로 밝혀주십시오.

이 물상인 색공과 이 보는 견정이 원래 어떠한 것이기에 그 중간에 같다, 다르다는 것이 없습니까?"

부처님께서 문수와 여러 대중에게 말씀하셨다.

"시방의 여래와 대보살이 스스로 머무시는 삼마지에서 보면 견정見精과 견연見緣과 생각과 몸(所想相)이 모두 허공의 꽃과 같아서 본래 있는 것이 아니다. 이 견견과 견연이 원래 보리菩提의 묘하고 정명한 묘정명체妙淨明體이니 어찌 그 가운데 같다, 다르다가 있겠느냐?

👉 지금 논의하는 경계와 견정見精의 동이同異 문제는 세속제世俗諦로서는 해결할 수 없으니, 논리적으로는 이른바 모순에 속하는 명제이다. 이런 상호 모순되는 이론을 불교에서는 흔히 불이법不二法이라는 중도中道를 가지고 설명한다. 즉 '심心과 경境이 둘이 아니다'라고 하거나, '보는 주체와 보이는 객체가 둘이 아니다'라는 식으로 설명한다. 이 불이 법문은 『유마경』에 자세하게 등장한다.

『능엄경』에서는 이와 조금 다르게 설명한다. '모두 허공의 꽃과 같아서 본래 있는 것이 아니다. 이 견견과 견연見緣이 원래 보리菩提의 묘정명체妙淨明體이다'라고 설명한다. 견견과 견연이 동원同源이라고 한다. 이 구절도 『능엄경』에 나오는 대표적인 승의제에 해당한다. 상식적으로 이해하기 어려우므로 꿈으로 한번 비유해 보자. 꿈을 꾸면 산하와 사람들이 등장하고, 또 내가 그중에 같이 있어서 그것들을 본다. 그러나 꿈속에 등장한 삼라만상은 나를 포함해서 모두 꿈꾸는 내 몽상이 만들어낸 작품이다. 모두 나의 몽상이 나툰 것이니 한결같이 허망한 모습이다. 그러나 꿈속에서는 분명히 내가 있고 주위에 대상들도 있어서 내가 분별하고 생각도 한다. 하지만 사실은 그것들이 모두 꿈속에 벌어진 환상이니 굳이 주체와 객체를 나눌 이유도 필요성도 없다.

문수야, 내가 이제 그대에게 묻노니, 그대가 문수인데 다시 문수에게 시문수是文殊와 비문수非文殊가 있느냐?"
"세존이시여! 제가 참으로 문수이고, 따로 시문수是文殊라고 할 것이 없으니, 왜냐하면 만약 시문수是文殊가 있다면 시是와 비非로 나뉘어 곧 문수가 둘이 되기 때문입니다. 지금 문수가 없는 것은 아니오나, 이 가운데 시是라 비非라 할 두 가지 모습은 원래 없습니다."
부처님께서 말씀하셨다.
"이 묘명妙明한 견해과 모든 경계인 허공과 육진도 역시 그러하여 본래 묘명한 무상보리의 깨끗하고 원만圓滿한 진심인데, 허망하게 색공色空과 견문見聞이 되었다. 마치 제2월과 같으니, 어느 것을 시월是月이라 하고 어느 것을 비월非月이라 하겠느냐? 문수야, 다만 허공에 있는 일월一月만이 참된 것이지, 그 중간에 시월是月과 비월非月은 없는 것이다.

그러므로 그대가 지금 견見과 육진을 보고서 가지가지로 설명하는 것을 망상이라고 하나니, 그렇게 하면 시是와 비시非是를 능히 벗어나지 못한다. 이것들은 본래 참으로 정묘한 각명성覺明性에서 나온 것이다. 이렇게 알아야만 그대가 비로소 시와 비시, 지指와 비지非指에서 능히 벗어나게 된다."

9. 견성은 인연도 자연도 아니다

아난이 부처님께 사뢰었다.

"세존이시여! 법왕의 말씀과 같이 '각覺과 연緣이 시방세계에 두루하여 담연하고 상주하여 그 자성이 생멸이 아니다'고 한다면 외도인 사비가라가 말하는 까마득해서 알 수 없다는 명제冥諦나, 잿더미 속에서 고행을 하는 투회외도投灰外道들이 말하는 진아眞我가 시방에 두루하다는 주장과 어떻게 다릅니까?

🦯 진아眞我가 시방에 두루하다거나, 까마득해서 알 수 없는 명제冥諦가 있다는 외도들의 주장은 세상에 흔한 종교 교리이다. 불교는 이와 다르다. 어떻게 다른가?

세존께서 능가산楞伽山에서 대혜보살大慧菩薩 등을 위하여 이 이치를 말씀하실 적에 '저 외도들은 항상 자연自然을 말하거니와, 내가 말하는 인연은 저들의 경계가 아니다'라고 하셨습니다.

제가 지금 생각하오니, 각성覺性이 자연自然하여 생도 아니고 멸도 아니라, 일체 허망과 전도를 멀리 여의어서 인연이 아닌 듯합니다. 또한 동시에 저 외도가 말하는 자연도 아닌 듯합니다.
　이렇게 인연도 아니고 자연도 아닌 듯하오나, 어떻게 개시開示하여야만 사견에 빠지지 아니하고 진실한 마음인 묘각명성妙覺明性을 얻겠습니까?"

🕉 자연自然이란 말은 원래 저절로 그렇게 존재한다는 뜻이다. 보통사람들이 마음은 불생불멸이다고 생각하는 것이 여기 나오는 자연이라는 표현이다. 항상 존재한다는 뜻이니, 인연과 아무런 관계가 없다. 평소에 '각성覺性인 마음은 자연自然이다'라고 생각하던 '아난'이, 여기에서 "인연도 아니고, 자연도 아닌가?" 하면서 의문을 제기하고 있다.

부처님께서 아난에게 말씀하셨다.
"내가 이렇게 방편을 열어 보여서 진실하게 네게 설명했는데도, 네가 오히려 깨닫지 못하고 자연이라고 의혹하는구나.
　아난아! 만일 자연이라면 자自라는 것이 분명하여 반드시 자연의 바탕인 체體가 있어야 할 것이다. 네가 이 묘명견妙明見 가운데에서 무엇을 자체라고 할 것인지 자세히 살펴보아라.
　이 견見이 밝은 명明으로 자自라 하겠느냐, 어두운 암暗으로써 자自라 하겠느냐, 허공으로써 자自라 하겠느냐, 막힌 색塞으로써 자自라 하겠느냐?
　아난아! 만일 밝은 명明으로써 묘명견의 자自라고 한다면 어두운 암暗을 보지 못해야 할 것이요, 허공(空)으로써 묘명견의 자自라고 한다면 막힌 색塞을 보지 못해야 할 것이다. 이와 같이 어두운 암暗으로써 묘명견의 자自라고 한다면 밝은 때에는 견성이 없어질 것이니, 어떻게 명明을 보겠느냐?"

아난이 말하였다.

"이 묘한 견성이 자연이 아니라면 제가 이제 인연으로 생긴 것이라고 설명하고 싶지만, 마음에 오히려 분명하지 못하여 자신이 없어서 여래께 여쭈오니, 이 이치가 어찌하여야 인연성因緣性에 합습하겠습니까?"

> 시각현상을 알아보는 견정見精이 자연自然이 아니라고 하시니, 그렇다면 인연因緣입니까? 하고 묻는 장면이다. 인연에서 인因은 중요한 조건이고 연緣은 보조적인 조건이다. 초목을 예로 들어보면 씨앗이 인이 되고, 습기・햇살・공기・비료 등은 연이 된다.

부처님께서 말씀하셨다.

"네가 인연因緣이라 하니, 네게 다시 묻겠다. 네가 지금 견見을 인하여 견성이 앞에 나타나는데, 이 견성이 명明을 인하여 견見이 있느냐, 암暗을 인하여 견見이 있느냐, 공空을 인하여 견見이 있느냐, 색塞을 인하여 견見이 있느냐?

아난아! 만일 견성이 명을 인하여 견見이 있다면 암은 보지 못해야 하고, 암을 인하여 견見이 있다면 명은 보지 못해야 하며, 이와 같이 공을 인하고 색을 인한다고 하여도 명과 암을 인한 것과 같다.

또 아난아! 이 견성이 명明을 연緣하여 견見이 있느냐, 암暗을 연緣하여 견見이 있느냐, 허공을 연緣하여 견見이 있느냐, 색塞을 연緣하여 견見이 있느냐? 아난아! 만일 견성이 허공을 연하여 있다면 색을 보지 못해야 하고, 만일 견성이 색을 연하여 있다면 허공은 보지 못해야 한다. 이와 같이 명을 연하고 암을 연한다고 하여도 허공과 색을 연한 것과 같다.

❃ 견성見性은 자연自然도 아니고 인연因緣도 아니라는 설법이다. 우리는 부처님께서 인연법을 깨달아 무상정등정각無上正等正覺을 이루셨다고 알고 있다. 만법은 인연의 소생이라고 말하는데, 여기에서는 견성이란 인연도 아니라고 강조하신다. 그렇다면 견성은 도대체 어떤 존재인가?

마땅히 알아라. 이 정각精覺의 묘명妙明은 인도 아니고, 연도 아니고, 자연도 아니고, 부자연不自然도 아니다. 비비와 불비不非도 없고, 시是와 비시非是도 없다. 일체의 모습(相)을 여의면서 일체의 법에 즉即한다.

❃ 정각묘명精覺妙明은 공적영지空寂靈知한 진심眞心을 가리킨다. 이 진심은 인연도 아니고, 자연도 아니며, 또한 인연 아님도 아니고, 자연 아님도 아니다. 따라서 진심의 영지도 인연이 아니고, 자연도 아니며, 영지의 여섯 가지 묘용인 견성見性·문성聞性·후성嗅性·상성嘗性·촉성觸性·지성知性도 인연이나 자연이 아니다. 모두 모습이 없

으니, 우리가 알고 있는 사구四句나 흑백논리로는 짐작이 가지 않는 존재이다.

부처님은 결론적으로 정각묘명은 '이일체상離一切相 즉일체법卽一切法'이라고 표현하셨다. 진심인 정각묘명은 생각과 언어로 표현할 수가 없으므로 이일체상이다. 동시에 삼라만상이 모두 정각묘명에서 나오니 즉일체법이기도 하다. 바꾸어 말하자면, 진심은 아무런 모습이 없으므로 자연이나 인연으로 설명할 수가 없으면서, 동시에 자연이나 인연으로 나온 모습을 여의지도 않았다. 마치 거울의 본용本用인 허명虛明은 응용應用인 영상을 나투더라도 여전히 허명을 잃지 않고 있으니, 허명을 찾아보면 아무 모습이 없고 거울에 나타난 영상들이 바로 허명 그놈이다. 즉 시각현상에서 견정見精이 물상을 벗어남과 동시에 견정이 물상과 즉하여 있다는 말이다.

네가 지금 경계에 끄달리는 반연심과 세간의 희론·명상名相을 가지고 정각묘명正覺妙明인 진심을 분별하려 하느냐? 그것은 마치 손바닥으로 허공을 만지는 것과 같아서 자못 애만 쓸 따름이지 허공이 어찌 네 뜻대로 네 손에 잡히겠느냐?"

🦶 상식적인 논리인 세속제世俗諦는 희론이므로 진심을 이해하지 못한다는 뜻이다.

10. 견성은 견정見精이 아니다

아난이 부처님께 사뢰었다.

"세존이시여, 이 묘한 각성覺性이 인도 아니고 연도 아니라면 세존께서 어찌하여 항상 비구들에게 말씀하시되 '견성見性이 네 가지 인연을 갖추어야 하니, 이른바 공空을 인하고, 명明을 인하고, 심心을 인하고, 안眼을 인한다'고 하셨습니까. 그 뜻은 어떠한 것입니까?"

부처님께서 말씀하셨다.

아난아! 그것은 내가 세간의 인연상因緣相들을 말한 것이고, 근본 진리인 제일의第一義를 말한 것이 아니다.

아난아! 내가 다시 네게 묻겠다. 세간의 사람들이 내가 능히 본다고 하는데, 어떤 것을 본다 하고, 어떤 것을 못 본다고 하느냐?"

아난이 대답하였다.

"세간의 사람들이 해나 달이나 등燈의 광명을 인하여 가지가지의 모습을 보는 것을 본다고 하는데, 이 세 가지 광명이 없으면 못 본다고 합니다."

"아난아! 만일 명明이 없을 때에는 못 본다고 한다면 암暗도 보지 못해야 할 것이며, 만일 암을 본다면 그것은 명이 없을 뿐이지 어찌 보는 견이 없다고 하겠느냐?

아난아! 만일 암暗할 때에 명明을 보지 못하기 때문에 못 본다고 한다면 명明할 때에 어두운 암상暗相을 보지 못하는 것도 못 본다고 해야 할 것이니, 그렇다면 어두운 모습과 밝은 모습인 두 모습을 모두 못 본다고 해야 되겠구나.

이것은 두 모습이 서로 밀어내고 빼앗는 것이지, 너의 견성은 그 중간에 잠시도 없는 것이 아니다. 그렇다면 두 경우 모두 본다고 해야 할 것이니, 어찌 못 본다고 하겠느냐?

그러므로 아난아! 너는 마땅히 알아라. 명을 볼 적에도 보는 견성은 명이 아니고, 암을 볼 적에도 보는 견성은 암이 아니고, 허공을 볼 적에도 보는 견성은 허공이 아니고, 막힌 색을 볼 적에도 보는 견성은 색이 아니니, 이렇게 명明·암暗·통通·색塞의 네 가지 이치가 이미 성취되었다.

☙ 견성見性은 물상과 다르지 않으면서 동시에 물상과 구별된다. 견성이 거울의 허명이라면 꽃은 영상이다. 꽃이라는 영상을 떠나서 거울이 따로 없지만, 거울의 허명은 영상이 바뀌더라도 여여如如하여 변하지 않는다.

네가 이제 분명히 알아야 한다. 견정見精을 견見할 때에 견성見性은 견정見精이 아니다. 견성은 견정을 여의어서 견정으로는 견성에 능히 미치지 못하거늘, 어찌하여 다시 인연과 자연과 화합상和合相을 말하느냐?

☙ 견성見性과 견정見精이 갈라지는 중요한 장면이다.

여기에서는 부처님께서 지금까지 방편으로 쓴 견정이라는 견見과 영지靈知의 본용本用인 견성의 견見을 분명하게 구별하여 밝히신 것으로 생각된다. 즉 앞에서 '견성은 돌려보낼 곳이 없다'를 설명하는 부분에서 견성을 제1월, 견정을 제2월로 비유하여 견정이 수월 水月인 망견妄見과는 다르다고 구별하셨다. 그 뒤로 견성이 볼 줄 아는 성품이고 견정이 시각현상을 알아보는 놈이므로 대체로 혼용하였는데, 중간에 '문수야, 다만 허공에 있는 일월一月만이 참된 것이지, 그 중간에 시월是月과 비월非月은 없는 것이다'라고 하면서 견정은 허망한 것이라는 뜻을 약간 비치셨다. 그러나 분별이 없는 현량現量의 주체인 견정見精을 우리는 견見의 주인공인 줄 알고 있었다. 그것이 '십번변견十番辯見'의 후반에 와서 견성은 견정과는 다르다고 선언하면서, 제1월인 견성을 직지直指하여 드러내어 보이셨다.

너희들 성문들이 용렬하고 아는 것이 없어서 청정한 실상을 능히 통달하지 못하기 때문에 내가 지금 너희들에게 설명하는 것이니, 마땅히 잘 생각해서 묘한 보리를 공부하는 길에서 피곤하다고 게으름을 피우지 마라."

11. 만법은 무시망견無始妄見이다

아난이 부처님께 사뢰었다.

"세존이시여! 불세존께서 저희들에게 인연과 자연과 화합과 불화합을 말씀하셨으나 마음이 아직 열리지 못하고 있는데, 이제 다시 '견정見精을 견見할 때에 견성見性은 견정이 아니다'고 하심을 듣고는 더욱 답답하기만 합니다. 원하옵건대 큰 자비로 큰 지혜의 눈을 베푸시어, 저희들의 각심覺心이 본래 밝고 깨끗함을 열어보여 주십시오."

이 말을 마치고, 슬프게 눈물을 흘리면서 엎드려 절하고 부처님의 거룩한 가르침을 듣고 싶어 하였다.

이때 세존께서 아난과 대중들을 불쌍하게 여기시어 장차 대다라니大陀羅尼와 모든 삼마제三摩提와 묘한 수행로修行路를 자세히 설명하시고자 아난에게 말씀하셨다.

"네가 비록 뛰어나게 기억을 잘하나 다문多聞만 좋아하고 사마타의 미밀微密한 관조觀照는 오히려 분명하게 알지 못하구나. 너는 자세히 들으라. 내가 너를 위하여 분별하여 열어보여서 장래의 유루有漏인 수행자들로 하여금 보리과菩提果를 얻게 하리라.

아난아! 일체 중생들이 세간을 윤회하게 된 것은 두 가지 뒤바뀐 분별하는 견망見妄으로 말미암음이니, 당처에서 발생하고 또 업을 지어서 윤전하는 것이다. 무엇이 두 가지 뒤바뀐 분별망견이냐 하면, 첫째는 중생의 별업망견別業妄見이요, 둘째는 중생의 동분망견同分妄見이다.

❧ 중생들이 윤회하는 근본 원인은 깨달은 오悟 중에 있으면서 미迷를 인식하려고 하는 분별망견分別妄見인 무명無明 때문이다. 즉 공연히 주체와 객체를 일으킨 무명에서 시작하여 주객으로 이분된 견망見妄이 업행業行을 전생轉生하여서 수많은 망견을 형성하고, 그에 따라 과보를 받는다는 말이다. 이 견망은 물론 '견문각지하는 망상'을 줄인 것이다.

윤회하는 생애는 과거에 지은 두 가지 망견이 그 주역을 담당하는데, 동분망견同分妄見은 동업 중생들이 같이 가지고 있는 공통된 망견이고, 별업망견別業妄見은 개개인이 가지고 있는 개별적인 망견이다. 즉 주위에 벌어진 우주와 삼라만상이 실재하는 것 같지만, 모두 무시망견無始妄見인 견문각지로 인하여 그렇게 보이고 들리는 것이다.

1) 별업망견

어떤 것을 별업망견別業妄見이라 하느냐?

아난아! 세간 사람들이 눈에 결막염이 걸리면 밤에 촛불을 볼 때 특별히 오색五色이 중첩한 원영圓影이 촛불 주위에 나타난다.

아난아. 어떻게 생각하느냐? 이 촛불 주위에 나타나는 원영이 촛불의 빛이냐, 견見의 빛이냐?

아난아! 만일 촛불의 빛이라면 결막염이 없는 사람은 어째서 원영을 보지 못하고 결막염 환자만 이 빛을 보느냐?

만일 견見의 색이라면 견見이 이미 색이 되었으니, 저 결막염 환자가 원영을 보는 행위를 무엇이라고 불러야 하겠느냐?

또 만일 이 원영이 촛불을 여의고 따로 있다면 방안에 있는 병풍·휘장·상자·방석을 볼 적에도 원영이 있어야 할 것이다.

또 만일 이 원영이 견見을 여의고 따로 있다면 눈으로만 볼 수 있는 것이 아니니, 어째서 결막염 환자가 눈으로만 원영을 보느냐?

그러므로 마땅히 알아라. 오색은 촛불에 있고, 견병見病인 눈병이 원영이 된 것이다.

✤ 나의 몸과 마음은 내가 윤회를 거듭하면서 쌓은 업력業力이 지어낸 독특한 오온五蘊이다. 그래서 몸과 마음은 개별적인 별업망견別業妄見의 소치이다. 예컨대 결막염 환자가 보는 원영圓影이 별업망견인 것과 같다. 원영은 눈병 때문에 나타나는 환상이고 본래 없는 것이다. 그래서 결막염 환자만 보는 경계이다. 즉 우리가 보는 모든 대상도 이와 같아서, 동분同分과 별업別業의 두 가지 견병見病에서 생긴 것이라고 설명하고 있다. 이 법문은 승의제勝義諦이므로 자세하게 음미하여야 이해할 수 있다. 결막염 환자에게만 보이는 원영을 이야기하는 것은, 나의 별업망견인 신심身心도 이런 원영과 다름이 없다는 것을 설명하려는 것이다.

2) 견성을 밝히다

촛불의 원영과 그것을 보는 견見이 다 눈병인 생병眚病이지만, 생병인 줄 알아보는 놈은 병이 아니다. 그러므로 '이것이 촛불이다. 이것이 견見이다'고 하거나, '이것은 촛불이 아니다. 이것은 견見도 아니다'고 말할 수가 없다.

마치 눈을 눌러서 보이는 제2월이 견체見體도 아니고 원영도 아닌 것과 같다. 무슨 까닭이냐? 제2월은 눈을 눌러서 생긴 것이므로 지혜가 있는 사람은 이 눈을 눌러서 생긴 것을 가지고 이것이 '월형月形이다. 월형이 아니다', '견見을 여의였다. 비견非見을 여의였다'라고 분별하여 말하지 않는다.

이와 같이 원영은 눈의 결막염으로 인하여 보이는 것인데, 어떻게 '이것은 촛불 탓이다. 이것은 견見의 탓이다'라고 하거나 '촛불이 아니다. 견見이 아니다'고 분별하겠느냐?

🐾 '촛불의 원영과 그것을 보는 견정見精이 다 눈병인 생병眚病이지만, 생병인 줄 알아보는 견見은 병이 아니다'라는 구절은 견정見精과 견성見性을 확연하게 구별하는 장면이다. 양자가 같은 견이지만 '촛불의 원영과 그것을 보는 견정이 다 눈병인 생병眚病이지만'에서의 견은 원영인 줄 모르고 나타난 시각현상을 알아보는 견정이고, '생병인 줄 알아보는 견은 병이 아니다'에서의 견은 시각현상이 생병인 줄 알아보는 견성이다.

3) 동분망견

어떤 것을 동분망견同分妄見이라 하느냐?

아난아! 이 염부제에서 대양을 제외하고 중간에 있는 평탄한 육지가 삼천 주洲가 있다. 복판의 대주大洲를 동서로 나눠보면 대국大國이 이천삼백이다. 그리고 소주小洲들이 여러 대양 중에 있는데, 거기에는 이백이나 삼백 개의 나라가 있기도 하고 혹은 하나나 둘, 나아가 삼십·사십·오십 국이 있기도 하다.

아난아! 이 가운데 작은 섬에 나라가 두 개 있다. 한 나라 사람들은 악연惡緣을 함께 만나서 항상 상서롭지 못한 경계를 보는데, 하늘에서 혹은 두 해를 보기도 하고, 두 달을 보기도 하고, 내지 햇무리·월식·일식·혜성·발성孛星·비성飛星·유성·해를 등진 무지개·쌍무지개 등등 가지가지 고약한 현상을 이 나라 사람들은 본다. 그러나 저쪽 나라 사람들은 이런 상서롭지 못한 현상을 보지도 못하고 또한 듣지도 못한다.

👉 한대寒帶 북극지방에 사는 사람들이 오로라를 보는 것이나, 열대 사막지방에서 신기루를 보는 것은 그 동네에 사는 동업 중생들이 공통적으로 가지는 동분망견同分妄見이다. 우리가 남북으로 분단된 조국을 보는 것이나, 선진국이 부유하고, 아프리카에 사는 사람들이 전쟁이나 기아에 허덕이는 것도 모두 그 지역의 동업 중생들이 공통적으로 가지고 있는 동분망견이다. 또 은하나 태양계도 같은 지구에 살고 있는 동업 중생들이 가지는 동분망견이다.

아난아! 내가 지금 너를 위하여 이 두 가지 망견을 가지고 다시 종합적으로 밝히겠다.

아난아! 저 중생이 별업망견으로 촛불에 나타나는 원영을 보는 것이 비록 경계인 것 같지만, 사실은 저 보는 사람의 눈병으로 이루어진 것이고, 눈병은 곧 견見이 피로하여 생긴 견로見勞이지 촛불의 오색으로 된 것은 아니다. 그러나 눈병인 줄 아는 견見은 허물이 아니다.

네가 지금 눈으로 산하와 국토와 중생을 보는 것에 비유하면, 모두 다 처음이 없는 과거부터 가지고 있었던 견의 병인 무시견병無始見病으로 이루어진 것이다. 견見과 앞에 보이는 경계인 견연見緣이 존재하는 것 같지만, 원래 나의 각명覺明이 소연所緣을 보는 생병眚病이다.

🦚 '원래 나의 각명覺明이 소연所緣을 보는 생병眚病이다'에 나오는 각명覺明은 시각현상에서 빛깔을 보는 놈인 견정見精이다.

12. 본각은 진심이다

각명覺明으로 소연所緣을 보는 것은 눈병인 생병眚病이지만, 본각本覺인 명심明心이 인연인 줄 깨달아 아는 것은 생병이 아니다.

🦚 원래 본각本覺의 자성본용自性本用은 견성見性·문성聞性 등으로 여섯 가지가 있는데, 이『능엄경』에서는 견성만 선택하여 방편으로 사용하였다. 그래서 지금까지는 견성과 심心이 같이 등장했는데, 여기에는 견見이 물러가고 심心인 각覺이 등장하면서 견성의 바탕이라고 설명하는 본각本覺이 등장한 것이다. 지금까지는 진심을 설명하고자 방편으로 견見과 견정見精과 견성見性이라는 명칭을 가립하여 활용하였으나, 이제는 참으로 밝히려던 진심인 본각을 앞에 내세우고 있다. 이른바 변견지심辯見指心 법문이 여기에 와서 비로소 본각인 공적영지空寂靈知를 직시하고 있다. 그래서 견과 견정과 견성이란 방편을 모두 털어버리고 있다.

소각所覺을 각覺하는 경우는 모두 생병이지만, 각覺은 생병 속에 있지 않다. 이 각覺은 실로 견정을 견見하는 놈인 견성見性이니, 어찌 각문지견覺聞知見이라고 부르겠느냐!

✎ '소각所覺을 각覺하는 경우는 모두 생병(覺所覺眚)'에서, 앞의 각은 주체인 능각能覺이고, 뒤의 소각所覺은 객체인 육진 경계를 말한다. 이미 주객이 벌어지니 이것은 진각眞覺이 아니다. 즉 능각과 소각이 분명히 벌어져 있어서 생병이다. 그러나 '각은 생병 속에 있지 않다(覺非眚中)'에서 각은 본각으로서 생병인 줄 알아보는 진각眞覺이므로 생병의 바깥에 있다는 말이다. 다시 '이 각은 실로 견정을 견하는 놈인 견성(此實見見)'이 나오는데, 이는 견성은 견정이 아니듯이, 본각은 식정이 아니라는 말이다.

그 다음 '어찌 각문지견이라고 부르겠느냐(云何復名 覺聞知見)'란 말은, 본각本覺은 망각妄覺인 식정을 벗어났으니 주객을 두고서 벌어지는 각문지견, 즉 견문각지와는 전혀 다르다는 설명이다. 이 본각이야말로 우리가 이제까지 구명하려고 노력했던 진심眞心이다. 원래 본각에서 무명인 불각不覺이 일어나고, 불각인 중생이 공부하여 깨달으면 시각始覺이 되고, 계속 수행하면 구경각究竟覺을 성취한다고 설명하는데, 주의할 것은 불각不覺·시각始覺·구경각究竟覺이 모두 본각本覺 안에서 벌어지는 장면임을 명념銘念해야 한다. 선가에서는 진심을 공적영지空寂靈知라고 하여, 견성을 영지靈知의 본용本用으로 설명한다.

그러면 진각眞覺은 어떤 놈인가? 경에는 더 이상의 자세한 설명이 없다. 연수延壽 대사는 『주심부註心賦』에서 "명심冥心이라야 도에 합할 수가 있고, 의해로는 밝히기 어렵다"고 하여, 본각을 언어와 문자로는 설명이 어렵다고 했다. 상식적인 사려思慮를 통하여 본각을 이해하기가 쉽지는 않지만, 『능엄경』에서 설명한 이 변견지심辯見

指心 법문을 열심히 읽고 자세히 사유하는 것이 가장 좋은 방법이라고 생각한다.

그러므로 네가 지금 너와 나와 세간의 모든 중생을 보는 것이 모두 다 견見의 생병이요, 생병인 줄 알아보는 견성이 아니다. 저 견見의 진정한 성性인 견성은 생병이 아니므로 견見이라 이름하지 않는다.

🐟 '모두 다 견見의 생병이요, 생병인 줄 알아보는 견성이 아니다(皆卽見眚 非見眚者)'는 삼라만상이 모두 다 견見의 생병으로, 생병인 줄 알아보는 진견眞見은 아니다'라는 뜻이다. 즉 주체인 견정見精과 객체인 색공色空은 모두 생병에서 나온 것이지만, 생병에서 나온 줄 알아보는 견성見性인 진견眞見은 진심眞心의 영지靈知라는 말이다. 그래서 '저 견의 진정한 성은 생병이 아니므로, 견이라 이름하지 않는다'라고 하여 견문각지의 견見과 진견인 견성見性을 구별하였다. 즉 견성見性인 진견眞見은 영지靈知의 본용本用으로, 비록 견見이라는 글자로 표기는 하지만, 견문각지의 견정이나 망견과는 달라서 진정한 성性인 견見이라고 설명하고 있다. 이 진견인 견성은 비록 '본다'라는 명칭을 사용했지만, 사실은 주객을 두어서 시각현상을 알아보는 견정과는 차원이 다르다.

아난아! 저 중생의 동분망견同分妄見으로 저 허망하게 보는 별업別業의 일인一人에 비유한다면 눈에 생병난 사람은 저 일국一國과 같으며, 그가 보는 원영圓影이 생병으로 생기는 것이나, 저 중동분衆同分에서 보는 좋지 않은 경계가 다 동견업同見業의 생병으로 생기는 것이 모두 다 무시견망無始見妄으로 생기는 것이다.

다시 염부제의 삼천 주와 사대해와 사바세계와 시방의 유루국有漏國과 모든 중생들에 비유한다면 모두 다 각명覺明인 무루묘심無漏妙心이 견문각지하는 허망한 병이 든 인연으로 말미암아 화합하여 허망하게 생겨나고, 화합하여 허망하게 죽는 것이다.

만일 화합하거나 불화합하는 인연을 멀리 여의면 곧 모든 생사의 원인을 없애버리고 보리의 불생멸성을 원만하게 하여, 청정한 본심인 본각本覺이 상주하게 된다.

13. 견정은 화합을 벗어났다

아난아! 네가 비록 본각묘명本覺妙明의 성性이 인연도 아니며 자연도 아닌 줄은 이미 깨달았으나, 아직 이 각원覺元이 화합和合으로 생긴 것도 아니고 불화합不和合으로 생긴 것도 아닌 줄을 모르고 있구나.

아난아! 내가 다시 앞에 보이는 육진으로써 너에게 묻겠다. 네가 지금도 일체 세간의 망상으로 화합된 모든 인연성因緣性을 믿어서 스스로 보리의 마음을 증득하는 것도 화합으로 생긴다고 착각하느냐?

그렇다면 지금 너의 묘정妙淨한 견정見精이 명명과 어울려서 화和하였느냐, 암暗과 더불어 화하였느냐, 통通과 화하였느냐, 막힌 색塞

과 화하였느냐?

🕉 견정見精이 비록 견성見性과는 다른 제2월이지만 견성見性이 그 출처이니, 전혀 다른 것도 아니다. 그래서 다시 견정이 화합과 불화합의 주인공으로 등장한다.

화합和合에서 화和는 경계선을 찾을 수 없이 화합化合한 것이니, 물에다 설탕을 타는 경우와 같아서 잡雜과 반대되는 말이다. 또 합合은 성질이 같은 것이 화합한 것으로, 냄비에 뚜껑을 덮는 경우와 같아서 괴각乖角과 반대되는 말이다.

만일에 견정見精이 명明과 어울려 화하였다면 네가 명을 볼 적에 반드시 명이 앞에 나타나게 되니, 어느 곳에 견이 섞였느냐? 견見의 모습은 분변分辨할 수 있으리니 섞인 모양이 어떤 모양이 되느냐?

만일에 명明이 견見이 아니라면 어떻게 명을 볼 수가 있으며, 만일에 명이 곧 견見이라면 어떻게 견見을 보겠느냐?

반드시 견見이 원만하다면 어느 곳에 명이 섞여 어울렸겠느냐? 만일 명이 원만하다면 견見과 섞여 어울리지 아니하리라.

견見은 명明과 다르므로 섞였으면 성명性明이라는 명자名字를 잃게 되고, 섞여서 명성明性을 잃었다면 명明과 어울렸다는 말이 옳지 않다.

또한 견정이 저 암暗과 통通과 색塞과 어울려 화한다는 것도 이와 같다.

또 아난아! 너의 지금 묘정妙淨한 견정이 명明과 더불어 합습하였느냐, 암暗과 합하였느냐, 통通과 합하였느냐, 막힌 색塞과 합하였느냐?

만일에 견정이 명과 합하였다면 암할 적에는 명상明相은 이미 없어졌으니, 이 견見이 암과 합하지 아니한다면 어떻게 암을 보느냐?

만일에 암을 볼 적에 암과 합하지 않았다면 명과 합한 것도 응당 명을 보지 못할 것이다. 이미 명을 보지 못한다면 어떻게 명과 합하였다고 하며, 명이 암이 아닌 줄 알겠느냐?

또한 견정이 저 암暗과 통通과 색塞과 합하였다는 것도 역시 이와 같다."

아난이 부처님께 사뢰었다.

"세존이시여! 제 생각에는 이 묘한 각원覺元이 모든 연진緣塵이나 마음의 염려念慮와 더불어 화합함이 아닌 듯합니다."

부처님께서 말씀하셨다.

"네가 또 '각覺이 연진이나 생각과 더불어 화합함이 아니다'고 하니, 다시 네게 묻노라.

이 묘한 견정이 화합이 아니라면 명明과 어울려 화하지 않았느냐, 암暗과 화하지 않았느냐, 통通과 화하지 않았느냐, 막힌 색塞과 화하지 않았느냐?

만일에 명과 화하지 않았다면 견見과 명이 경계선이 있어야 하니, 네가 자세히 보아라. 어디까지가 명이요, 어디까지가 견見이냐? 견見과 명이 어느 지점을 한계선으로 하고 있느냐?

아난아! 만일 밝은 경계인 명제明際에 견見이 없다면 서로 미칠 수가 없어서 명상明相의 소재를 알지 못할 것이니, 그 한계선이 어떻게 성립되겠느냐?

저 암暗과 통通과 색塞도 역시 이와 같다.

또 묘한 견정이 화합이 아니라면 명과 더불어 합하지 않았느냐, 암과 합하지 않았느냐, 통과 합하지 않았느냐, 막힌 색과 합하지 않았느냐?

만일에 명과 더불어 합하지 않았다면 견見과 명의 성질이 서로 어긋나는 것이 마치 귀(耳)와 명明이 아무런 관계가 없는 것과 같아서, 견見이 명상明相의 소재를 알지 못할 것이니, 어떻게 합合과 비합非合의 이치를 밝히겠느냐?

저 암과 통과 색도 역시 이와 같다.

🔖 이제 견정見精과 견성見性을 자세하게 설명하는 십번변견十番辯見 법문이 끝났다. 그런데 중간에 '만법이 마음에서 나왔다'는 일체유심조 법문이 두 개나 섞여 있었고, 또 본각本覺을 설명하는 법문도 있었다. 견見을 통하여 종합적으로 진심眞心을 이리저리 직지直指하는 변견지심辯見指心 법문이 막을 내렸다. 이 부처님의 변견지심 법문을 한 번 읽고서 그 취지를 완전히 이해하기는 어렵다. 그래서 『능엄경』을 차돌이라고 표현한다. 그러나 반드시 이해하고 넘어갈 중요한 법문이다.

중국 장사長沙 경잠景岑 선사의 유명한 게송에 진심眞心을 강조하는 노래가 있다.

도를 배우는 사람이 진眞을 알지 못함은,

다만 종전대로 식신識神을 마음이라고 인정하기 때문이다.

무량겁 이래로 생사의 근본이거늘,

어리석은 사람들은 본래인本來人이라고 부르고 있다.

망식妄識을 진심眞心으로 잘못 알고 수행하는 학인들을 깨우치는 게송으로 『능엄경』의 변견지심辯見指心 법문을 대변하고 있다 하겠다.

제3절 만법의 정체를 밝히다

1. 상相과 성性

아난아! 네가 아직 일체의 물질과 정신인 환화상幻化相이 당처當處에서 생겨나고 곳에 따라서 사라짐을 알지 못하구나. 그 환망幻妄을 모습(相)이라고 하는데, 그러나 그 성품은 참으로 묘각명체妙覺明體이다.

༄ 이 구절은 세상만사의 실상實相을 천명하는 법문이다. 지금부터 세상만사의 진상眞相을 설명하는 법문이 시작된다. 즉 인생을 위시하여 제법諸法의 실상을 분명하게 밝히시는 법문이다. 『능엄경』이 처음에는 변견지심辯見指心 법문으로 우리의 진심을 밝히고자 망심과 망견을 깨트리는 데 주력하였다. 즉 방편으로 견정見精을 가설하여 시각현상을 설명하고, 나아가 견성見性을 설명하면서 방편인 견정

을 폐기처분하면서 텅 빈 진견眞見과 진각眞覺으로 본각을 강조했다. 그리하여 진심의 특징인 공적空寂한 영지靈知를 분명하게 드러냈다. 이제는 진심이 공적하기만 한 것이 아니고 만법을 함장하고 있어서 삼라만상을 무한하게 현출現出한다는 사실을 강조할 차례이다.

먼저 총론이 나왔다. 첫 구절에서 '환화상幻化相'이란 단어는 변화하는 세상만사의 모습을 가리키는 말이고, '묘각명체妙覺明體'는 세상만사를 함장하고 있는 놈을 가리킨다. 세상은 인연이라는 필요충분조건에 따라서 온갖 종류의 생멸현상이 나타나는데, 그 생멸이 나타나는 자리를 묘각명체라고 하였다. 이 묘각명체에 대해서는, 곧이어 여래장如來藏이라는 용어가 정식으로 등장하는데, 이 우주와 인생에 대한 부처님의 법문은 바로 이 여래장의 진여성眞如性에 초점이 맞추어져 있다고 하여도 과언이 아니다.

두 번째 구절인 '그 환망幻妄을 모습(相)이라고 하는데, 그러나 그 성품은 참으로 묘각명체이다'라는 것은 첫 구절을 부연하는 설명이다. 즉 변하는 환화幻化인 모습을 설명하고는 이어서 불변하는 성품을 함께 설명하고 있는데, 요지는 그러한 상相과 성性이 다르지 않음을 강조함에 있다. 즉 변하는 모습과 불변하는 성품을 같이 다루고는, 그 모습과 성품이 '둘이 아니다'는 뜻을 은근하게 내비치고 있다. 삼라만상의 실상을 상相과 성性으로 분석하여 성상불이性相不二와 중도中道인 연기緣起를 밝히려는 의도를 알 수가 있다.

이와 같이 몸과 마음을 형성하는 물질과 정신인 오음五陰과 육입

六入과 십이처十二處와 십팔계十八界가 모두 인연이 화합하면 허망하게 생겨나고, 인연이 떠나면 허망하게 사라진다. 그러나 이러한 생멸과 거래가 본래 여래장如來藏의 상주常住하고 묘명妙明하며 부동不動하고 두루 원만한 묘한 진여성眞如性인 줄을 모르고 있다.

🐚 이 구절은 앞의 법문을 다시 부연한 것이다. 앞에서 만법을 상相과 성性으로 분석하여 설명하고는, 이제는 세상만사가 환화幻化인 이유를 설명한다. 이른바 인연설因緣說이 등장한다. 모습인 세상만사가 허망한 이유는, 그것들이 모두 인연 때문에 생기고 인연을 따라서 사라지는 이른바 인연생멸因緣生滅 현상이기 때문이라고 설명한다. 즉 나타난 허망한 모습인 상相을 설명하는데, '물질과 정신이 모두 인연이 화합하면 허망하게 생겨나고, 인연이 떠나면 허망하게 사라진다'고 했다. 이 부분은 『반야심경』에서 '색즉시공色卽是空'이라고 선언한 것과 같은 내용이다. 색즉시공은 이렇게 만상을 연생緣生으로 보는 연기설에서 저절로 생기는 당연한 결론이다. 이처럼 인연으로 생멸한다는 연기설과 공空 법문은 같은 내용이다. 세상의 상식으로 설명하는 속제俗諦의 기준에서 관찰하면 세상의 오만 가지 물상物象은 모두 인연이 만나면 생성되고 인연이 흩어지면 소멸한다. 즉 삼라만상 모습(相)은 인연을 따라서 이리저리 기멸하므로, 현전한 만상은 인연으로 나타난 것이지 따로 독자성이 있는 영원한 것이 아니다. 만일 만법이 독자성이 있다면 처음 모습이 세상 끝까지 그대로 유지되어야 할 것이다. 실제로 세상을 살펴보면 모든 것이 찰나 찰나에 항상 변동하므로 처음 모습이란 어디에서

도 찾아볼 수가 없다. 그래서 삼라만상은 무상無常하고 무아無我라고 말한다.

그런데 이 『능엄경』의 인연생멸因緣生滅을 설명한 끝에서 '이러한 생멸生滅과 거래去來가 본래 여래장如來藏의 상주常住하고 묘명妙明하며 부동不動하고 두루 원만한 묘한 진여성眞如性이다'라는 설명으로 마무리를 하고 있다. 즉 인연으로 기멸 변동하는 만법의 모습(相)을 이야기하면서 동시에 그 모습의 본체本體 내지 본성本性은 '여래장의 진여성'이라고 설명하고 있다. 즉 세상의 오만 가지 물상物象이 모두 여래장이라고 선언하고 있다. 본래 여래장이란 분별망상에 가리어서 나타나지 못하고 있는 여래를 품고 있는 포장包藏을 말하는 뜻이지만, 여기에서는 만법의 본성이 함장되어 있는 무한한 창고를 말하고 있다. 여기에 '여래장의 진여성'이라고 한 표현은 일체 만상의 본성은 본래 진여성이라는 점을 강조하는 뜻이다.

참되고 변하지 않는 진상眞常인 그 성性 중에는 거래去來와 미오迷悟와 생사生死를 구하여도 끝내 얻을 수가 없다.

🐾 이 짧은 구절은 결론 부분에 해당한다. 만법이 변하는 모습이니 무상하고 허망한 것이라고 정의를 하면서도 동시에 허망한 모습들이 나타나는 출처인 여래장의 진여성眞如性은 거래去來와 미오迷悟와 생사生死가 없다고 한다. 마치 마음에서 망상이 간단間斷 없이 일어나더라도 진심眞心은 항상 여여如如한 것과 같다는 말이다.

마치 『반야심경』에서 '색즉시공 공즉시색'을 말하고는, 곧 이어서

'제법공상諸法空相 불생불멸不生不滅'이라고 설명하고, 나아가 '공중무색空中無色 무수상행식無受想行識'이라고 선언하는 것과 같은 맥락이다.

『법화경』「비유품譬喩品」에 보면 이런 구절이 있다.

"이 법이 법위法位에 주住하여서 세간 모습들이 상주한다."

신라 의상義湘 대사의 「법성게法性偈」 첫 구절에, "법성은 원융하여 두 가지 모습이 없으니, 제법이 부동하여 본래 고요하다"고 하여 만법萬法이 부동不動하고 적연寂然하다고 하였다.

또 남양 혜충慧忠 국사의 말에도 이런 것이 있다.

"나의 차간此間의 불성佛性은 전부 생멸하지 않지만, 너희 남방南方의 불성은 반半은 생하고 반半은 멸하며 반半은 생멸치 않음이다. 가로되, 어떻게 구별합니까? 스님이 가로되, 여기는 곧 신심身心이 일여一如라. 신외身外엔 나머지가 없으므로 소이所以로 전부 생멸하지 않지만, 너희 남방南方은 몸은 이 무상無常이며 신성神性은 이 상常이니 소이所以로 반半은 생하고 반半은 멸하며 반半은 생멸하지 않음이다."

이런 불조佛祖의 법문法門은 제행무상諸行無常이라는 허망한 모습에 대한 『능엄경』의 성상性相 이론과는 상반相反하는 이야기 같이 들린다. 이들 법문은 승의제에 속하므로 당연히 세속제와 구별할 줄 알아야 한다. 서두序頭부터 신중하게 관찰하고 분명하게 알아차리고 넘어가야 할 대목이다.

이와 같이 사물은 불변不變하고 불천不遷한다고 주장하는 법문이 승의제에 있는데, 이것에 대한 설명은 승조僧肇 법사의 『조론肇論』에 자세하게 나온다. 불교 공부를 제대로 하려면 한번쯤은 읽어보고 이해할 필요가 있다.

2. 오음의 정체를 밝히다

아난아! 어찌하여 오음五陰인 물질과 정신이 본래 여래장인 묘한 진여성(如來藏妙眞如性)이라고 하느냐?

🐾 속제俗諦로 보면 오음五陰은 개인을 가리키는 단어이다. 몸은 색음色陰이라 하고, 마음은 식음識陰이라 하고, 다시 정신작용을 분류하여 수음受陰·상음想陰·행음行陰이라고 구별한다. 승의제勝義諦에서 보면 오음은 자심自心의 망견妄見에서 나타난 것으로 인생 그 자체의 모습이 오음이다.

그런데 세상만사의 정체正體를 밝히는 법문의 첫머리에서 『능엄경』은 '오음이 모두 여래장의 묘한 진여성이다'고 설명한다. 물질이 모두 변함이 없어 항상恒常하다고 선언하신다. 이 말은 뚱딴지 같은 법문 같다. 인연으로 생기고 사라지니 무상하고 공하고 무아라고 해야 될 텐데 묘한 진여성이라고 천명하다니, 무슨 뚱딴지같은 소린가? 그렇다면 오음이 상존한다는 말인가? 시시각각으로 변동하고 있는 것이 분명한데, 어떻게 '진여眞如'라는 말을 할 수가 있을까?

1) 색음의 실상

아난아! 어떤 사람이 건강한 눈으로 청명한 허공을 볼 적에는 다만 맑은 허공뿐이요 툭 터져서 아무 것도 없다가, 그 사람이 장난삼아 눈을 부릅뜨고 눈동자를 움직이지 않고 계속 앞만 바라보고 있으면 눈이 피로해져서 허공에서 헛꽃을 보기도 하고, 온갖 어지러운 '아닌 모습(非相)'이 나타난다. 색음色陰인 물질도 그와 같은 줄 알아라.

❧ 불교에서 색色은 물질을 가리키므로 고체와 액체와 기체를 포함하는 개념이다. 나를 대상으로 하면 내 육신은 색이고, 내 마음은 식識이다. 세속제에 따르면 물질은 인연으로 기멸하므로, 필요충분조건이 갖추어지면 없던 물질이 생겨나고, 그 구성조건이 깨어지면 있던 물질이 사라진다.

그런데 제2권에 나오는 변견지심辯見指心 법문에 따르면 주변에 나타난 삼라만상은 모두 개인의 별업망견別業妄見과 동분망견同分妄見에서 비롯한 망상妄相들이라고 했다. 수많은 전생을 통하여 지은 업력으로 성립된 망견에 따라서 허망하게 나타나는 모습들이라는 설명이었다. 지금 육신인 색음의 정체를 밝히는 법문에서 색음을 아예 '허공 꽃'인 광화狂華라고 설명하는 것은 상식적인 속제로 이해할 수가 없는 부분이다. 이 부분은 공부하는 사람이라야 이해가 되는 진제眞諦인 이른바 승의제에 해당한다.

광화란 '눈이 피로하여 나타나는 모습인 노상勞相'이다. 만약 눈을 부릅뜨고서 눈동자를 움직이지 않고 계속 앞만 바라보고 있으면 눈이 피로해지면서 허공에 난데없는 '헛꽃'이 보이는데, 이런 현상을 『능엄경』에서 '징발로상瞪發勞相'이라고 부른다. 이런 '헛꽃'인 광화는 정상적인 눈에는 안 보이고 피로한 눈이나 병든 눈에만 보인다. 물질과 '허공 꽃'은 다르다. 물질은 인연을 따라 모습이 변화하지만 '허공 꽃'은 변화할 모습이란 것이 아예 없는 개뿔이나 쥐뿔과 같은 환幻일 뿐이다. 색음을 설명하는 데 일반적인 물질을 예로 들지 않고 광화를 가지고 설명하는 이유는 무엇일까?

『능엄경』의 설법은 불교의 핵심을 가르치는 법문이다. 상식적으로 인연으로 기멸하는 삼라만상을 설명하는 연기 법문과는 차원이 다르다. 물질은 본래 무시망견無始妄見에서 나타나는 환망幻妄이라는 사실을 알고 있는 대심범부大心凡夫를 대상으로 하는 최상승 법문이다. 그래서 『능엄경』은 어렵다고 하고, 상근上根이 아니면 중도에 포기하는 경우가 흔하다. 누구든지 승의제인 법문을 듣기만 한다고 이해할 수 있는 것이 아니다. 상식으로 이해할 수 있는 세속제인 이른바 색즉시공과는 차원이 다르다는 것을 알아야 한다. 생사의 윤회에서 벗어나는 것이 쉬운 일이 아니다.

아난아! 이 모든 헛꽃이 허공에서 온 것도 아니며, 눈에서 나온 것도 아니다. 만일 허공에서 왔다면 그 꽃이 허공에서 왔으니 다시 허공으로 돌아가야 할 것이다. 그러나 허공은 빈 것이라 출입이 없다. 만약 출입이 있으면 허공이 아니다. 또 허공이 만약에 빈 것이 아니라면 아난의 몸에 다시 아난의 몸을 겹칠 수 없듯이, 허공에서 꽃모습이 생기고 사라지는 현상이 일어날 수가 없다.

만일 헛꽃이 눈에서 나왔다면 눈에서 나왔으니 도로 눈으로 들어가야 할 것이다. 또 헛꽃이 눈에서 나왔으므로 눈처럼 마땅히 견見이 있어야 한다. 만일 견이 있다면 나가서 허공에 헛꽃이 되었다가 돌아올 적에는 마땅히 눈을 보아야 할 것이다. 만일 견이 없다면 나가서는 허공을 가렸으니 돌아올 적에는 눈을 가릴 것이다.
 또 헛꽃을 볼 적에 눈에 가림이 없는데, 어찌하여 맑은 허공을 볼 적에 청명한 눈이라고 말하느냐?

🐾 이 구절은 허공에 보이는 허공 꽃을 방편으로 하여 색음인 육신이 모두 다 허망한 것임을 논리적으로 증명하시는 장면이다. 허공 꽃은 눈과 허공을 인연으로 하여서 생긴 것이 분명한데, 그 출처를 살펴보고 이리저리 궁리해 찾아보아도 '이곳이다'라고 지목할 만한 출처가 없다. 세상에 있는 모든 물질인 고체·액체·기체가 '마치 헛꽃과 같다'는 말에서 시작하더니, 지금 그것들의 출처를 허공과 눈에서 찾아보고는 '나온 곳이 없다'고 결론을 지었다.

그러므로 마땅히 알아라. 색음이 허망하여 본래 인연도 아니고, 자연도 아니다.

🐾 결론적으로 색음이 이처럼 나온 곳이 없어서 허망하니 본래 없는 것인지라 '인연因緣도 아니고, 자연自然도 아니다'라고 한다.
 이 '본래 인연도 아니고 자연도 아니다'는 말은 논리적으로 보면 자가당착에 속하는 표현이다. 세상에 존재하는 것은 인연因緣으로 생긴 것이 아니면 본래부터 존재하는 자연自然에 해당한다. 즉 상식적으로 보면 세상만사는 인연이 아니면 자연이다. 그런데 『능엄경』은 이처럼 모순되는 내용을 결론으로 제시하고 있다. 세상만사가 비록 그 모습은 있어서 변화하지만 자성이 없으니 환화일 뿐이다. 눈에 병이 생긴 사람에게는 허공 꽃이 항상 보이듯이, 망견이 있는 중생들은 주위에서 실재하는 세상을 항상 보고 있다. 그러나 매일 견문각지하는 현전하는 대상들이 사실은 허공 꽃과 같이 환화일 뿐이므로 '본래 인연도 아니고, 자연도 아니다'는 말을 후렴으로 애용하고 있다.

그런데 서두에서 모두가 여래장 묘진여성이라고 천명하고는, 끝에 와서는 인연도 아니고 자연도 아니라고 선언하니, 이렇게 모순되는 논리를 전개하시는 부처님의 속셈을 밝혀내어야 한다. 세상만사의 실상을 알고자 하면 이 고개를 반드시 정면으로 돌파하여야 한다.

2) 수음의 실상

아난아! 어떤 사람이 몸이 건강하여 수족이 편안하고 고통이 없어 마음에 좋고 싫은 것이 없다가, 장난삼아 두 손바닥을 마주 대고 비비면 두 손바닥에서 허망하게 거칠거나 부드럽거나 차거나 따뜻한 촉감들이 생기는데, 수음受陰인 느낌도 그와 같은 줄 알아라.

🦋 수음受陰은 육근이 육진을 대상으로 반연할 적에 저절로 생기는 느낌을 가리킨다. 수음을 구성하는 이런 마음작용을 흔히 감성感性이

라 부르는데, 이 감성은 대상을 있는 그대로 감지할 뿐이므로 가짜가 없다. 여기서는 몸의 느낌인 촉감을 예로 들어서 감성작용을 설명하신다.

'두 손바닥을 마주 대고 비비면 두 손바닥에서 허망하게 거칠거나 부드럽거나 차거나 따뜻한 촉감'이 생길 때에, 그 느낌이 바로 수음이다. 이 촉각현상에서 촉감을 인식하는 데 관여하는 모든 것을 싸잡아서 수음이라고 한다. 즉 촉각현상을 느끼는 주체와 객체와 그 때 일어나는 촉식觸識까지 통틀어서 수음이다. 그래서 수온受蘊이라고도 하니, 온蘊이란 덩어리나 뭉치라는 뜻이다.

아난아! 이 여러 가지 느낌인 환촉幻觸이 허공에서 온 것도 아니며, 손바닥에서 나온 것도 아니다.

아난아! 느낌이 만일 허공에서 왔다면 이미 손바닥에서 나왔는데 어째서 몸이나 발에서는 느낌이 나오지 않느냐? 허공이 손바닥만 선택하여 와서 부딪치면서 느낌인 촉감을 내는 것은 아닐 것이다.

만일 느낌인 촉감이 손바닥에서 난다면 반드시 두 손바닥을 합쳐야만 나는 것은 아닐 것이다. 만약 손바닥에서 나왔으나 두 손을 합칠 적에 비로소 손바닥이 느낌을 안다고 가정한다면 두 손을 떼면 느낌인 촉감이 도로 손바닥으로 들어갈 것이니, 손목과 팔과 어깨가 그 들어가는 종적을 알아야 할 것이다.

또 만일 깨닫는 마음이 있어서 나오고 들어감을 안다면 원래 느낌이라는 한 물건이 있어서 몸 안에서 왕래할 것이니, 어찌하여 두 손을 합치는 것을 기다려야만 비로소 느끼는 것을 촉감이라고 말하느냐?

그러므로 마땅히 알아라. 수음인 느낌이 허망하여 본래 인연도 아니고 자연도 아니다.

🦮 전5식 중에서 신촉身觸이나 신식身識이 어디에서 일어나는가를 자세하게 분석하고 있다. 두 손바닥이 서로 맞닿아서 일어나는 환촉幻觸의 출처는 허공이 아니면 손바닥이다. 허공이 출처가 아님은 분명한데, 손바닥이 환촉의 출처가 아니라는 것은 이해하기가 어렵다. 두 손바닥이 접촉을 해야 환촉인 느낌이 생기니, 손을 합치는 것에서 느낌인 환촉이 나온다는 설명이 자연스럽다. 그러나 '손을 떼어버리면 느낌이 손바닥을 거쳐서 몸 안으로 들어가는 경로를 알 수 있어야 한다'는 반론에는 대답할 말이 없다. 그래서 손바닥이 환촉의 출처가 아니라는 말이다.

그러나 지금 환촉을 감지하는 촉감이 있어서 신촉身觸 내지 신식身識을 부인할 수가 없는데, 어떻게 이 촉감을 허망하다고 할 수 있을까? 그러나 논리적으로 자세히 찾아본 즉 출처를 찾을 수가 없으니, 출처가 있다고 고집할 수도 없다. 그러니 신촉 내지 신식을 환촉이라고 불러도 당연하며, 그 출처를 찾을 수가 없으므로 '수음受陰이 허망하여 본래 인연도 아니고 자연도 아니다'라고 결론을 지었다.

3) 상음의 실상

아난아! 어떤 사람이 식초나 매실을 이야기하면 입에 침이 생기고,

절벽으로 된 계곡을 건너뛰는 것을 생각하면 오금이 저린데, 상음想陰인 생각도 그와 같은 줄 알아라.

🏵 상음想陰은 생각을 짓는 마음의 작용이다. 수음인 느낌이 발생하면 제6의식이 즉시 그 느낌을 이어받아서 생각하고 분별을 일으키는 것이 바로 상음이다. 즉 마음이 어떤 느낌을 받아들여서 심구尋求하고 결정하고 염정染淨하는 생각 덩어리를 지어가면서 애오愛惡하는 분별 작용을 끊임없이 이어간다. 수음은 직관인 현량現量이지만, 상음은 사량과 분별이 있으므로 비량比量이라고 한다. 현량은 직관이라서 대상을 있는 그대로 반영하므로 착오가 없지만, 비량은 사고 작용이 일어나므로 착오가 있을 수가 있기에, 양자는 구별이 된다.

아난아! 이러한 시다는 생각이 매실에서 나는 것도 아니며, 입에서 나는 것도 아니다.

아난아! 만일 매실에서 시다는 생각이 난다면 매실이 스스로 말할 것이니, 어째서 사람이 말하기를 기다리느냐?

만일 시다는 생각이 입에서 난다면 어째서 귀로 식초나 매실 이야기를 듣기를 기다리느냐? 또 귀가 듣는데 침이 왜 귀에서는 생기지 않느냐?

절벽을 건너뛰는 것을 생각하는 것도 매실과 같다.

그러므로 마땅히 알아라. 상음인 생각이 허망하여 본래 인연도 아니고 자연도 아니다.

🐾 매실 이야기를 입으로 하면 귀로 그 말을 듣고 시다는 생각이 절로 난다. 그렇다면 시다는 생각이 매실 이야기를 주고받는 입이나 귀에서 생긴다는 말인가? 그러나 매실 이야기에서 시다는 생각이 생기려면 먼저 '매실은 시다'는 기억이나 지식이 마음속에 저장되어 있어야 한다. 매실에 대한 기억이나 지식이 없는 어린이는 시다는 생각이 일어나지 않는다. 따라서 수음만으로 시다는 생각이 나는 것이 아니고, 반드시 기억이나 지식이 가세되어야 시다는 상음이 일어난다.

4) 행음의 실상

아난아! 폭류에서 물결이 계속하여 흐를 적에 파랑이 앞과 뒤를 서로 넘지 않는데, 행음行陰인 흐름도 그와 같은 줄 알아라.

🐾 행음行陰이란 이어가는 정신작용이라는 뜻인데, 흔히 천류遷流와 조작造作의 두 가지로 풀이한다. 천류는 마음이 가만히 있지 않고 흘러가는 것이고, 조작은 위순違順 경계를 애오愛惡하는 제 버릇에 따라서 의욕을 가지고 행동을 지어가는 것이다. 여기에서는 생각이 변화하면서 계속되는 천류로 해석하여, 폭류에서 물결이 앞뒤로 연이어 흐르는 것에다 비유하였다. 이 물결은 마음의 물결이니, 우리의 앞생각 뒷생각이 꼬리를 물고 흘러가는 것을 가리킨다.

아난아! 이 흐름이 허공에서 생긴 것도 아니며, 물로 인하여 있는 것도 아니며, 수성水性도 아니며, 허공과 물을 여읜 것도 아니다.

아난아! 만일 흐름이 허공에서 생긴다면 시방의 끝없는 허공이 모두 끝없는 흐름을 이루어서 세계가 저절로 물에 빠지게 된다.

만일 흐름이 물로 인하여 있다면 이 폭류의 성(瀑流性)은 물 자체가 아닐 것이니, 능유能有인 물과 소유所有인 흐름의 모습이 지금 있어야 할 것이다.

만일 흐름이 수성水性이라면 맑게 고여 있을 때에는 물의 체성體性이 아니리라.

만일 흐름이 허공과 물을 여의었다면 허공은 밖이 없으니 허공을 벗어날 수가 없고, 물 밖에는 흐름이 없으니 물을 여읠 수도 없다.

그러므로 마땅히 알아라. 행음인 흐름이 허망하여 본래 인연도 아니고 자연도 아니다.

☙ 폭류瀑流의 흐름인 유성流性이 나타날 수 있는 조건은 네 가지가 있다. 즉 유성이 허공을 원인으로 하는 것, 유성이 물을 원인으로 하는 것, 유성이 물의 성질인 것, 유성이 허공과 물을 떠난 것이 그 네 가지이다.

만일 유성이 물을 원인으로 하는 것이라면 이 '폭류의 성은 물이 아니다'라고 하는 구절은 유성이 물에 있지 않고 물 밖에 있다는 뜻이다. 또 '능유能有와 소유所有의 모습이 지금 있어야 할 것이다'는 구절은 능유인 물과 소유인 유성의 모습이 지금 현재 있어야 할 것이라는 뜻이다. 이른바 인연이라는 용어는 결과에 대한 조건을 나타내니, 유성의 원인이 물이라고 한다면 유성과 물은 결과에 대한 조건을 말하는 것이어서 당연히 서로가 다른 존재여야 말이 된다. 그런데 폭류를 떠나서 따로 물이 존재하거나 물을 떠나서 폭류가 별도로 존재하는 것은 아니므로, 물을 원인으로 하는 것이 아니라고 한다.

또 만일 흐름을 물의 성질이라고 본다면 물은 흐르기도 하고 정지하기도 하는데, 유성이 수성水性이라면 고요하게 정지한 물은 유성이 없으니 물이 아니라고 하여야 할 것이다. 그것은 틀린 것이니, 결과적으로 유성은 수성이 아니다.

5) 식음의 실상

아난아! 어떤 사람이 병 안에 허공을 가득히 담고 병마개로 막아서 천 리나 떨어진 먼 곳에 가서 사용한다면, 식음識陰인 알음알이도 그와 같은 줄 알아라.

> 식음識陰은 알음알이인데 대상을 분별하는 주체인 심식心識이다. 부처님께서 병甁을 사람의 몸으로 비유하고, 병속의 허공을 사람의 마음으로 비유하였다. 우리 몸은 그 위치를 정할 수가 있으나, 마음인 식음은 처소가 없으므로 허공으로 비유하신 것이다. 즉 사람을 몸과 마음으로 구분하시고, 마음인 알음알이가 있는 것이 아님을 비유로 설명하신 법문이다.

아난아! 이 병 안의 허공이 저곳에서 온 것도 아니며, 이곳에서 들어간 것도 아니다.

아난아! 만일 저곳에서 왔다면 병 안에 허공을 담아 가지고 갔으므로 본래 병이 있던 저곳에는 허공이 조금 적어졌어야 할 것이다.

만일 이곳에서 허공이 병 안에 들어갔다면 마개를 열고 병을 기우릴 적에는 허공이 나오는 것이 응당 보여야 할 것이다.

그러므로 마땅히 알아라. 식음이 허망하여 본래 인연도 아니고 자연도 아니다.

🐾 식음識陰은 모습이 없으니 체성體性을 논하기가 어렵기에, 여기에서는 그 이동만 가지고 거래去來가 없다는 설명을 하고 있다.

이상으로 내 몸과 마음이 '허망하여 본래 인연도 아니고 자연도 아니다'는 설명이 끝났다. 현대의학이 발달하면서 내 몸에는 주재하는 주인공이 없는 줄 분명하게 알게 되었다. 그러나 정신작용에도 주인공이 없다는 사실은 아직 확인되지 않았다. '내가 있다'는 생각을 깨트리기 위하여 부처님께서는 방편으로 오음 개념을 만들어서 우리의 몸과 마음작용에는 '내가 있다'고 할 것이 전혀 없음을 가르치셨다.

그렇게 오음이 무아無我인데도, 견문각지見聞覺知하는 작용이 눈앞에서 벌어지고 있는 것은 어떤 사연인가? 견문각지하는 현상을 인정한다면 그 주체가 문제된다. 그래서 부처님은 인연도 아니고 자연도 아닌 것이 모두 묘한 진여성眞如性인 여래장如來藏이라고 설명하시는가?

3. 육입의 정체를 밝히다

또 아난아! 어찌하여 육입六入인 눈·귀·코·혀·몸·뜻이 본래 여래장인 묘한 진여성眞如性이냐?

🕉 육입六入은 안입眼入·이입耳入·비입鼻入·설입舌入·신입身入·의입意入을 말한다. 입入은 경계인 육진을 받아들인다는 뜻이다. 그런데 이 육입이 모두 여래장 묘진여성이라고 한다.

그런데 지금부터 나오는 육입 법문의 내용을 살펴보면 감각기관인 육근六根, 육입六入에 대한 설명이라기보다는 '시각현상이나 청각현상을 감지하는' 이른바 견문각지見聞覺知를 설명한 것이다. 즉 견문각지라는 작용이 있을 때에 그 주체가 과연 무엇인지 검토하는 법문이다.

1) 안입眼入은 허망하다

아난아! 사람이 눈을 부릅뜨고 눈동자를 움직이지 않고 계속 앞만 바라보고 있으면 눈이 피로해지면서 헛꽃이 눈에 보이는데, 저 눈과 피로가 모두 보리菩提의 징발로상瞪發勞相이다.

🕉 지금부터 시각현상에서 견見의 실체를 밝히시는 설명이 시작된다. 먼저 저 눈과 노증勞證이 모두 보리菩提의 징발로상瞪發勞相이다고

한다. 이 노증勞證의 해석에서 의견이 갈리는데 진감眞鑑 대사는 색진色塵이라 설명하고, 감산憨山 대사는 제7마나식이라고 설명한다. 생각하건대 눈은 안입眼入이고, 노증은 색진인 환상幻相이 보이는 광경을 가리킨다. 따라서 보리의 징발로상이란, 마음이 피로하여 환상이 보이는 광경인 노증으로 나타난다는 뜻이다. 앞에서 오음을 설명할 때는 객체인 색음이 보리의 징발로상이라고 했는데, 여기서는 견의 주체인 보는 눈도 보리의 징발로상이라고 하므로, 시각현상에서 주체와 객체를 싸잡아서 그 정체正體를 밝히려는 것 같다.

명明과 암暗의 두 가지 허망한 색진色塵으로 인하여 보는 견見을 나투는데, 그 가운데 있으면서 명암인 진상塵象을 받아들이는 것을 보는 성품인 견성見性이라고 부른다. 이 견見이 명과 암의 두 가지 망진妄塵을 여의고는 필경에 자체가 없다.

🐚 안근과 색진이 서로 병존하는 관계임을 이야기하고 있다. 그러나 시각현상이 있으면 안근이 색진과 반연하면서 이른바 안식이 생기는데, 이때에 시각현상은 근根·진塵·식識을 모두 포괄하고 있다. 시각현상을 인식하는 것을 우리는 본다고 말하는데, 그때에 보는 놈이라는 존재는 당연히 인정하고 있다. 이 견見이라는 시각현상의 인식에서, 보는 주체를 『능엄경』에서는 견정見精이나 견성見性이라고 불렀다. 이 부분은 앞에 나온 변견지심辯見指心 법문에서 이미 언급되었는데, 여기 이 법문에서는 보는 주체인 견정의 정체正體를 설명하고 있다.

아난아! 마땅히 알아라. 이 견見은 본래 명암의 빛깔에서 오는 것도 아니며, 안근眼根에서 나오는 것도 아니며, 허공에서 생기는 것도 아니다.

🐾 '이 견見은 안근眼根에서 나오는 것도 아니며'라는 구절은 매우 중요한 의미를 포함한다. 여기에서 부처님은 분명하게 견정을 안근과 명백하게 구별하여 설명하고 있다.

왜냐하면 견見이 명明에서 왔다면 반대로 암暗하면 견見이 저절로 없어져서 암을 보지 못할 것이다.
만일 견見이 암에서 왔다면 반대로 명하면 견見이 따라서 없어져서 명을 볼 수 없어야만 한다.
만일 견見이 안근에서 났다면 반드시 명과 암이 없으니, 이와 같은 견정見精이 본래 자성이 없을 것이다.
만일 견見이 허공에서 생긴다면 앞으로 진상塵象을 보았으니, 돌아올 적에는 마땅히 눈을 보아야 할 것이다. 또 허공이 본 것이니 너의 눈하고 무슨 관계가 있겠느냐?
그러므로 마땅히 알아라. 안입眼入이 허망하여 본래 인연도 아니고 자연도 아니다.

🐾 안입眼入이라고 적혀 있으나 앞에서 보았듯이 실은 견정見精을 가리키고 있다. 제대로 알고 보면 시각현상을 보는 견정見精이란 것이 본래 출처가 없는 허망한 것이라는 결론이다. 본래 허망하여서 허

상이나 영상과 같다면 실제로는 없는 것이니, 그것을 두고 인연인 가 자연인가 따져 볼 것도 없다는 말이다.

그러나 우리의 일상에서 견문각지하는 작용이 항상 벌어지고 있으니, 시각현상이나 청각현상을 무조건 없다고 할 수는 없다. 『능엄경』은 시각현상이나 청각현상이 사실은 모두 보리菩提의 징발로상瞪發勞相이라고 설명하고 있다. 밤에 꾼 꿈에서도 삼라만상을 보고 듣지만, 깨어나면 본래 없던 것이라는 사실을 저절로 알게 된다. 그러나 평시에 보이는 외부의 대상과 그것을 알아보는 견정을 싸잡아서 징발로상으로 설명하는 것은 얼른 이해하기가 쉽지 않다. 꿈은 깨어나면 단절이 되지만, 현실은 단절되지 않고 계속 상속되므로 꿈과는 다르다고 여기기 때문이다. 상사相似 상속相續하는 시각현상을 보고 있으면서 '본래 없는데 징발로상으로 나타난 것'이라고 알기가 쉽지는 않다. 그렇다면 어떻게 공부하여야만 시각현상이 보리의 징발로상으로서 허망한 것인 줄 확인할 수가 있을까? 또 인연인가 자연인가 따지는 분별을 그칠 수가 있을까? 또 설령 허망인 줄 알더라도 어떻게 행동하여야만 그 허망한 시각현상을 벗어날 수 있을까?

2) 이입耳入은 허망하다

아난아! 어떤 사람이 두 손가락으로 갑자기 귀를 막으면 이근耳根이 피로하여 머릿속에서 소리가 나는데, 저 귀와 피로가 모두 보리 菩提의 징발로상瞪發勞相이다.

❧ 귀는 이입耳入이고, 노증勞證은 성진聲塵이 들리는 청각현상을 가리킨다.

동動하고 정靜하는 두 가지 허망한 성진聲塵을 인하여 듣는 문문聞을 나투는데, 그 가운데 있으면서 소리라는 진상塵象을 받아들이는 것을 듣는 성품인 청문성聽聞性이라 하거니와, 이 문문聞이 동정動靜의 이진二塵을 여의고는 필경에 자체가 없다.

❧ 제목상으로는 이입耳入이 주제인 것 같으나, 내용은 청각현상을 알아듣는 문정聞精을 설명하고 있다.

그러하니 아난아! 마땅히 알아라. 이 문문聞이 본래 동動이나 정靜에서 오는 것도 아니며, 근근根에서 오는 것도 아니며, 허공에서 생기는 것도 아니다.
왜냐하면 만일 문문聞이 정靜에서 왔다면 반대로 동動하면 따라서 멸할 것이니, 동動을 듣지 못해야 한다.
만일 문문聞이 동動에서 왔다면 반대로 정靜하면 따라서 멸할 것이니, 정靜함을 깨닫지 못하리라.
만일 문문聞이 이근耳根에서 났다면 반드시 동과 정이 없으니, 그렇다면 문체聞體가 본래 자성이 없을 것이다.
만일 문문聞이 허공에서 생긴다면 들음이 있어 성性이 되었으므로 허공이 아닐 것이며, 또 허공이 제가 듣는 것이니 너의 이입耳入과 무슨 관계가 있겠느냐?

그러므로 마땅히 알아라. 이입耳入이 허망하여 본래 인연도 아니고 자연도 아니다.

🦔 눈과 귀는 우리가 가장 신뢰하는 감각기관이다. 부처님은 이 경에서 견문각지見聞覺知하는 육근 중에서 보고 듣는 안근과 이근 두 개를 가지고 설법의 주요 방편으로 사용한다. 먼저 진심眞心을 설명할 적에는 안근의 견見을 활용하였는데, 다음에 삼매를 닦는 수행을 설명할 때는 이근을 통한 원통圓通 공부를 장려한다.

3) 비입鼻入은 허망하다

아난아! 어떤 사람이 코를 급히 눌러서 누른 것이 오래되면 피로하게 되어 코에서 냉촉冷觸이 있기도 하고, 이것을 인하여 통通하고 색塞하고 허虛하고 실實함과 내지 여러 가지 향기와 냄새를 맡는데, 저 코와 피로가 모두 보리菩提의 징발로상瞪發勞相이다.

🦔 코는 비입鼻入이고 노증勞證은 향진香塵이 나는 후각현상을 가리킨다.

통通하고 색塞하는 두 가지의 허망한 향진香塵을 인하여 냄새를 맡는 후각을 나투는데, 그 가운데 있으면서 이 진상塵象을 받아들이는 것을 냄새 맡는 후문성齅聞性이라 하거니와, 이 후문이 통通과 색塞의 두 가지 망진妄塵을 여의고는 필경에 자체가 없다.

🦔 여기에서도 비입鼻入이 법문의 주제가 아니고 후각현상을 알아차

리는 후문鼻聞이 주제이다.

 마땅히 알아라. 이 후문鼻聞이 본래 통通이나 색塞에서 오는 것도 아니며, 근根에서 나온 것도 아니며, 허공에서 생기는 것도 아니다.
 왜냐하면 만일 후문이 통通에서 왔다면 색塞하면 후문이 없어질 것이니, 어떻게 색을 알겠느냐?
 또 후문이 색塞을 인하여 있다면 통하면 후문이 없어질 것인데, 어떻게 향기와 냄새의 후촉을 알겠느냐?
 만일 후문이 근根에서 났다면 반드시 통과 색이 없으리니, 그렇다면 후문이 본래 자성이 없을 것이다.
 만일 후문이 허공에서 생겼다면 이 후문이 네 코 냄새를 맡아야 할 것이다. 또 허공이 스스로 냄새를 맡는 것이니, 너의 비입鼻入과 무슨 관계가 있겠느냐?
 그러므로 마땅히 알아라. 비입鼻入이 허망하여 본래 인연도 아니고 자연도 아니다.

4) 설입舌入은 허망하다

아난아! 어떤 사람이 혀로 입술을 핥다가 오랫동안 빨면 혀가 피로해지는데, 그 사람이 병이 있으면 쓴맛이 나고, 병이 없으면 달콤한 맛이 있을 것이다. 이 쓰고 단맛으로 말미암아 혀가 동하지 않을 적에는 싱거운 맛이 항상 있음을 알게 하는데, 저 혀와 피로가 모두 보리菩提의 징발로상瞪發勞相이다.
 달고 쓴 유미有味와 싱거운 무미無味라는 두 가지의 허망한 미진

味塵을 인하여 맛보고 아는 지미(知味, 미각)를 나투니, 그 가운데 있으면서 맛이라는 진상塵象을 받아들이는 것을 맛보고 아는 지미성知味性이라고 하는데, 이 맛을 아는 지미성이 달고 쓴 유미와 싱거운 무미라는 두 가지 미진을 여의고는 필경에 그 자체가 없다.

🕉 여기에서도 설입舌入이 법문의 주제가 아니고, 미각현상을 알아차리는 지미성知味性이 주제이다.

이러하니라. 아난아! 그러므로 마땅히 알아라. 이 달고 쓴 유미有味와 싱거운 무미無味를 아는 지미知味가 본래 달고 쓴 것에서 나오는 것도 아니며, 싱거운 것을 인하여 있는 것도 아니며, 설근舌根에서 나는 것도 아니며, 허공에서 생기는 것도 아니다.
왜냐하면 만일 지미가 달고 쓴맛에서 왔다면 싱거울 적에는 지知가 멸할 것이니, 어떻게 싱거운 것을 알겠는가.
지미가 싱거운 담淡으로부터 왔다면 달거나 쓰면 지知가 없어질 것인데, 어떻게 달고 쓴맛을 알겠느냐?
만일 지미가 설근舌根에서 났다면 반드시 달고 쓴 유미와 싱거운 무미인 두 미진이 없으리니, 이 맛을 아는 설근이 본래 자성이 없을 것이다.
만일 지미가 허공에서 생긴다면 허공이 스스로 맛을 볼 것이니, 네 입으로 알 것이 아니다. 또 허공이 스스로 아는 것이니, 너와 무슨 관계가 있겠는가?
그러므로 마땅히 알아라. 설입舌入이 허망하여 본래 인연도 아니고 자연도 아니다.

5) 신입身入은 허망하다

아난아! 어떤 사람이 찬 손으로 더운 손을 만질 경우에, 찬 세력이 많으면 더운 손이 차가워지고, 더운 기운이 많으면 찬 손이 더워진다. 이때에 두 손을 붙이면서 느끼는 합각合覺의 촉감과 떼면서 느끼는 이지離知의 촉감을 알게 되는데, 붙이어서 건너가는 세력이 생기는 것은 피로한 촉觸을 인함이니, 저 몸과 피로가 모두 보리菩提의 징발로상瞪發勞相이다.

떼고 붙이는 이종二種의 망진妄塵으로 인하여 느끼는 촉각을 나투는데, 그 가운데 있으면서 이 진상塵象을 받아들이는 것을 지각성知覺性이라고 하거니와, 이 촉각의 체가 이합離合하는 괴롭고 즐거운 위순違順의 이진二塵을 여의고는 필경에 자체가 없다.

🐾 여기에서 촉입觸入이 법문의 주제가 아니고, 촉각현상을 알아차리는 촉각성인 촉성觸性이 주제이다.

그러므로 아난아! 마땅히 알아라. 이 촉각이 이離나 합合에서 나오는 것도 아니며, 괴로운 위違나 즐거운 순順으로 있는 것도 아니며, 신근身根에서 나는 것도 아니며, 허공에서 생기는 것도 아니다.
왜냐하면 만일 촉각이 합合할 때에 온다면 이離할 적에는 멸할 것이니, 어떻게 이離함을 알겠는가? 괴롭고 즐거운 감촉인 위違와 순順의 두 가지 모습도 역시 그러하니라.

제1장 사마타를 설명하여 진상을 가르침 145

만일 촉각이 신근身根에서 왔다면 반드시 이와 합과 위와 순의 네 가지 모습이 없으리니, 너의 몸으로 촉각하는 것이 원래 자성이 없다.

만일 촉각이 허공에서 생긴다면 허공이 스스로 촉각할 것이니, 너의 신입身入과 무슨 관계가 있겠는가?

그러므로 마땅히 알아라. 신입身入이 허망하여 본래 인연도 아니고 자연도 아니다.

6) 의입意入은 허망하다

아난아! 어떤 사람이 피로하면 잠을 자고, 잠자고 나면 깨어나며, 육진을 보고는 기억하고, 기억을 상실하면 잊어버리니, 이것이 뒤바뀐 생주이멸生住異滅이다. 받아들이고 익히는 그 가운데 돌아가서 서로 추월하거나 넘어가지 아니하는 것을 의지근意知根 또는 의근意根이라 하나니, 이 의근과 피로가 모두 보리菩提의 징발로상瞪發勞相이다.

생하고 멸하는 두 가지 망진妄塵을 인하여 지知를 모아서 의근 가운데 있으면서 내진內塵을 흡수하는데, 견문見聞으로 소급遡及하여도 흐름에 미치지 못하는 것을 각지성覺知性이라 한다.

이 각지성이 오寤와 매寐, 생과 멸의 이진二塵을 여의고는 필경에 자체가 없다.

🐾 앞에서 언급한 법문들은 오근에 대한 설명이라기보다는 오진五塵을 견문각지하는 견성見性·문성聞性·후성嗅性·상성嘗性·촉성觸性이

등장하여, 즉 외진外塵을 대상으로 하는 인식의 주체를 다뤘다. 그런데 지금은 마지막으로 생각거리인 내진內塵을 대상으로 삼아서 인식하는 의근意根을 다룬다. 내진인 개념·이론·사상·관념 등 모든 생각거리를 법진法塵이라고 부른다. 여기 의근에서는 지知의 주체인 지성知性을 소개하면서, '견문見聞으로 소급하여도 흐름이 미치지 못하는 것(見聞逆流 流不及地)'이라는 설명이 특별히 붙어 있다. 즉 의근은 '모습이 없어서 견문으로 아무리 찾더라도 그 소재지를 찾을 수가 없다'는 뜻이다. 앞에 나온 오근인 눈·귀·코·혀·몸은 모습이 있으나, 의입에서 말하는 의근은 모습과 처소가 없으므로 부처님께서 의근에 대하여만 이런 설명을 덧붙였다. 원래 의근은 법진法塵과 전5식까지 인식의 대상으로 삼기 때문에 흔히 심왕心王이라고 한다. 그래서 이것을 의처意處라고 부르면서, 6식과 합하여 칠심계七心界라고 불렀다. 그 뒤에 유식학唯識學에서는 이 의근을 제7식으로 지명하고 마나스식識이라 부르게 되었다.

이와 같이 아난아! 마땅히 알아라. 이 각지覺知하는 의근이 오寤나 매寐에서 오는 것도 아니며, 생이나 멸로 있는 것도 아니며, 근에서 나는 것도 아니며, 허공에서 생긴 것도 아니다.

왜냐하면 만일 각지하는 의근이 오寤에서 온다면 매寐할 적에는 따라서 소멸하리니, 무엇으로 매寐하겠느냐?

만일 생각이 날 적에 있다면 생각이 사라질 적에는 없는 것과 같을 것이니, 무엇이 멸을 아느냐?

만약 각지하는 의근이 생각이 사라질 적에 있다면 생각이 생할 적에는 멸이 없으니, 무엇이 생함을 알겠느냐?

만일 근에서 나왔다면 오寤와 매寐의 이상二相은 몸을 따라서 개합開合을 하니, 이 이체二體를 여의고는 이 각지하는 것이 허공의 헛꽃과 같아서 필경에 자성이 없다.

만일 각지하는 의근이 허공에서 생긴다면 이것은 허공이 아는 것이니, 너의 의입意入과 무슨 관계가 있겠는가?

그러므로 마땅히 알아라. 의입意入이 허망하여 본래 인연도 아니고 자연도 아니다.

3. 십이처의 정체를 밝히다

또 아난아! 어찌하여 십이처가 본래 여래장如來藏인 묘진여성妙眞如性이라 하느냐?

> 십이처十二處는 육입六入과 육진六塵을 합한 것인데, 보통 육입은 내육처內六處, 육진은 외육처外六處라고 구별한다. 이 십이처라는 개념에서 처處라는 것은 어떤 공간이나 영역을 의미하는 것으로, 주객으로 나누지 않은 장면을 뜻한다. 따라서 안처眼處는 눈으로 시각현상을 알아보는 영역을 가리키므로, 주체인 눈이라는 안입(眼入, 眼根)과 객체인 빛깔이라는 색진色塵이 포함되어 있다. 근根과 진塵이 포괄적으로 하나의 영역을 형성하므로, 처에는 주객을 구별하지 않은 상태이다. 그래서 초기불교에서는 견문각지를 그냥 육처라고 했다. 뒤에 육처가 주객으로 나누어져서 내육처와 외육처로 분류

되면서 육근과 육진으로 분화되었다. 결국 육처가 십이처로 세분화된 셈이다.

이런 근과 진이 모두 여래장이라고 설명하는데, 그 내용 중에는 근 진을 둘 다 설명하기도 하고, 혹 하나만 다루기도 한다.

1) 안근眼根과 색진色塵은 허망하다

아난아! 네가 이 기타림과 우물과 연못을 지금 보고 있는데, 어떻게 생각하느냐? 이때에 물질인 색상色相이 네 눈의 견見을 내느냐, 아니면 네 눈의 견이 색상을 내느냐?

🐾 시각현상이 있을 때, 객체인 색상色相과 주체인 견정見精의 출처를 찾아본다.

아난아! 만일 눈의 견이 색상을 낸다면 허공을 볼 적에는 허공은 색상이 아니니 색상의 성질이 소멸할 것이요, 소멸하면 일체를 현발顯發함이 아주 없다. 또 색상이 없으면 무엇을 가지고 허공의 성질을 밝히겠는가?

허공도 또한 그러하다.

만일 물질인 색진色塵이 눈의 견을 낸다면 허공을 볼 적에는 허공은 물질이 아니니 견이 곧 없어질 것이며, 없어진다면 아무 것도 없으니 무엇을 가지고 허공과 색진을 밝히겠느냐?

그러므로 마땅히 알아라. 보는 견과 보이는 색진과 허공이 모두 처소가 없으니, 색과 견 이 두 가지가 모두 허망하여 본래 인연도 아니고 자연도 아니다.

2) 이근耳根과 성진聲塵은 허망하다

아난아! 네가 이 기타원에서 밥때가 되면 북을 치고, 대중이 모일 때는 종을 쳐서 종소리 북소리가 서로 앞뒤로 계속하는 것을 듣는데, 어떻게 생각하느냐? 이때 그 종소리가 귓가에 오느냐, 아니면 귀가 소리가 나는 곳에 가느냐?

🔖 청각현상이 있을 때 문정聞精과 소리의 출처를 찾아본다.

아난아! 만일 그 종소리가 귓가에 온다면 그 소리가 아난의 귓가에 왔을 때에 목련과 가섭은 함께 그 종소리를 듣지 못할 것인데, 어떻게 천이백오십 명의 사문들이 모두 같이 종소리를 듣고 모두 같이 모이느냐?

또 만일 네 귀가 소리 나는 곳에 간다면 네가 북소리를 들을 적에는 귀가 북치는 곳에 갔을 터이니, 종소리가 함께 나더라도 종소리는 응당 같이 듣지 못해야 할 것이다. 하물며 그 밖에 코끼리·말·소·양이 내는 가지가지 소리를 다 같이 듣는 것은 더 말할 나위도 없다.

만일 오고 가는 것이 없다고 한다면 또한 다시 들음도 없을 것이다.

그러므로 마땅히 알아라. 듣는 것(聽)과 소리(聲)가 모두 처소가 없으니, 듣는 것과 소리의 이 두 가지가 모두 허망하여 본래 인연도 아니고 자연도 아니다.

3) 비근鼻根과 향진香塵은 허망하다

아난아! 네가 또 향로에 피운 전단 향내를 맡아 보아라. 이 향을 하나만 피워도 실라벌성의 사십 리 안에서는 모두 향내를 맡는데, 어떻게 생각하느냐? 이 향내가 전단나무에서 나느냐, 너의 코에서 나느냐, 허공에서 생기느냐?

🐾 후각현상이 있을 때, 냄새라는 향진香塵의 출처를 찾고 있다.

아난아! 만일 이 향내가 너의 코에서 생긴 것이라면 마땅히 코에서 나와야 할 것인데, 코가 전단이 아니거늘 어떻게 콧속에 전단의 향기가 있다고 하겠느냐? 또 네가 향내를 맡는다고 한다면 마땅히 코로 들어가야 할 것이니, 콧속에서 나오는 향내를 맡는다는 말은 옳지 않다.

만약 향내가 허공에서 생긴 것이라면 허공의 성품은 항상하니 향내도 항상 있어야 할 것인데, 어째서 향로에다 전단나무를 태워야만 향내가 생기느냐?

만약 향내가 전단나무에서 생긴 것이라면 그 향나무를 태워서 연기가 되었으니, 코로 냄새를 맡을 적에는 마땅히 연기가 코로 들어가야 할 것인데, 그 연기가 공중으로 날아가서 멀리 퍼지기도 전에 어찌하여 사십 리 안에서 그 향내를 맡게 되느냐? 그러므로 마땅히 알아라. 향香과 비鼻와 냄새를 맡는 후문齅聞이 모두 처소가 없으니, 냄새 맡는 후문과 향의 이 두 가지가 모두 허망하여 본래 인연도 아니고 자연도 아니다.

4) 설근舌根과 미진味塵은 허망하다

아난아! 네가 매일 두 차례 대중 가운데서 발우를 가지고 다니다가 맛있는 우유인 소락酥酪이나 제호醍醐를 만나게 되면 상미上味라고 말하는데, 어떻게 생각하느냐? 그 맛이 허공에서 생기느냐, 혀에서 생기느냐, 아니면 음식에서 생기느냐?

🔍 미각현상이 일어날 때에, 맛이라는 미진味塵의 출처를 찾아본다.

  아난아! 만약 이 맛이 네 혀에서 나온 것이라면 네 입 속에는 혀가 하나뿐이니, 그 혀는 조금 전에 이미 소酥의 맛이 되었으면 다시 흑석밀黑石蜜을 먹더라도 마땅히 그 맛이 달라지지 않아야 할 것이다. 그러나 만약 그 맛이 달라지지 않으면 맛을 안다고 할 수 없다.
  만약 그 맛이 달라진다면 혀가 여러 개가 아닌데, 어떻게 여러 가지 맛을 하나뿐인 혀로 알 수가 있느냐?
  만약 음식에서 생기는 것이라면 음식은 알음알이가 있는 것이 아닌데, 어떻게 스스로 알겠느냐?
  또 음식이 스스로 그 맛을 안다면 곧 다른 사람이 먹는 것과 같을 것이니 너와 무슨 관계가 있어서 네가 맛을 안다고 하겠느냐?
  만약 허공에서 생기는 것이라면 네가 허공을 씹어보아라. 무슨 맛이냐? 만약 허공이 짠맛이라면 이미 너의 혀를 짜게 하였으므로 네 얼굴도 짜게 할 것이며, 이 세상 사람들은 바다 고기와 같이 항상 짠 허공을 받았기 때문에 마침내 싱거운 것은 알지 못할 것이다. 만약 싱거운 맛을 알지 못한다면 또한 짠맛도 느끼지 못하여 반드시 아는 것이 없을 것이니, 어떻게 맛을 안다고 하겠느냐?

그러므로 마땅히 알아라. 맛과 혀와 맛보는 상미嘗味가 모두 처소가 없으니, 맛보는 상미와 맛 이 두 가지가 모두 허망하여 본래 인연도 아니고 자연도 아니다.

5) 신근身根과 촉진觸塵은 허망하다

아난아! 네가 항상 새벽마다 손으로 머리를 만지는데, 어떻게 생각하느냐? 이렇게 만져서 촉감이 생길 때 어느 것이 촉감을 느끼는 주체인 능촉能觸이냐? 손이 느끼는 주체인 능촉이냐, 머리가 능촉이냐?

🙎 촉각현상이 있을 때에 촉감을 느끼는 주체인 능촉能觸을 찾고 있다.

만약 손이 능촉이라면 머리는 촉감이 없어야 하는데, 실제로 머리도 촉감이 있다.
만약 머리가 능촉이라면 손은 쓸모가 없어야 하는데, 실제로 손에도 촉감이 있다.
만약 머리와 손이 각각 능촉이라면 너는 마땅히 두 몸이 있어야 할 것이다.
만약 머리와 손이 하나의 촉으로 생기는 것이라면 곧 손과 머리가 한 몸이 되어야 할 것이고, 만약 한 몸이라면 촉감이 이루어지지 않을 것이다.

만약 손과 머리가 두 몸이라면 촉감이 어디에 있느냐?

촉감을 느끼는 주체인 능촉能觸에 촉감이 있다면 접촉의 대상인 소촉所觸에는 촉감이 없어야 하고, 접촉의 대상인 소촉에 촉감이 있다면 촉감의 주체인 능촉에는 촉감이 없어야 한다.

또 허공이 너와 더불어 촉감을 이루지는 않을 것이다.

그러므로 마땅히 알아라. 감촉과 몸이 함께 처소가 없으니, 몸과 촉감이 두 가지가 모두 허망하여 본래 인연도 아니고 자연도 아니다.

6) 의근意根과 법진法塵은 허망하다

아난아! 네가 항상 의중意中에 반연하는 선善·악惡·무기無記인 삼성三性이 생각거리인 법진法塵을 이루는데, 이 생각거리인 법진이 마음에 즉卽해서 생기는 것이냐, 아니면 마음을 떠나서 별도로 처소가 있느냐?

🕯 생각을 할 때에 그 대상을 생각거리라고 한다. 이것을 법진法塵이라고 하고, 갑자기 생각나는 추억과 같은 생각거리를 독두의식獨頭意識이라고 한다. 이런 생각거리가 일어나서 이른바 지각현상이 있을 때, 의근意根의 대상인 법진, 즉 생각의 출처를 찾아보고 있다.

아난아! 만약 법진이 마음에 즉한 것이라면 그 법은 대상이 아니므로 마음으로 반연하는 소연所緣이 아니니, 어떻게 처소를 이루겠느냐?

만약 법진이 마음을 떠난 것으로 따로 처소가 있다면 법진의 자성이 앎이냐, 앎이 아니냐?

만약 법진이 앎이라면 마음이라고 말할 수 있겠지만, 그러나 너와는 상관없을 것이고, 또 대상이 아니라면 다른 심량心量과 같을 것이다.

곧 너이고, 곧 마음이라면 어찌하여 네 마음이 둘이 되겠느냐?

만약 법진이 앎이 아니라면 이 법진은 빛깔·소리·냄새·맛·촉감(이합離合과 냉난冷煖)이나 허공의 모습도 아닐 것이니, 법진이 과연 어디에 있느냐? 지금 물질과 허공에 모두 표시할 수 없으며, 또 인간이 허공 밖에 있는 것도 아니다.

만일 법진이 마음이라면 소연所緣이 아니니, 법진의 처소가 어떻게 성립하겠느냐?

그러므로 마땅히 알아라. 법진과 마음이 함께 처소가 없어서, 의意와 법法의 이 두 가지가 모두 허망하여 본래 인연도 아니고 자연도 아니다.

🐾 법진法塵은 기억과 지식과 같은 생각거리들의 집합체이다. 이런 생각거리는 의근意根인 뜻과 구별이 쉽지 않다. 그래서 생각들이 뜻과 같은가, 다른가? 만약 다르다면 생각이 뜻에 즉卽한 것인가, 아니면 완전히 다른 것인가? 이렇게 분석하고 구별하면서 해답을 찾았는데, 다 처소가 없다.

4. 십팔계의 정체를 밝히다

또 아난아! 어찌하여 십팔계十八界가 본래 여래장如來藏인 묘진여성 妙眞如性이라고 하느냐?

🐾 원래 십팔계라면 육근과 육진과 육식을 합산한 숫자인데, 아래에 나오는 내용을 보면 안식계眼識界에서 내지 의식계意識界인 이른바 육식의 실상實相에 대해서만 설명하고 있다.

1) 안식계眼識界는 허망하다

아난아! 네가 알고 있는 바와 같이 눈과 빛깔이 인연이 되어서 안식眼識이 생긴다고 하는데, 이 안식이 눈으로 인해서 생긴 것이라고 하여 눈으로 안식계眼識界를 삼겠느냐, 아니면 빛깔로 인하여 생긴 것이라고 하여 빛깔로 안식계를 삼겠느냐?

🐾 여기에서 시각현상이 있을 때에 견見으로 생기는 안식眼識의 출처를 찾고 있다. 세상에서는 시각현상이 있을 때에 '견정見精인 안근과 빛깔이 인연이 되어서 안식이 생긴다'고 말한다. 여기에서 주의할 점은, 견정은 나의 견정이고 빛깔은 바깥의 대상이지만, 피차彼此나 내외內外로 나누지 않고, 주객으로만 설명하고 있다'는 점이다.

아난아! 만약 눈으로 인하여 안식이 생긴다면 빛깔과 허공이 없으면 분별할 수가 없을 것이니, 비록 너의 식이 있은들 무엇을 활용

할 수가 있겠느냐?

또 너의 견見은 청황적백靑黃赤白이 아니면 표시할 수가 없는데, 무엇으로 안식계를 세우겠느냐?

또 만약 빛깔로 인하여 안식이 생긴다면 허공처럼 빛깔이 없을 적에는 너의 안식도 마땅히 없어져야 하리니, 어떻게 이 허공을 알겠느냐?

만약 빛깔이 변할 적에 네가 그 색상이 변하는 것을 안다면 너의 식은 변하지 않는 것인데, 안식계가 어디를 좇아 성립되겠느냐?

또 변함을 따라서 변하는 것이라면 안식계의 모습이 저절로 없고, 만약 변하지 않는 것이라면 곧 항상한 것이다.

이미 빛깔을 따라 생겼다면 마땅히 허공의 소재도 몰라야 할 것이다.

🦚 육근과 육진이 상대하면 그중에 육식六識이 생긴다는 상식을 여기에서 깨트린다. 한번 따져보자. 안식이 생기는 곳이 있다면 눈이 아니면 빛깔일 것이다. 그렇지 않으면 눈과 빛깔인 근진根塵이 같이 공생共生한 것이거나, 그것도 아니면 무인無因일 것이다.

용수龍樹 보살의 『중론』에 '제법諸法은 자自에서 생기지도 않고, 또 타他에서도 생기지 않고, 공동共同으로 생긴 것도 아니고, 원인 없이 생기는 자연도 아니다. 그래서 무생無生이라고 한다'는 노래가 있다.

지금 안식이 눈에서 생기면 자생自生이고, 빛깔에서 생기면 타생他生이고, 근진根塵의 화합으로 생기면 공생共生이고, 그렇지가 않으면 인연 없이 생긴 것이니 자연自然이 된다. 이 법문에서 안식이란 놈은 눈에서 생긴 자생도 아니고, 빛깔에서 생긴 타생도 아님이 밝혀졌다.

만약 안근인 눈과 색진인 빛깔의 두 개가 함께 안식을 만든다면, 합하면 가운데가 나눠지고 떠나면 둘이 합해서 그 체성體性이 섞이어 혼란할 것이니, 어떻게 안식계를 이루겠느냐?

☙ 또 '안근眼根과 색진色塵의 두 개가 함께 안식眼識을 만든다'는 설명도 성립되지 않는다. 안근과 색진이 화합하여 안식이 생길 적에 근진의 중간에 식이 존재하는 장소가 있어야 할 것이고, 그렇다면 그 공간만큼 서로 떨어져 있어야 한다. 그러나 근진이 서로 떨어져 있다면 안식이 생길 수가 없다.

그러므로 마땅히 알아라. 눈과 빛깔이 인연이 되어 안식계를 낸다고 하나, 그 세 가지 처소가 모두 없어서, 눈과 빛깔과 빛깔 세계의 이 셋은 본래 인연도 아니고 자연도 아니다.

☙ 우리들 눈앞에 분명히 시각현상이 있고 내가 그것을 인식하고 있지만, 그 실체를 찾아보면 눈과 빛깔과 안식계가 그 처소가 없다. 처소가 없으니 존재하는 것 같으나 사실은 없는 것이고, 없는 것이니 인연인가 자연인가 따질 것도 없다.
용수 보살은 『능엄경』에 나타난 이러한 논리를 구사하여 18계뿐만 아니라 거래去來·유무有無·열반·사제四諦·12인연 등 27개 항목에 대하여 440여 개의 게송으로 만법의 실체를 논증하는 『중론』을 저술했다. 한참 뒤에 세친世親 보살 역시 『능엄경』의 논리를 가지고 『유식송唯識頌』을 지었다고 본다. 유식은 『해심밀경』의 내용을 많이 담고는 있으나, 그 근본사상은 앞에 나온 『능엄경』의 '식정원명識精元明 능생제연能生諸緣'과 '제법소생諸法所生 유심소현唯心所現'과 뒤에 나오는 '근진동원根塵同源 식성허망識性虛妄'에 뿌리를 두고 있다고 하겠다.

2) 이식계耳識界는 허망하다

아난아! 또 네가 밝힌 바와 같이 귀와 소리가 인연이 되어서 이식耳識이 생긴다고 하는데, 너는 이 이식이 귀로 인하여 생긴 것이라고 하여 귀를 이식계로 삼겠느냐, 아니면 소리로 인하여 생긴 것이라고 하여 소리를 이식계로 삼겠느냐?

아난아! 만약 귀로 인하여 생긴 것이라면 움직임과 고요함의 두 가지 현상이 앞에 나타나지 않으면 귀가 알아듣지 못할 것이고, 알아듣지 못하면 아는 지知가 성립하지 못하니 청각인 이식이 어떤 모습으로 성립하겠느냐?

만약 귀로 듣는 문聞을 취하더라도 움직임과 고요함이 없으므로 들어서 아는 문이 성립될 수 없다. 얼굴에 있는 귀가 색진色塵과 촉진觸塵과 섞인다고 하여 어떻게 알음알이인 식계識界라고 하겠으며, 귀로 듣고 아는 이식계耳識界가 다시 무엇을 좇아서 성립되겠느냐?

또 만약 소리에서 생기는 것이라면 이식이 소리로 인하여 있는 것이므로 듣는 문과는 관계가 없을 것인데, 듣는 문이 없다면 소리 모양의 소재도 없을 것이다.

이식이 소리를 좇아 생기고, 소리는 듣는 문을 인하여 소리의 모양이 생기니, 듣는 문은 마땅히 그 식識을 들어야 할 것이다.

만일 식을 듣지 못한다면 귀가 인식하는 이식계는 아니다.

만일 식을 듣는다면 식이 소리와 같은 대상이 되어서 이미 소문所聞이 되었으니, 무엇이 능히 식을 듣는 능문能聞이 되겠느냐?

만약 앎이 없다면 풀이나 나무와 같을 것인데, 소리와 듣는 문이 섞여서 중간의 이식계를 이루지는 못하니, 중간 위치가 없으면 안팎의 모양이 다시 어디를 좇아 성립되겠느냐?

그러므로 마땅히 알아라. 귀와 소리가 인연이 되어 이식계를 낸다고 하나, 그 세 가지 처소處所가 모두 없어서 귀와 소리와 소리 세계, 이 셋은 본래 인연도 아니고 자연도 아니다.

3) 비식계鼻識界는 허망하다

아난아! 또 네가 밝힌 바와 같이 코와 냄새가 인연이 되어서 비식鼻識이 생긴다고 하는데, 이 비식이 코로 인하여 생긴 것이라고 하여 코를 비식계鼻識界로 삼겠느냐, 아니면 냄새로 인하여 생긴 것이라고 하여 냄새를 비식계로 삼겠느냐?

아난아! 만약 코로 인하여 생긴 것이라면 네 생각에 무엇을 코라고 하느냐? 얼굴 가운데 붙어 있는 구멍 뚫린 살덩어리라고 생각하느냐? 냄새를 맡고 아는 동요하는 성품이라고 생각하느냐?

만약 살로 된 모양을 취한다면 살로 된 것은 곧 몸이고 몸이 느끼는 것은 곧 촉감이니, 몸이라고 하면 코가 아니요, 촉감이라고 하면 대상인 진塵이라, 코라는 이름도 없는데 어떻게 비식계를 이루겠느냐?

만약 냄새 맡아 아는(知) 것을 취한다면 또 어느 것을 아는 지知라고 생각하느냐?

살을 지知라고 한다면 살이 아는 것은 본래가 촉감이지 코는 아니다.

허공을 지知라고 한다면 허공 스스로가 아는 것이라서 살은 마땅히 느끼지 못할 것이니, 그렇다면 아는 허공이 곧 너이고, 네 몸은 아는 것이 아니니, 지금 아난은 존재하지 않는다.

냄새를 지知라고 한다면 지知는 냄새에 속했으니, 너와 무슨 상관이 있겠느냐?

만약 향내와 악취가 반드시 네 코에서 생긴다면 그 향내와 악취인 두 가지 냄새가 전단향이나 쓰레기에서 생기는 것이 아니므로, 이 두 가지 물질이 없을 적에 네가 너의 코를 맡아 보아라. 향내가 나느냐, 악취가 나느냐? 악취는 향내가 아니며, 향내는 악취가 아니니, 만약 향내와 악취 두 가지를 함께 맡는다면 너 한 사람이 마땅히 두 개의 코가 있어야 할 것이다. 나에게 도를 물을 적에도 두 아난이 있으리니, 어느 것이 네 몸이냐?

만약 코가 한 개라면 향내와 악취 두 가지가 없어서, 악취가 향내가 되고 향내는 또 악취가 되어서 두 가지 성질이 없게 되니, 비식계가 무엇으로 좇아서 성립되겠느냐?

또 만약 비식이 냄새로 인하여 생긴다면 비식은 냄새로 인하여

제1장 사마타를 설명하여 진상을 가르침

있는 것이니, 이는 마치 눈이 다른 것을 볼 수 있어도 제 눈은 보지 못하는 것과 같아서, 냄새로 인하여 있는 것이므로 마땅히 냄새를 알지 못한다. 만약 안다면 냄새에서 생긴 것이 아니요, 알지 못하면 비식이 아니다.

냄새가 지知에서 있는 것이 아니면 냄새의 계界인 향계香界가 성립되지 못하고, 또 비식이 냄새를 알지 못하면 비식계가 냄새로 인하여 이루어짐이 아니다.

이미 중간이 없으면 안팎도 이루어지지 못하니, 저 냄새 맡는 후각이 마침내 허망할 것이다.

그러므로 마땅히 알아라. 코와 냄새가 인연이 되어서 비식계가 생긴다고 하나, 그 세 가지 처소가 모두 없어서, 코와 냄새와 냄새 세계, 이 셋은 본래 인연도 아니고 자연도 아니다.

4) 설식계舌識界는 허망하다

아난아! 또 네가 밝힌 바와 같이 혀와 맛이 인연이 되어서 설식舌識이 생긴다고 하는데, 그 설식이 혀로 인하여 생긴 것이므로 혀로 설식계舌識界를 삼겠느냐, 아니면 맛으로 인하여 생긴 것이므로 맛으로 설식계를 삼겠느냐?

아난아! 만약 혀로 인하여 생긴 것이라면 사탕·매실·소금·생강·계피가 모두 독특한 맛이 없어야 할 것이다. 네가 네 혀를 맛보아라. 혀가 단맛이냐, 쓴맛이냐?

만약 혀의 성질이 쓰다면 누가 혀를 맛보겠느냐? 혀가 스스로를 맛보지는 못할 것이니, 무엇이 알아 느끼겠느냐?

혀의 성질이 쓴 것이 아니라면 맛이 스스로 나지 않을 것이니 어떻게 설식계가 이루어지겠느냐?

또 만약 맛으로 인하여 생긴 것이라면 설식이 스스로 맛이 되었으니, 곧 혀와 같아서 마땅히 스스로 맛보지 못할 것이니, 어떻게 이 맛이다, 이 맛이 아니다를 구별하여 알겠느냐?

또 온갖 맛이 한 물건에서 생긴 것이 아니니, 맛이 여러 가지에서 많이 생기면 그 설식도 마땅히 바탕이 많을 것이다. 식의 본체가 만약 하나이고 그 식 자체가 반드시 맛에서 생긴다면 짜고 싱겁고 달고 매운 맛이 화합과 구생(俱生, 본래의 맛)과 여러 가지 변이變異한 것이 함께 한 맛이 되어서 마땅히 구별이 없어야 할 것이다. 구별이 없으면 곧 식이라고 할 수 없으니 어떻게 설미식계舌味識界라고 이름할 수 있겠느냐?

허공이 너의 마음에 심식을 낸 것은 아니다.

혀와 맛이 화합하여 설식이 생긴다면 곧 그 가운데는 본래 자성이 없으니, 어떻게 설식계가 생기겠느냐?

그러므로 마땅히 알아라. 혀와 맛이 인연이 되어서 설식계가 생긴다고 하나, 그 세 가지 처소가 모두 없어서 혀와 맛과 맛 세계, 이 셋은 본래 인연도 아니고 자연도 아니다.

5) 신식계身識界는 허망하다

아난아! 네가 밝힌 바와 같이 몸과 촉감이 인연이 되어서 신식身識이 생긴다고 하는데, 그 신식이 몸으로 인하여 생기는 것이라고 하여 몸으로 신식계身識界를 삼겠느냐, 아니면 촉감으로 인하여 생기는 것이라고 하여 촉감으로 신식계를 삼겠느냐?

아난아! 만약 신식이 몸으로 인하여 생긴다면 반드시 합合과 이離 두 가지를 깨닫게 할 대상(緣)이 없으니, 몸이 무엇을 어떻게 알겠느냐?

또 만약 신식이 촉감으로 인하여 생긴다면 반드시 너의 몸이 없으리니, 어찌 몸도 아닌 것이 합하고 떨어짐을 알겠느냐?

아난아! 물질은 접촉하여도 알지 못하고, 몸으로 아는 것이라야 촉감이 있으니, 몸을 아는 것은 곧 촉진觸塵이고, 촉진을 아는 것은 곧 몸이니, 그렇다면 곧 촉은 몸이 아니고 몸은 촉이 아니다.

몸과 촉진의 이 두 가지 모습은 본래 처소가 없다. 몸에 합하면 곧 몸 자체의 성품이 되고, 몸을 떠나면 곧 허공과 같은 모양이다. 안과 밖이 이루어지지 못하면 중간이 어떻게 성립되겠느냐? 중간이 성립되지 못하면 안과 밖의 성질도 공허한 것이니, 너의 신식이 생긴들 어디를 좇아 신식계를 세우겠느냐?

그러므로 마땅히 알아라. 몸과 촉감이 인연이 되어 신식계가 생긴다고 하나, 그 세 가지 처소가 모두 없어서, 몸과 촉감과 촉감 세계, 이 셋은 본래 인연도 아니고 자연도 아니다.

6) 의식계意識界는 허망하다

아난아! 또 네가 밝힌 바와 같이 의근意根과 법진法塵이 인연이 되어서 의식意識이 생긴다고 하는데, 그 의식이 의근으로 인하여 생기는 것이라고 하여 의근으로 계界를 삼겠느냐, 아니면 법진으로 인하여 생기는 것이라고 하여 법진으로 계를 삼겠느냐?

아난아! 만약 의식이 의근으로 인하여 생긴다면 네 의근 중에 반드시 생각하는 대상이 있어야만 너의 의식이 나타나게 되나니, 만약 앞의 법진이 없으면 의식이 생길 곳이 없을 것이다. 대상인 법진을 떠나면 형체가 없으니, 의식이 무엇을 가지고 작용을 하느냐?

또 식심이 사량思量과 요별了別하는 성품으로 더불어 같으냐, 다르냐?

의근과 같으면 그것이 곧 의근이니, 어떻게 생길 수가 있겠느냐?

의근과 다르면 같지 아니하므로 마땅히 아는 것이 없을 것이요, 만약 아는 바가 없다면 어떻게 의근에서 생겼다고 하겠느냐? 만약 아는 바가 있으면 어찌 의식을 만드는 의근이라고 하겠느냐?

같다고 하거나 다르다고 하는 두 성품이 성립되지 못하면 의식계가 어떻게 성립되겠느냐?

또 만약 의식이 법진을 인하여 생긴다면 세간의 모든 법이 다섯 가지 대상인 오진五塵을 벗어나지 못하니, 너는 빛깔·소리·냄새·맛·촉감을 살펴보아라. 그 모양들이 분명하여 다섯 가지 감각기관인 오근을 상대하므로 의근에 해당하는 것이 아니다. 너의 의식이 정말 법진에 의해서 생기는 것이라면 너는 지금 자세히 보아라. 법진이라는 그 법은 어떤 모양이냐?

만약 색공色空과 동정動靜과 통색通塞과 합리合離와 생멸을 벗어나서 모습을 떠나면 결국 얻을 것이 없다. 생긴다고 하면 색공 등의 모든 법이 생겨나고, 없어져도 역시 색공 등의 모든 법이 없어진다.

인연할 대상인 법진이 이미 없으니, 인연하여 생긴 의식은 어떤 모습이냐? 모양이 없는데 의식계가 어떻게 생겨나겠느냐?

그러므로 마땅히 알아라. 의근과 법이 인연이 되어서 의식계가 생긴다고 하나, 그 세 가지 처소가 모두 없어서 의근과 법과 의식계, 이 셋은 본래 인연도 아니고 자연도 아니다."

◈ 이상으로 오음에서 시작하여 육근·육진·육식의 정체正體를 낱낱이 밝혀 보이셨다. 결론은 인생 모두가 다 허망하고 성립 조건들이 모두 다 처소가 없었다. 그렇다면 허공 꽃처럼 본래 없는 것이니, 인연인가 자연인가 따질 필요도 없다. 따라서 인생과 만법은 무생無生이고 본래 없는 것이다. 부처님께서 상식적인 논리를 가지고 18계의 실체를 찾아보고는 인연과 자연을 모두 내치셨다.

비록 허공 꽃이긴 하지만 18계의 생멸상이 현전하니 그 출처를 없다고 부인만 할 수가 없다. 그래서 오음·12처·18계를 설명할 적에 그 첫머리에서 '항상 본래 여래장인 묘진여성妙眞如性이다'라고 천명하였다. 여래장이란 개념으로 만법의 출처를 표현하고 있으나 그 본문은 모두 '본래 인연도 아니고 자연도 아니다'로 끝났다. 하나는 성性이어서 불변하고, 하나는 상相이어서 변천한다. 이 변變과 불변不變이 가리키는 사물은 하나이니, 어떻게 성상性相을 종합하여 설명할 것인가? 망妄과 진眞은 이론적으로 분명히 구별이 되고, 삼라만상의 모습과 성품은 서로 별개의 개념이다. 오음과 18계를 상식으로 적당하게 풀어가던 세속제世俗諦가 드디어 상식常識의 한계에 부닥친 극적인 장면이다. 이 모순을 어떻게 해결할 것인가? 그 해답이 다음에 나오는 칠대七大 법문에 있다.

5. 칠대七大의 정체를 밝히다

아난이 부처님께 아뢰었다.

"세존이시여! 여래께서 화합하는 인연에 대하여 항상 말씀하시기를, 세간에 가지가지 변화하는 모든 것이 사대四大의 화합으로 인하여 나타난다고 하셨는데, 어찌하여 여래께서는 지금 인연과 자연 두 가지가 다 아니라고 배척하십니까? 제가 지금 그 이치를 알지 못하겠사오니, 바라옵건대 가엾게 여기시어 중생들에게 중도中道인 요의了義이고 희론이 없는 법을 분명하게 설명하여 주십시오."

🐏 불법은 인연으로 만법을 설명한다. '수소 원자 두 개와 산소 원자 한 개가 결합하면 물이 생긴다'는 상식을 근거로 인연법이 전개되었다. 고대 인도의 물리학은 세상을 구성하는 기본요소로 지地·수水·화火·풍風 네 가지를 인정하고, 그것들이 인연 따라 결합과 분해를 계속하는 모습이 우주의 삼라만상이라는 설명이다. 즉 지대地大는 물질 중에서 고체를 가리키고, 수대水大는 액체를 가리키고, 풍대風大는 기체를 가리키는데, 화대火大는 이른바 혼합체이니, 사대로 삼라만상을 포섭한다.

불법의 대명사는 인연법이다. 사제四諦가 성문들의 인연법이듯이, 12인연법은 연각들의 인연법이다. 그런데 앞에서 5음 18계를 인연법으로 분석한 결론은 인과 연과 결과가 모두들 처소가 없고, 5음과 18계가 있다고 할 만한 근거가 없었다. 그래서 없는 것을 분석하여 인연인가 자연인가 따질 필요도 없다는 말씀이다. 인연법이라는 세속제가 논리상으로 한계에 이르렀다.

아난이 여기에 이르러서 상식으로 푸는 세속제는 희론일 뿐이라고 하면서, 지혜로 설명하는 중도 요의了義인 승의제를 가르쳐 달라고 청한다.

여기에 나온 중도中道는 불법의 진리를 나타내는 단어로 자주 사용하는데, 중中의 의미는 만법의 실상을 유有·무無나 단斷·상常 또는 진眞·망妄의 어느 한 쪽으로 치우쳐서 판단하지 않는다는 뜻이다. 또 수행할 적에는 고행이나 낙행樂行의 어느 한쪽에 치우쳐도 안 된다는 뜻도 있다. 또 요의了義는 모르는 것이 없이 모든 이치를 남김없이 다 밝힌다는 뜻이다.

그때 세존께서 아난에게 일러 말씀하셨다.

"네가 앞에서 성문과 연각의 소승법을 싫어하고 최상의 보리를 부지런히 구하고자 발심하기에, 내가 지금 너에게 제일의제를 열어 보였거늘, 어찌하여 또다시 세간의 희론과 망상의 인연에 스스로 얽매이느냐? 네가 비록 다문多聞이긴 하나, 마치 약을 찾는다고 말하는 사람이 진짜 좋은 약이 눈앞에 있는데도 이를 능히 분별하지 못하는 것과 같으니, 그래서 여래가 진실로 너를 가련하다고 말한다.

너는 자세히 들어라. 내 마땅히 너를 위하여 지금 분별해서 열어 보여주겠다. 또 나아가 장래에 대승을 닦으려는 자들로 하여금 실상을 통달하게 하리라."

아난이 잠자코 부처님의 거룩한 가르침을 받들었다.

🔖 성문과 연각의 소승법은 세속제를 가리키고, 제일의제第一義諦는 승의제를 가리킨다.

"아난아! 너는 사대四大가 화합하여 세간의 가지가지 변화를 일으킨다고 생각하구나.

아난아! 만약 저 사대의 성품 자체가 화합이 아니라면 모든 다른 대大와 섞여서 어울리지 못하는 것이, 마치 허공이 모든 빛깔과 어울리지 않는 것과 같다.

만약 화합으로 된 것이라면 변화하는 것과 같으니, 처음과 끝이 있어서 생멸이 상속相續하여 났다가는 죽고 죽었다가는 다시 나며, 이렇게 나고 나고 죽고 죽어서, 마치 돌고 도는 불 바퀴와 같아서 멈추지를 못한다. 아난아. 마치 물이 얼음이 되었다가 얼음이 다시 물이 되는 것과 같다.

🔖 지수화풍이라는 사대의 성품을 설명하고 있다. 사대가 서로 다른 것과 화합할 수 있는가, 화합할 수 없는가? 화합하는 것이면 지수화풍의 독자성이 없는 것이고, 화합하지 않는 것이면 세상에는 지수화풍 네 종류뿐이어야 한다. 결국 사대에서 삼라만상이 나오는 것이 아니라는 설명이 된다. 그렇다면 우주와 삼라만상의 출처는 어디라는 말인가?

1) 지성地性은 진공眞空이다

네가 땅의 성질을 살펴보아라. 거친 것은 대지이고 작은 것은 미세한 먼지인 미진微塵이다. 가장 작은 미진인 인허진隣虛塵은 극미極微인 색변제상色邊際相을 일곱 등분으로 쪼갠 것인데, 이 인허진을 다시 쪼개면 너무 작아서 눈에는 허공처럼 보인다.

아난아! 만약에 이 인허진을 쪼개어서 허공이 된다고 한다면 반대로 허공이 모여서 물질을 생겨나게 한다는 말도 성립이 될 것이다.

🏃 물질 중에서 고체를 자꾸 세분하면 나중에는 너무 작아서 눈에는 보이지 않는다. 분자에서 원자로, 다시 소립자인 쿼크로 세분이 된다고 한다. 극미極微가 분자에 해당한다면 허공과 가까운 물질인 인허진隣虛塵은 소립자에 해당한다. 미립자를 관찰하는 기구가 발달할수록 물질의 원소인 소립자를 세밀하게 분석하는 작업은 계속 진행될 것이다. 그렇게 질량만 있다면 무한하게 세분하는 것이 가능한 세상이 되었다. 그러면 언젠가는 '가장 작은 물질은 과연 어떤 것일까?' 그리고 '그런 원소가 실제로 있을까?' 하는 종류의 물음에 해답이 나올 것이다.

주의할 점은, 계속 세분하더라도 '물질이 결국에는 허공으로 된다'는 말은 아니다.

'이 인허진을 다시 쪼개면 너무 작아서 눈에는 허공처럼 보인다'는 뜻인 '갱석인허更析鄰虛 즉실공성卽實空性'이라는 구절을 잘 해석하여야 한다. 이 구절을 '인허진을 다시 쪼개면 즉 실로 허공이다'라고 번역하는 사람이 있다. 그렇게 해석하면 반대로 '아무 것도 없는 허공을 자꾸 모으면 물질이 된다'고 말해야 앞뒤의 논리가 맞다. 그러나 빈 허공을 많이 끌어 모은다고 해서 물질이 생기지는 않는다.

만일 그렇다면 그것은 빈 허공이 아니고 충만한 허공이다.
원래 허공이란 용어는 색상이 없는 텅 빈 공간을 가리키고, 우주는 빈 허공에서 생긴 은하계들을 가리킨다. 즉 수많은 은하계로 구성된 우주는 허공중에 떠도는 존재들이지, 우주가 바로 허공은 아니다. 우주는 시간과 공간이 있으나, 허공은 시간과 공간이 없는 것이다.

너는 지금 화합으로 말미암아 세간의 모든 변화하는 모습이 생긴다고 말하는데, 네가 직접 이 지극히 작은 인허진을 살펴보아라.
몇 개의 허공을 화합해서 이 인허진이 이루어졌느냐? 마땅히 인허진을 화합하여 인허진이 되지는 않았을 것이다.
또 인허진이 쪼개지면 허공이 된다고 하니, 몇 개의 인허진인 색상을 쪼개어야 이 허공이 되겠느냐?
만약 색상에 화합할 적에는 색상과 화합하므로 허공은 아니며, 만약 허공에 화합할 적에는 허공과 화합하므로 색상은 아니다.
색상인 물질은 오히려 쪼갤 수가 있지만, 허공이야 어떻게 화합할 수가 있겠느냐?

❧ 지대地大가 허공과는 다른 것임을 분명하게 설명한 법문이다. 그래서 허공을 사대四大와 구별하여 따로 공대空大라고 부른다.

네가 잘 알지 못하는구나. 여래장 가운데 성性이 색色인 진공眞空과 성이 공空인 진색眞色이 청정하고 본연本然하여 법계에 두루하다. 중생의 마음에 따르고 소지所知의 양量에 응한다.

🙐 지대地大의 출처인 성性을 설명하는 중요한 법문이다. 여기서 진색 眞色은 진짜 지대를 가리킨다. 진색은 진짜 물질을 말하니, 이른바 지대의 성질인 단단함이라는 견堅을 뜻한다고 볼 수도 있다. '성性 이 색色인 진공眞空'이란 진짜 색의 성을 가진 진짜 공空을 말하고, '성이 공인 진색'이란 성품이 공인 진짜 색色이라는 뜻이다. 이런 진색들이 성품이 공적하므로 본래부터 청정하여 허공 법계에 두루 충만하다는 설명이다.

중생의 마음에 따르고 소지所知의 양에 응하여 업을 따라 나타난 것인데, 세상 사람들이 모르고 인연인가 자연인가 헤아리지만, 모 두가 식심의 분별과 계탁計度이다. 다만 언설만 있고 전혀 진실한 것이 없다.

🙐 이 글은 지대地大의 상相을 설명한 글이다. '중생의 마음에 따르고 소지의 양에 응한다'라는 '수중생심隨衆生心 응소지량應所知量'은 고 체인 물질은 모두 그곳에 살고 있는 중생들의 무시無始인 망견妄見 에 따라서 상응하여 나타난다는 뜻이다. 삼라만상은 이른바 자심 현량自心現量이라는 설명이다. 눈만 뜨면 보이는 시각현상을 위시하 여 청각현상 등등이 모두 다 망견인 중생심을 따라서 현량으로 나 타난 성경性境이라는 말이다.

여기서 '업을 따라 나타난다'는 '순업발현循業發現'이라는 구절은,

삼라만상이 중생들의 동분망견同分妄見과 별업망견別業妄見으로 나타났다는 말이다. 필요 충분한 조건인 인연을 빌려서 나타나는 것 같지만 사실은 그 모습들이 모두 중생의 업에 따라서 나타난다는 뜻이다.

지대地大라는 것이 알고 보면 '망견인 업을 따라 나타난 것'이므로 실재가 아니다. 앞에서는 성性과 상相을 통하여 지대를 설명하였으나 성과 상이 모두 허망한 관념이니 허상일 뿐이다. 지대가 인연에 따라 현실에서 모습을 보인 것이라고 생각하기 쉬우므로, 지금 이 모든 것이 무시견망無始見妄임을 상기시킨다. 그런 허상을 보고서 그것이 '자연인가, 인연인가' 왈가왈부한다면 정말 어리석은 짓거리가 아닐 수 없다.

바깥 경계에 끄달리는 사람들은 그런 줄도 모르고 '모두가 식심인 망상에 의지하여 언설로 분별하고 계탁하고 있으니' 한심하다는 말이다. 세상은 알고 보면 모두가 중생들의 무시인 망견들이 투영된 것이고, 주위의 삼라만상은 실재가 아니다. 모두 그림자 같은 허상이라면 그걸 두고서 개념과 관념을 동원하여 열심히 시비是非나 곡직曲直을 따질 필요가 없다.

2) 화성火性은 진공眞空이다

아난아! 불의 성질(火性)은 무아無我라서 항상 물건에 붙어야만 존속하나니, 너는 이 성안에서 밥 짓는 광경을 보아라. 집집마다 밥을 지을 적에 손에 화경火鏡인 양수陽燧를 들고 햇빛을 초점에 모아서 불을 피운다.

❧ 양수陽燧는 구리로 만든 화경火鏡이다. 구리를 여러 조각으로 맞추어서 햇빛이 한 곳에 집중되도록 하여 불을 일으키는 도구이다.

아난아! 화합和合이란 나와 너와 1,250명의 비구가 모여 하나의 대중이 된 것을 말한다. 중생은 비록 하나이지만 그 근본을 따지면 개인마다 각각 몸이 있으며 태어난 집안과 이름이 달리 있다. 즉 사리불은 바라문 종족이요, 우루빈나는 가섭파 종족이요, 또 아난은 구담 종족이다.

❧ 삼라만상은 필요충분조건이 구비되어야 화합하면서 발생하므로 여러 가지 조건이 화합한다는 용어에 대한 설명이 필요하다. 그리하여 불이 화합으로 생긴 것인가를 검토하기에 앞서서, 화합의 의미를 중생을 가지고 설명하고 있다.

아난아! 만약 불의 성품이 화합으로 인하여 생긴 것이라면 저 사람이 손에 화경을 들고 햇빛에서 불을 구하는데, 그 불이 거울 속에서 나오는 것이냐, 쑥에서 나오는 것이냐, 아니면 해에서 왔느냐?
아난아! 만약 불이 해에서 왔다면 네 손에 있는 쑥을 스스로 태울 적에 햇빛이 거쳐서 오는 곳에 있는 숲과 나무가 모두 불타야 할 것이다.
만약 불이 화경에서 나왔다면 저절로 화경에서 나와 쑥을 태우는 것인데 화경은 어찌하여 녹지 않느냐? 네 손에 들려 있는데도 네 손이 뜨겁지도 아니하니 어떻게 화경이 녹겠느냐?

만약 불이 쑥에서 생긴 것이라면 어째서 햇볕이 화경을 통해서 쑥에 맞닿은 다음에야 불이 생기느냐?

너는 또 자세히 보아라. 화경은 사람의 손에 들려 있고, 햇빛은 하늘에서 오며, 쑥은 원래 땅에서 난 것인데, 불은 어느 곳으로부터 여기까지 온 것이냐? 해와 화경은 서로 거리가 멀어서 화합이 아니다.

또 불이 나온 곳도 없이 저절로 생긴 것도 아니므로 자연도 아니다.

🔖 불이 일어나는 것은 필요충분조건이 화합하여야 가능하다는 것이 우리의 상식이다. 발화점 이상의 온도, 연료, 산소가 불이 일어날 조건이다.

네가 잘 알지 못하는구나. 여래장 가운데 성性이 화火인 진공眞空과, 성性이 공空인 진화眞火가 청정하고 본연하여 법계에 두루하여 중생의 마음에 따르고 소지所知의 양量에 응한다.

아난아! 마땅히 알아라. 세상 사람들이 한 곳에서 화경을 들면 한 곳에서 불이 생기고, 온 천하에서 화경을 들면 불이 천하에서 일어나서 온 세상에 골고루 생기는데, 어찌 장소가 따로 있겠느냐?

🔖 화대火大의 성性과 상相을 함께 밝힌다.

업을 따라 나타난 것인데, 세상 사람들이 모르고 인연인가 자연인가 헤아리지만 모두가 식심의 분별과 계탁이다. 다만 언설만 있고 전혀 진실한 것이 없다.

3) 수성水性은 진공真空이다

아난아! 물의 성질은 정해진 것이 없어서 흐르고 쉬는 것이 일정하지 않다. 실라벌성에 있는 가비라와 작가라와 같은 신선이나 발두마와 하살다와 같은 환사幻師들이 달의 정기精氣를 구하여 그것으로 환약幻藥을 만들 적에, 그들이 달 밝은 밤중에 손에 방제方諸를 사용하여 달 속의 물을 받아서 사용한다.

> 방제方諸는 물을 취하는 구슬이다. 또는 『동의보감』「탕액편」에 의하면 방제란 큰 조개(뻘조개)의 껍질을 말한다. 이 조개껍질을 밝은 달빛에 비추면 달의 정기가 응축되어 물이 맺히는데, 이 물을 방제수方諸水라 한다.

이때 생기는 물은 방제에서 나온 것이냐, 공중에서 저절로 생긴 것이냐, 아니면 달에서 온 것이냐?
아난아! 만약 달에서 온 것이라면 오히려 먼 곳의 방제에서 물이 생기게 할 수 있었으니, 그렇다면 달빛이 경과하는 곳에 있는 숲과 나무마다 모두 물이 흘러야 할 것이다. 만약 숲과 나무에 물이 흐른다면 어찌하여 방제에서 나오기를 바라겠느냐?
만약 흐르지 않는다면 물이 달에서 오는 것이 아님이 분명하다.
만약 방제에서 나오는 것이라면 그 구슬에서 항상 물이 흘러야 하리니, 어찌하여 밤중에 밝은 달빛을 받을 필요가 있겠느냐?

만약 허공에서 생긴다면 허공의 성질은 끝이 없으므로 물도 마땅히 한계가 없어서 인간으로부터 천상에 이르기까지 다함께 물에 잠겨야 할 것인데, 어찌하여 물과 육지와 하늘이 따로 있겠느냐?

너는 다시 자세히 보아라. 달은 하늘에 떠 있고, 방제는 손에 들려 있고, 구슬의 물을 받는 쟁반은 본래 사람이 설치해 놓은 것이니, 물은 어느 곳으로부터 여기에까지 흐르느냐?

달과 구슬은 서로 거리가 멀어서 화합이 아니다. 또 물이 오는 곳도 없이 저절로 있는 것도 아니므로 자연도 아니다.

네가 잘 알지 못하는구나. 여래장 가운데 성性이 수水인 진공眞空과, 성性이 공空인 진수眞水가 청정하고 본연하여 법계에 두루하여 중생의 마음에 따르고 소지所知의 양量에 응한다. 한 곳에서 방제구슬을 잡으면 한 곳에 물이 나오고 온 우주에서 방제구슬을 두루 잡으면 온 우주법계에 물이 가득하게 생긴다. 온 세상에 가득하게 생기는데 어찌 장소가 따로 있겠느냐?

업을 따라 나타나는데, 세상 사람들이 모르고 인연인가 자연인가 헤아리지만 모두가 다 식심의 분별과 계탁이다. 다만 언설만 있고 전혀 진실한 것이 없다.

4) 풍성風性은 진공眞空이다

아난아! 바람의 성질은 실체가 없어서 움직이고 고요함이 일정하지 아니하다. 네가 옷깃을 여미면서 대중 가운데에 들어갈 적에 가사자락이 펄럭거려 옆 사람에게 미치면 곧 미풍이 그 사람의 얼굴을 스친다. 이 바람은 가사자락에서 나왔느냐, 허공에서 생겼느냐, 그 사람의 얼굴에서 생겼느냐?

아난아! 그 바람이 만약 가사자락에서 생기는 것이라면 너는 바람을 입었으므로 옷자락이 날려 네 몸에서 벗겨져 나가야 할 것이다. 내가 지금 설법한다고 이 가사를 입고 나왔는데, 너는 나의 가사를 보아라. 바람이 어디에 있느냐? 옷 속에는 바람을 숨겨놓은 곳이 없다.

만약 허공에서 생긴다면 네 옷이 펄럭이지 아니하였을 적에는 어째서 바람이 일어나지 않느냐? 허공의 성품은 항상 있는 것이므로 바람도 마땅히 항상 있어야 할 것이니, 따라서 바람이 없을 적에는 허공이 마땅히 없어져야 할 것이다. 그러나 바람이 없는 것은 알 수가 있지만 허공이 없어지는 것은 어떤 모양이냐?

만약 생기거나 없어짐이 있다면 허공이라고 할 수 없고, 기멸起滅이 없는 것이 허공이라면 어떻게 기멸이 있는 바람이 허공에서 나오겠느냐?

만약 바람이 그 사람의 얼굴에서 저절로 생기는 것이라면 그 사람의 얼굴에서 생겼으니 마땅히 네쪽으로 불어와야 할 것인데, 네가 옷을 펄럭일 적에 어찌하여 바람이 저 사람 얼굴쪽으로 부느냐?

너는 자세히 살펴보아라. 옷을 펄럭이는 것은 너에게 있고, 얼굴은 저 사람에게 속하며, 허공은 고요하여 유동하지 않는데, 그 바람이 어느 곳으로부터 불어서 오는 것이냐?

바람과 허공은 성질이 서로 달라서 화합할 수 없다.

또 바람의 성질이 오는 곳도 없이 저절로 있는 것도 아니므로 자연도 아니다.

　네가 잘 알지 못하는구나. 여래장 가운데 성性이 풍風인 진공眞空과, 성性이 공空인 진풍眞風이 청정하고 본연하며 법계에 두루하여 중생의 마음에 따르고 소지所知의 양量에 응한다. 아난아, 너 혼자 가사자락을 약간 펄럭이면 미풍이 나오고, 우주 법계에서 가사를 펄럭거리면 온 국토에 바람이 생겨서 세상에 두루하리니, 어찌 장소가 따로 있겠느냐?

　업을 따라 나타나는데, 세상 사람들이 모르고 인연인가 자연인가 헤아리지만, 모두가 다 식심의 분별과 계탁이다. 다만 언설만 있고 전혀 진실한 것이 없다.

5) 허공의 성품은 여래장이다

아난아! 허공의 성품(空性)이 형체가 없으므로 색깔로 인하여 나타난다. 이 실라벌성처럼 강이 멀리 떨어져 있는 곳에 사는 사람들이 집을 새로 지으려고 우물을 파서 물을 준비할 적에, 흙을 한 자쯤 파면 그 속에 한 자의 허공이 생기고 이와 같이 흙을 한 길쯤 파면 그 속에 다시 한 길의 허공이 생긴다. 이렇게 허공의 얕고 깊음이 흙을 파내는 양에 따라 다르다. 이때 우물 안의 허공은 흙으로 인하여 생기느냐, 굴착으로 인하여 생기느냐, 까닭도 없이 저절로 생기느냐?

> 부처님 당시의 인도에서는 공간에서 물질이 아닌 부분인 허공을 공대空大라고 따로 인정하여 오대五大를 설명하고 있다. 지구의 대

기권에는 질소나 산소 같은 기체가 있고, 우주공간에는 암흑물질이 있다. 여기서의 공空은 이런 기체나 물질을 배제한 텅 빈 허공을 말한다.

아난아! 만약 허공이 까닭도 없이 저절로 생기는 것이라면 흙을 파기 전에는 어찌하여 막혀서 오직 땅만 보이고 멀리 뚫려 있지 않느냐?

만약 허공이 흙으로 인하여 생기는 것이라면 흙을 파낼 때에 마땅히 허공이 들어가는 것을 보아야 한다. 만약 흙이 먼저 나왔는데도 허공이 들어가지 않는다면 어떻게 허공이 흙으로 인하여 생긴다고 하겠느냐? 만약 나오고 들어감이 없다면 허공과 흙이 본래 다른 원인이 없을 것이다. 다른 원인이 없다면 같은 것이거늘, 흙이 나올 적에 허공은 어찌하여 나오지 않느냐?

만약 굴착으로 인하여 허공이 나온다면 마땅히 굴착에 따라 허공이 나오고 흙은 나오지 않아야 할 것이다.

그러나 반대로 굴착으로 인하여 허공이 나오는 것이 아니라면 굴착으로 흙이 나오는 데 어찌하여 허공도 보게 되느냐?

네가 다시 자세하게 살피고 자세히 관찰하라. 굴착은 사람의 손을 따라 이리저리 운전하고, 흙은 땅으로 인하여 옮겨지는데, 허공은 무엇으로 인하여 나오느냐?

굴착과 허공은 허와 실(鑿空虛實)이라 서로 작용하지 않으므로 화합하지 못한다.

또 허공이 오는 곳도 없이 저절로 나오는 것도 아니므로 자연도 아니다.

이와 같이 이 허공의 성품이 원만하고 두루하여 본래 동요가 없을진댄, 앞에서 밝힌 지수화풍과 같이 오대五大라고 하리니, 그 성품이 참되고 원융하여 모두가 여래장이라. 본래 생멸이 없는 줄을 마땅히 알아라.

아난아. 네 마음이 혼미해서 사대인 지수화풍이 본래 여래장임을 깨닫지 못하는구나. 또 허공을 살펴보아라. 나오느냐, 들어가느냐, 나오고 들어가는 것이 아니냐?

네가 잘 알지 못하는구나. 여래장 가운데 성性이 각覺인 진공眞空과, 성性이 공空인 진각眞覺이 청정하고 본연하며 법계에 두루하여 중생의 마음에 따르고 소지所知의 양량에 응한다.

아난아! 만약 하나의 우물을 파서 공간이 생기면 허공이 하나의 우물에서 생기듯이, 시방의 허공도 그와 같다. 시방에 원만한 것이거니 어찌 장소가 따로 있겠느냐?

업을 따라 나타나는데, 세상 사람들이 모르고 인연인가 자연인가 헤아리지만, 모두가 다 식심의 분별과 계탁이다. 다만 언설만 있고 진실한 것이 없다.

🏃 부처님 당시의 인도에서는 물질을 구성하는 요소를 지地·수水·화火·풍風의 사대라고 보았다. 그런데 공간에서 물질이 아닌 부분인 허공을 공대空大라고 따로 인정하여 오대五大를 주장하는 견해도 있었다.

6) 견문각지의 성품은 여래장이다

아난아! 견각見覺은 무지無知하여 빛깔이나 허공을 대상으로 하여야만 존재한다. 네가 지금 기타림에 있을 적에 아침에는 밝고 저녁에는 어두우며, 밤중이라도 보름에는 밝고 그믐에는 어두운데, 그 밝고 어두운 것을 견見으로 인하여 분석한다.

༄ 견각見覺은 견문각지見聞覺知의 견見과 각覺을 가리킨다. 시각현상이 있을 때에 그것을 알아보는 견정見精이 있어서 봄(見)이라는 안식이 생기는데, 이 견정을 여기서는 견각이라고 부르고 있다. 견정을 위시한 육정六精이 본래 청정하고 본연하여 법계에 두루하면서 능히 견문각지함을 밝힌다. 첫머리에는 견정의 견각만을 예로 들었지만, 뒤에 가면 견문각지에 관여하는 육근인 문정聞精의 청각과 나아가 후각·미각·촉각과 지각이 모두 함께 설명되고 있다. 이리하여 예부터 이 설명을 육근인 근대根大의 정체正體에 대한 법문이라고 분류하고 있다.

견정이 색공色空을 상대하여야 안식眼識이라는 앎인 견見이 생긴다는 것을 먼저 천명하고 있다. 시각현상을 알아보는 경우에, 주체와 객체가 동시에 함께 있어야 한다는 생각에서 견정과 색공을 구별한다. 그러나 실제로 시각현상에서 어디까지가 경계인지 견정인지 선을 분명하게 그을 수가 없다. 『능엄경』 제5권에서는 근진根塵이 같은 것임을 밝히고 있다.

이 견見이 밝고 어두운 명암의 모습과 허공과 더불어 일체이냐,

일체가 아니냐? 혹 같기도 하고 같지 않기도 하며, 혹 다르기도 하고 다르지 않기도 하느냐?

아난아! 이 견見이 명과 암과 허공과 더불어 본래 일체라면 곧 명과 암 두 가지 자체가 서로 없어져서 어두울 적엔 밝음이 없고 밝을 적엔 어둠이 없다.

만약 견見이 어두운 암과 일체라면 밝을 적에는 마땅히 견見이 없어지고, 견見이 밝은 명과 일체라면 어두울 적에는 마땅히 견見이 없어진다. 견見이 사라지면 어떻게 밝음과 어두움을 보겠느냐?

만약 밝음과 어두움은 서로 다르나, 견見은 생기거나 없어짐이 없다면 일체라는 말이 어떻게 성립되겠느냐?

만약 이 견見이 밝음과 어둠과 일체가 아니라면 네가 밝음과 어둠과 허공을 여의고서 보는 것의 근원인 견원見元을 분석해 보아라. 어떤 모양이겠느냐?

밝음과 어두움과 허공을 여의면 견見은 본래 거북 털이나 토끼 뿔과 같다. 밝음과 어두움과 허공, 이 세 가지와 모두 다르다면 무엇으로 인하여 견見이 성립되겠느냐?

밝음과 어두움은 서로 배치되는데 어떻게 혹 같다고 하겠느냐? 셋을 여의면 본래 없는데 없는 것을 어떻게 혹 다르다고 하겠느냐?

허공과 견대見大를 나누어도 본래 한계를 그을 수가 없는데 어떻게 같지 않다고 하겠느냐? 어두움을 보고 밝음을 보아도 견見은 변하여 바뀌지 않는데 어떻게 다르지 않다고 하겠느냐?

너는 다시 자세하게 살펴보고 자세히 관찰해 보아라. 밝음은 태양에서 오고, 어두움은 그믐에 따르고, 통함은 허공에 속하고, 막힘은 대지로 돌아간다. 이와 같을진대 견정見精은 어디에서 생기느냐?

견見은 깨닫고 유지有知하며 허공은 완고하고 무지無知하여 서로 화합할 수 없다.

또 견정이 오는 곳도 없이 저절로 나오는 것도 아니므로 자연도 아니다.

이와 같이 견문각지하는 성품이 원만하고 두루하여 본래 동요가 없을진댄, 끝없고 부동不動하는 허공과 동요하는 지수화풍과 함께 같이 육대六大라고 이름하리니, 그 성품이 참되고 원융하여 모두가 여래장이라. 본래 생멸이 없는 줄을 마땅히 알아라.

☙ 앞에서 견정見精을 가지고 그 성품이 여여如如함을 설명한 의도는, 결국 여기에 와서 견문각지하는 육근의 육정六精이 모두 다 여여하다고 설명하려는 데 있었다. 여기의 견문각지는 육근의 작용을 지칭하고 있다. 즉 견정見精・문정聞精・후정嗅精・상정嘗精・촉정觸精・지정知精이 모두 여래장이라서 생멸이 없다는 말이다.

일반적으로 무정물인 지・수・화・풍・허공을 오대五大라고 하고, 그것에다 유정有情인 식대識大를 합쳐서 육대六大라고 부른다. 그런데 『능엄경』에서는 육정六精을 근대根大라고 하여 하나 더 추가하여 전체가 칠대七大라고 설명한다. 이것은 견문각지를 방편으로 사용하여 견도분見道分에서는 안근을 빌려서 변견지심辯見指心 법문을 벌였고, 수도분修道分에서는 이근耳根을 수행방편으로 사용하여 이근원통耳根圓通 공부를 장려하신다. 이렇게 견정見精을 비롯하여 견문각지를 특별히 방편으로 활용하시는 것은 『능엄경』에서만 볼 수 있는 특이한 현상이다.

아난아! 네가 무명無明에 빠져서 너의 견문각지가 본래 여래장임을 깨닫지 못하구나. 너는 마땅히 이 견문각지를 관찰해 보아라. 생함이냐 멸함이냐, 같음이냐 다름이냐, 생도 멸도 아니냐, 같은 것도 다른 것도 아니냐?

네가 잘 알지 못하는구나. 여래장 가운데 성견性見인 각명覺明과 각정覺精인 명견明見이 청정하고 본연하여 법계에 두루하여 중생의 마음에 따르고 소지所知의 양量에 응한다.

✥ 여기에서는 견정見精의 정체正體를 설명하셨다. 견정은 견성見性에서 나왔고, 견성은 영지靈知의 작용이니, 결국 견정이 진심眞心이라는 설명이다. 물론 견정뿐만 아니고 육정六精이 모두 진심이다.

마치 하나의 견근見根인 견見이 우주법계에 두루한 것처럼 청각·후각·미각·촉각의 각촉각지覺觸覺知하는 묘덕妙德이 밝아서 법계에 두루하고 시방 허공에 원만하나니, 어찌 장소가 따로 있겠느냐?
업을 따라 나타나는데, 세상 사람들이 모르고 인연인가 자연인가 헤아리지만, 모두가 다 식심의 분별과 계탁이다. 다만 언설만 있고 전혀 진실한 것이 없다.

7) 식識의 성품은 여래장이다

아난아! 식의 성품(識性)이 근원이 없어서 육근과 육진을 인하여 허망하게 생긴다. 네가 지금 이 모임의 성중聖衆들을 바라볼 적에 안근인 눈을 가지고 차례로 둘러보는데, 이때 네 눈이 둘러보는 것이 마치 거울과 같아서 별달리 분석하는 것이 없지만, 네 식이 차례대로 지목하기를 '이분은 문수보살이요, 이분은 부루나존자요, 이분은 목건련이요, 이분은 수보리요, 이분은 사리불이다'라고 할 것이다.

🐾 '안근眼根인 눈을 가지고 차례로 둘러보는데, 이때 네 눈은 마치 거울과 같아서 별달리 분석하는 것이 없다'는 것은 시각현상을 알아보는 안식眼識이 현량現量이라는 말이다. '네 식識이 차례대로 지목하여, 누구누구라고 분별한다'는 것은, 안식을 바탕으로 제6의식이 사람들을 분별하는 것이다. 이 분별하는 제6의식은 안식과 거의 동시에 발생하는데, 그 성질이 비교하여 분별하는 것을 특징으로 하므로 비량比量이라고 한다. 안식을 비롯한 전5식은 항상 현량으로 거울처럼 반영하기만 하지만, 제6의식은 사량하고 분별하므로 비량에 속하며, 독두의식獨頭意識인 경우에만 현량이다.

이때에 요지了知하는 식識이 견見에서 생기는 것이냐, 모습에서 생기는 것이냐, 허공에서 생기는 것이냐, 아무 까닭 없이 돌연히 나온 것이냐?

🐾 이렇게 요지了知하는 제6의식은 그 출처가 어느 곳이지 살펴본다. 여기의 요지는 제6의식이 분별하는 비량을 가리키니, 전5식의 현

량인 느낌과는 구별하여야 한다.

아난아! 만약 너의 식성識性이 견見에서 생긴다면 명과 암과 빛깔과 허공이 없으면 너의 견도 없을 것이다. 견의 성품도 오히려 없는데, 무엇으로부터 식이 발생하겠느냐?

만약 너의 식성이 모습에서 생기고, 견을 따라 생기는 것이 아니라면 이미 밝음과 어두움을 보지 못해서 곧 빛깔과 허공도 없으리니, 그 대상인 모습이 오히려 없는데 식이 무엇으로부터 발생하겠느냐?

만약 식이 허공에서 생겼다면 모습도 아니고 견도 아니다.

견見이 아니라면 분별함이 없어서 자연히 밝음도 어두움도 빛깔도 허공도 알지 못할 것이다.

모습이 아니라면 반연할 것이 없어서 견문각지가 설 곳이 없다.

비상非相과 비견非見에 있다면 식이 공空하면 없는 것과 같고, 식이 있어서 유有라도 물상과는 같지 않으니, 비록 너의 식을 발하더라도 어떻게 분별 작용을 하겠느냐?

만약 식이 원인도 없이 돌연히 나온 것이라면 어찌하여 한낮에는 밝은 달을 따로 인식하지 않느냐?

너는 다시 세밀하고 자세하게 살피고 관찰하라. 견見은 네 눈에 의지하였고, 대상인 모습은 전경前境에 속하니, 모양이 있는 것은 유有가 되고, 모양이 없는 것은 무無가 된다. 식의 연緣은 무엇으로 인하여 생기느냐?

식識은 움직이고 견見은 맑아서 서로 화합할 수 없으며, 문聞과

청聽과 각覺과 지知도 또한 다시 그와 같다.

또 식의 연緣이 오는 곳도 없이 저절로 나오는 것도 아니므로 자연도 아니다.

이 식심識心이 본래 좇아온 데가 없다면 요별了別하는 견문각지가 원만하고 고요하게 맑아서 그 성품이 좇아온 곳이 없을 것이니, 저 허공과 지수화풍과 함께 칠대七大라고 하리니, 그 성품이 참되고 원융하여 모두가 여래장이라. 본래 생멸이 없는 줄을 마땅히 알아라.

아난아! 네 마음이 거칠고 들떠서 견문見聞과 발명發明과 요지了知가 본래 여래장임을 깨닫지 못하구나.

너는 마땅히 이 육처六處의 식심을 관찰하여 보아라. 같으냐 다르냐? 공이냐 유냐? 같은 것도 다른 것도 아니냐? 공도 유도 아니냐?

네가 잘 알지 못하는구나. 여래장 가운데 성식性識인 명지明知와 각명覺明인 진식眞識이 묘각妙覺하고 담연하며 법계에 두루하여 시방 허공을 머금기도 하고 나투기도 하니, 어찌 장소가 따로 있겠느냐?

🙠 여기서는 요지了知하는 식대識大가 여래장임을 설명하고 있다. 앞에서 언급한 바와 같이 견문각지하는 육근六根을 육정六精이라고 불러서 따로 근대根大라고 인정한 근거는, 전5식은 현량뿐인 점을 강조하려는 의도이다. 식대인 제6의식은 비량이 대부분이므로 판단에 오류가 있지만, 견대見大인 견문각지는 직관인 현량이므로 판단에 오류가 없고 항상 옳다. 두 개의 판단 중에서 진심眞心을 분명하게 가려내어 알려주고자 진심의 영지靈知에 보다 가까운 현량을 가지고 망심인 비량과 비교하시려고 근대根大와 식대識大를 분리했던 것

이다. 이른바 견정見精을 위시한 문정聞精 등의 육정을 현량과 직결되는 견문각지에 배대하시고, 분별심인 제6의식인 비량은 망식에 배대하시려는 의도가 있었다고 본다.

업을 따라 나타나는데, 세상 사람들이 모르고 인연인가 자연인가 헤아리지만, 모두가 다 식심의 분별과 계탁이다. 다만 언설만 있고 전혀 진실한 것이 없다."

제4절 대중이 무가애를 얻다

그때 아난과 대중들이 부처님께서 미묘하게 설법하시는 법문을 듣고, 본래의 몸과 마음이 툭 틔어 두루하여 걸림이 없는 무가애無罣礙를 얻었다.

모든 대중들은 마음이 시방에 두루하여서 시방 허공을 보기를 마치 손에 쥐고 있는 나뭇잎을 보듯 하며, 일체 세간에 있는 모든 사물들이 모두 보리의 묘명妙明한 원래의 마음(元心)임을 스스로 알았다. 심정心精이 두루하고 원만하여 시방세계를 둘러싸고 있어서, 부모가 낳아준 육신을 돌이켜 보니 마치 저 허공 속에 날리는 한 작은 미진이 있는 듯 없는 듯함과 같으며, 맑은 대해大海에 물거품 하나가 흘러 다니면서 기멸하는 것이 의지할 곳이 없는 것과 같았다. 스스로 분명하게 본래의 묘심妙心이 상주불멸常住不滅임을 깨달았다.

❦ '대중들이 심신이 툭 틔어 걸릴 것이 없었다'는 것은 바로 몸과 마음의 정체正體를 알았다는 말이다. 진심과 삼라만상에 대한 의문점이 없어졌다는 말이다. 이것을 해오解悟라고 하는데, 우리나라에서는 흔히 '한 소식 했다'거나 '지견知見이 났다'거나 또는 '바른 견처見處를 얻었다'고 표현한다. 선가의 돈교오위문頓教五位門에 따르면 이른바 식심識心이 되었다는 것이다. 그러나 마음을 몸소 체득한 견성見性과는 차원이 다르므로 구별해야 한다.

절에 가면 대웅전 바깥벽에다 그려놓은 소 찾는 그림인 십우도十牛圖를 흔히 본다. 마음이라는 소를 찾아 나선 사람이 먼저 소 발자국을 보고서 소를 찾아 헤매는 견적見跡이 있고, 그 다음에 안개 속에서 어렴풋이 소를 처음 보는 장면인 견우見牛가 있는데, 대개 소 엉덩이만 그려져 있다. 소의 전체 모습을 분명하게 파악하는 것은 그 다음 그림인 득우得牛이다. 이른바 정지견正知見이 난 견우見牛 장면을 선가의 식심으로 볼 수 있다면, 선가에서 말하는 견성見性은 득우得牛 장면에 해당한다. 정견正見이 났으면 그만이지 다시 견성見性이란 무슨 말이냐고 힐문할 사람들이 있을 법한데, 이 문제는 몸소 경험하지 않으면 이해하기가 어렵다. 선가에서는 정지견이 나면 스승이 인가印可를 하고, 그 뒤에 수행을 하다가 시절인연을 만나면 견성을 한다고 말한다. 간화선看話禪을 주창한 송나라의 대혜大慧 종고宗杲 대사도 그 행장에 보면 대오大悟한 것이 세 번이고 소오小悟는 더 많았다고 기록되어 있다. 세계 최고의 금속활자본인 『불조직지심체요절佛祖直指心體要節』을 저술한 고려시대의 백운白雲 경한景閑 대사도 임진년 이월에 중국의 석옥石屋 청공 대사로부터 인가를 받고 고려로 돌아와서, 그 다음해인 계사년 정월 십칠일에 시절 인연을 만나서 견성을 한 사실을 보면, 선가에서 말하는 정지견正 知見이나 화두 타파나 식심이나 견성이라는 사건이 한꺼번에 일어 나는 것이 아님을 알 수 있다. 마음을 공부하는 이들은 십우도를 통 하여 견우하고 나서 계속 정진하다가 시절인연을 만나면 분명하게 득우하게 되는 공부 차례를 반드시 이해하고 있어야 바른 길로 갈 수 있음을 명심해야 한다.

아난과 대중들이 예불한 후에 합장하고서 여래 앞에서 게송을 읊으면서 부처님을 찬탄하면서 게송으로 발원하였다.

묘담妙湛한 총지總持이신 부동不動 세존이시여.
수능엄의 왕이시여, 희유합니다.
억겁 동안 뒤바뀐 망상을 털어
아승지겁 안 거치고 법신 얻겠네.
저희들도 성과聖果 얻어 보왕寶王이 되어
항하사수 많은 중생 제도하리다.
직심直心 심심深心 지니고서 진찰塵刹 받들어
부처님의 크신 은혜 갚으오리다.

원하건대 세존께서 증명하소서.
오탁악세 맹세컨대 먼저 들어가
중생 중에 하나라도 성불 못하면

그때까지 나 열반에 들지 않겠네.

대웅大雄이고 대력大力이며 대자비시여.
저희들이 미세한 혹惑 끊어버리고
하루바삐 무상각에 오르게 하여
시방세계 대도량에 앉게 하소서.

허공성은 없앨 수가 있을지언정
굳고 굳은 이내 마음 변치 않으리.

🙏 대중들의 오도송悟道頌이다. 선가에서 한 소식을 하면 오도송을 지어서 그 심경을 표현하는 전통이 있는데, 이것은 부처님 당시부터 있었던 것이다. 독자들도 대중들과 같이 부처님 당시의 설법을 들었으니, 여기서 여러분의 오도송을 읊어야 마땅하다.

능엄경 제4권

제5절 우주의 생성과 상속을 밝히다

1. 부루나의 질문

그때 부루나미다라니자가 대중 가운데서 일어나 오른쪽 어깨를 벗어 메고 오른무릎을 꿇고 합장하여 공경하고 부처님께 사뢰었다.

> 지금까지 부처님께 질문하는 주인공은 아난 존자였는데, 여기에서는 부루나 존자가 주인공으로 등장하여 부처님과 문답한다. 그래서 제4권을 흔히 '부루나장'이라고 부른다. 질문 내용은 세계의 생성生成과 중생과 업과業果의 상속相續 및 여래장에 관한 것이다.

"위덕威德이 높으신 세존께서는 중생들을 위하여 여래의 제일의 제第一義諦를 잘 설명하셨습니다. 세존께서 항상 저를 칭찬하시기를 '설법하는 사람들 중에서 제일이다'라고 하셨습니다. 그러나 지금 여래의 미묘한 법음法音을 들으니 마치 귀먹은 사람이 백 보 밖에서 모기 소리를 듣는 것 같습니다. 본래 보지도 못한 것을 어찌 들을 수가 있겠습니까. 부처님께서 분명하게 설명하시어 저희들의 의문을 제거하고자 하시지만, 저희들은 아직도 이 뜻을 자세히 알지 못하여 여전히 의문이 남아 있습니다.

세존이시여! 아난과 같은 무리는 비록 깨달았다고 하나 버릇인 번뇌(習漏)가 없어지지 못하였고, 또 저희들은 모임 가운데서 무루 無漏의 경지에 올라서 비록 새어나가는 번뇌는 없으나, 지금 여래께서 말씀하신 법문을 들으니 다음과 같은 의문이 생깁니다.

세존이시여! 만약에 세상의 모든 존재인 육근六根과 육진六塵과 오음五陰과 십이처十二處와 십팔계十八界가 모두 여래장如來藏이어서 청정淸淨한 본연本然이라면 어찌하여 홀연히 우주에 은하계와 산하대지와 모든 유위상有爲相들이 생겨나서 차례로 변천하면서 나중에는 끝이 났다가는 다시 시작하곤 합니까?

✎ 부루나존자의 첫 번째 질문이다. 은하계를 위시한 세계가 생겨난 근원과 그것이 변화 소멸하면서 생성을 계속하는 이유를 물었다.

또 여래께서 말씀하시기를 '지수화풍의 본성이 원융하여 우주에 두루하며 담연하고 상주한다'고 하셨습니다. 세존이시여! 흙과 물은 서로 상극이고, 물과 불도 서로 상반하므로 동시에 함께 같은 장소에서 공존할 수가 없습니다. 따라서 만일 땅의 성품이 우주에 두루하다면 어떻게 물을 용납하겠습니까? 또 물의 성품이 두루하다면 불이 동시에 함께 공존할 수가 없는데, 어떻게 물과 불의 두 가지 성품이 허공에 동시에 함께 두루하면서 또한 서로 다투거나 밀어내지 않습니까? 세존이시여! 또 흙의 성품은 막히는 것이고, 허공의 성품은 통하는 것인데, 어떻게 이 막히고 통하는 흙과 허공의 두 가지 상반하는 성품이 동시에 함께 우주에 두루하여 공존할 수가 있습니까?

이 이치가 어떻게 된 것인지 저희들이 알지 못하오니, 원컨대 여래께서 자비를 베푸시어 저와 모든 대중들의 의문을 풀어 주십시오."

이렇게 말하고는 오체를 투지하고, 여래의 무상無上한 가르침을 목마르게 기다렸다.

🔖 두 번째 질문이다. 서로 반대되는 성질을 가진 수水와 화火가 여래장에 같은 시간에 같은 장소에 함께 공존하는 까닭을 묻고 있다.

그때 세존께서 부루나와 번뇌가 다하고 더 배울 것이 없는 무학 아라한들에게 말씀하셨다.

"여래가 오늘 이 모임의 대중들을 위해서 가장 높은 법문인 진짜 승의성勝義性을 말하려고 한다. 그리하여 성문과 이공二空을 못 얻은 자와 상승上乘을 지향하는 아라한들로 하여금 가장 높은 일승一乘의 적멸처寂滅處를 얻는 바른 수행을 얻게 할 것이니, 너희들은 이제 잘 들어라."

부루나 등이 부처님의 법음을 흠모하여 묵연히 듣고 있었다.

2. 세계의 기원

1) 은하세계의 연기

부처님께서 말씀하셨다.

"부루나야! 네 말과 같이 청정한 본연이라면 어찌하여 홀연히 산하대지가 생겼겠느냐? 너는 여래가 항상 성각性覺이 묘명妙明하고, 본각本覺이 명묘明妙하다고 설명하는 것을 듣지 않았느냐?"

🐾 '성각性覺이 묘명妙明하다'는 말과 '본각本覺이 명묘明妙하다'는 말의 의미에 대해서는 해설이 분분하다. 생각건대 성각과 본각은 모두 진심眞心을 가리키고, 묘명과 명묘에서 명明은 조照의 뜻이고 묘妙는 적寂의 뜻이니, 둘 다 진심이 가진 적이상조寂而常照하고 조이상적照而常寂하는 특성을 표현한 것으로 알고 넘어가자.

부루나가 대답하였다.
"그렇습니다, 세존이시여! 제가 부처님께서 이러한 이치를 설명하시는 설법을 항상 들었습니다."
부처님께서 말씀하셨다.
"네가 말하는 각명覺明이란 말은, 각성覺性이 본래 밝다는 뜻이냐, 아니면 각성이 현재 불명不明하니까 각覺을 밝혀보자는 뜻이냐?"

🐾 '여칭각명汝稱覺明 위부성명爲復性明 칭명위각稱名爲覺 위각불명爲復不明 칭위명각稱爲明覺'이라는 구절은 보통 직역하기를 "네가 각覺이라 명明이라 지칭함은, 다시 성性이 명明한 것을 지칭하여 각覺이라 함이 되느냐, 각覺이 불명不明한 것을 지칭하여 명明할 각覺이라고 하느냐"라고 새긴다. 즉 '각명覺明'에서 명明이라는 글자의 품사를 형용사로 보느냐, 아니면 동사로 보느냐에 따라서 '각覺은 밝은 것이다'라는 해석과 '안 밝은 각覺을 밝혀보자'라는 해석으로 갈라진

다. 지금 '아난'에게 그 의견을 물어보고 있다. 예컨대 우리가 흔히 "불법을 배워서 마음을 밝히자" 또는 "명심견성明心見性하자"고 말할 때에 사용하는 단어인 '명明'자는 동사의 의미로 새긴 것이다.

부루나가 말하였다.
"만약 따로 밝힐 필요가 없는 것을 각覺이라고 한 것이라면 밝힐 대상(所明)이 없겠습니다."

🍃 각성이 본래 밝아서, 즉 "밝힐 것이 없는 것을 각覺이라고 지칭하면, 곧 소명所明이 없겠습니다"라는 뜻은, 만약에 명명자를 형용사로 해석하면 본래 밝은 마음이니, 따로 '밝혀야 할 마음'이 없으니 결국 밝힐 대상(所明)이 없다는 뜻이다.

부처님께서 말씀하셨다.
"네가 '만약 밝힐 대상인 각覺이 없다면 각을 밝히자는 명각明覺도 없겠습니다'라고 말하는데, 밝힐 것이 있다면 명각明覺이 되니 각覺이 아니요, 밝힐 것이 없다면 명明이 아니다. 무명無明은 각覺의 맑고 밝은 담명성湛明性이 아니다.

🍃 이 구절을 직역하면 '만약 소명所明이 없으면 명각明覺이 없다고 하지만, 소所가 있으면 각覺이 아니고, 소所가 없으면 명明이 아니다'로 되는데, 내용은 각覺은 본래 밝으니 따로 밝히는 행위인 유위有爲가 필요없다는 것이다.

성각性覺은 원래 밝은데, 허망하게 각覺을 밝히고자 한다.

🦋 이 부분은 우주와 은하계가 벌어지는 최초의 생성 과정을 설명하신 부분이다. 청정한 진심에서 주체와 대상이 생겨서 무명이 일어나는 까닭을 간단하게 설명한 것이다.
'성각性覺은 원래 밝은데, 허망하게 각覺을 밝히고자 한다(性覺必明 妄爲明覺)'라는 말은 진심인 각覺이 스스로 각覺 자신을 밝히려는 생각을 일으킨다는 말이다. 성각性覺이 밝은 제 성질 때문에 제 자신을 밝혀보자는 생각을 하게 되었다는 말이다. 비유하자면 안근眼根은 보는 것이 그 본성인데, 무엇이든지 잘 보니까 제 눈으로 제 눈도 한 번 보려고 시도하는 것과 같다. 여기서 '필명必明'은 밝은 각성을 말하지만 '명각明覺'은 각성을 밝혀보자는 뜻으로, 동사인 '명明'과 목적어인 '각覺'으로 구성되어 있다. 즉 진심眞心인 성각性覺이 영지靈知한 제 성질 때문에 자기 자신도 한 번 밝혀보려고 하는 망념妄念을 일으키면서 주체와 객체를 나눈다는 말이다. 이때 '각성을 밝혀보자'는 명각明覺에서 동사로 쓰인 '명明'은 각覺의 본성인 '필명必明', 즉 각명覺明과 같은 뜻이다. 즉 본래 밝은 성각性覺이 공연히 제 자신을 밝혀보려는 생각을 하니까 즉시 주체와 객체로 이분二分되었다는 말이다.
앞에서 나온 "깨달은 오悟 중에 있으면서 미迷를 인식하려고 하여"라는 구절과 내용이 같다. 십이인연법十二因緣法으로 말하면 최초의 근본무명根本無明이 생기는 과정을 설명하는 구절이다. 『대승기신론』에서는 진여眞如인 본각本覺을 여실如實하게 알지 못하여 불각不

覺이 된다고 설명한다.

각覺은 원래 밝으니 새삼스레 밝힐 대상이 아니건만, 밝히자는 것으로 인하여 대상이 되었고, 대상이 허망하게 성립하니 너의 허망한 주체인 망능妄能이 생겼다.

🍃 각覺은 원래 밝으니 새삼스레 밝힐 대상이 아니다. 여기서 각覺은 성각性覺인 진심이고, 공적영지空寂靈知인 그놈이다. 이 각覺은 본각本覺으로 항상 공적하여 한 물건도 없으니, 새삼스레 주체나 상대할 대상이란 것이 본래부터 없다.
'밝히자는 생각으로 인하여 대상이 되었고, 대상이 허망하게 성립하니 너의 허망한 주체인 망능妄能이 생겼다'에서 성각性覺이 일으킨 '밝혀보자는 생각'은 본명本明한 자리에서 무단히 주객을 분립하니, 근본무명이 시작하는 찰나이다. 『대승기신론』에서는 본각本覺이 본래 밝은데 미혹하여 일념一念을 일으켜서 불각不覺이 되는 것으로 설명하는데, 최초 불각인 이 무명 업상業相에서 능견能見인 전상轉相과 소견所見인 현상現相이 벌어졌다고 설명한다. '대상이 되었고'는 주체와 동시에 성각性覺이 밝히려는 대상이 되었으니, 주객이 상대하여 분별이 벌어지기 시작한다는 말이다.

같음(同)과 다름(異)이 없는 가운데서 문득 다름이 성립하고, 그 다름을 다름으로 인정하기 때문에 그 다름으로 인하여 같음이 성립된다. 이 같음과 다름을 분명히 구분하고, 이로 인하여 다시 같음도 다름도 없음(無同無異)이 성립한다.

🕭 주객이 상대하니 다름(異)이 생기면서, 동同과 이異가 대립하게 되고, 동과 이가 상대하면서, 다시 무동무이無同無異가 생겨서 제삼第三이 성립한다.

이렇게 요란하게 상대하여 노勞가 생기고, 노가 오래되어 진塵을 발생하니 자상自相이 혼탁하게 된다. 이로 말미암아 진로와 번뇌를 일으키는데, 작용하여서는 세계世界가 되고, 고요하여서는 허공虛空이 된다.
허공은 같음인 동同이고, 세계는 다름인 이異가 되며, 무동이無同異인 중생과 업과業果는 참 유위법有爲法이다.

🕭 동과 정, 허공과 세계, 유위법과 무위법은 반대말이다. 업과業果와 중생은 분별과 망상으로 생긴 것이라 생멸이 있으므로 참 유위법이라고 한다.

각覺의 밝음(明)과 허공의 어두움(昧)이 상대하여 요동이 생기므로 바람바퀴인 풍륜風輪이 생겨서 세계를 집지執持하여 받쳐준다. 즉 허공으로 인하여 요동이 생기고, 밝은 것이 굳어져서 막혀 장애가 되는데, 저 금보金寶는 밝은 깨달음이 견고하게 된 것이다. 그러므로 금륜金輪이 있어서 국토를 유지한다. 밝은 각覺이 굳어서 보배가 되고, 밝음을 흔들어 바람이 나와서, 바람과 금금이 서로 마찰하면 화광火光이 생겨나 변화하는 성품이 된다. 보배의 밝음은 윤기를 내고, 화광은 위로 증발하기 때문에, 수륜水輪이 있어서 시방세계를 둘러싸게 된다.

불은 올라가고 물은 내려가서 서로 어울려 굳음(堅)이 생기고, 젖은 것은 바다가 되고 마른 것은 육지가 된다. 이런 이유로 큰 바다 가운데서 화광이 항상 일어나고, 저 육지 가운데는 강하江河가 항상 흐른다. 물의 힘이 불보다 약하면 응결되어서 높은 산이 되니, 그러므로 산의 돌이 서로 부딪치면 불꽃이 나고, 녹으면 물이 된다. 흙의 힘이 물보다 약하면 땅에서 돋아나서 초목이 되니, 그러므로 숲이 타고 나면 흙이 되고, 흙을 쥐어짜면 물이 나온다.

허망이 서로 얽혀서 발생하되 번갈아 서로 종자種子가 되니, 이러한 인연으로 세계가 상속相續하고 있다.

2) 중생세계의 연기

다시 부루나야! 밝히려는 허망인 명망明妄이 생긴 것은 다른 이유가 아니고, 깨닫는 각覺이 밝은 놈이라는 '각명覺明'이 바로 허물이다.

🙏 이 구절은 앞에서 설명한 '성각필명性覺必明 망위명각妄爲明覺'과 같은 맥락이다. 즉 "밝은 성각性覺이 허망하게 '각覺을 밝혀보자'고 하면서, 밝히려는 허망한 무명無明을 일으키는 원인은 바로 '각명覺明' 이놈 때문이다." 즉 '각覺이 본래 밝은 놈'이기 때문에 각覺이 자신도 한번 밝혀보려고 허망한 시도를 하면서 즉시 명망明妄이 된 것이다. 주객이 없는 곳에 공연히 주객을 가설假設하면서 무명無明이 시

작한다는 설명이다. 명망明妄이 바로 무명이다.

허망한 대상인 소망所妄이 이미 성립하면 밝은 이치(明理)가 그것을 초탈하지 못한다. 이러한 인연으로 해서 듣는 청聽은 소리를 벗어나지 못하고, 보는 견見은 빛깔을 벗어나지 못한다.

빛깔·소리·냄새·맛·촉감 등 여섯 가지 허망한 대상이 이루어지고, 이로 인하여 보고, 깨닫고, 듣고, 알고 하는 견문각지의 작용이 벌어지며, 동업同業끼리 서로 뒤얽혀서는 결합하기도 하고 분리하기도 하면서 이루어지고 또 변화한다.

밝은 것을 보고서 색色을 발하고, 밝게 보고는 생각(想)을 이룬다.

🕉 주객이 상대하면서 시각현상이 보는 견見을 형성한다. 육근이 육진을 반연하면 즉시 육식이 생긴다는 말이다. 근대根大가 분별 작용 없이 그저 견문각지만 한다면 그때에 알아보는 놈인 견정見精은 견성見性인 영지靈知에 가까운 제2월月이다. 시각현상이 있으면 거의 동시에 안식을 분별하는 생각이 일어난다.

소견所見이 다르면 서로 미워하고 생각이 같으면 서로 사랑하는데, 정액이 흘러서 종자種子가 되고, 생각(想)을 받아들여서 태胎가 된다. 암수가 서로 교접할 적에 동업同業끼리 서로 끌어당기니, 그러한 인연으로 수정되고 자궁에 착상하여 입태되어 이 세상에 태어난다.

🐾 암수가 서로 교접할 적에 같은 업끼리 서로 끌어당긴다'는 구절은 제 어미를 찾아서 입태入胎하는 모습을 설명하신 부분이다. 동업同業이란 수천 생에 얽힌 미운 업과 사랑하는 업을 포함한다.

이러한 태생胎生처럼 난생卵生과 습생濕生과 화생化生도 제각기 그 상응하는 업을 따라가는데, 난생은 생각(想)으로 인하여 생기고, 태생은 정情으로 인하여 생기고, 습생은 합하여 감응하고, 화생은 허물을 벗으면서(離) 생긴다.

정과 생각과 합과 벗어남(情想合離)이 번갈아 서로 변역變易하면서 업을 받는데, 혹은 하늘에서 날기도 하고, 혹은 물속에 잠기기도 한다. 이러한 인연으로 중생이 계속하여 상속한다.

3) 업과세계業果世界의 연기

부루나야! 생각과 애욕이 함께 얽혀서(想愛同結) 그 애욕을 능히 여의지 못하므로 모든 세간의 부모와 자손들이 서로 생겨나서 끊어지지 않는다. 이런 무리는 욕탐欲貪이 근본이 된 것이다.

🐾 애욕愛慾인 음녀婬이 윤회의 근본 원인임을 먼저 강조하고, 살殺·도盜 또한 근본 원인이라고 설명하신다.

탐심과 애욕이 서로 부추기어서 탐욕을 능히 그치지 못한다. 모든 세간의 난생·화생·습생·태생이 그 힘의 강약을 따라서 번갈아 서로 잡아먹으니, 이런 무리는 살생을 탐내는 살탐殺貪이 근본이 된 것이다.

 사람이 양을 잡아먹으면 그 양은 죽어서 사람이 되고, 사람은 죽어서 양이 되어서 이렇게 여러 가지 모습으로 바뀌면서 죽고 죽고, 나고 나면서 번갈아서 서로 잡아먹되 악업으로 인하여 함께 태어나는 것이 미래가 끝나도록 계속된다. 이런 무리는 도둑질을 좋아하는 도탐盜貪이 근본이 된 것이다.

 너는 나의 목숨을 빚졌고, 나는 너에게 빚을 갚아야 한다는 이러한 인연으로 백천 겁이 지나도록 언제나 생사계生死界에 남게 된다. 또 너는 나의 마음을 사랑하고, 나는 너의 미색을 사랑한다는 이러한 인연으로 백천 겁이 지나도록 언제나 서로 얽히어서 윤회한다.

 이러한 살생과 도둑질과 음탐인 살殺·도盜·음婬 세 가지가 근본이 되는데, 이러한 인연으로 업과業果가 상속된다.

 부루나야! 이와 같이 세 가지의 원인이 상속되는 것은, 모두 이 각명覺明의 분명하게 아는 명료지성明了知性에서 그 아는 요지了知가 원인이 되어서 객체인 모습을 나투고, 다시 뒤바뀐 망견妄見으로부터 산하대지와 온갖 유위상有爲相들이 생겨나서는 차례대로 천류遷流하는 것이니, 이렇게 허망으로 인하여 생겨나서는, 끝이 나면 다시 시작하곤 한다."

3. 여래는 전도顚倒가 없다

부루나가 말하였다.

 "만약 이 묘각妙覺의 본래 묘한 각명覺明이 여래의 마음과 더불어

늘지도 않고 줄지도 않는데 무단히 산하대지와 온갖 유위상들이 홀연히 생긴 것이라면, 여래께서는 이제 묘공명각妙空明覺을 얻으셨으니 어느 때에 다시 산하대지와 유위와 버릇과 번뇌가 생기겠습니까?"

부처님께서 부루나에게 말씀하셨다.

"비유컨대 마치 어느 미迷한 사람이 어떤 마을에서 남쪽을 북쪽으로 착각하였다면 그 착각이 미함을 인因하여 있는 것이냐, 깨달음을 인하여 생긴 것이냐?"

부루나가 대답하였다.

"이 미한 사람은 미를 인하지도 않았고, 깨달음을 인하지도 않았나이다. 왜냐하면 미란 것이 본래 뿌리가 없는데 어떻게 미를 인하였다고 하겠으며, 깨달음에서는 미가 생기지 않는 것이니 어떻게 깨달음을 인하였다고 하겠습니까?"

부처님께서 말씀하셨다.

"그 미한 사람이 남북을 착각하고 있을 때에 문득 깨달은 사람이 가르쳐주어서 방향을 제대로 알게 되면 부루나야! 어떻게 생각하느냐? 이 사람이 비록 미하였지만 이 마을에서 다시 방향을 착각하는 일이 생기겠느냐?"

"아닙니다, 세존이시여!"

"부루나야! 시방의 여래도 또한 이와 같으니라. 이 미迷라는 것이 근본이 없어서 그 성품이 결국 공한 것이다. 예전부터 본래로 미가 없었는데, 각覺에 미함이 있는 듯하지만, 미를 깨달아서 미가 없어지면 깨달음인 각에는 미가 생기지 않는다.

마치 눈병이 난 사람이 허공에서 헛꽃을 보다가, 그 눈병이 없어지면 그 헛꽃도 허공에서 사라지는 것과 같다. 만약 어떤 어리석은 사람이 저 허공 꽃이 없어진 자리에서 허공 꽃이 다시 나타나기를 기다린다면 이 사람을 어리석다고 하겠느냐, 지혜롭다고 하겠느냐?"

부루나가 말하였다.

"허공에 원래로 꽃이 없는데도 허망하게 꽃이 생기고 사라짐을 보는 것이니, 꽃이 허공에서 사라짐을 본다고 하여도 이미 잘못된 뒤바뀜인데, 헛꽃이 다시 나타난다고 한다면 이것은 미친 사람의 어리석음이니, 어찌 이런 미친 사람을 두고서 어리석다, 지혜롭다 말할 수가 있겠습니까?"

부처님께서 말씀하셨다.

"네가 그렇게 안다면 어떻게 '모든 부처님의 묘각명공妙覺明空에서 언제 다시 산하대지가 나옵니까?' 하고 물을 수가 있겠느냐?

또 금광석에 정금精金이 섞여 있다가 그 금이 한 번 순금이 되면 다시는 섞이지 않는다. 또 나무가 타서 재가 되면 그 재는 다시 나무로 되지 않는다. 이와 같아서 모든 부처님의 보리와 열반도 또한 그와 같다.

제6절 여래장을 밝히다

1. 오대五大의 원융

부루나야! 또 네가 두 번째 질문에서, 지수화풍의 본성이 원융하여서 우주에 두루하다면 물과 불이 서로 밀어내고 빼앗지 않는가? 하고 의심하였고, 또 허공과 대지가 우주에 두루하다면 그것들이 서로가 서로를 용납하지 못할 것이라고 하였다.

🦚 부루나의 두 번째 질문에 대한 부처님의 설명이다. 상식적으로 만일 물과 불이 동시에 같은 공간에 존재하면 두 개가 서로 다투고 밀어내어서, 물이 마르거나 아니면 불이 꺼질 것이다. 또 허공은 트인 것이고 대지는 막힌 것이니, 이 두 가지도 동시에 같은 공간에 공존할 수도 없다. 그런데도 부처님께서 '칠대七大가 모두 여래장 진여성眞如性이라, 물질과 정신이 항상 법계에 두루하여 있다'고 하시니, 부루나는 상식적으로 '그것이 어떻게 가능할까?' 의심이 날 수밖에 없다. 여래장 속에는 만법이 다 함장含藏되어 있다는 말은 마치 두드리면 나오는 도깨비 방망이 이야기나 같으니, 믿기 어렵다.

부루나야! 비유컨대 마치 허공은 원래 여러 가지 모양이 아니므로, 여러 가지 모양이 나타나는 것을 거부하지 않는 것과 같다.
왜냐하면 부루나야! 저 허공이 해가 비치면 밝고, 구름이 끼면 어둡고, 바람이 불면 흔들리고, 비가 개이면 청명하고, 기운이 엉기면 흐리고, 황사가 쌓이면 흙비가 되고, 물이 맑으면 비치게 된다.

너는 어떻게 생각하느냐? 이러한 모든 유위상有爲相이 저 태양이나 구름들로 인하여 생긴 것이냐, 아니면 허공에 본래부터 있는 것이냐?

만약 밝음이 태양으로 인하여 생긴다면 부루나야! 태양이 비칠 적에는 태양이 바로 밝음이니, 시방의 세계가 같이 일색日色이 되어야 할 것인데 어찌하여 허공중에 다시 둥근 태양을 보게 되느냐?

만일 그것이 본래 허공의 밝음이라면 허공 스스로가 밝게 비칠 것인데 어찌하여 밤중에나 구름이 끼었을 적에는 허공이 스스로 빛을 내지 못하느냐?

마땅히 알아라. 이 밝음은 태양도 아니고 허공도 아니며, 또 태양이나 허공과 다른 것도 아니다.

> 태양이 있어서 허공이 밝을 적에 그 밝음은 태양에서 온 것도 아니고, 허공 자체에서 온 것도 아니다. 그러나 태양이나 허공이 없으면 그 밝음이 나타나지 않는다. 밝음에 대하여 허공과 태양이 필요충분조건이기는 하지만, 그것이 전부가 아니라는 이야기다.

모습으로 보면 원래 허망해서 가려낼 수가 없으니, 마치 허공에 나타난 헛꽃에서 열매가 맺히기를 기다리는 것과 같다. 어떻게 서로 밀어내고 빼앗는 것을 따지겠느냐?

성품으로 보면 원래로 참(眞)이라서 오직 묘각명妙覺明뿐이다. 묘각명한 마음은 본래 물도 불도 아닌데, 어떻게 서로가 용납하지 않느냐고 묻겠느냐?

참된 묘각명도 역시 이와 같아서, 네가 공_空으로 밝혀내면 공이 나타나고, 지수화풍 각각 밝혀내면 지수화풍으로 각각으로 나타나고, 만일 함께 밝혀내면 모두 함께 나타난다.

🐾 밝음의 출처가 밝혀졌다.

'함께 나타난다(俱現)'는 것은 어떤 것이냐? 부루나야, 예를 들어 강물에 해 그림자가 나타났을 적에 두 사람이 그 물속의 해를 함께 보고 있다가 헤어져서 동쪽과 서쪽으로 제각기 걸어가면 물속의 해도 제각기 두 사람을 따라서 하나는 동쪽으로 가고 하나는 서쪽으로 가서 애초부터 표준이 없다.

'이 해가 하나인데 어찌하여 제각기 가느냐?'고 하거나, '제각기 가는 해가 둘인데 어찌하여 하나로 나타났느냐?'고 따질 수가 없는 것이니, 이것은 완연히 허망하여 증명할 수 없는 것이다.

🐾 물속의 해 그림자 비유는 각자의 업에 따라서 주위환경이 각각으로 나타나는 것을 비유로 설명하신 부분이다. 물속에는 원래 해가 없건만 해 그림자를 보고 정말로 해가 물속에 있는 것으로 착각하고 있는 것처럼, 우리가 보고 듣는 객관세계도 그와 같이 사실은 자체가 없는 것인데도 제 업력에 따라서 경계가 엄연히 존재한다고 믿고 있다.

부루나야! 네가 색과 허공으로 여래장에서 서로 밀어내고 빼앗으므로, 여래장이 그에 따라서 색과 허공이 되어서 우주에 두루하다. 그리하여 그 가운데서 바람은 움직이고, 허공은 맑고, 해는 밝고, 구름은 어둡다.

이와 같이 중생들이 어리석어서 본각을 등지고 육진에 합하므로, 진로塵勞가 일어나서 세간의 모습(世間相)이 있게 된 것이다.

🙋 하늘에 바람과 해와 구름이 있고, 주위에 산하대지가 엄연히 존재하는 이 중생세계는 배각합진背覺合塵한 무명無明에서 비롯하여 착각으로 벌어진 풍광風光이다. 즉 본각을 등지고 육진에 계합하는 망견妄見이 연출하는 환경이니 자작自作한 작품이다.

그러나 나 여래는 묘명妙明인 불멸불생으로 여래장에 합合한다. 여래장이 오직 묘각명妙覺明이라, 우주를 두렷하게 비춘다. 그러므로 그 가운데서 하나가 무량無量이 되고 무량이 하나가 되며, 작음 가운데에 큼을 나타내고 큼 가운데에 작음을 나타내며, 도량에서 움직이지 않고 시방세계에 두루하며, 몸이 시방의 한량없는 허공을 머금고, 한 터럭 끝에 보왕寶王의 많은 세계를 나타내고, 작은 먼지 속에 앉아서 큰 법륜을 굴린다. 이른바 육진이 사라지고 본각에 합하므로, 진여의 묘각명성妙覺明性을 발하는 것이다.

🙋 이것은 허망한 육진이 사라지고 본각本覺에 합하는 여래의 이른바 멸진합각滅塵合覺의 경지를 구체적으로 설명하신 부분이다. 부처가

되는 공부는 간단하게 '묘명妙明인 불멸불생不滅不生으로 여래장如來藏에 합하는 것'이다. 묘각명인 여래장 중에는 상대적인 개념이 없다. 즉 일一과 무량無量, 찰나와 영원의 구별이 없으니, 이른바 시간과 공간이라는 개념이 사라진 경계이다. 진심眞心과 같은 개념인 이 여래장은 세상만사가 나타난 출처를 가리키므로 물질과 정신을 포괄한 뜻이다. 불교에서는 진짜 마음을 강조하면 진심이라 부르고, 진짜 몸을 강조하면 법신法身이라고 하는데, 여래장은 양자를 포괄한 단어이다.

중생과 부처의 차원이 서로 다른 것을 보고 '그들의 여래장이 원래부터 다른 것이 아닌가?' 하고 오해할까 염려하여, 아래에서 여래장을 자세히 설명하신다.

2. 여래장은 공空이다

이 여래장의 본묘원심本妙圓心은 마음도 아니고, 공空도 아니며, 지수화풍도 아니고, 눈도 아니고, 귀·코·혀·몸·뜻도 아니며, 빛깔도 아니고, 소리·냄새·맛·감촉·법도 아니고, 안식계眼識界도 아니며 이와 같이 내지 의식계意識界도 아니다.

밝음도 안 밝음(無明)도 아니고, 밝음이나 안 밝음이 다함(盡)도 아니며, 내지 또한 노老도 아니고, 사死도 아니고, 노사가 다함도 아니며, 괴로움(苦)도 아니고, 괴로움의 원인(集)도 아니며, 괴로움이 없음(滅)도 아니고, 괴로움을 없애는 길(道)도 아니며, 지혜(智)도 아니고, 얻음(得)도 아니다.

보시도 아니고, 지계도 아니며, 인욕도, 정진도, 선정도, 반야도 아니다. 바라밀다도 아니고, 여래도 아니며, 응공·정변지도 아니고, 대열반도 아니며, 상락아정常樂我淨도 아니다. 이렇게 여래장은 세간도 아니고, 출세간도 아니다.

🐟 먼저 여래장을 설명하는데, '아니다'인 비非로 일관하고 있다. 마치 없을 무無자와 불不자가 많은 『반야심경』을 보는 것 같다. 여래장은 공적하여 그 안에는 아무 것도 없다. 그런 뜻에서 공여래장空如來藏이라고 부른다.

3. 여래장은 불공不空이다

여래장의 원명심묘元明心妙는 곧 마음이요, 곧 공空이며, 곧 지수화풍이며, 곧 눈이요, 곧 귀·코·혀·몸·뜻이요, 곧 빛이요, 곧 소리·냄새·맛·감촉·법이며, 곧 안식계이며 이와 같이 내지 곧 의식계이다.
 곧 밝음이요 안 밝음이며, 곧 밝음과 안 밝음이 다함이며, 내지 곧 노老요 곧 사死며, 곧 노사가 다함이며, 곧 괴로움이요, 곧 괴로움의 원인이요, 곧 괴로움이 없음이요, 곧 괴로움을 없애는 길이며, 곧 지혜요, 곧 얻음이니라.
 곧 보시요, 지계요, 인욕이요, 정진이요, 선정이요, 반야이다. 곧 바라밀다요, 이와 같이 내지 곧 여래요, 곧 응공·정변지요, 곧 대열반이요, 곧 상락아정이다. 이렇게 여래장인 모두가 곧 세간이요, 곧 출세간이다.

🔖 여기에서는 '이다'인 즉即으로 일관하고 있다. 앞에서는 '아니다'인 비非로 여래장에 일물一物도 없음을 보여주더니, 여기서는 즉即으로 여래장에는 모두 다 있음을 보여준다. 이른바 공적한 여래장이지만, 영지靈知하게 인연을 따라서 만법을 나투기도 한다. 그런 뜻에서 불공여래장不空如來藏이라고 부른다. 이처럼 여래장은 내용상으로는 만법이 가득하면서도 모습은 공적하니, 한 단어로 표현하자면 가득 찬 공, 즉 만공滿空이 여래장의 정체正體이다.

4. 여래장은 사구四句를 벗어났다

여래장의 묘명심원妙明心元은 즉即도 여의고 비非도 여의며, 또 시즉是即이고 비즉非即이다. 세간에 속하는 삼계의 중생과, 출세간에 속하는 성문과 연각이 그 분별하여 아는 마음인 소지심所知心으로 어떻게 여래의 무상보리를 헤아릴 수 있으며, 세상의 언어를 사용하여 어떻게 부처님의 지견知見에 들어갈 수 있겠느냐?

🔖 다시 여래장은 '이즉이비離即離非 시즉비즉是即非即'이라고 설명하신다. 즉 여래장은 '이즉이비離即離非'라고 하여 이다(即)와 아니다(非)를 둘 다 여의었고, 동시에 '시즉비즉是即非即'이어서 시와 비를 둘 다 포용하고 있다. 이 시즉비즉是即非即에 대해서는 해석이 여러 가지가 있다. 불교에는 사구四句라는 논리가 있다. 이는 상식으로

전개하는 논리의 한계를 말하는 것이다. 예를 들면 만법萬法의 실체實體를 궁구해 보면 자연自然이 아니니 '없다'・'아니다'인 공空이요, 또 인연因緣으로 생겨나니 '있다'・'이다'인 유有가 된다. 공空이라야 공을 나투고 유有라야 유有를 나툴 수 있으니 역공역유亦空亦有가 되고, 동시에 공空이라면 유有가 아니요 유有라면 공空이 아니니 비공비유非空非有라고도 한다. 그래서 유有・공空・역공역유亦空亦有・비공비유非空非有가 이렇게 사구四句가 된다. 『능엄경』의 '시즉是卽'은 역공역유亦空亦有를 가리키고, '비즉非卽'은 비공비유非空非有를 가리킨다고 보면 무난한 해석이 된다.

여래장如來藏을 자세하게 밝히려고 하여도 이런 사구밖에는 설명할 방법이 없다. 그러나 여래장은 이런 사구로는 그 정체를 분명하게 밝힐 수가 없다. 마찬가지로 여래의 '보리菩提'는 분별分別 망상妄想으로 이해할 수 없고, 또 불지견佛知見을 상식으로 표현할 수 없다. 이처럼 여래장을 세속제世俗諦로 표현하는 것은 불가능한 일이다.

이렇게 정의내리기 어려운 여래장을 표현하는 용어가 경우에 따라 다르게 나타나고 있다. 공空여래장은 본묘원심本妙圓心, 불공不空여래장은 원명심묘元明心妙, '이즉이비離卽離非 시즉비즉是卽非卽'에서는 묘명심원妙明心元이라고 표현하셨다. 이런 표현들을 자세히 음미하여 여래장의 특징을 추리할 수밖에 없다. 이것은 공적영지空寂靈知인 진심眞心을 언어로 표현할 수가 없는 점과 흡사하다.

중생의 소지심所知心으로 부처의 불지견佛知見을 알 수 없다는 말씀은, 우리가 무시망견無始妄見을 벗어나야 무상보리無上菩提인 불지佛智를 알 수 있다는 뜻이다. 그럼 어떻게 하면 중생의 망견妄見을 벗어날 수 있을까?

비유컨대 금슬과 공후와 비파가 묘한 소리를 내지만, 만일 그 악기를 다루는 묘한 손가락이 없으면 마침내 그 소리를 낼 수 없는 것과 같다. 너와 중생들도 그와 같아서, 너희들의 보각寶覺인 진심眞心이 나와 꼭 같이 각각 원만하지만, 나는 손가락만 눌러도 해인海印으로 빛을 발하는데 너희들은 잠깐만 마음을 움직여도 진로塵勞가 먼저 일어난다. 이것은 위없는 깨달음의 도인 무상각도無上覺道를 부지런히 구하지 않고, 소승을 좋아하고 생각하여 작은 것을 얻고는 스스로 만족하기 때문이다."

제7절 무명을 밝히다

1. 무명의 정체를 밝히다

부루나가 말하였다.
"저의 보각寶覺도 부처님의 보각처럼 뚜렷이 밝아서 그 참되고 묘하고 청정한 마음인 진묘정심眞妙淨心이 부처님과 제가 똑같이 원만합니다. 그런데 저는 예전부터 시작이 없는 망상을 만나 오랫동안 윤회하였으므로, 지금 성승聖乘을 비록 얻었으나 아직도 완성하지 못하였습니다. 그러나 세존께서는 모든 망상이 영원히 사라져서 홀로 묘하고 참되고 항상하십니다.

이제 여래께 감히 여쭈오니, 모든 중생들이 무슨 까닭으로 허망이 있어서 스스로 묘명妙明한 진심을 가리고 이러한 생사윤회의 고통을 받습니까?"

🐚 불가에서는 무명無明에서 세상이 벌어지고 시작한다고 설명한다. 원래 청정한 여래장에서 혼탁한 무명이 어떻게 생겼는지 궁금하다. 이는 윤회를 벗어나려는 불자라면 누구나 가지는 근본적인 의문이다.

부처님께서 부루나에게 말씀하셨다.
"네가 비록 의심은 제거했으나, 작은 의문이 아직도 남아 있구나. 내가 요즈음 세간에서 일어난 일을 가지고 네게 물어보겠다.
너도 들었느냐? 실라벌성에 사는 연야달다演若達多라는 사람이 새벽에 문득 거울로 자기 얼굴을 비추어보다가, 거울 속에 있는 머리에는 얼굴과 눈썹과 눈을 볼 수가 있는데, 자기 머리에는 얼굴도 눈도 눈썹도 보이지 않으므로 도깨비가 되었다고 화를 내더니, 무단히 미쳐서 달아났다고 한다. 너는 어떻게 생각하느냐? 이 사람이 무슨 까닭으로 갑자기 미쳐서 뛰어다니느냐?"

부루나가 대답하였다.
"이 사람은 마음이 미친 것이며, 다른 까닭이 없습니다."

부처님께서 말씀하셨다.
"묘각妙覺은 명원明圓하여 본래 원만하고 밝고 묘한 것이다. 미친 것이 망妄 때문이라면 다시 무슨 원인이 있겠느냐? 만약 원인이 있다면 어찌 망妄이라고 말하겠느냐? 많은 망상들이 스스로 전전展轉하여 서로가 원인이 되어서 혼미에 혼미를 거듭하여 미진수 같은 겁을 지내도록 계속하였으므로, 비록 부처님이 깨우쳐서 밝혀 주시더라도 그것을 돌이킬 수가 없다.

이렇게 혼미한 원인은 혼미로 인하여 저절로 있는 것이다.

혼미에 따로 원인이 없다는 것을 알면 허망이라는 것이 의지할 데가 없다. 허망이 생기지도 않았는데, 멸해야 할 무엇이 따로 있겠느냐?

도를 이루어서 보리를 얻은 사람은 잠을 깬 사람이 꿈 이야기를 하는 것과 같아서, 마음에는 비록 꿈속의 일이 분명하지만 무슨 인연(방법)으로 꿈속의 물건을 취할 수가 있겠느냐?

하물며 원인이 없어서 본래부터 있는 것이 아닌 것이야 더 말할 나위도 없지 않느냐? 저 성중城中의 연야달다가 무슨 인연이나 원인이 있어서 스스로 머리를 무서워하여 달아났겠느냐?

광증狂症이 사라지더라도 그 머리를 다른 곳에서 새로 얻는 것이 아니다. 설령 광증이 그치지 않더라도 그 머리야 어찌 잃은 적이 있느냐?

부루나야! 허망의 성품이라는 것이 이와 같으니, 인이 어디에 따로 있겠느냐? 네가 다만 세간世間·업과業果·중생衆生의 상속인 삼종상속三種相續을 분별하는 버릇을 따라가지만 않으면 삼연(三緣: 姪·殺·盜)이 끊어지므로 삼인(三因: 業相·轉相·現相)이 생기지 않게 된다. 그리하면 네 마음속에 있던 연야달다의 광성狂性이 스스로 쉬게 될 것이다.

🔖 무명無明의 원인이 허망이라면 이 무명에서 벗어나는 방법은 무엇인가? 『원각경圓覺經』「보현보살장普賢菩薩章」에 보면 "환幻인 줄 알면 여읜 것이니 방편을 쓸 필요가 없고, 환을 여의면 깨달음이니 점차 수행할 것이 없다"라는 구절이 있다. 상근上根인 대심범부大心凡夫는 이렇게 요달了達하는 것이다!

광성이 쉬기만 하면 곧 보리의 수승한 정명심淨明心은 본래 우주에 두루하고 있으니, 다른 사람한테서 얻는 것이 아니다. 어찌 그렇게 수고롭고 애타게 닦아서 증득하고자 하겠느냐?

마치 어떤 사람이 옷 속에 여의주를 간직하고 있으면서도 그것을 스스로 알지 못하고 타향에서 빈궁하게 헐벗고 걸식하며 돌아다니는 것과 같다. 이 사람이 비록 빈궁한 것은 사실이나 그 여의주는 잃어버린 것이 아니니, 문득 지혜 있는 사람이 그 여의주를 가리켜주면 소원대로 큰 부자가 될 것이며, 그때에는 그 신기한 여의주가 밖에서 얻은 것이 아님을 알게 될 것이다."

🔖 그래서 지혜로운 선지식善知識이 필요한 것이다!

2. 광성狂性의 정체를 밝히다

그때 아난이 대중 가운데 있다가 부처님 발에 엎드려 절하고 일어서서 부처님께 사뢰었다.

❦ 아난이 다시 질문자로 등장한다. 이제부터는 사마타奢摩他 법문에서 파악한 진심과 여래장을 바탕으로, 구경열반에 이르는 삼매三昧를 닦는 삼마제三摩提 공부에 대한 법문이 전개될 차례다.

"세존께서 지금 말씀하시기를 '살·도·음의 삼연三緣이 끊어지면 삼인三因이 생기지 않고, 마음속 연야달다의 광성狂性이 저절로 쉬게 된다. 쉬면 곧 보리인지라, 다른 사람한테서 얻는 것이 아니다'고 하셨으니, 이것을 보면 인연인 것이 태양을 보듯이 명백한데, 어찌하여 여래께서는 인연법이 아니라고 하십니까?

저도 인연법에 의하여 마음에 깨달음을 얻었습니다. 세존이시여! 어찌 연소年少한 저희들 유학有學 성문만 그러하겠습니까. 이 모임에 있는 대목건련, 사리불, 수보리 등도 처음에 늙은 범지梵志로부터 부처님의 인연법을 듣고 발심하고 깨달아서 새지 않는 무루無漏를 얻었습니다. 그런데 보리는 인연으로 얻는 것이 아니라고 하시니, 그렇다면 왕사성의 외도인 구사리拘舍梨 등이 주장하는 것과 같이 '자연이 첫째가는 진리인 제일의제이다'라고 하면 되겠습니까?

원컨대 대자대비로 분명하게 설명하시어서 저의 어리석음과 답답함을 개발하여 주십시오."

❦ 외도 구사리拘舍梨는 '누구든지 팔만 겁을 지나면 자연히 도를 이룬다'고 한다. 애써 공부하지 않더라도 결국 모두가 저절로 성도成道하게 된다는 낙관론자이다.

부처님께서 아난에게 말씀하셨다.

"저 실라벌성의 연야달다에게 광성의 인연因緣이 없어지면 즉 미치지 않은 성품이 자연自然히 나타날 것이니, 그러면 인연이니 자연이니 하는 논리가 끝나게 된다.

🕉 마치 꿈을 깨고 나면 꿈속의 일을 가지고 왈가왈부할 것이 없듯이, 미친병이 낫고 보면 그 전에 있던 환화幻化인 광증狂症을 두고서 인연이었다, 자연이었다고 따질 필요가 없다.

아난아! 만약에 연야달다의 머리가 정상적인 것이 자연이라면 본래부터 저절로 그런 것이니 자연 아닌 것이 없을 터인데, 무슨 까닭으로 갑자기 머리가 없다고 무서워하여 미쳐서 달아났느냐?

🕉 정상 상태가 원래부터 자연이라면 중간에 갑자기 미치는 비정상 상태는 생길 수가 없다.

만일 자연인 머리가 인연 때문에 미쳤다면 어찌하여 자연인 머리가 인연 때문에 없어지지는 않느냐?

🕉 만약 인연으로 미친다면 인연으로 머리 자체가 없어지기도 해야만 할 것이 아니냐? 그러니 인연이 아니다.

본래 머리가 없어진 것이 아닌데도 미친 공포심이 허망하게 일어난 것이라면 머리는 조금도 달라진 것이 없으니, 광증이 어찌 인연에 의한 것이라고 하겠느냐?

❧ 머리가 그대로 있는데도 없어졌다고 착각하여 미쳤던 것이니, 무슨 인연이 있어서 미친 것은 아니다. 공연히 허망하게 없어졌다고 잘못 생각하여 미친 것이다.

본래부터 광증이 자연이라면 본래부터 미친 공포심이 있어야 할 것인데, 그렇다면 미치기 전에는 그 미친 성품이 어디에 숨어 있었겠느냐?

❧ 또 머리가 미친 상태가 자연이라면 광인은 어릴 적부터 본래 미쳐 있어야만 할 것이다.

또 미치지 않은 불광不狂이 자연이라면 머리가 본래부터 잘못된 것이 없는데 어찌하여 거울을 본 뒤에 미쳐서 달아난 것이냐?

❧ 미치지 않은 상태가 자연이라면 거울을 보았다고 하여도 미칠 리가 없는데, 실제로 연야달다는 미쳤다.

그가 본래부터 머리가 그대로 있는 줄 알아서, 이유 없이 미쳐서 달아난 것임을 깨쳐서 알고 나면 인연이니 자연이니 하는 것이 모두 말장난인 희론이 된다. 그러므로 내가 '삼연三緣이 끊어지면 곧 보리심이다'라고 말한 것이다.

❧ 꿈을 꾸다가 깨어나면 비로소 꿈이 인연이나 자연이 아닌 줄을 안다. 꿈꾸는 것은 삼연三緣 때문이다.

만약 보리심이 생하고 생멸심이 멸한다고 하더라도 이것 역시 생멸이다. 생도 없고 멸도 없는 이른바 공용功用이 없는 도道에서도 만약 자연이 있다면 이것은 바로 자연심自然心이 생하고 생멸심이 멸하는 것이 분명한지라, 이 또한 생멸이다.

이른바 생멸이 없는 것을 자연이라고 부른다면 여러 가지가 섞여서 한 덩어리가 된 것을 화합성和合性이라고 부르고, 화합이 아닌 것을 본연성本然性이라고 말하는 것과 같다.

'본연이다, 본연이 아니다'고 하거나, '화합이다, 화합이 아니다'고 하는 그 화합과 본연을 모두 여의고, 다시 '여의었다, 합하였다'고 하는 것까지도 모두 아니어야만 비로소 희론이 없는 진리가 된다.

❧ 상식으로 설명하는 세속제는 모두 희론이다. 희론이 아닌 것은 이처럼 본연과 화합을 모두 여읜 것이다. 그러면 본연과 화합을 초월한 논리는 어떤 것인가?

보리와 열반은 아직도 요원하여서, 네가 여러 겁을 지내면서 애써서 닦는다고 하여 증득할 수 있는 것이 아니며, 비록 또 시방 여래의 십이부경의 청정한 묘리를 항하사수만큼이나 많이 기억하여 지닌다고 하더라도 다만 희론만 더할 뿐이다. 네가 비록 인연과 자연을 아주 결정적으로 명료하게 잘 설명하여서 사람들이 너를 제일 많이 들었다고 다문제일이라 칭찬하지만, 이렇게 여러 겁 동안 많이 듣는 훈습熏習으로는 마등가의 색난色難을 스스로 벗어나지 못하였다. 나의 불정신주佛頂神呪에 의지해서야 비로소 마등가의 마음에 음화婬火가 한꺼번에 꺼지면서, 그녀가 아나함이 되어서 나의 법장法藏에서 정진림精進林을 이루고, 그녀의 애욕의 강물이 말랐기 때문에 너도 그 어려움에서 벗어난 것이다.

🙏 12부경의 청정한 묘리를 터득하여, 인연과 자연을 아주 명료하게 잘 설명하는 아난이 마등가의 유혹을 못 벗어났다. 일체유심조一切唯心造의 진리를 이해하는 것만으로는 현전하는 경계를 초탈할 수가 없었다는 충고의 말씀이다.

불정신주佛頂神呪를 듣고 '마등가'만이 '아나함阿那含'이 된 것은, '아난'과 '마등가'의 근기根機가 다르기 때문이다. 그렇다면 '아난'의 근기가 '마등가'만 못하다는 말인가? 반드시 무슨 곡절이 있다. 근기根機란 타고난 바탕·수준·그릇의 정도를 말하는 것으로 근根·욕欲·성性 세 가지를 망라해서 근根자 하나로 표현한 것이다. 상근上根은 중근中根과 다르고 하근下根은 중근과 다르다. 나는 어느 근기일까?

누구나 자기를 하근이라고 생각하지는 않는다. 그렇다고 중근이라고 생각하고 싶지도 않다. 모두 육조六祖 혜능慧能보다는 덜 무식無

識하다고 생각한다. 그래서 언하言下에 대오大悟할 생각이 있다. 제발, 그런 망상이랑 부리지 마라!

그러므로 아난아! 네가 비록 오랜 세월 동안 여래의 비밀하고 묘엄妙嚴한 불법을 기억하여 가지더라도, 하루 동안에 새지 않는 무루업無漏業을 닦아서 세간의 미움과 사랑이라는 두 가지 괴로움을 여의는 것만 같지 못하다.

저 마등가는 예전에는 음녀婬女였지만 신주神呪의 힘으로 애욕이 사라졌고, 불법에 들어와서 이제 성비구니性比丘尼라 이름하여 라후라의 어머니인 야수다라와 함께 과거의 인因을 깨달았다. 여러 세상을 윤회한 인연이 바로 탐애貪愛가 고통이 된 줄을 알고서, 한 생각 동안 새지 않는 무루선無漏善을 훈수熏修하였으므로 혹은 얽매임에서 벗어나고, 혹은 수기授記를 받은 것이다.

그런데 너는 어찌하여 스스로 속아서 아직도 보고 듣는 것에만 머물러 있느냐?"

🕉 무루업無漏業을 반드시 수행하여야 하는 이유를 설명하고 있다. 전생에 익힌 무수한 버릇에서 벗어나야만 무명을 깨트리고 경계에서 초탈할 수가 있다는 말씀이다.

3. 대중들이 미증유未曾有를 얻다

아난과 대중들이 부처님의 가르침을 듣고 의문이 없어지고 마음이 실상實相을 깨달아서 몸과 뜻이 가볍고 편안하여 일찍이 몰랐던 미증유함을 얻었다.

다시 눈물을 흘리면서 부처님 발에 엎드려 절하고 꿇어 앉아 합장하고 부처님께 사뢰었다.

"위없이 대자대비하신 청정보왕淸淨寶王께서 저희들의 마음을 잘 열어 주시고, 이러한 갖가지 인연과 방편으로 이끌어서 어둠에서 인도하여 고해에서 나오게 하셨나이다.

세존이시여! 제가 이제 이러한 진리의 말씀을 듣고서 여래장인 묘각妙覺의 밝은 마음인 묘각명심妙覺明心이 시방세계에 두루하여 여래의 시방 국토에 있는 청정한 보배로 장엄한 묘각의 왕인 부처님의 국토를 모두 함육含育하고 있는 것을 알았습니다.

🐂 대중들이 미증유未曾有함을 얻었다는 것은 공부에 새로운 진전이 있어 마음을 분명하게 보았다는 이야기다. 이 부분은 십우도의 네 번째 장면인 득우得牛에 해당한다. 견우에서는 마치 안개 속에서 소 엉덩이를 본 것처럼 희미하게 알 던 것이, 차차 안개가 걷히면서 소 모습이 분명해지는 데, 그것을 선가禪家에서는 '견성見性했다'고 한다. 선가에서 사용하는 견성見性은 다의적인 용어이다. 경전에는 '자성自性을 보았다'는 뜻을 가진 견성見性이란 단어가 없다. 우리나라에서는 초견성初見性이란 용어도 널리 사용하고 있는데, 초初자를 붙이는 이유는 견성을 하기는 했으나, 마치 안개 속에서 소 엉덩이를 본 것 같이 희미하다는 뜻이다. 하지만 차차 안개가 걷히면서 분명해지는데, 그것을 견성見性이라고 한다.

그러나 여래께서 다시 많이 듣기만 하는 것은 공功이 없고 닦아서 익히는 것만 못하다고 책망하시니, 마치 집 없이 떠돌던 나그네가 임금이 주는 화려한 큰 집을 하사받았으나 문을 찾아야만 실제로 그 집에 들어갈 수 있는 것과 같습니다.

원컨대 여래께서 대자비를 베푸시어 저와 이 모임에 있는 많은 몽매한 자들을 깨우쳐 모두 소승을 버리고 여래의 무여열반無餘涅槃인 본발심本發心의 길을 얻게 하여 주십시오.

배울 것이 남아 있는 유학有學들이 어떻게 하여야 옛날의 반연을 항복받고 다라니陀羅尼를 얻어서 불지견佛知見에 들겠습니까?"

이렇게 말하고는 오체를 투지하고 대중들과 일심으로 부처님의 자비하신 가르침을 기다렸다.

🕉 견성한 후에도 다시 삼매三昧를 닦아야 전생의 습기習氣에서 벗어날 수 있다. 그것을 『능엄경』에서는 삼마제三摩提라고 한다. 지금부터 부처님은 돈오頓悟한 뒤에 닦는 점수漸修를 설명하시고 있다. 요즘 선방에서 회자되는 이른바 돈오돈수頓悟頓修 이야기는 듣기에는 상쾌한 이야기이기는 하지만, 실제로 그런 사람의 이야기를 우리들은 들어본 적이 없다.

제2장 삼마제를 설명하여 삼매三昧를 가르침

제1절 수행의 전제요건인 이결정의二決定義

그때 세존께서 거기에 모인 연각과 성문 중에서 보리심에 자재하지 못한 자들을 불쌍히 여기시고, 또 앞으로 부처님이 열반하신 뒤에 나올 말법 시대의 중생으로서 보살심을 낼 자들을 위하여 무상승無上乘의 묘한 수행의 길을 열어 보이시려고 아난과 대중에게 말씀하셨다.

"너희들이 참으로 보리심을 내어 부처님의 묘한 삼마제三摩提를 닦으면서 피로하지 않고 싫증을 내지 않으려면 마땅히 초심자의 두 가지 진리인 이결정의二決定義를 먼저 밝혀 알아야만 한다.

☙ 무슨 공부든지 그 방법이 시원찮아서 공부한 성과가 없으면 공부

에 흥미를 잃고 중도에서 포기하기 쉽다. 그래서 마음공부를 시작하는 초심자는 반드시 효과적인 수행 방법을 미리 알아두어야 한다. 이것이 초심初心의 이결정의二決定義인 두 가지 진리이다.

1. 인과는 동일하다

어떤 것이 초심자의 이결정의二決定義냐?

아난아! 첫 번째 결정의는, 너희들이 성문을 버리고 보살승을 닦아서 부처의 지견知見에 들고자 하거든 마땅히 인지因地의 발심發心이 과지果地의 깨달음과 같은가, 다른가를 살펴보아야 한다.

아난아! 만일 인지에서 생멸하는 마음(生滅心)으로 수도하는 원인을 삼아서 과지에서 불생불멸不生不滅하는 불승佛乘을 구하려 한다면 그것은 옳지 않다.

🕉 첫 번째 진리는 원인이 되는 수도하는 마음이 진짜라야만 결과로 얻는 보리심도 진짜라는 사실이다. 예컨대 변하는 얼음 위에 조각을 하여 불변하는 작품을 얻고자 노력해도 얼음이 녹으면 조각도 사라지듯이, 망심妄心으로는 아무리 수행해도 진심眞心인 부처는 못 된다. 인지因地의 발심發心은 수행하는 마음을 말하고, 과지果地의 불과佛果는 수행하여 얻는 각覺을 가리킨다.

네가 모든 기세간器世間을 살펴보아라. 만들어진 것들은 모두 변하고 없어진다. 아난아! 세간의 만들어진 존재들을 관찰하여 보아

라. 변하고 없어지지 않는 것이 있느냐? 그러나 허공이 변하여 없어진다는 말은 듣지 못했다. 왜냐하면 허공은 만들어진 것이 아니므로 언제까지나 무너지거나 없어지지 않느니라.

　네 몸 가운데 단단한 것은 땅이고, 젖는 것은 물이며, 따뜻한 것은 불이고, 움직이는 것은 바람이다. 이 네 가지 사대四大가 얽히면서 너의 맑고 원만한 묘각妙覺의 밝은 마음이 그만 보고(視) 듣고(聽) 느끼고(覺) 살피는 것(察)으로 분화되었기 때문에, 처음부터 끝까지 다섯 겹으로 쌓여서 혼탁해졌다.

🕉 유근신有根身인 오음五陰은 만들어진 것이니 변한다. 그러나 허공은 만들어진 것이 아니니 변할 것이 없다. 아래에서는 제8식이 육체와 만나면서 마음이 되어 견문각지見聞覺知하는 정신작용이 만들어지는 과정을 자세하게 설명하고 있다.

　어떤 것을 탁濁이라고 하느냐? 아난아! 비유하면 맑은 물은 본래 청결한 것이고 흙은 본래 머물러 막히는 것이어서, 이 두 가지는 성질이 서로 다르다. 그런데 어떤 사람이 저 흙을 맑은 물에 넣으면 흙은 머무르고 막는 힘을 잃게 되고 맑았던 물은 청결하지 않아서 흐린 모양으로 되는데 이것을 탁하다고 한다. 너의 다섯 겹으로 혼탁한 오탁五濁도 이와 같은 것이다.

🕉 흔히 오탁五濁은 말세의 특징으로서 시대가 혼탁하여 전쟁과 질병이 만연하다는 겁탁劫濁, 사견邪見이 판을 친다는 견탁見濁, 걱정거

리가 많아진다는 번뇌탁煩惱濁, 사람들의 품격이 떨어지는 중생탁衆生濁, 수명이 짧아지는 명탁命濁이라고 설명한다. 그러나 이곳의 오탁은 맑은 정신과 물질인 육체가 서로 섞여서 개인個人을 조직하는 다섯 차례의 과정을 설명하고 있다.

아난아! 네가 허공이 시방세계에 두루한 것을 볼 적에 허공과 보는 견見이 구분되지 아니하니, 허공은 있으나 바탕이 없고 보는 견見은 있으나 각覺이 없다. 이것들이 서로 짜여서 허망을 이루었으니, 이것이 제1중重인 겁탁劫濁이다.

🦌 허공을 보면 보는 주체인 견정見精과 보이는 허공이 구분되지 않는다. 원래는 시각현상에서 주객이 미분未分인 상태다.

네 몸은 현재 사대가 뭉쳐서 바탕이 된 것인데, 보고 듣고 느끼고 아는 견문각지가 사대에 막혀서 유애留碍되므로, 물·불·바람·흙을 선회시켜서 각지覺知한다. 이것들이 서로 짜여서 허망을 이루었으니, 이것이 제2중인 견탁見濁이다.

🦌 사대가 뭉쳐서 몸이 되고, 견문각지가 몸과 관련되어 작용한다.

또 네 마음 가운데 기억하고 인식하고 외우는 버릇들이 성질性質로서는 지견知見을 내고, 용모容貌로는 육진六塵을 나타내는데, 육진을 여의고는 모습이 없고 지각을 여의고는 그 성질이 없다. 이것이 서로 짜여서 허망을 이루었으니, 이것이 제3중인 번뇌탁煩惱濁이다.

😺 견문각지하는 육근과 육진이 서로 얽혀서 육식이 나타나고, 이에 따라 상음想陰인 번뇌가 이루어진다.

또 네가 아침저녁으로 생멸을 계속하여 멈추지 않으므로, 지견知見은 항상 세간에 머물고자 하고 업운業運은 항상 국토를 옮겨 돌아다니고자 한다. 이것들이 서로 짜여서 허망을 이루었으니, 이것이 제4중인 중생탁衆生濁이다.

😺 행음行陰이 의지意志로 작업作業하고 천류遷流하여 중생세계를 벗어나지 못하고 있다.

너희들의 보고 듣는 견문각지가 원래 다른 성질이 없는데, 육진에 막혀서 무단히 다름(異)이 생겼다. 성품끼리는 서로 알지만 그 작용들은 서로 다르니, 같음과 다름인 동이同異가 기준을 잃었다. 이것들이 서로 짜여서 허망을 이루었으니, 이것이 제5중인 명탁命濁이다.

😺 견문각지하는 주체인 제8식識은 하나이지만 각각 다른 작용을 하는 육식六識들이 일어난다. 여기에 명명이 기탁하므로 명탁命濁이라고 한다.

제2장 삼마제를 설명하여 삼매를 가르침 231

아난아! 네가 이제 보고 듣고 깨닫고 알고 하는 견문각지를 가지고 여래의 상락아정常樂我淨과 계합하려면 마땅히 먼저 생사의 뿌리를 밝혀내고서, 불생불멸하는 원담성圓湛性을 바탕으로 하여 공부를 성취해야만 한다. 즉 원담성을 기준으로 삼아 허망한 생멸심을 밝혀내 조복하여서 원래의 깨달음인 원각元覺으로 되돌려, 그 원명각元明覺인 생멸이 없는 무생멸성無生滅性인 진심眞心으로 인지因地의 마음을 삼아야 한다. 그렇게 하여야만 상락아정인 과지果地의 수증을 원만히 성취할 수가 있다.

❧ 위와 같이 견문각지見聞覺知는 만들어진 것이니 변화가 많다. 이 견문각지로 불변하는 여래의 상락아정常樂我淨을 증득하는 것은 불가능하다. 범부는 무지하기 때문에 무상을 항상이라고 여기고, 고를 낙이라고 생각하고, 무아를 유아라고 말하며, 부정을 청정하다고 믿는다. 이러한 범부도 진심을 알면 비로소 여래의 상락아정을 이해하게 된다.

마치 흐린 흙탕물을 맑히려고 할 때 움직이지 않는 그릇에 흙탕물을 담아서 가만히 두면 흙과 모래는 가라앉고 맑은 물이 나타나는 것과 같다. 그와 같이 하는 것을 처음으로 객진번뇌를 조복하는 초복初伏이라고 한다. 그리고 가라앉은 진흙 앙금을 내다버리고 나서 맑은 순수純水만 남는 것을 근본무명을 영원히 끊는 것이라고 한다. 그리하면 명상明相이 정미롭고 순수하여, 일체가 변하여 나타나더라도 번뇌가 되지 않고 모두 열반의 청정한 묘덕妙德에 합하게 된다.

🔹 객진번뇌客塵煩惱란, 번뇌가 본래 손님인 객客과 같아서 왔다가는 사라지고 또 먼지인 진塵과 같아서 일어났다가는 꺼지기 때문에 그렇게 부른다. 마치 흙탕물에 들어 있는 흙과 같다. 흙탕물에서 흙만 내버리면 맑은 물이다. 마치 번뇌만 제거하면 진심眞心이듯이.

2. 육근이 번뇌의 근본이다

두 번째 결정의는, 너희들이 반드시 보리심을 내어 보살승이 되어서 크게 용맹스럽게 유위상有爲相을 기어이 버리려고 한다면 마땅히 번뇌의 근본을 자세히 살펴서 밝혀내어야 할 것이다. 이 번뇌의 근본이 처음이 없는 과거부터 업을 짓고 생을 이루어 왔기 때문이다. 즉 무엇이 업을 짓고, 무엇이 과보를 받는가를 잘 관찰하여야 한다.

아난아! 네가 보리를 닦는다고 하면서도 만약 번뇌의 근본을 자세히 살피지 않는다면 허망한 근根과 진塵이 과연 어떻게 뒤바뀌었는지 알지 못할 것이다. 그 이치를 알지 못한다면 어떻게 그것을 극복하고 여래의 지위를 얻겠느냐?

아난아! 세상에서 매듭을 푸는 사람을 보아라. 매듭이 맺힌 장소를 찾지 못하고서야 어떻게 그 매듭을 풀 수가 있겠느냐? 나는 허공이 찢어졌다는 말은 듣지 못하였으니, 왜냐하면 허공은 모습이 없어서 본래 맺힘과 풀림이 없기 때문이다.

네 앞에 지금 나타나 있는 눈·귀·코·혀·몸·뜻이 도적의 앞잡이가 되어서 가보家寶인 진심眞心을 탈취하였기 때문에 처음이 없는 과거부터 중생세계에 얽히고 묶이게 되었으니, 이 때문에 기세간器世間을 초탈할 수 없게 되었다.

1) 육근의 공덕

아난아! 어떤 것이 중생세계이냐? 세계世界라는 단어에서 세世는 흘러가는 시간을 가리키고, 계界는 방위를 말하는 것이다. 즉 동·서·남·북과 동남·서남·동북·서북과 상·하인 시방이 계界가 되고, 삼세인 과거·현재·미래는 세世가 되는 것이니, 방위의 수는 열개요, 시간의 수는 셋이다. 일체 중생이 허망으로 조성되어 이루어진 것이므로 육신 중에서 바뀌고 옮기고 하여 세와 계가 서로 교섭하고 있다.

이 계가 비록 시방이지만, 일정한 방위로는 세간에서 동·서·남·북만을 말하고, 상하는 정해진 위치가 없고, 중앙은 정해진 방향이 없다. 그래서 계의 사방과 세의 삼세가 서로 교섭하여 4와 3이 서로 곱하여 12가 되는데, 1을 세 번 변화하여 십, 백, 천 자리로 변화하면 육근의 공덕이 각각 1,200공덕씩 있다고 할 수 있다.

아난아, 네가 이 육근 중에서 그 우열을 가려보아라.

눈으로 보는 방위는, 뒤는 안 보이고 앞은 보이므로 전방은 온전하게 밝고 후방은 완전히 어둡다. 또 왼쪽과 오른쪽은 곁눈으로 보는 것이니, 3분의 2만 보이는 셈이다. 따라서 눈으로 보는 공덕이 온전하지 못하니, 3분으로 나누면 1분은 공덕이 없으므로, 안근眼

根은 다만 800공덕뿐이라고 한다.

　귀는 시방에서 소리를 두루 다 듣는데, 움직이면 멀고 가까움이 있는 듯하지만 고요한 상태에서는 한계가 없다. 그래서 이근耳根은 1,200공덕이 원만한 줄을 알 수 있다.

　코로 냄새를 맡는데, 들숨 날숨을 통하여 내쉬는 것과 들이쉬는 것이 있으나 호呼와 흡吸이 교체되는 중간에는 냄새 맡는 작용이 빠진다. 즉 비근鼻根을 살펴보면 3분에서 1분이 빠지므로, 코는 다만 800공덕이다.

　혀로는 세간과 출세간의 지혜를 다 말하는데, 말은 순서대로 하지만 그 이치는 다함이 없으므로, 설근舌根은 1,200공덕이 원만하다.

　몸은 접촉을 느껴서 쾌감과 불쾌감을 아는데, 그런데 합할 때만 알 수 있고 서로 떨어지면 모른다. 떨어지는 것은 하나요 합하는 것은 둘이므로, 신근身根은 그 공덕이 3분에서 1분이 빠지므로 800공덕임을 알 수 있다.

　뜻은 시방 삼세의 온갖 세간과 출세간의 법을 묵묵히 포용하여 성인과 범부의 법을 포용하지 않음이 없어서 그 한계가 없으므로, 의근意根은 1,200공덕이 원만한 줄 알 수 있다.

🐾 중국 수隋나라의 천태天台 지자智者 대사가 이 경문을 보지 못하여서 육근의 공덕에 수치가 얼마인지를 몰랐다고 한다. 그는 매일 아침마다 서쪽을 보고 예배하면서 이 경전이 빨리 중국에 전래되기를 기원했다는 고사가 있다.

아난아! 네가 이제 생사하는 애욕의 흐름을 거슬러서 그 흐름의 근원을 돌이켜 불생멸에 도달하고자 한다면 이 여섯 가지의 수용근受用根이 어느 것은 합合하고 어느 것은 이離하며, 어느 것은 깊고 어느 것은 얕으며, 어느 것은 원통圓通하고 어느 것은 원통하지 않는가를 알아야 한다.

만일 여기서 원통한 근根을 찾아내어서 저 처음이 없는 과거부터 허망으로 조성된 업류業流를 거슬러서 원통을 따르면 원통하지 못한 근으로 닦는 것보다 갑절이나 빨리 공부를 성취할 수 있다.

내가 지금 육근이 갖춘 본래의 공덕을 분명하게 밝혔으니, 어느 근을 사용하여 공부할 것인가를 네 마음대로 선택하여라. 내가 마땅히 자세히 가르쳐서 너로 하여금 공부에 진보가 있도록 하겠다.

시방의 여래께서는 저 육근·육진·육식의 십팔계에 대하여 낱낱이 다 수행하시어 모두 위없는 원만한 보리를 얻었으므로, 그 가운데 우열이 없다.

그러나 너는 하열하여 그중에서 자재自在한 지혜를 원만하게 얻지 못하므로, 내가 이제 네게 하나의 근根을 택하여 일문一門으로만 깊이 들어가기를 권하는 바이다. 일문으로 깊이 들어가서 허망이 없어지면 저 육근이 일시에 청정하게 된다."

아난이 부처님께 사뢰었다.

"세존이시여! 어떻게 역류逆流하여야 깊이 일문으로 들어가서 육근을 한꺼번에 청정하게 할 수 있겠습니까?"

부처님께서 말씀하셨다.

"아난아! 네가 이미 수다원의 과를 얻어서 삼계의 중생들이 견도위見道位에 가서 끊는 의혹은 벌써 없앴으나, 아직도 육근 중에 오랜 세월 동안 쌓여온 허망한 습기習氣들은 알지 못하고 있다. 저 습기들은 수도위修道位에 가서야 비로소 끊을 수가 있으니, 육근 가운데서 생주이멸生住異滅하는 번뇌들은 네가 지금 어떻게 처리할 수가 없을 것이다.

🔖 공부하는 과정을 유학위有學位와 무학위無學位로 나누는데, 유학위有學位는 다시 견도위見道位 수도위修道位로 구분한다. 소승小乘의 수다원은 견도위見道位에 속하고, 사다함 아나함과 아라한향向은 수도위修道位에 속한다. 아라한과果는 무학無學이다.

2) 육근은 하나냐, 여섯이냐?

이제 너는 네 육근이 하나인가, 여섯인가를 살펴보아라.

아난아! 만약 육근이 사실은 하나라면 귀는 왜 보지 못하며, 눈은 왜 듣지 못하며, 머리는 왜 밟지 못하여, 발은 왜 말이 없느냐?

또 만약에 육근이 정말 여섯이라면 내가 이 모임에서 너와 더불어 미묘한 법문을 하는데 네 그 육근 중의 어느 것이 내 말을 듣느냐?"

아난이 말하였다.

"제가 귀를 가지고 듣습니다."

부처님께서 말씀하셨다.

"네 귀가 듣는다면 네 몸과 입은 무슨 관계가 있기에 입으로 나에게 뜻을 묻고 몸을 일으켜서 공경하느냐?

이러므로 마땅히 알아라. 하나가 아니라 마침내 여섯이고, 여섯

이 아니라 마침내 하나이니, 결국 너의 근根은 원래 하나도 아니고 여섯도 아니다.

아난아! 마땅히 알아라. 근은 하나도 아니고 여섯도 아니건만, 처음이 없는 과거부터 뒤바뀌어서 윤회하여 왔기 때문에, 원담圓湛에서 하나이니 여섯이니 하는 것이 생겼다. 너의 수다원과가 여섯은 녹였으나, 아직도 하나는 없애지 못하였구나.

마치 저 허공을 여러 가지 그릇에 담으면 그릇의 모양이 다르므로 각각 다른 허공이라고 하겠지만, 그릇을 치우고 보면 허공은 하나인 것과 같다.

그러나 어찌 저 허공이 너 때문에 같기도 하고 다르기도 하겠느냐? 하물며 하나다, 하나가 아니다는 이름이 붙겠느냐?

네가 깨닫고 알고 하는 육근도 이와 같은 것이다.

3) 육근의 형성 과정

밝음과 어둠인 명암의 두 가지 형상이 나타나면 묘원妙圓 가운데서 맑음(湛)에 엉겨 붙어서 보는 견見이 일어나고, 보는 정기인 견정見精이 색色에 반영되어서 색진色塵을 맺어 안근이 된다. 안근의 근본은 청정사대淸淨四大로서 이것을 눈의 바탕(眼體)이라 한다. 그리고 포도알처럼 생긴 눈알은 부근사진浮根四塵인데 형색形色을 따라서 분주하게 두리번거린다.

🦌 공적영지空寂靈知에서 육정六精이 생기고 감각기관인 육근이 발생하는 과정을 설명하고 있다. 육근은 각각 청정사대淸淨四大와 부근

사진浮根四塵이라는 두 종류의 조직으로 구성된다. 전자는 승의근勝義根으로 모습이 없고, 후자는 모습이 있으므로 부진근浮塵根이라 한다.

담적湛寂한 영지靈知에 견성見性이라는 본용本用이 있어서 명암이라는 경계를 인연으로 하여 견정見精을 일으켜서 안근眼根과 시각현상을 형성한다. 안구와 시신경 등은 물질로 구성된 부근사진이고, 시각현상을 인식하는 것은 청정사대로 되어 있다.

움직임과 고요함인 동정動靜의 두 가지가 서로 부딪치면 묘원妙圓 가운데서 맑음에 엉겨 붙어서 소리를 듣는 청청이 일어나고, 듣는 정기인 청정聽精이 소리에 반영되어서 소리를 둘둘 말아 이근耳根이 된다. 이근의 근본은 청정사대로서 이것을 귀의 바탕(耳體)이라 한다. 그리고 새로 말린 잎새처럼 생긴 귀는 부근사진인데 소리를 따라 분주하게 쫑긋거린다.

☙ 공적영지에 문성聞性이라는 본용이 있어서, 소리를 반연하여 문정聞精이 생기면서 이근耳根과 청각현상을 이룬다.

뚫림과 막힘인 통색通塞 두 가지가 서로 드러나면 묘원妙圓 가운데서 맑음에 엉겨 붙어서 냄새 맡는 후각이 일어나고, 냄새 맡는 정기인 후정齅精이 냄새에 반영되어서 냄새를 끌어 들여 비근鼻根이 된다. 비근의 근본은 청정사대로서 이것을 코의 바탕(鼻體)이라 하며, 그리고 얼굴 가운데 붙어 있는 코는 부근사진인데 냄새를 따라서 분주하게 킁킁거린다.

🔹 공적영지에 후성嗅性이라는 본용이 있어서, 냄새를 반연하여 후정 嗅精이 생기면서 비근鼻根과 후각현상을 이룬다.

싱거움과 맛인 염변恬變 두 가지가 서로 엇갈리면 묘원妙圓 가운데서 맑음에 엉겨 붙어서 맛보는 미각이 일어나고, 맛보는 정기인 상정嘗精이 맛에 반영되어서 맛을 농축하여 설근舌根이 된다. 설근의 근본은 청정사대로서 이것을 혀의 바탕(舌體)이라 하며, 그리고 초생달같이 생긴 혀는 부근사진인데 맛을 따라서 분주하게 짭짭거린다.

🔹 공적영지에 상성嘗性이라는 본용이 있어서, 맛을 반연하여 상정嘗精이 생기면서 설근舌根과 미각현상을 이룬다.

떨어짐과 붙음인 이합離合 두 가지가 서로 마찰하면 묘원妙圓 가운데서 맑음에 엉겨 붙어서 촉각이 생기고, 느끼는 각정覺精이 접촉에 반영되어서 촉진觸塵을 잡아 신근身根이 된다. 신근의 근본은 청정사대로서 이것을 몸의 바탕(身體)이라 하며, 그리고 절구통 같은 몸통은 부근사진인데 접촉을 따라서 분주하게 움직인다.

🔹 공적영지에 각성覺性이라는 본용이 있어서, 감각을 반연하여 각정覺精이 생기면서 신근身根이 나타나면서 동시에 촉각현상을 이룬다.

생김과 꺼짐인 생멸 두 가지가 서로 계속하면 묘원妙圓 가운데서 맑음에 엉겨 붙어서 지각이 생기고, 지정知精이 법진法塵에 반영되어서 법진을 잡아 의근意根이 된다. 의근의 근본은 청정사대로서 이것을 의사意思라고 말하며, 그리고 어두운 방에서 보는 것과 같은 것이 부근사진인데 법진法塵을 따라서 분주하게 흘러간다.

> 공적영지에 지성知性이라는 본용이 있어서, 지각知覺을 반연하여 지정知精이 생기면서 의근意根이 나타나고 동시에 지각현상이 일어난다.

4) 육근호용과 무상지각無上知覺

아난아! 이 육근은 저 각명覺明이 명각明覺을 밝히려고 하기 때문에 그만 정료精了를 잃어버리고 허망에 엉겨 붙어서 빛을 발한 것이다.

> '저 각명覺明이 명각明覺을 밝히려고 하기 때문에 그만 정료精了를 잃어버리고'라는 구절은 앞에 나온 '성각필명性覺必明 망위명각妄爲明覺'과 같은 내용임을 알 수 있다.

그러므로 네가 이제 어둠과 밝음을 떠나면 보는 견見의 실체가 없고, 움직임과 고요함을 여의면 듣는 청聽의 성질이 없으며, 뚫림과 막힘이 없으면 냄새 맡는 후嗅의 성품이 없고, 싱거움과 맛이 아니면 맛보는 상嘗이 나오지 않을 것이며, 떨어지지도 붙지도 않으면 접촉을 깨닫는 촉각이 없고, 생김과 꺼짐이 없으면 아는 요지了

知가 없어진다.

네가 이러한 동정動靜·이합離合·염변恬變·통색通塞·생멸·명암明暗 따위의 12가지 유위상有爲相에 집착하여 따라가지 않고, 마음대로 하나의 근根을 골라서 그것에 엉겨 붙은 것을 제거하고 안으로 굴복시켜, 본래의 참된 상태인 원진元眞으로 되돌아가서 그 본래의 밝은 빛인 본명요本明耀가 드러나고 밝은 성품이 발명되면 나머지 오근에 엉겨 붙어 있던 것들도 저절로 모두 다 원만히 해탈하게 된다.

경계인 전진前塵을 반연하여 일어난 지견知見에 얽매이지 아니하면 밝음이 근을 따라서 생기지 않고, 근에 기탁寄託해서 밝음을 발휘하므로, 자연히 육근이 서로 호용互用을 한다.

🕭 육근을 초탈하여 육근호용六根互用이 되면 일근一根만 가지고도 견문각지를 모두 구사하는데, 그 이유는 '명불순근明不循根 기근명발 寄根明發'이다. 즉 '밝음이 근을 따라서 생기지 않고, 근에 기탁해서 밝음을 발휘하기 때문이다.'

아난아! 너도 알고 있듯이 이 모임에 있는 아나율타는 눈이 없으면서도 보고, 발난타 용은 귀가 없어도 듣고, 긍가 여신女神은 코가 없어도 향기를 맡고, 교범발제는 혀가 다르면서도 맛을 안다. 순야다 신神은 몸뚱이가 없건만 촉각이 있는데 그는 여래의 광명에 비치어서 잠깐 나타나지만 그 체질이 바람이므로 몸이 본래 없다. 멸진정滅盡定에 들어 고요함(寂)을 얻은 성문인 마하가섭 같은 이는 의근意根이 벌써부터 없어졌지만 생각을 하지 않고도 원명圓明

하게 잘 안다.

아난아! 이제 네가 만약 모든 근을 원만하게 뽑아버리면 안으로 밝게 빛을 발한다면 이러한 부진浮塵과 기세간의 모든 변화상變化相들이 끓는 물에 얼음 녹듯 하여 한 생각에 무상지각無上知覺을 이루게 된다.

아난아! 마치 저 세간에서 사람들이 보는 견見을 눈에 모았다가 갑자기 눈을 감으면 어두운 모습이 앞에 나타나서 모든 육근이 캄캄해지면서 머리와 발까지도 캄캄해지는 것과 같다. 그러나 그 사람이 손으로 몸을 두루 만져보면 그가 비록 눈으로 보지는 못하지만 머리와 발을 낱낱이 분별하여 아는 것은 밝을 때와 같을 것이다.

반연하여 보는 견見은 밝음을 인하므로 어두우면 볼 수 없지만, 밝지 않아도 스스로 밝게 아는 놈은 모든 어두운 모습들이 영원히 혼미하게 할 수 없는 것이다. 그러므로 육근과 육진이 다 녹으면 어찌 각명覺明이 원묘圓妙함을 이루지 않겠느냐?"

무상지각無上知覺을 성취하게 되는 까닭을 밝히신 구절이다. 본래 우리의 각명覺明은 '밝지 않아도 스스로 밝게 아는 놈'으로 불명자발不明自發이기 때문에, 항상 경계를 따라 다니는 허망한 삼연三緣의 습기만 없애면 원래의 기능인 육근호용六根互用이 된다는 말씀이시다.

이 '밝지 않아도 스스로 밝게 아는 놈'이라는 '불명자발不明自發'이라는 구절도 해석이 서로 엇갈리는 부분이다. 탄허 스님은 "명명明明치 않아도 스스로 발發한다면"으로, 운허 스님은 "명明이 아니라도 스스로 깨달음이 생긴다면"으로, 각성 스님은 "밝지 아니한 것을 스스로 개발하게 되면"으로 새기신다. 그러나 '어두워도 아는 것'이 본래 진심眞心이 갖춘 본용本用임을 인정한다면 "스스로 개발하거나", "스스로 발發하거나", "스스로 깨달음이 생기거나"가 모두 같은 내용이다.

제2절 문성聞性을 직지하다

1. 여래의 칠상주과七常住果

아난이 부처님께 사뢰었다.

"세존이시여, 부처님께서 말씀하시기를 '처음 수행을 시작할 때 인지因地의 각심覺心으로 상주常住를 구하려 하면 반드시 과위果位의 명목名目과 서로 상응相應해야 한다'고 하셨습니다.

세존이시여! 이 과위 가운데 보리菩提・열반・진여眞如・불성佛性・암마라식庵摩羅識・공여래장空如來藏・대원경지大圓鏡智라는 일곱 가지가 명칭은 비록 다르나, 청정하고 원만하여 그 체성體性이 단단하고 부동함이 금강왕金剛王처럼 상주하여 무너지지 않습니다. 보고 듣는 견청見聽이 명암明暗・동정動靜・통색通塞을 떠나면 결국 그 자체가 없는 것이, 마치 생각하는 마음이 대상인 전진前塵을 여의면 본래 없는 것과 같습니다. 이렇게 결국에는 단멸하는 견문見聞을 가지고 수행의 인을 삼는다면 어떻게 여래의 불멸하는 칠상주과七常

住果를 얻을 수가 있겠습니까?

　세존이시여! 밝음과 어둠을 여의면 보는 견見이 필경에 공허한 것이, 마치 대상인 전진前塵이 없으면 생각이 자성이 없어지는 것과 같습니다. 아무리 자세하게 추구하여 보아도 이렇게 제 마음과 심소心所가 본래 없는데, 무엇으로 인을 삼아서 무상각無上覺을 구할 수가 있겠습니까?

　만약 여래께서 앞서 말씀하신 '맑고 정밀한 것이 원만하고 항상하다'고 하신 것이 진실한 말씀이 아니어서 희론이라면 어떻게 여래를 진실한 말씀만 하시는 분이라고 하오리까. 원컨대 대자대비를 베푸시어 저의 어리석음을 열어 주십시오."

🐾 아난이 여기서 근진根塵이 상대적이라는 설명을 듣고서 제법무아諸法無我라는 말이 생각나면서 단멸론斷滅論에 빠졌다. 제행무상諸行無常과 제법무아를 배운 사람들이 흔히 이렇게 단멸론에 기울어지는데, 그것은 아직 공적하지만 영지靈知인 진심眞心을 이해하지 못하였기 때문이다. 칠상주과七常住果는 환망幻妄을 여의고 참다운 본래의 것을 회복해서 항상 머물러 무너지지 않는 것이다.

2. 문성聞性은 상주한다

부처님께서 아난에게 말씀하셨다.

　"네가 많이 듣는 다문多聞만 좋아하고 모든 번뇌를 끊지 못하였으므로 마음에 뒤바뀐 원인만을 알고, 정작 전도顚倒가 눈앞에 있는 것은 모르고 있구나. 네가 아직도 내 말을 성심으로 믿지 않는 것 같으니, 내가 이제 이 세상의 사물로 실례를 들어서 네 의심을 제거해 주겠노라."

🕉 앞에서 견성見性을 밝히면서 진심眞心을 분명하게 설명했으나, 아직도 진짜 마음을 알지 못하는 사람이 많으므로 아난이 이들을 위하여 진심을 직지直指하는 법문을 다시 청한다.

이때 여래께서 라후라를 시켜서 종을 한 번 치게 하시고, 아난에게 물으셨다.
"네가 지금 듣느냐?"
아난과 대중들이 함께 대답하였다.
"예, 듣습니다."
종소리가 그치고 소리가 사라지자, 부처님께서 또 물으셨다.
"네가 지금 듣느냐?"
아난과 대중이 함께 대답했다.
"듣지 못합니다."
그때 라후라가 또 종을 한 번 쳤고, 부처님께서 또 물으셨다.
"네가 지금 듣느냐?"
아난과 대중이 또 말했다.
"모두 듣습니다."
부처님께서 아난에게 물으셨다.
"너는 어떤 것을 듣는다고 하고, 어떤 것을 못 듣는다고 하느냐?"

아난과 대중이 함께 대답했다.

"종을 쳐서 소리가 나면 저희들이 듣고, 종을 치고 시간이 지나서 종소리와 메아리가 모두 사라지면 못 듣는다고 합니다."

🐾 청각현상인 종소리가 나면 문정聞精이 종소리를 듣고, 종소리가 사라지고 고요하면 문정은 고요를 듣는다.

부처님께서 또 라후라를 시켜서 종을 치게 하시고, 아난에게 물으셨다.

"지금 소리가 나느냐?"

아난과 대중이 함께 대답하였다.

"소리가 있습니다."

잠깐 있다가 소리가 사라지니 부처님께서 또 물으셨다.

"지금도 소리가 나느냐?"

아난과 대중이 함께 대답하였다.

"소리가 없나이다."

조금 있다가 라후라가 다시 종을 쳤다. 그리고 부처님께서 또 물으셨다.

"너희들, 지금 소리가 나느냐?"

아난과 대중이 함께 대답하였다.

"소리가 있나이다."

부처님께서 아난에게 물으셨다.

"너는 어떤 것을 소리가 난다고 하고, 어떤 것을 소리가 없다고 하느냐?"

아난과 대중이 같이 사뢰었다.

"종을 쳐서 소리가 나면 그것을 소리가 있다 하고, 오래되어 종소리와 메아리가 없어지면 소리가 없다고 합니다."

🎵 이것은 종소리의 유무有無를 구별하는 장면이다.

부처님께서 아난과 대중에게 말씀하셨다.

"너희들이 어찌하여 말을 이랬다저랬다 하느냐?"

대중들과 아난이 함께 부처님께 여쭈었다.

"저희들이 무엇을 이랬다저랬다 하였습니까?"

부처님께서 말씀하셨다.

"내가 너희들이 듣느냐? 하고 물으면 너희는 듣는다고 말하고, 또 소리가 나느냐? 하고 물으면 소리가 난다고 말하니, 먼저는 '듣는다' 하고, 뒤에는 '소리가 난다'고 대답하여 그 대답이 일정하지 않으니, 이것이 이랬다저랬다 하는 것이 아니냐?

아난아! 종소리가 사라지고 메아리도 없는 때에 너는 들음이 없다고 말하는데, 참으로 들음이 없다면 너의 문성聞性이 아주 없어져서 고목枯木과 같을 것인데, 종을 다시 칠 때 종소리를 네가 어떻게 알아들을 수가 있느냐?

종소리가 있음을 알고 또 종소리가 없음을 아는 것은 소리가 있었다 없었다 하는 것이지, 어떻게 너의 문성聞性이 있었다 없었다 하겠느냐? 듣는 문聞이 참으로 없다면 무엇이 소리가 없는 줄을 아느냐?

그러므로 아난아! 듣는 문聞 가운데서 종소리가 났다 없어졌다 하는 것이지, 너의 문성聞性이 종소리가 나면 있고 종소리가 사라지면 없어지는 것은 아니다.

네가 아직도 잘못 알고서 종소리를 문성聞性이라고 착각하고 있으므로, 어리석게 항상한 것을 단멸이라고 잘못 보고 있다.

그러므로 동정動靜과 폐색閉塞과 개통開通을 여의고 문성聞性이 없다고 말할 수 없다.

마치 깊이 잠든 사람이 침상에서 자고 있는데, 그 집안사람이 다듬이질을 하거나 방아를 찧으면 그 사람이 잠결에 그 소리를 듣고는 다른 소리로 생각하여 '북을 치는구나', '종을 치는구나'라고 착각하거나, 꿈속에서 '종소리가 어째서 나무나 돌을 치는 소리 같을까?' 하고 이상하게 여기다가, 문득 깨어나서 그것이 다듬이질이나 방아 찧는 소리인 줄 알고 나면 식구들에게 말하기를 '내가 꿈에 이 절구로 찧는 소리를 북소리로 잘못 들었다'고 할 것이다.

🐎 잠결에 들리는 소리를 들을 줄 아는 것이 문성聞性이라면, 깨어 있거나 꿈속에서 소리를 알아듣는 것은 문정聞精이다. 문성聞性은 24시간 저절로 깨어있는데, 문정聞精은 잠결에 소리를 알아들을까?

아난아! 이 사람이 꿈속에서 동정과 폐색과 개통을 어떻게 기억하겠느냐? 그 몸은 잠을 잤으나 소리를 들을 줄 아는 문성聞性은 혼매하지 않았다.

설사 네 몸이 죽어서 없어지고 명줄이 사라진다고 하더라도, 이 들을 줄 아는 문성이야 어찌 없어지겠느냐?

🦶 공적영지의 자성自性 중에서 견성이 부동하고 불변하는 것을 앞에 서 자세히 밝히셨는데, 지금 삼마제 공부를 설명하시면서 새삼스 레 문성聞性이 상주부동常住不動하는 것임을 또다시 강조하시는 의 취는 무엇일까? 견성과 문성이 다른 자성이 아닌 줄 안다면 이 법 문은 잔소리에 불과한데……. 이는 이 문성聞性을 방편으로 하여 공 부하면, 평등平等 부동不動하는 여래如來의 '칠상주과七常住果'를 얻 을 수가 있다는 뜻을 밝히고자 함이다.

3. 상근대지의 수행법

모든 중생들이 무시이래로 모든 빛깔과 소리에 끄달려 따라다니면 서 생각을 좇아서 유전하였으므로, 본래의 성품이 깨끗하고 묘하 고 항상하다는 성정묘상性淨妙常을 깨닫지 못하고, 그리하여 항상함 을 따르지 않고 생멸만 따라다니면서 세세생생에 섞이고 물들어서 유전하는 것이다.

만약 생멸을 버리고 참되고 영원한 진상眞常을 지키면 상광常光이 앞에 나타나서 육근과 육진과 육식의 마음이 즉시에 소멸하여 없 어진다.

🦶 여기에서는 진심眞心을 성정묘상性淨妙常 또는 상광常光이라고 지칭

하고 있다. '생멸을 버리고 진상眞常을 지킨다'는 '약기생멸若棄生滅 수어진상守於眞常'은 상근대지上根大智인 수행자가 지어갈 삼마제 공부를 설명하는 요체이다. 생멸하는 경계를 따라가지 말고 마음광명을 되돌려서 진상眞常인 성품을 반조返照하면 18계가 즉시 소멸하는 이런 경지는 선가의 이른바 '언하言下에 대오大悟한다'는 말이나 일초직입여래지一超直入如來地라는 경우에 해당한다고 하겠다.

미세한 상상想相도 경계이고, 미세하게 아는 식정識情도 구염垢染이다. 이 미세한 두 가지를 멀리 여의면 네 법안法眼이 즉시에 맑게 밝아질 것이니, 어찌 무상지각無上知覺을 이루지 못하겠느냐?"

🔖 이때 주의할 것이 있다. '경계에 끄달리지 않고 진심을 지켜서 상광常光이 현전한다'는 지견知見이 비록 정견正見이긴 하지만, 이런 올바른 지견도 결국은 객체인 경계가 된다. 그렇게 알면 상광常光의 순일함을 아는 식정識情이 다시 주체가 되어서, 여전히 주객이라는 두 가지 진구塵垢를 이루게 되면서 생멸하는 버릇을 벗어나지 못한다는 말씀이다.

불교사를 상고해 보면 최상근기인 대지大智는 이치를 터득하면서, 별다른 수행이 없이 단박에 무상지각無上知覺을 성취한 경우가 눈에 띈다. 이 법문은 그런 대근기를 가진 후학을 위하여 특별히 강조하신 의취가 있는 것 같다. 그러나 이 구절에 대오大悟하지 못한 우리는 상근대지에 해당하지 않으므로, 다음에 나오는 삼매 공부를 닦아야만 비로소 훗날에 불지佛智를 얻을 수가 있다는 뜻이다.

제3절 결박과 해탈을 밝히다

아난이 부처님께 사뢰었다.

"세존이시여! 여래께서 비록 두 번째 결정의決定義를 말씀하셨으나, 저희들은 아직도 의문이 남아 있습니다.

세간에서 맺힌 매듭을 푸는 사람이 그 매듭의 근원을 알지 못하면 마침내 맺힌 것을 풀지 못합니다.

세존이시여! 저를 비롯하여 유학有學인 성문들도 역시 그러하여, 처음이 없는 옛적부터 무명無明과 더불어 생멸을 거듭하였으므로, 비록 다문多聞한 선근으로 출가는 하였으나 하루거리로 하는 학질과 같습니다. 원하옵건대 대자대비로 윤회를 벗어나지 못하고 있는 저희들을 깨우쳐 주십시오.

오늘의 이 몸과 마음이 어떻게 하여서 맺혔으며, 어찌하면 풀리겠습니까? 미래에 고난을 받을 중생으로 하여금 윤회를 면하고 삼계에 떨어지지 않게 하여 주십시오."

이렇게 말하고 대중들과 함께 큰절을 올리고 눈물을 흘리면서 부처님의 무상無上한 가르침을 기다렸다.

이때에 세존께서 아난과 함께 모여 있는 유학有學들을 불쌍히 여기시고, 또한 미래의 일체 중생들을 위하여 출세간의 인因과 장래의 길잡이를 만드시려고 아난의 정수리를 자금색紫金色의 빛나는 손으로 만지셨다.

즉시 시방의 보불세계普佛世界가 여섯 가지의 진동을 하며, 그 세계에 계신 미진수의 많은 부처님의 정수리에서 보광寶光이 나와서는 그 광명이 동시에 그 세계에서 기타림으로 와서 여래의 정수리에 대이시니, 여러 대중들이 미증유未曾有를 얻었다.

이때에 아난과 대중들은 시방의 미진수 여래께서 이구동성으로 아난에게 말씀하시는 것을 다음과 같이 들었다.

"착하다, 아난아. 네가 생사에 윤회하게 하는 결근結根인 구생무명俱生無明을 알고자 하느냐? 그것은 바로 네 육근六根이며 다른 것이 아니다.

또 네가 안락安樂·해탈解脫·적정寂靜·묘상妙常을 속히 증득하도록 하는 무상보리를 알고자 하느냐? 그것도 네 육근을 통하는 것이지 다른 것이 없다."

아난이 비록 이 법음法音을 들었으나 마음에 분명하지 못하여, 부처님께 머리를 조아리면서 사뢰었다.

"어찌하여 저로 하여금 생사에 윤회하게 하는 것도 육근이고, 또 안락과 묘상을 얻게 하는 것도 육근이지 다른 물건이 아니라고 말씀하십니까?"

부처님께서 아난에게 말씀하셨다.

"육근六根과 육진六塵이 근원이 같고, 결박結縛과 해탈解脫이 둘이 없으며, 식성識性이 허망하여 허공 꽃과 같다.

아난아! 육진으로 말미암아 아는 지知가 발하고, 육근을 말미암아 모습인 상相이 생기니, 모습인 상과 보고 아는 견見이 성품이 없어서 마치 꼬여서 서로 의지하는 갈대인 교로交蘆와 같다.
 그러므로 네가 지금 지견知見에서 지知를 세우면 곧 무명無明의 근본이 되고, 지견에서 견見을 없애면 곧 열반의 새지 않는 무루無漏인 진정眞淨이다. 어찌 이 가운데 다른 것을 용납하겠느냐?"

교로交蘆는 갈대의 일종으로 줄기가 서로 꼬여 있다. 근진根塵이 동원同源이므로 객체인 상相과 주관인 견見이 동시에 일어나고 소멸한다. 만약 상相이 없으면 견見도 없어지고, 견見이 없으면 상相도 없어진다.
 "지견에서 지를 세우면 곧 무명의 근본이 되고, 지견에서 견을 없애면 곧 열반의 새지 않는 무루인 진정이다(知見立知 卽無明本, 知見無見 斯卽涅槃 無漏眞淨)"라는 구절은 선가에서 공안으로도 사용하는데, 『선문염송』에 제51칙으로 들어 있다. 지知와 견見의 내용은 무엇인가? 영가永嘉 대사가 이르되, "만약 지知로 적寂을 지각하더라도 이것은 무연無緣인 지知가 아니다"고 하였으니, 즉 여기에서 말한 "지견에서 지를 세우면 즉 무명의 근본이다"라고 한 것이 그것이다. 이것은 문자와 능소能所에 의지하여 영지靈知의 바탕을 인식하려는 것을 깨트린 말이다. 왜 그런가? 본래 갖추고 있는 무념無念인 지知를 계합하려고 한다면 체용體用에 의하지 않고 자증自證하여야 한다. 터럭만큼이라도 지견이 있으면 모두 희론에 떨어진다. 무념無念인 지知라는 진각眞覺은 객체인 소지所知가 따로 있는 것을 용납하지 않기 때문이다.

이때에 세존께서 이 이치를 거듭하여 밝히시고자 게송으로 말씀하셨다.

유위有爲의 진성眞性은 공空하니,
인연으로 생기므로 환幻인 곡두와 같네.
무위無爲는 기멸起滅이 없으니,
부실不實한 것이 허공 꽃(空華)과 같다네.

허망虛妄을 설명하여 진실眞實을 밝히지만,
허망과 진실이 둘 다 허망이네.
원래 진眞도 아니고 비진非眞도 아닌데,
어찌 보는 견見과 보이는 소견所見이 있으랴.

중간에 실다운 성품(實性)이란 것은 없으니,
서로 의지하고 있는 교로와 같다네.
맺히고 푸는(結解) 그 원인은 같으니,
성인과 범부가 다른 길이 없다네.

서로 의지하고 있는 갈대의 성품을 보면
공도 아니고 유도 아니네.
미회迷晦하면 곧 무명無明이오,
발명發明하면 곧 해탈解脫이라.

매듭을 푸는 데는 순서가 있으며,
여섯 개가 풀리면 하나까지도 없어진다.
육근에서 원통圓通을 선택하면
입류入流하여 정각正覺을 이룬다네.

아타나阿陀那의 미세한 식은
습기習氣가 폭류暴流를 이룬다.
진眞과 비진非眞을 혼동할까 염려되어
내가 항상 대중에게 설법하지 않았노라.

자기 마음에서 자기 마음을 취취取하면
원래 환幻이 아닌 것이 환법幻法이 되고,
불취不取하면 비환非幻도 없으며,
비환도 생기지 않았는데
환법이 어찌 있으랴.

🙎 아타나阿陀那는 제8식(아뢰야식)의 다른 이름이다. 영가대사의 글에 "만약 저절로 지知하는 것으로 지知라고 하더라도(若以自知知), 역시 무연無緣인 지知가 아니다"라는 구절이 있다. 지금 "자기 마음에서 자기 마음을 취取하면, 원래 환幻이 아닌 것이 환법幻法이 된다"는 뜻이 그것이다. 마음을 찾는 사람이 비록 문자와 사유를 빌리지는 않았지만은, 태어나면서부터 능지能知하는 것으로 영지靈知라고 안다면, 반연攀緣 없이 아는 영지가 아니다. 여전히 능지의 흔적이

남아 있어 주체를 벗지 못하기 때문이다. 그러면 어떻게 아는 것이 무연無緣인 영지靈知냐? "불취不取하면 비환非幻도 없으며, 비환非幻도 생기지 않았는데, 어찌 환법幻法이 있으랴!"

진각眞覺인 본각本覺은 원래 일법一法도 인연因緣할 것이 없어도 본래부터 저절로 갖추어져 있다고 하네. 저절로!

이것이 묘련화妙蓮花요,
이것이 금강왕보각金剛王寶覺이며,
이것이 여환삼마제如幻三摩提이니,
손가락 한 번 튕기는 순간에 무학無學을 초월한다네.

이 비교할 수 없는 불법은
시방의 여래께서
열반에 도달하시는 외길이로다.

이때에 아난과 대중들이 불여래佛如來의 위없는 자비로운 가르침과 게송을 듣고 마음눈이 열리고 밝아져서 일찍이 없었던 미증유함을 찬탄하였다.

🐾 부처님의 게송을 듣고 대중들의 심목心目이 개명開明하여 미증유未曾有를 얻었다고 한다. 『능엄경』 제3권 말미에서 무가애無罣礙를 얻어서 한 소식을 한 대중들이 무명과 광성狂性의 정체를 알고는 미증유를 얻어 견성見性하더니, 여기에 와서 여섯 가지의 진동과 미진수

제2장 삼마제를 설명하여 삼매를 가르침 257

의 많은 부처님의 정수리에서 보광寶光이 나와서는 그 광명이 여래의 정수리에 흘러들어가는 장면을 보고는 재차 미증유를 얻었고, 여기서 부처님의 게송을 듣고는 다시 심목이 개명하여 미증유함을 찬탄한다. 지견知見이 나서 한 소식 하고, 다시 미증유를 얻어 견성하더니, 다시 미증유를 얻어서 지혜가 날로 더 밝아지구나. 이렇게 점진漸進하는 것이 불교 공부의 특성이다. 그러면 선가禪家의 감초甘草인 '일초직입여래지—超直入如來地'는 거짓말인가?

제4절 육해일망六解一亡과 무생법인

아난이 합장하고 엎드려 절하고 부처님께 사뢰었다.

"제가 이제 부처님께서 큰 자비로 말씀하신 '성품이 청정하고 미묘하며 항상하다'는 성정묘상性淨妙常의 진실한 법문을 들었으나, 아직도 '여섯(六)이 풀리면 하나(一)마저 없어진다'고 하신 매듭을 푸는 순서를 모르겠습니다. 원컨대 대자비로 이 모임의 무리들과 장래의 중생들을 위하여 다시 법음法音을 베푸시어 깊이 찌든 때를 깨끗이 씻어 주십시오."

그때 여래께서 사자좌에서 가사를 정돈하여 여미시고는, 칠보로 된 법상을 끌어당겨서 그 위에 놓인 겁바라(劫波羅, 夜摩天) 천인이 올린 첩화건(疊華巾, 꽃을 수놓은 긴 수건)을 들고서 대중 앞에서 한 매듭을 묶으셨다.

그리고 아난에게 보이시면서 물으셨다.

"이것을 무엇이라고 하느냐?"

아난과 대중들이 함께 대답했다.

"그것은 매듭(結)이라고 합니다."

부처님께서 첩화건으로 또 한 매듭을 만드시고, 다시 아난에게 물으셨다.

"이것이 무엇이냐?"

아난과 대중들이 또 대답했다.

"그것도 역시 매듭입니다."

부처님께서 이렇게 차례차례 첩화건을 묶어서 여섯 매듭을 만드시면서, 한 매듭을 만드실 때마다 손으로 맺은 매듭을 들고 아난에게 '이것이 무엇이냐?'고 질문하셨고, 아난과 대중들은 그럴 때마다 '그것은 매듭입니다'라고 대답을 되풀이하였다.

부처님께서 아난에게 말씀하셨다.

"내가 처음 수건을 맺은 것을 네가 매듭이라고 하였다. 이 첩화건은 본래 하나인데 너희들이 두 번 세 번 맺을 적마다 어찌하여 모두 매듭이라고 하느냐?"

아난이 부처님께 사뢰었다.

"세존이시여, 보첩화寶疊華를 짜서 만든 이 수건은 비록 하나이지만 부처님께서 한 번 맺으시면 한 매듭이라 하고, 백 번 맺으시면 백 매듭이라고 해야 할 것입니다. 이 수건이 다만 여섯 매듭뿐이라, 일곱에는 이르지 못하였고 다섯은 넘어갔습니다. 어찌하여 부처님께서 첫 매듭만 매듭이라고 하시고, 두 번째와 세 번째에 맺을 적에는 매듭이라고 하지 않으시려 하십니까?"

부처님께서 아난에게 말씀하셨다.

"이 보배로운 첩화건은 원래 하나지만 내가 여섯 번 맺었으므로 여섯 매듭이라는 이름이 있게 되었다. 네가 자세히 보아라. 수건은 같은 수건이지만 맺음으로 인하여 다르게 된 것이다. 어떻게 생각하느냐? 첫 번에 맺은 것을 첫 매듭이라 하여 이렇게 여섯 매듭이 생겼는데, 네가 이제 이 여섯째 매듭을 가지고 첫째 매듭이라고 할 수 있겠느냐?"

"아니옵니다, 세존이시여. 여섯 매듭을 그냥 두는 한 여섯째 매듭이라고 해야 옳고, 그것을 첫째 매듭이라고 할 수는 없습니다. 제가 여러 생을 두고 아무리 궁리를 해본들, 어떻게 이 여섯 매듭의 이름을 혼란스럽게 바꿀 수가 있겠습니까!"

부처님께서 말씀하셨다.

"그렇다. 여섯 매듭이 서로 같지 않다. 원래 한 개의 수건으로 맺은 매듭이지만, 그 매듭을 혼란스럽게 뒤섞을 수는 없다. 네 육근六根도 이와 같아서 같은 것 가운데서 다른 것이 생겨났다."

부처님께서 아난에게 말씀하셨다.

"네가 이것을 싫어하여 여섯 매듭이 없는 하나의 수건이 되기를 원한다면 어떻게 해야 하겠느냐?"

아난이 사뢰었다.

"이 매듭들을 그냥 두면 시비가 일어나서 '이 매듭은 저 매듭이 아니고, 저 매듭은 이 매듭이 아니다'고 하겠으나, 여래께서 이제 만약 맺은 것을 모두 풀어서 매듭을 없애버리시면 이것저것이 없어져서 하나라고 할 것도 없을 것이니, 여섯 매듭이 어떻게 성립되겠습니까."

부처님께서 말씀하셨다.

"육근을 풀면 하나마저 없어진다는 육해일망六解一亡도 이와 같다. 네가 시작이 없는 과거부터 심성心性이 광란하여 지견知見을 허망하게 내었고, 그 허망한 짓을 계속하여 보는 견見이 피로해져서 물질현상이 생긴다. 마치 눈을 피로하게 하면 맑고 깨끗한 허공에서 헛꽃이 까닭 없이 어지럽게 일어나는 것과 같다. 일체 세간의 산하대지와 생사 열반이 모두 광로狂勞하여 생긴 전도된 헛꽃의 모습이다."

아난이 사뢰었다.

"이 광로가 매듭과 같다면 어떻게 하면 풀리겠습니까?"

여래께서 매듭진 수건을 손에 드시고 왼쪽으로 당기시면서 아난에게 물으셨다.

"이렇게 하면 풀리겠느냐?"

"아니옵니다, 세존이시여."

여래께서 다시 오른쪽으로 당기시면서 또 아난에게 물으셨다.

"아난아! 이렇게 하면 풀리겠느냐?"

"아니옵니다, 세존이시여."

부처님께서 아난에게 말씀하셨다.

"아난아! 내가 이제 좌우로 각각 당겨 보았지만 결국 풀 수 없었다. 네가 푸는 방법을 찾아보아라. 어떻게 하면 풀리겠느냐?"

아난이 사뢰었다.

"세존이시여, 마땅히 매듭을 묶은 중심에서 풀어야 풀리겠습니다."

부처님께서 아난에게 말씀하셨다.

"그렇다, 그렇다. 매듭을 풀려면 마땅히 매듭을 묶은 중심에서 풀어야 한다. 아난아, 내가 말한 '불법은 인연을 따라서 난다'는 연기緣起 법문은 세간의 화합된 추상麤相인 물질현상을 가지고 말한 것과는 다르다. 여래는 세간법과 출세간법에 모두 통달하여 그 본인本因이 반연하는 바를 따라서 범부와 성인들이 나오는 까닭을 안다. 나아가서 항하사 세계 밖의 한 방울의 빗물까지도 그 수효를 다 알고, 또 소나무는 곧고 가시나무는 굽으며, 따오기는 희고 까마귀는 검은 까닭도 모두 다 알고 있다.

이러므로 아난아, 네 마음대로 육근六根에서 선택하여라. 육근의 매듭이 만약 풀리면 육진六塵의 모습들이 저절로 없어질 것이니, 모든 허망이 없어지면 참된 것만 남느니라.

🔖 불교에서 사용하는 인연법에 얕고 깊은 두 가지가 있다는 설명이 나온다. 세간의 화합된 추상麤相인 물질현상을 설명하는 인연법은 상식을 기본으로 하는 세속제世俗諦이고, 본인本因과 원유元由를 설명하는 인연법은 승의제勝義諦라서 언어와 사유로 이해하기 어려운 내용이다. 즉 연기법문緣起法門에는 세속제와 승의제가 있으니 잘 구별하여 들어야 한다는 말씀이다.

아난아! 내가 이제 네게 묻겠다. 이 겁바라의 첩화건에 여섯 매듭이 나타나 있는데, 이 매듭을 동시에 풀 수 있겠느냐?"

"아니옵니다, 세존이시여. 이 매듭이 본래 차례대로 맺은 것이므로, 이제 푸는 것도 마땅히 차례대로 풀어야 할 것입니다. 여섯 매듭이 바탕은 같지만 맺히던 때가 동시가 아니었으니, 풀 적엔들 어떻게 동시에 풀리겠습니까."

부처님께서 말씀하셨다.

"육근을 푸는 방법도 이와 같이 차례로 풀어야 한다. 이 육근이 처음 풀리면 먼저 인공人空을 얻고, 공성空性이 두렷하게 밝아지면 법공法空을 얻어서 법해탈法解脫을 이룬다. 법에서 해탈하고 나서 구공俱空까지 생기지 않으면 이것을 보살이 삼마지三摩地로부터 무생법인無生法忍을 얻는다고 말한다."

☙ 매듭을 차례대로 풀어야 한다는 말씀은 육근六根을 하나씩 풀어야지 한꺼번에 풀 수는 없다는 설명이다. 불교에서 말하는 공空에는 세 가지가 있다. 아공我空·법공法空·구공俱空이 그것이다. 아공을 사람이 비었다는 뜻으로 인공人空이라고도 하는데, '육근이 풀린다'는 것은 육근을 중심으로 하던 주체가 빈 것인 줄 안다는 것이니 아공我空을 알았다는 말이다. 법공法空은 만법이 비었다는 뜻으로, "공성空性이 두렷하게 밝아지면"은 육진이 빈 것인 줄 알아서 법공임을 안다는 말이다. 구공俱空은 공리空理조차도 역시 빈 것이라는 뜻이니 "법에서 해탈하고 나서 구공俱空까지 생기지 않으면" 주객이 모두 공이라는 생각도 없다. 철저하게 빈 것이라면 바로 몽환夢幻이니 본래 불생불멸이요, 당연히 무생無生이다. 이것이 바로 무생법인無生法忍이다.

제5절 원통 공부와 삼매

1. 원통을 묻다

아난과 모든 대중이 부처님의 가르침을 받고 지혜와 본각本覺이 원통圓通하여 의심이 없어졌다. 그들은 일시에 합장하고 부처님 발에 엎드려 절하고 사뢰었다.

"저희들이 오늘 몸과 마음이 분명하여져서 걸림이 없는 무애無碍를 얻었습니다. 그리하여 일一과 육六이 없어지는 이치는 알았사오나, 아직도 원통圓通의 근본은 알지 못하나이다.

세존이시여! 저희가 여러 겁 동안을 표류하여 정처 없이 외롭게 떠돌다가 이생에 숙세의 마음과 생각으로 이렇게 부처님과 가까운 인연이 되었으니, 마치 잃어버렸던 젖먹이가 자모慈母를 만난 것과 같습니다. 이 법회에서 도를 이룬다면 부처님께 들은 심오한 설법이 본래의 깨달음인 본오本悟와 같을 것인데, 아직도 그러하지 못하여서 법문을 듣지 못한 때와 다름이 없습니다. 바라옵건대 큰 자비로 심오한 법문을 일러주시어 여래의 최후의 가르침을 듣게 하여 주십시오."

이렇게 말하고 오체를 투지하고, 조용히 물러나 앉아서 부처님의 은근한 가르침을 기다렸다.

그때 세존께서 대중 가운데 있던 대보살과 누진漏盡인 대아라한들에게 말씀하셨다.

"너희들 보살과 아라한이 나의 법 가운데서 나서 무학無學이 되었는데, 내가 이제 묻겠다.

　최초에 발심하여 십팔계를 깨달았을 적에 어느 것이 원통이었으며, 무슨 방편을 익혀서 삼매에 들어갔느냐?"

🐟 초기경전에 보면 부처님은 주로 사념처四念處를 통하여 제자들의 삼마제三摩提 공부를 지도하신 것으로 기록되어 있다. 즉 신身은 부정不淨하고, 수受는 고통스럽고, 심心은 무상無常하고, 법法은 무아無我임을 관찰하는 공부이다. 『대념처경大念處經』에 보면 신수심법身受心法 사념처의 공부 대상으로 44가지가 등장한다. 그런데 이 『능엄경』의 원통圓通 공부는 18계와 칠대七大를 각각 공부의 대상으로 삼는 25가지 공부 방법을 설명하고 있다. 이것을 흔히 25원통 공부라고 부른다. 여기에서 말하는 삼매는 초견성을 한 뒤에 수행하는 여환如幻삼매를 가리킨다. 즉 25가지 원통 공부는 사념처 공부나 전통적인 37도품道品에 나오는 공부와 일치하지 않는다. 『능엄경』에서 육진·육근·육식·칠대를 기준으로 삼매를 얻는 공부 방편을 새롭게 분류한 것이다. 예컨대 부정관不淨觀은 육진 중에서 색진色塵을 이용한 공부 방법에 배당하고, 수식관數息觀은 육근 중에서 비근鼻根을 통한 삼매 공부로 분류하고, 염불 공부는 육근을 모두 이용하는 공부법에 배대하였고, 선종에서 애용하는 간화선은 의근과 법진을 겸용하는 공부 방법에 해당한다.

2. 육진의 원통 공부

1) 성진聲塵원통 공부

교진나憍陳那 등 다섯 비구가 자리에서 일어나 부처님 발에 엎드려 절하고 사뢰었다.

"저는 녹야원과 계원雞園에서 여래께서 성도하신 것을 처음으로 뵙고 부처님 음성에서 고집멸도苦集滅道의 사제四諦를 깨달았습니다. 부처님께서 비구들에게 물으실 적에 '제가 먼저 알았습니다'라고 하였더니, 부처님께서는 저를 인가하시고 아야다阿若多라고 부르셨습니다. 묘음妙音이 밀원密圓하여서 저는 음성音聲에서 아라한을 얻었나이다.

부처님께서 원통圓通을 물으시니, 제가 증득한 바로는 음성이 으뜸이 되겠습니다."

2) 색진色塵원통 공부

우파니사타優波尼沙陀가 자리에서 일어나서 부처님 발에 절하고 사뢰었다.

"제가 부처님께서 처음에 성도하심을 뵈었을 적에 '부정상不淨相을 관하라'고 하시기에, 제가 부정관不淨觀을 닦다가 크게 싫어하여 떠나려는 염리厭離의 마음이 나면서 모든 빛깔의 성품을 깨달았습니다. 부정不淨과 백골白骨과 미진微塵이 허공으로 돌아가고, 공空과 색色이 둘 다 없어져서 무학도無學道를 이루었더니, 여래께서 저를 인가하시며 니사타라는 이름을 주셨습니다. 진색塵色이 없어지고 묘색妙色이 밀원密圓하여 저는 색상色相으로부터 아라한을 얻었나이다.

부처님께서 원통을 물으시니, 제가 증득한 바로는 색의 원인인 색인色因이 으뜸이 되겠습니다."

🐾 부정관不淨觀은 사람의 육체가 부정함을 관하여 애착심을 끊는 공부이다.

3) 향진香塵원통 공부

향엄동자香嚴童子가 자리에서 일어나 부처님 발에 엎드려 절하고 사뢰었다.

"저는 여래께서 제게 모든 유위상有爲相을 자세히 관찰하라고 하는 가르치심을 듣고, 부처님을 하직하고 깨끗한 곳에서 편안하게 명상을 하다가 어떤 비구가 침수향沈水香을 피우는 것을 보았는데, 그때 그윽한 향내가 코로 들어오는 것을 보았습니다. 저는 그때 이 향내가 나무도 아니고 공空도 아니며 연기도 아니고 불도 아닌데, 가되 닿는 바가 없고 오되 온 바가 없음을 관찰하고서, 의意가 사라지고 무루無漏의 이치를 분명하게 알았습니다. 여래께서 저를 인가하셨고, 향엄香嚴이라는 호를 얻었나이다. 진기塵氣가 문득 없어지고 묘향妙香이 밀원密圓하여 저는 향엄으로 아라한을 얻었습니다.

부처님께서 원통을 물으시니, 제가 증득한 바로는 향엄이 으뜸이 되겠습니다."

4) 미진味塵원통 공부

약왕藥王・약상藥上 두 법왕자法王子와 모임에 참석한 오백의 범천梵天이 함께 자리에서 일어나서 부처님 발에 엎드려 절하고 사뢰었다.

"저희는 처음이 없는 오랜 겁으로부터 세상에서 양의良醫가 되어서 입으로 이 사바세계의 풀・나무・쇠・돌을 맛본 것이 그 수가 십만 팔천인데 그것을 모두 다 알며, 또 맛이 쓰고・시고・짜고・싱겁고・달고・매운 것과 그것들을 화합한 것과, 그리고 구생俱生・변이變異・찬 것・더운 것・독이 있는 것・독이 없는 것들을 두루 다 알았습니다. 여래를 따라다니며 배우고서는, 맛의 성품이 공空도 아니고 유有도 아니며, 신심身心에 즉卽한 것도 아니고 신심身心을 여읜 것도 아님을 알고서 맛의 원인을 분별하여 개오開悟하였습니다. 여래께서 저희 형제를 인가하시면서 약왕藥王・약상藥上 두 보살이라 이름하시어 이제 이 모임에서도 법왕자가 되었사온데, 맛을 인하여 깨닫고 밝아져서 보살의 지위에 올랐습니다.

부처님께서 원통을 물으시니, 제가 증득한 바로는 맛의 원인인 미인味因이 으뜸이 되겠습니다."

5) 촉진觸塵원통 공부

발타바라跋陀婆羅와 그의 같은 도반인 16보살들이 함께 자리에서 일어나서 부처님 발에 엎드려 절하고 사뢰었다.

"저희들은 처음 위음왕威音王 부처님께 법을 듣고 출가하였사오며, 스님들이 목욕할 적에 차례를 따라서 욕실에 들어갔다가, 문득 물의 원인인 수인水因을 깨달았습니다. 촉觸이 일어나는 것이 먼지를 씻음도 아니요, 몸을 씻음도 아니요, 먼지와 몸의 중간도 아닌 줄을 알아 편안하여 무소유無所有를 얻었습니다. 그러나 전생의 습기習氣는 잊어버리지 못하다가, 이번에야 부처님을 따라 출가하여 무학無學을 얻었습니다. 저 위음왕 부처님께서 제게 발타바라라는 이름을 주셨고, 묘촉妙觸이 선명宣明하여 불자주佛子住를 얻었습니다.

부처님께서 원통을 물으시니, 제가 증득한 바로는 촉인觸因이 으뜸이 되겠습니다."

🕉 이 구절도 『선문염송』에 화두로 등장한다. 제52칙에 보면 발타바라와 그의 같은 도반인 16보살들이 목욕할 적에 차례를 따라서 욕실에 들어갔다가, 물의 원인인 수인水因을 문득 깨닫고, 묘촉妙觸이 선명宣明하여 불자주(佛子住: 十住의 初住)를 얻었다고 한다.

6) 법진法塵원통 공부

마하가섭과 자금광紫金光 비구니가 자리에서 일어나 부처님 발에 엎드려 절하고 사뢰었다.

"지난 겁에 사바세계에 부처님이 출현하셨으니 그 이름이 일월등日月燈 부처님이셨습니다. 제가 가까이 모시고 법을 듣고 닦아 배웠으며, 부처님께서 열반하신 뒤에는 사리舍利에 공양을 올리고 등불을 계속 밝혔으며, 자금광紫金光으로 불상을 도금하였더니 그 뒤로 세세생생에 태어날 적마다 몸에 항상 자금광 빛이 원만하였나이다. 이 자금광 비구니는 저의 권속으로서 그때에 같이 발심하였나이다.

저는 세간의 육진六塵이 변하여 무너짐을 관찰하고 오직 공적空寂으로 멸진정滅盡定을 닦아서, 몸과 마음이 백천 겁을 지나도 마치 손가락 한 번 튀기는 순간과 같았습니다. 저는 공법空法으로 아라한이 되었는데, 세존께서 저를 두타頭陀가 제일이라고 하셨으며, 묘법妙法이 개명開明하여 모든 번뇌인 루漏가 소멸되어 누진통漏盡通을 얻었습니다.

부처님께서 원통을 물으시니, 제가 증득한 바로는 법인法因이 으뜸이 되겠습니다."

🞿 멸진정滅盡定은 수受와 상想이 없어진 깊은 삼매(滅受想定)이며, 이른바 육식의 활동이 정지된 상태로 수백 년을 견딘다. 지금도 가섭이 부처님의 발우를 가지고 계족산에서 미륵보살이 하생하기를 기다린다는 이야기가 있는데, 바로 공적空寂으로 멸진정滅盡定을 닦았기에 가능한 것이 아닌가 한다.

3. 육입六入의 원통 공부

1) 안입眼入원통 공부

아나율타阿那律陀가 자리에서 일어나서 부처님 발에 엎드려 절하고 사뢰었다.

"저는 처음 출가하여 항상 잠자기를 좋아하였는데, 여래께서 축생의 무리가 된다고 꾸짖으셨습니다. 부처님의 꾸지람을 듣고 울면서 자책하여 7일 동안을 자지 않다가 그만 두 눈이 멀었습니다.

세존께서 저에게 낙견조명樂見照明 금강삼매金剛三昧를 가르쳐 주셨습니다.

저는 눈을 쓰지 않고도 시방세계를 보는데, 정진精眞이 환하게 열려서 손바닥 위에 있는 과일을 보듯 하니, 여래께서 저를 아라한이 되었다고 인가하셨나이다.

부처님께서 원통을 물으시니, 제가 증득한 바로는 보는 견見을 돌이켜 원元을 따르는 선견순원旋見循元 공부가 으뜸이 되겠습니다."

☙ 천안제일인 아나율타가 공부한 이야기이다. 눈을 사용하지 않고도 능히 본다고 한다. 변견지심辯見指心 법문에서 '보는 것은 마음이지, 눈이 아니다'라는 설명에 대한 증거가 이것이다.

2) 비입鼻入원통 공부

주리반특가周利槃特迦가 자리에서 일어나서 부처님 발에 엎드려 절하고 사뢰었다.

"저는 외우는 총기가 없어서 많이 듣는 성품이 없는데, 처음에 부처님을 만나서 설법을 듣고 출가하였습니다. 부처님이 가르쳐 주신 게송을 하나 외우려고 하였으나, 백일 동안 노력했는데도 앞의 것을 외우면 뒤의 말을 잊어버리고, 뒤의 것을 외우면 앞의 말을 잊었나이다. 부처님께서 제 어리석음을 불쌍하게 여기시고 저를 보시고 안거하면서 내쉬고 들이쉬는 날숨과 들숨을 잘 조복하라고 가르쳤습니다.

제가 그때 숨을 관찰하여 생주이멸生住離滅의 모든 행行이 찰나인 줄을 자세하게 살펴보고서, 마음이 갑자기 환하게 열려서 크게 걸림이 없음을 얻었습니다.

모든 번뇌가 다하여 누진漏盡이 되자 아라한이 되었으며, 부처님의 회상에 머물렀더니 무학無學을 이루었다고 인가하셨습니다.

부처님께서 원통을 물으시니, 제가 증득한 바로는 숨 쉬는 것을 돌이켜 공空을 따르는 반식순공反息循空 공부가 으뜸이 되겠습니다."

🐾 두 번째 공부는 본래 이입耳入 공부가 나올 차례이지만, 그 공부는 나중에 제6권에서 자세히 설명하므로, 여기에는 안입眼入 다음에 바로 비입鼻入이 등장한다. 비입원통 공부는 들숨과 날숨을 관찰대상으로 하는 공부인데, 보통 수식관數息觀이라고 부른다. 숨을 세는 수식이 익숙해지면 그 다음에는 호흡의 생주이멸을 관찰하는 수식隨息을 익힌다고 천태 대사가 설명한 글이 있다. 초심자가 쉽게 입문할 수 있는 공부 방법이고, 『아함경』에 의하면 이 공부로 아라한이 된 불제자가 많았다고 한다.

3) 설입舌入원통 공부
교범발제憍梵砵提가 자리에서 일어나서 부처님 발에 엎드려 절하고 사뢰었다.

"저는 구업口業이 있는데, 과거 겁에 사문을 무시하고 희롱한 탓으로 세세생생에 태어날 적마다 소처럼 되새김질하는 병이 있었습니다. 그런데 여래께서 일미청정一味淸淨 심지법문心地法門을 가르쳐 주셨습니다.

저는 망심이 없어지고 삼매에 들어가서 맛을 보아서 아는 지知가 혀의 체體도 아니요 음식의 맛도 아님을 관하고는, 즉시 세간의 모든 번뇌에서 초월하여 안으로는 몸과 마음을 벗어나고 밖으로는 세계를 놓아버려서 삼계를 여읜 것이 마치 새가 새장에서 나온 것 같았습니다.

마음의 때를 여의고 육진이 소멸되어 법안法眼이 청정하고 아라한을 이루었으므로, 부처님께서 더 배울 것이 없는 무학의 도에 올랐다고 인가하셨습니다.

부처님께서 원통을 물으시니, 제가 증득한 바로는 맛을 돌이켜서 지知로 돌아가는 환미선지還味旋知 공부가 으뜸이 되겠습니다."

🞉 맛을 보아서 아는 지知인 미지지味之知에서 지知와, 지知로 돌아가는 환미선지還味旋知에서 지知는 분별하는 지가 아니고, 공적영지空寂靈知의 무분별인 지知이다.

4) 신입身入원통 공부

필능가바차畢陵伽婆蹉가 자리에서 일어나서 부처님 발에 엎드려 절하고 사뢰었다.

"제가 처음 발심하여 부처님을 따라서 도에 들어가서는, 여래께서 '세간의 모든 것이 즐거운 것이 아니다'라고 말씀하시는 것을 자주 들었습니다. 성중에서 걸식하면서 그 법문을 생각하다가 그만 독가시에 발을 찔리고는 온몸이 몹시 아팠습니다.

그때 제가 '아는 놈이 있기 때문에 이 극심한 아픔을 알고 이 아품을 느낄 줄을 깨닫지만, 깨닫는 맑은 마음인 각청정심覺淸淨心은 아픔도 아픔을 느낌도 없다'고 생각하였습니다. 또 제가 '이 한 몸에 어찌 두 개의 각覺이 있겠느냐' 하고 생각하였습니다.

　이렇게 생각을 하니 오래지 않아서 몸과 마음이 갑자기 텅 비면서, 21일 동안에 모든 번뇌가 다하고 아라한이 되어서, 무학을 이루었다고 친히 인가를 받았습니다.

　부처님께서 원통을 물으시니, 제가 증득한 바로는 순수한 각覺만 있고 몸을 잊어버리는 순각유신純覺遺身 공부가 으뜸이 되겠습니다."

🐚 아픈 줄 아는 놈은 아프지 않다. 그 아는 놈은 공적하여 아픔도 없고 아프다는 느낌도 없으나, 아픈 줄은 안다.

6) 의입意入원통 공부

수보리須菩提가 자리에서 일어나서 부처님 발에 엎드려 절하고 사뢰었다.

"저는 광겁 전부터 마음에 걸림이 없어서, 항하사만큼 많은 생을 받았던 것을 다 기억하고 있습니다. 처음 모태에 있을 적부터 곧 공적함을 알았고, 나아가서 시방세계까지도 공하여졌으며, 또 중생들도 공성空性을 증득하게 하였습니다. 그러다가 부처님께서 성각性覺 진공眞空을 밝혀주심을 듣고서 공성이 두렷이 밝아지면서 아라한이 되어 바로 여래의 보명공해寶明空海에 들어가서 부처의 지견知見과 같아졌으며, 여래께서 무학을 이루었다고 인가하셨습니다. 그리하여 해탈성공解脫性空은 제가 으뜸이 되었습니다.

🐚 해탈성공解脫性空의 해석에 견해가 갈린다. '성공에 해탈하기'라고 해석하기도 하고, '해탈인 성공' 또는 '해탈과 성공'이라고 해석하기도 한다. 그러나 수보리는 해공解空제일이니 '해탈성解脫性이 공空'하다고 새기는 것이 무난하다고 본다. 보배롭고 밝은 공해인 보명공해寶明空海는 일진법계一眞法界인 마음이다.

부처님께서 원통을 물으시니, 제가 증득한 바로는 모든 상相이 비상非相이 되고, 능비能非와 소비所非가 다하고, 법을 돌이켜서 무로 돌아가는 선법귀무旋法歸無 공부가 으뜸이 되겠습니다."

🐚 '제상입비 비소비진 선법귀무(諸相入非 非所非盡 旋法歸無)'에서 '제상입비諸相入非'는 『금강경』의 '제상비상諸相非相'과 유사하다. 그러나 그 다음 구절은 서로 다르다. 『능엄경』에는 '비소비진 선법귀무 非所非盡 旋法歸無'로 "능비能非와 소비所非가 다하고, 법法을 돌이켜서 무無로 돌아간다"고 설명하는데, 저 『금강경』은 '즉견여래卽見如來'로 "즉시 여래를 본다"고 하였다. 그렇다면 무無와 여래如來가 같은 것인가? 다른 것인가?

4. 육식六識의 원통 공부

1) 안식眼識원통 공부

사리불舍利弗이 자리에서 일어나 부처님 발에 엎드려 절하고 사뢰었다.

"저는 광겁 전부터 마음으로 보는 것이 청정하였는데, 이렇게 생을 받아온 것이 항하사와 같습니다. 세간과 출세간의 갖가지 변화를 한 번 보면 모두 통달하여서 막힘이 없었습니다.

저는 길에서 가섭과 삼형제를 만나 그들과 다니면서 인연에 대한 설명을 듣고 마음이 변제邊際가 없다는 것을 깨달았습니다. 부처님을 따라 출가하여 보고 깨닫는 견각見覺이 밝고 두렷하여졌으며, 무외無畏를 크게 얻어서 아라한이 되고 부처님의 장자長子가 되었으니, 부처님의 입으로부터 제가 태어났으며 법으로부터 화생化生하였습니다.

부처님께서 원통을 물으시니, 제가 증득한 바로는 마음으로 보는 것이 빛을 발하고, 그 빛이 극에 달한 지견知見인 심견발광心見發光 광극지견光極知見이 으뜸이 되겠습니다."

☙ 인연의 고리가 끝이 없이 이어지는 것을 보고서 '마음이 끝이 없다'는 것을 알아차렸다는 이야기다.

2) 이식耳識원통 공부

보현普賢보살이 자리에서 일어나서 부처님 발에 엎드려 절하고 사뢰었다.

"저는 이미 일찍부터 항하사 여래의 법왕자法王子가 되었었는데, 시방의 여래께서 보살의 근기를 지닌 제자들을 가르치면서 보현행普賢行을 닦으라고 하시는 것은 바로 제 이름에서 따온 것입니다.

세존이시여! 저는 심문心聞으로 중생들의 지견知見을 분별하는데, 만약 다른 세계의 항하사 세계 밖의 어느 한 중생이라도 마음으로 보현행을 닦고자 하는 자가 있으면 제가 그때 육아백상(六牙白象, 어금니가 여섯 개인 흰 코끼리)을 타고 백천 가지 몸으로 분신分身하여서 그들이 있는 곳마다 찾아갑니다. 그들이 비록 업장이 두터워서 저를 보지 못하더라도 저는 모르는 가운데에서도 그들의 이마를 쓰다듬어서 옹호하고 안위하여 그들로 하여금 보현행을 성취하게 합니다.

부처님께서 원통을 물으시니, 저의 본인本因을 말씀드리면 마음으로 듣는 것을 밝게 개발하여 분별이 자재한 심문발명心聞發明 분별자재分別自在 공부가 으뜸이 되겠습니다."

3) 비식鼻識원통 공부

손다라난타孫陀羅難陀가 자리에서 일어나서 부처님 발에 엎드려 절하고 사뢰었다.

"제가 처음 출가하여 부처님을 따라서 도에 들어가서 비록 계율은 갖추었으나, 삼매를 닦음에 있어서 마음이 항상 산동散動하여 무루를 얻지 못하였습니다.

세존께서 저와 구치라拘絺羅에게 가르치시기를 "코끝의 흰 것을 보라"고 하셨습니다. 제가 처음부터 그렇게 관찰하여 3주가 지나자 코로 드나드는 공기가 연기처럼 보이면서 몸과 마음이 안으로 밝아져서 세계가 두렷이 열리고 두루 비어서 청정해진 것이 마치 유리와 같았습니다. 그러다가 연기의 모양이 차츰 사라지고 코의 숨이 백색白色이 되면서 마음이 열리고 번뇌가 다하였으며, 다시 들숨 날숨이 광명으로 변화하여서 시방세계를 비추면서 아라한이 되었나이다. 세존께서는 제게 수기授記하시기를 마땅히 보리를 얻으리라고 하셨나이다.

부처님께서 원통을 물으시니, 제 생각으로는 숨이 사라지고 숨을 관觀하는 것이 오래되어서 광명을 발하고, 광명이 두렷해지면서 번뇌가 없어지는 식구발명息久發明 명원멸루明圓滅漏 공부가 으뜸이 되겠습니다."

🦴 호흡을 관하는 관식觀息을 익히는 공부인데, 코끝의 흰 것이라는 '비단鼻端의 백白'은 내쉬는 숨결을 가리킨다. 앞에 나온 수식관數息觀과는 같은 부류에 속하는 공부 방법이니, 이 공부가 두 번 나온 셈이다. 천태 대사는 '수식隨息보다 깊이 들어간 공부법이 관식觀息이다'라고 설명한다.

4) 설식舌識원통 공부

부루나미다라니자富樓那彌多羅尼子가 자리에서 일어나서 부처님 발에 엎드려 절하고 사뢰었다.

"저는 광겁 전부터 변재辯才가 걸림이 없어서, 고苦와 공空을 말하되 실상實相을 깊이 통달하였습니다. 이와 같이 항하사 같은 부처님의 비밀한 법문까지도 제가 대중 가운데서 미묘하게 열어 보이되 두려움이 없었습니다. 세존께서 제가 큰 변재가 있음을 아시고 음성륜(音聲輪, 口輪)으로써 저를 가르쳐서 발양하게 하셨으며, 저는 부처님 앞에서 부처님을 도와서 법륜을 굴리되 사자후로 인하여 아라한이 되었습니다. 부처님께서 저를 인가하시되 설법이 무상無上이라고 하셨습니다.

부처님께서 원통을 물으시니, 제 생각으로는 법음으로써 악마와 원수를 항복받고 모든 번뇌를 소멸하는 법음항마法音降魔 소멸제루銷滅諸漏 공부가 으뜸이 되겠습니다."

5) 신식身識원통 공부

우바리優波離가 자리에서 일어나서 부처님 발에 엎드려 절하고 사뢰었다.

"저는 친히 부처님을 따라서 성을 넘어 출가하여서, 여래의 육년 고행을 직접 보았고, 여래께서 모든 악마를 항복받고 여러 외도들을 제압하시며, 세간의 탐욕과 모든 번뇌를 해탈하신 것을 보았습니다. 그리고 부처님의 교계敎戒를 받들어 삼천 위의와 팔만 가지의 미세한 성업性業 차업遮業이 모두 청정하여져서 몸과 마음이 적멸하여 아라한을 이루었습니다. 그리하여 저는 여래의 회중會中에서 기강紀綱을 세우는 책임을 맡았고, 친히 제 마음을 인가하시어서 지계持戒하고 수신修身함에 대중 가운데서 저를 으뜸이라고 하였습니다.

부처님께서 원통을 물으시니, 제 생각으로는 몸을 단속함으로써 몸이 자재하게 되고, 차례로 마음을 단속하여 마음이 통달한 뒤에, 몸과 마음이 모두 통리通利하는 집신자재執身自在 집심통달執心通達 심신통리心身通利 공부가 으뜸이 되겠습니다."

☙ 지계持戒가 제일인 우바리 존자의 공부 방법은 신자재身自在와 심통달心通達로 심신이 적멸하게 되는 것이다. 성업性業은 성계性戒라고 하는데, 행위 자체가 죄가 되는 것으로 살인·강도와 같은 것이다. 차업遮業은 차계遮戒라고 하는데, 죄는 아니지만 계를 지키기 위하여 필요한 것으로 음주·가무와 같은 것이다.

6) 의식意識원통 공부

대목건련大目犍連이 자리에서 일어나서 부처님 발에 엎드려 절하고 사뢰었다.

"저는 처음에 길에서 걸식하다가 우리빈나優樓頻螺·가야伽耶·나제那提의 세 가섭파를 만나서 그들이 여래께서 말씀하신 인연의 깊은 뜻을 설명하는 것을 듣고 곧 발심하여 크게 통달함을 얻었으며, 부처님께서는 가사가 저절로 몸에 입혀지고 수염과 머리털이 저절로 떨어지게 해주셨나이다.

저는 시방에 돌아다니되 걸림이 없고, 신통神通을 부림에 으뜸이 되었고 아라한을 이루었습니다. 세존만이 아니고 시방의 여래께서도 제 신통력이 원명하고 청정하고 자재하여 두려움이 없다고 찬탄하셨습니다.

부처님께서 원통을 물으시니, 제 생각 같아서는 마치 흐린 물을 맑힐 적에 오래되면 물이 맑아지듯이, 담연湛然으로 되돌아가 마음 광명이 발선發宣하는 징탁선담澄濁旋湛 심광발선心光發宣 공부가 으뜸이 되겠습니다."

5. 칠대七大의 원통 공부

1) 화대火大원통 공부

오추슬마烏芻瑟摩가 여래 앞에서 합장하고 부처님 발에 엎드려 절하고 사뢰었다.

"제가 항상 옛날 일을 기억해 보면 구원겁 전에 저는 탐욕이 많았습니다. 공왕불空王佛께서 세상에 출현하신 때인데, 그 부처님께서 말씀하시기를 '음욕이 많은 사람은 맹렬한 불더미가 된다'고 하시면서, 저로 하여금 '백해와 사지의 차고 더운 기를 두루 관찰하라'고 하셨습니다. 그렇게 하니 신묘한 광명이 속으로 엉기면서 그 많던 음심婬心이 지혜의 불로 바뀌었고, 그때부터 모든 부처님들께서는 저를 화두火頭라고 불렀나이다. 저는 화광삼매火光三昧의 힘으로 아라한을 이루었습니다.

☙ 몸 안의 따뜻한 기운을 관찰하는 이 방법을 도교에서는 신선神仙이 되는 주천周天 공부로 활용하고 있다. 그런데 난기煖氣만 관찰한다면 신선이 될 뿐이지, 불가의 아라한이 되지는 않는다.

그리하여 큰 서원을 발하기를 '모든 부처님이 성도하실 때마다 제가 큰 역사力士가 되어서 마군과 원결怨結을 항복받겠다'고 하였습니다.

부처님께서 원통을 물으시니, 제 생각으로는 몸과 마음의 따뜻한 촉감이 걸림이 없이 유통하는 것을 관觀하여 모든 번뇌가 소멸되고, 큰 보염寶焰을 내어서 위없는 깨달음에 오르는 공부가 으뜸이 되겠습니다."

2) 지대地大원통 공부

지지보살持地菩薩이 자리에서 일어나서 부처님 발에 엎드려 절하고 사뢰었다.

"제가 생각하오니 옛날에 보광여래普光如來께서 세상에 오셨는데, 제가 그때 비구가 되어서는 항상 모든 중요한 길이나 나루터에 땅이 험하고 좁아서 수레와 말의 통행에 방해가 되면 제가 나서서 평탄하게 닦고, 혹은 다리를 놓고자 흙과 돌을 지고 나르는 등 한량없는 부처님들이 세상에 출현하시는 동안 부지런히 봉사하였습니다. 혹은 어떤 중생이 시장에서 짐꾼을 찾아 짐을 옮기려고 하면 제가 그 짐을 지고 가서 무료로 봉사했습니다. 비사부불毗舍浮佛이 계시던 세상에는 자주 흉년이 들었는데 제가 짐꾼이 되어서는 원근을 묻지 않고 다만 일 전錢만 받았으며, 혹 소가 끄는 수레가 진구렁에 빠진 것을 보면 제가 지닌 신통력으로 바퀴를 밀어 끌어내어서 그 괴로움을 구제하였습니다. 그때 국왕이 부처님을 맞이하여 재齋를 지내는데 저는 그때 길을 평탄하게 고르고서 부처님을 기다렸나이다.

🦮 지지보살은 이때까지는 복福만 많이 지었지, 자기의 심지心地는 전
혀 모르고 있었다.

비사부여래께서 저의 정수리를 만지시면서 말씀하시되 '마땅히 심지心地를 평탄하게 하면 세계의 땅이 모두 평탄하여지리라'고 하시거늘, 제가 곧 마음이 열리어서 몸을 이루는 미진微塵과 세계를 형성한 미진이 서로 같아서 차별이 없음을 보았고, 미진의 자성自性이 서로 저촉하거나 마찰하지 않으며, 무기武器도 저촉함이 없음을 보았으며, 제가 모든 것의 성품에서 무생법인無生法忍을 깨달아 아라한이 되었습니다. 마음을 돌이켜서 이제는 보살의 지위에 들어갔는데, 부처님께서 묘련화妙蓮華의 불지견佛知見을 말씀하시는 설법을 듣고 제가 먼저 증명하여 상수上首가 되었습니다.

부처님께서 원통을 물으시니, 제 생각으로는 몸과 세계의 두 미진이 평등하고 차별이 없어, 본래 여래장으로서 거기서 허망하게 진塵이 생긴 것임을 자세히 관찰하여서, 진塵이 사라지고 지혜가 원만하여 위없는 도를 이루는 공부가 으뜸이 되겠습니다."

3) 수대水大원통 공부

월광동자月光童子가 자리에서 일어나 부처님 발에 엎드려 절하고 사뢰었다.

"제가 기억하오니 과거 항하사겁 전에 부처님이 세상에 나오셨

으니 이름은 수천水天이라고 하셨습니다.

모든 보살들에게 수관水觀을 닦아서 삼매에 들도록 가르치시면서 '몸 안에 있는 물의 성품이 서로 침탈함이 없어서 처음 눈물·콧물·침으로부터 진액·정혈과 대소변에 이르기까지 몸속을 순환하는 수성水性이 동일함을 관하고, 몸속의 물이 모든 외부 세계의 부당왕찰浮幢王刹에 있는 향수해香水海와 더불어 평등하여 차별이 없음을 보아라'고 하셨습니다. 제가 그때 처음 그 관觀을 성취하니, 다만 물이 보일 뿐이고 몸은 없어지지 못하였습니다.

비구로서 방안에서 편안히 좌선을 하고 있는데 제 제자가 창으로 방안을 보니 맑은 물이 방안에 가득하였고 다른 것은 보이지 않으므로, 철모르는 동자인지라 그 물에다 기와자갈을 한 개 던져서 첨벙거리는 소리를 내고는 힐끗 돌아보면서 가버렸습니다. 제가 선정에서 나오니 갑자기 가슴이 아픈 것이 마치 사리불이 위해귀違害鬼를 만난 것과 같으므로 스스로 생각하기를 '내가 이미 아라한의 도를 얻어서 병의 인연을 여읜 지 오래되었는데, 어찌하여 오늘 갑자기 가슴이 아픈 것인가. 장차 퇴실退失하려는 것은 아닌가?' 하였습니다. 그때 동자가 내 앞에 와서 돌을 던진 사실을 말하기에, 제가 말하기를 '네가 다시 물을 보거든 문을 열고 물속에 들어가서 기와자갈을 집어내어라'고 하였습니다. 그리고 다시 정定에 들었을 때, 동자에게 물이 보이고 그 안에 기와자갈이 있으므로 가르친 대로 문을 열고 들어가서 그 돌을 집어내었습니다. 그리고 제가 정에서 나오니 몸이 본래와 같았습니다.

그로부터 한량없는 부처님을 만났는데, 산해자재통왕여래山海自

在通王如來 때에 이르러서야 비로소 몸이 없어지고, 시방세계의 모든 향수해와 함께 성품이 진공眞空에 합하여 둘이 없고 구별이 없었습니다. 지금은 여래로부터 동진童眞이라는 이름을 얻고 보살의 모임에 참여하였나이다.

부처님께서 원통을 물으시니, 제 생각으로는 물의 성품이 한 맛으로 유통함으로써 무생법인을 얻고 보리를 원만하게 하는 공부가 으뜸이 되겠습니다."

☙ '사리불'이 물가에서 선정禪定에 들었는데, 전생에 원수였던 위해귀違害鬼가 지나다가 그를 보자 한 대 갈겨주고 가버렸는데, '사리불'이 선정에서 깨어나자 두통이 심했다는 일화가 있다.

4) 풍대風大원통 공부

유리광琉璃光법왕자가 자리에서 일어나서 부처님 발에 엎드려 절하고 사뢰었다.

"제가 기억하오니 과거 항하사겁 전에 부처님께서 세간에 출현하시니 이름이 무량성無量聲이었습니다.

보살들에게 본각本覺 묘명妙明을 열어 보이시면서 '이 세계와 중생의 몸이 모두 허망한 인연의 풍력風力으로 동전動轉하는 것임을 관하라'고 하셨나이다. 제가 그때 계界의 안립安立을 관하고, 세世의 움직이는 때를 관하고, 몸의 동지動止를 관하고, 마음의 동념動念을 관하니, 모든 움직임이 둘이 없고 평등하여 차별이 없었나이다. 제가 그때 이 여러 움직이는 성품인 동성動性이 와도 오는 곳이 없고,

가도 가는 곳이 없음을 깨달았습니다. 시방의 미진수 같은 뒤바뀐 중생들이 모두 동일한 허망한 존재이고, 삼천대천세계 안에 있는 중생들까지도 마치 한 그릇 속에 담긴 백 마리의 모기들이 앵앵거리면서 분촌分寸 안에서 바글거리는 것과 같은 줄을 깨달았습니다.

부처님을 만난 지 얼마 안 되어 무생법인을 얻으니, 그때 마음이 열리어 동방의 부동불국不動佛國을 보고 법왕자가 되어서 시방불을 섬기었으며, 신심이 빛을 발하여 걸림 없이 통철洞徹하였습니다.

부처님께서 원통을 물으시니, 제 생각으로는 풍력風力이 의지한 데가 없음을 관찰하여, 보리심을 깨닫고 삼마지에 들어가 시방의 부처님과 합하고 일묘심一妙心을 전傳하는 공부가 으뜸이 되겠습니다."

5) 공대空大원통 공부

허공장虛空藏보살이 자리에서 일어나서 부처님 발에 엎드려 절하고 사뢰었다.

"저는 여래와 함께 정광불定光佛 처소에서 무변無邊인 몸을 얻었는데, 그때 손으로 사대보주四大寶珠를 들고 시방의 미진수 같은 부처님 세계를 비추어서 허공을 화성化成하였습니다.

또 자신의 마음에 대원경大圓鏡을 나투어 안에서 열 가지 미묘한 보배광명을 놓아 시방의 온 허공계에 흘러 들어가게 했습니다.

거기 있는 모든 세계들이 대원경 속으로 들어오고 내 몸속으로 들어오는데, 몸이 허공과 같아서 서로 걸리고 막힘이 없었습니다. 또 내 몸이 능히 미진수의 국토에 들어가서 널리 불사佛事를 행하여 대수순大隨順을 얻었나이다.

이러한 대신력은 '사대四大는 의지한 것이 없고 망상의 생멸과 허공이 둘이 없어서 불국佛國도 본래 같다'는 진리를 자세히 관찰함을 말미암은 것으로, 이와 같은 이치를 발명發明하여 무생법인을 얻었습니다.

부처님께서 원통을 물으시니, 제 생각으로는 허공이 무변無邊임을 관찰하여 삼마지三摩地에 들어서 묘력妙力이 원명圓明해지는 공부가 으뜸이 되겠습니다."

🦮 이러한 신력神力은 사대四大와 망상妄想과 허공虛空과 불국佛國이 본래 불이不二임을 알기 때문에 발휘되는 것이라 한다. 또 이러한 이치를 아는 것이 무생법인無生法忍을 얻는 것이라고 한다.

6) 식대識大원통 공부

미륵彌勒보살이 자리에서 일어나서 부처님 발에 엎드려 절하고 사뢰었다.

🦮 미륵보살은 성姓이 미륵(彌勒, Maitreya)이고 이름은 아일다阿逸多이다. 흔히 자씨慈氏보살이라고 하는데, 현재 도솔천의 내원궁內院宮에서 천인天人들을 교화하고 있다. 석가모니부처님이 입멸하시면 다음 차례에 성불하여 중생을 제도하기로 예정된 보살이다.

"제가 기억하오니 옛날 미진수겁 전에 부처님이 세상에 나오셨으니 명호는 일월등명一月燈明이었나이다. 제가 그 부처님을 따라서 출가하였으나, 마음에 세간의 명예를 좋아하여 귀족들과 놀기를 좋아하였습니다.

　그때 세존께서 저를 보시고 '유심식정唯心識定을 수습修習하여 삼마지에 들라'고 가르쳤습니다. 그 후 여러 겁을 지내오면서 이 삼매로써 항하사 부처님을 섬겼더니, 세간의 명예를 갈구하는 마음이 없어졌습니다. 연등불然燈佛께서 세상에 출현하신 때에 이르러서야 제가 비로소 무상묘원無上妙圓한 식심삼매識心三昧를 이루었으니, 허공에 가득한 여래의 국토가 청정하고, 더럽고, 있고, 없는 것이 모두 제 마음의 변화로 나타난 것이었습니다. 세존이시여! 제가 이렇게 만법萬法이 유심식唯心識인 줄 요달하였기 때문에 식성識性에서 한량없는 부처님을 유출하여, 이제는 수기를 받아 다음에 올 부처 자리인 보불처補佛處에 앉게 되었습니다.

　부처님께서 원통을 물으시니, 제 생각으로는 시방이 유식唯識이라는 것을 자세히 관찰하여서, 식심이 원명圓明하여 원성실성圓成實性에 들어가서 의타기성依他起性과 변계소집성遍計所執性을 멀리 떠나 무생법인을 얻는 공부가 으뜸이 되겠습니다."

🐦 미륵보살은 유식唯識을 공부하여 원통圓通을 얻었다고 한다. 징심변견徵心辯見 법문에서 나온 유식 이야기가 지금 사마타 공부 방법에 등장하고 있다. 원성실성圓成實性은 진심眞心과 여래장如來藏을 가리키고, 의타기성依他起性은 인연에 의지하여 생기生起하는 만법을 가리키고, 변계소집성遍計所執性은 분별 망상으로 집착하여 생멸하는 모든 것을 가리킨다. 유심식정唯心識定은 모든 것이 마음(心識)에서

나타난 것임을 바로 알고서, 삼계유심三界唯心 만법유식萬法唯識을 관조觀照하는 삼매이다.

7) 근대根大원통 공부

대세지大勢至법왕자가 같은 무리인 52보살과 함께 자리에서 일어나서 부처님 발에 엎드려 절하고 사뢰었다.

> 대세지보살은 지혜광명으로 중생들을 비추어서 삼악도를 여의게 하는 큰 세력을 가진 보살로서, 발자국을 디디면 세계가 진동하므로 대정진大精進 또는 득대세得大勢라고 번역한다. 아미타불의 우보처로서 염불 공부를 하는 수행인을 보살핀다. 그의 도반으로 52명의 보살이 있다.

"제가 기억하오니 과거 항하사겁 전에 부처님께서 세상에 출현하셨는데 그 명호는 무량광無量光이셨습니다. 그 뒤를 이어서 일 겁 동안에 열두 분의 여래께서 출현하셨는데, 그 마지막 부처님의 명호가 초일월광超日月光이셨습니다. 저 부처님께서 저에게 염불삼매念佛三昧를 가르치시면서 '비유컨대 한 사람은 자나깨나 생각하지만 한 사람은 완전히 잊어버렸다면 이 두 사람은 만나도 서로 보지 못하고 보아도 알아보지 못한다. 그러나 두 사람이 서로 기억하여 그 기억하는 생각이 깊어지면 이 생生에서 저 생에 이르도록 형체에 그림자가 따르듯이 서로 어긋나거나 헤어지는 일이 없다. 시방의 여래가 중생을 불쌍하게 생각하는 것은 어머니가 자식을 생각하는 것과 같지만, 만약 자식이 도망친다면 어머니가 아무리 생각한들 무슨 소용이 있겠느냐! 자식이 만약 어머니 생각하기를, 어머니가 자식을 생각하듯이 한다면 그 모자는 여러 생이 바뀌어도 서로 어긋나거나 멀어지지 않을 것이다. 만약 중생이 마음으로 부처님을 기억하고 부처님을 생각하면 현전이나 내생에 틀림없이 부처님을 볼 것이며, 부처님께 갈 날이 멀지 않느니라. 방편을 빌리지 않아도 스스로 마음이 열리는 것이 마치 향수香水를 바른 사람의 몸에서 향기가 있는 것과 같으니, 이것을 향광장엄香光莊嚴이라고 부른다'고 하셨습니다.

🕉 항상 아미타불을 염송하면 이 몸을 버릴 적에 아미타부처님이 반드시 데리러 오셔서 서방의 정토인 극락세계로 데려가는 이유를 설명한 법문이다. 이인(二人, 자식인 염불행자와 어머니인 아미타불)이 동심同心이면 주파수가 같아져서, 염불念佛하는 사람이 자신이 왕생하는 사실을 저절로 알게 된다는 말이다.

저는 본래 인지因地에서 염불하는 마음으로 무생법인에 들어갔고, 지금도 이 세계에서 염불하는 사람을 거두어서 정토淨土로 돌아가게 하고 있습니다.
부처님께서 원통을 물으시니, 제 생각 같아서는 어느 하나의 근根을 선택하지 않고, 육근을 모두 껴잡아서 정념淨念이 계속하도록 하여 삼마지를 얻는 공부가 으뜸이 되겠습니다."

❦ 아미타불의 명호를 부르는 염불 공부는 육근을 모두 껴잡는(都攝六根) 원통 공부이다. 즉 입으로는 아미타불의 명호를 부르고, 귀로는 그 명호를 듣고, 마음으로는 아미타불을 생각하고, 눈으로는 극락세계를 관하니, 대체로 육근을 모두 활용한다.

요즈음에 선가에서 극락정토의 존재를 부인하는 발언을 하는 경우가 있다. 극락세계는 몽환夢幻이라는 말인데, 그렇다면 극락만 몽환이겠는가. 이 세상 저 세상이 모두 헛것이고 그림자인데 유독 극락만 그림자라고 말할 그런 사유가 있는지? 그런 이치를 몰라서 신라의 원효 스님이 만년에 『유심안락도遊心安樂道』를 짓고 왕생극락을 노래했을까?

『화엄경』에도 극락정토極樂淨土가 언급되어 있고, 역대 조사祖師들과 고승대덕高僧大德들이 많이 서방정토에 왕생할 것을 발원했다는 것은 무슨 생각에서 그랬을까? 금생에 불과佛果를 얻을 사람은 극락에 갈 필요가 없지만, 앞으로도 수행을 계속해야 한다면 극락왕생하는 편이 안전하고 빠르다고 생각한 것이다. 매일 일과로 아미타불을 10만 번씩 염불했다는 영명永明 연수延壽 대사의 「사료간四料揀」에 보면 이런 글귀가 있다.

"참선 않고 염불만 하여도 (無禪有淨土)
수행하여 모두 극락에 왕생하네. (萬修萬人去)
일단 아미타불을 만나기만 하면 (若得見彌陀)
개오 못할까 걱정할 것 없다네." (何愁不開悟)

능엄경 제6권

제6절 관세음보살의 이근원통 공부

1. 이근耳根원통 공부

그때 관세음보살觀世音菩薩이 자리에서 일어나 부처님 발에 엎드려 절하고 사뢰었다.

"세존이시여, 제가 기억하오니 옛날 항하사겁 전에 부처님이 세상에 출현하셨으니 명호는 관세음觀世音이셨습니다. 저는 그 관세음부처님 앞에서 보리심菩提心을 내었는데, 그 부처님께서는 저를 보시고 '문사수聞思修로써 삼마지三摩地에 들라'고 하셨습니다.

🕉 '보리심菩提心을 낸다'는 것은 직심直心·심심深心·비심悲心을 낸다는 말인데, 직심은 진리를 깨닫고자 하는 곧은 마음이고, 심심은 한량없는 수행을 완성하려는 깊은 마음이며, 비심은 자비심으로 중생을 제도하려는 마음이다.

흔히 '문사수聞思修'를 삼혜三慧라고 한다. 즉 공부를 하려면 먼저 스승의 설법을 듣고(聞慧), 그 이치를 자세히 생각해 보고(思慧), 이해가 가면 수행에 들어간다(修慧)는 뜻이다. 그런데 이근耳根 공부에 맞추어서 문사수를 해석한다면 먼저 소리나 음성을 듣고는, 그것을 듣는 문정聞精과 문성聞性을 잘 이해한 후에, 문성을 찾는 수행을 하라는 뜻으로 풀이된다. 따라서 이미 문정聞精과 문성聞性을 분명하게 파악한 사람이라야 비로소 이 삼마지 수행에 들어갈 수가 있다는 말이 된다.

처음에 소리를 듣는 청각현상에서, 문성聞性에 입류入流하여 들리는 소리를 잊었습니다.

🐾 이근원통耳根圓通 공부를 설명하기 시작한다. 청각현상에서 소리에 관심을 집중하는 것은 성진聲塵 공부법이다. 지금 관세음보살이 말하는 이근을 통한 공부를 하려면 먼저 소리를 알아듣는 문정聞精과 들리는 소리인 성진聲塵이 모두 영지靈知의 본용本用인 문성聞性에서 나온 것임을 알고 있어야 한다. 여기서 이근耳根은 소리를 들을 줄 아는 놈인 문성聞性을 지칭한다. 따라서 이 이근원통 공부는 소리를 들을 줄 아는 놈인 문성聞性과 실제로 소리를 알아듣는 놈인 문정聞精을 분명하게 구분하는 사람만이 할 수가 있는 공부법이다. 여기서 '입류入流'는 문성聞性에서 공부가 시작한다는 것이고, '들리는 소리를 잊었다'는 '망소亡所'는 문정聞精과 성진聲塵을 잊는다는 말이다.

어떤 것이 문성聞性이고, 문정聞精과는 어떻게 다른가? 앞에 변견지심辯見指心 법문에 나온 견성見性과 견정見精을 상기해 보면 알 수 있을 것이다.

망소亡所와 입류入流가 고요해지니 동動과 정靜 두 가지 모습이 전혀 생기지 않았으며, 이렇게 차츰 증진하여 능문能聞과 소문所聞이 없어지고, 문聞이 없어진 것에도 머물지 않으니 능각能覺과 소각所覺이 공空하며, 공한 각覺이 아주 원만하여서 능공能空과 소공所空이 없어지고, 생멸이 이미 없어지자 적멸寂滅이 앞에 나타났습니다.

🖐자연스레 '망소亡所하면서 입류入流하면 동정動靜이 없어지면서 고요해진다'는 말이다. 이렇게 차츰 증진增進하여 저절로 능문能聞과 소문所聞이 없어진다는 '문소문진聞所聞盡'에서, 앞에 문聞은 능문能聞하는 문정聞精이고, 뒤의 소문所聞은 대상인 성진聲塵이다. 상식적으로는 주체와 객체로 서로 다른 것 같지만 둘 다 내 마음의 본용本用이니, 문정聞精과 성진聲塵은 결국 같은 놈이어서 문성聞性에 들어가면 둘 다 저절로 없어진다.

영지靈知의 본용本用인 견문각지見聞覺知에서 능能과 소所라는 주체와 객체가 빈 것인 줄 알면 능각能覺과 소각所覺이 공하고, 이어서 능공能空과 소공所空이 없어지면 무명無明의 원인인 주객이 사라진다. 주객이 사라지면 생멸이 없으니 저절로 생멸이 멈춘다.

홀연히 세간과 출세간을 초월하니, 시방이 원명圓明하면서 두 가지 수승함을 얻었습니다.

하나는 위로 시방의 모든 부처님의 본묘각심本妙覺心과 합하여지면서 부처님 여래와 더불어 자력慈力이 동일하였습니다.

둘은 아래로 시방의 모든 육도 중생과 합하여지면서 중생과 더불어 비앙悲仰이 동일하였습니다.

🐾 이근원통 공부가 완성되면 위와 같은 두 가지 수승이 나타난다.

2. 이근원통 공부의 공덕

1) 32응신

세존이시여, 저는 관음여래께 공양을 올리고서 여래께서 가르쳐 주신 환幻과 같은 문훈문수聞熏聞修 금강삼매金剛三昧를 닦아서 부처님 여래와 더불어 자력慈力이 동일하였기 때문에, 제 몸이 32응신應身을 이루어서 모든 국토에 들어가나이다.

🐾 듣는 문聞으로 사思하고 수修하여 얻는 문훈문수聞熏聞修 금강삼매金剛三昧는 환幻과 같은 여환삼매如幻三昧이다. 여환삼매를 얻으면 32응신應身이 가능하다. 응신應身이란 불보살이 중생을 교화하기 위하여 상대방과 같은 몸매를 나타내는 것이다.

세존이시여, 만약 모든 보살이 삼마지三摩地에 들어 샘이 없는 수행을 하여 수승한 견해見解가 원만하게 나타나면 제가 곧 부처님 몸으로 나타나 설법하여 주어서 해탈하게 하며,

만약 모든 유학有學들이 적정하고 묘명妙明하여서 승묘勝妙한 경계가 원만하게 나타나면 제가 그 앞에 독각獨覺의 몸으로 나타나 그를 위하여 설법하여서 해탈하게 하며,

만약 모든 유학들이 십이인연을 끊어서 인연을 끊은 수승한 마음이 승묘하게 나타나 원만하면 제가 그 앞에 연각緣覺의 몸으로 나

타나 그를 위하여 설법하여서 해탈하게 하며,

　만약 모든 유학들이 사제의 공함을 얻고 도를 닦아 적멸에 들어서 수승한 성품이 원만하게 나타나면 제가 그 앞에 성문의 몸으로 나타나 그를 위하여 설법하여서 해탈하게 하며,

　만약 중생들이 마음을 분명히 깨닫고자 하여 욕진欲塵을 범하지 않고 몸을 청정하게 하고자 하면 제가 그 앞에 범천왕梵天王의 몸으로 나타나 그를 위하여 설법하여서 해탈하게 하며,

　만약 중생들이 천주天主가 되어서 모든 하늘나라를 거느리고자 하면 제가 그 앞에 제석천帝釋天의 몸으로 나타나 그를 위하여 설법하여서 성취하게 하며,

　만약 중생들이 몸이 자재하여 시방에 마음대로 다니고자 하면 제가 그 앞에 자재천自在天의 몸으로 나타나 그를 위하여 설법하여서 성취하게 하며,

　만약 중생들이 몸이 자재하여 허공을 날아다니고자 하면 제가 그 앞에 대자재천大自在天의 몸으로 나타나 그를 위하여 설법하여서 성취하게 하며,

　만약 중생들이 귀신들을 통솔하여 국토를 구호하고자 하면 제가 그 앞에 하늘나라의 대장군(天大將軍)의 몸으로 나타나 그를 위하여 설법하여서 성취하게 하며,

　만약 중생들이 이 세계를 통솔하여 중생들을 보호하고자 하면 제가 그 앞에 사천왕四天王의 몸으로 나타나 그를 위하여 설법하여서 성취하게 하며,

　만약 중생들이 천궁에 태어나고 귀신을 부리기를 좋아한다면 제

가 그 앞에 사천왕국의 태자(四天王國太子)의 몸으로 나타나 그를 위하여 설법하여서 성취하게 하며,

만약 중생들이 인간세계의 임금이 되기를 좋아한다면 제가 그 앞에 임금(人王)의 몸으로 나타나 그를 위하여 설법하여서 성취하게 하며,

만약 중생들이 귀족이 되어서 세상에서 받들어 주기를 원한다면 제가 그 앞에 장자長者의 몸으로 나타나 그를 위하여 설법하여서 성취하게 하며,

만약 중생들이 훌륭한 명언名言을 이야기하면서 청정하게 살기를 원하면 제가 그 앞에 거사居士의 몸으로 나타나 그를 위하여 설법하여서 성취하게 하며,

만약 중생들이 나라를 다스리고 지방을 바로 잡고자 한다면 제가 그 앞에 장관(宰官)의 몸으로 나타나 그를 위하여 설법하여서 성취하게 하며,

만약 중생들이 모든 기술을 배우고 활용하여 잘 살기를 원하면 제가 그 앞에 선생(婆羅門)의 몸으로 나타나 그를 위하여 가르쳐서 성취하게 하며,

만약 남자가 배우기를 좋아하고 출가하여 모든 계율을 지키면 제가 그 앞에 비구比丘의 몸으로 나타나 그를 위하여 설법하여서 성취하게 하며,

만약 여자가 배우기를 좋아하고 출가하여 모든 금계禁戒를 지키면 제가 그 앞에 비구니比丘尼의 몸으로 나타나 그를 위하여 설법하여서 성취하게 하며,

만약 남자가 오계五戒를 지키면서 살려고 하면 제가 그 앞에 청신사(優婆塞)의 몸으로 나타나 그를 위하여 설법하여서 성취하게 하며,

만약 여자가 오계를 지키면서 살려고 하면 제가 그 앞에 청신녀(優婆夷)의 몸으로 나타나 그를 위하여 설법하여서 성취하게 하며,

만약 여자가 집안 살림도 잘하면서 나라 살림을 꾸려보고자 하면 제가 그 앞에 여왕이나 영부인(國夫人) 또는 여류명사(命婦大家)의 몸으로 나타나 그를 위하여 가르쳐서 성취하게 하며,

만약 총각이 숫총각으로 살아가려고 하면 제가 그의 앞에 동남童男의 몸으로 나타나 그를 위하여 설법하여서 성취하게 하며,

만약 처녀가 숫처녀로 살아가고자 하면 제가 그의 앞에 동녀童女의 몸으로 나타나 그를 위하여 설법하여서 성취하게 하며,

만약에 하늘나라의 사람이 그 하늘의 무리에서 벗어나기를 좋아하면 제가 하늘사람(天)의 몸으로 나타나 그를 위하여 설법하여서 성취하게 하며,

만약에 어떤 용이 그 용의 무리에서 벗어나기를 좋아하면 제가 용龍의 몸으로 나타나 그를 위하여 설법하여서 성취하게 하며,

만약 어느 약차 귀신이 그 무리에서 벗어나기를 좋아하면 제가 그 앞에 약차藥叉 귀신의 몸으로 나타나 그를 위하여 설법하여서 성취하게 하며,

만약 음악을 연주하는 신인 건달바가 그 무리에서 벗어나기를 좋아하면 제가 그 앞에 건달바乾闥婆의 몸으로 나타나 그를 위하여 설법하여서 성취하게 하며,

만약 어느 아수라가 그 무리에서 벗어나기를 좋아하면 제가 그 앞에 아수라阿修羅의 몸으로 나타나 그를 위하여 설법하여서 성취하게 하며,

만약 음악을 연주하는 신인 긴나라가 그 무리에서 벗어나기를 좋아하면 제가 그 앞에 긴나라緊那羅의 몸으로 나타나 그를 위하여 설법하여서 성취하게 하며,

만약 용이 못 된 이무기인 마호라가가 그 무리에서 벗어나기를 좋아하면 제가 그 앞에 마호라가摩呼羅伽의 몸으로 나타나 그를 위하여 설법하여서 성취하게 하며,

만약 중생들이 인간을 좋아하여 사람의 도리를 닦고자 하면 제가 사람(人)의 몸으로 나타나 그를 위하여 설법하여서 성취하게 하며,

만약 비인非人인 유형·무형·유상有想·무상無想들이 각기 그 무리에서 벗어나기를 좋아하면 제가 그들의 앞에 그들과 같은 몸으로 나타나 그들을 위하여 설법하여서 성취하게 하나이다.

이것이 묘정妙淨한 32가지 응신으로 국토에 들어가는 몸이온데, 모두 문훈문수聞熏聞修 금강삼매金剛三昧의 무작묘력無作妙力으로 자재하게 성취한 것입니다.

2) 14가지 무외공덕

세존이시여, 제가 또 문훈문수 금강삼매의 무작묘력으로 시방 삼세에 있는 육도의 모든 중생들과 비앙悲仰이 동일하므로, 모든 중생들로 하여금 제 몸과 마음에서 14가지 무외공덕無畏功德을 얻게 하

였습니다.

첫째는 제가 소리를 관찰하지 아니하고 소리를 관觀하는 놈을 관찰하므로, 그 음성을 관찰하여 저 시방의 고뇌하는 중생으로 하여금 바로 해탈을 얻게 하며,

둘째는 지견知見을 돌이켜 회복하므로, 모든 중생들이 큰 불속에 들어가도 그 불이 능히 태우지 못하게 하며,

셋째는 듣는 것을 관찰하는 관청觀聽을 돌이켜 회복하므로, 모든 중생들이 큰물에 표류하더라도 그 물이 빠뜨리지 못하게 하며,

넷째는 망상을 끊어 없애어서 마음에 살해하려는 생각이 없으므로, 중생들이 모든 귀신의 나라에 들어가도 귀신이 능히 해치지 못하며,

다섯째는 듣는 문聞을 통한 훈수熏修로 참된 문聞을 이루면 육근이 녹아 회복되어 소리를 듣는 성청聲聽과 같으므로, 중생들이 액운을 당하게 되어도 칼이 조각조각 부서지거나 병기들이 마치 칼로 물을 베거나 빛을 입으로 부는 듯하여 성품이 동요됨이 없게 하며,

여섯째는 듣는 문聞을 통한 훈수로 정명精明의 밝음이 법계에 두루하면 모든 어둠의 성질이 능히 온전할 수 없으므로, 비록 약차藥叉・나찰羅刹・구분다鳩槃茶・비사차毗舍遮・부단나富單那 같은 각종의 귀신들이 곁에 있더라도 중생들을 눈으로 못 보게 하며,

일곱째는 소리의 성품인 음성音性이 원만하게 사라지며 듣는 것을 관찰하여서 진심眞心에 돌이켜 들어가서 육진의 허망을 여의므로, 능히 중생을 구속하거나 잡아매지 못하게 하며,

여덟째는 소리가 없어지고 듣는 것이 원문圓聞하여서 인자한 힘

을 두루 내므로, 능히 중생들이 험한 길을 지나가더라도 도적이 겁탈하지 못하게 하며,

아홉째는 듣는 문문聞을 통한 훈수로 육진을 여의어서 물질과 빛깔이 지배하지 못하므로, 능히 음욕이 많은 중생으로 하여금 탐욕을 멀리 여의게 하며,

열째는 순음純音이 티끌이 없어 근根과 경境이 원융하여서 능대能對와 소대所對가 없으므로, 능히 모든 분하고 원통한 중생으로 하여금 성내지 않게 하며,

열한 번째는 육진이 사라지고 밝음에 돌아가서 법계와 몸과 마음이 마치 유리처럼 밝게 사무쳐 걸림이 없으므로, 모든 혼둔昏鈍하여 바보 같은 아전가阿顚迦들로 하여금 영원히 어리석음을 여의게 할 수 있으며,

열두 번째는 형상이 원융하고 듣는 문聞이 회복되어, 도량에서 안 움직이고도 세간에 들어가며, 세계를 안 부수고도 능히 시방에 두루하여 작은 먼지 수 같은 미진수 부처님 여래를 공양하며 그 모든 부처님의 법왕자가 되므로, 법계에 자식이 없는 중생들이 아들을 구하면 그로 하여금 복덕과 지혜를 갖춘 아들을 낳게 하며,

열세 번째는 육근이 원통하고 명조明照가 무이無二하여 시방세계를 포함하며, 대원경大圓鏡 공여래장空如來藏을 세워서 시방의 미진수 여래의 비밀 법문을 잘 이어받아 잃지 않으므로, 법계에 자식이 없는 중생들이 딸을 구하면 단정하고 복덕 있고 유순하여 사람들의 사랑과 존경을 받는 잘생긴 딸을 낳게 하며,

열네 번째는 이 삼천대천세계의 백억 개 일월日月에서, 62억 항

하사수의 법왕자가 현재 세간에 머물면서 법을 닦고 모범을 보여 중생들을 교화하되 중생의 근기에 따라서 그 가르치는 방편과 지혜가 각각 같지 않습니다. 제가 얻은 원통의 본근本根이 이문耳門에서 묘오妙悟를 열고 그 후에 몸과 마음이 미묘하게 함용含容하여서 법계에 두루하였으므로, 중생들이 제 이름만 불러도 저 62억 항하사수 법왕자의 명호를 모두 부르는 것과 그 복덕이 똑 같아서 다를 것이 없게 하나이다.

세존이시여, 제 이름 하나가 저 여러 보살들의 이름과 다름이 없는 것은, 제가 참된 원통을 닦아 익혀서 얻었기 때문입니다.

이것이 '열네 가지 무외력을 베풀어서(十四施無畏力) 중생을 복되게 한다'는 것입니다.

3) 네 가지 부사의 무작묘덕

세존이시여, 제가 또 이 원통을 얻어서 무상도無上道를 닦아 증득하였으므로, 또 네 가지 부사의不思議한 무작묘덕無作妙德을 얻었습니다.

첫 번째는 제가 처음 묘하게도 묘문심妙聞心을 얻으니, 심정心精이 문聞에서 벗어나서 견문각지가 따로 막히는 것이 없이 되어 하나인 원융圓融한 청정보각淸淨寶覺을 이루었으므로 저는 능히 여러 가지로 묘한 용모를 나타낼 수 있고, 또 끝없는 비밀 신주도 능히 설하나이다. 즉 머리를 가지고서 하나나 셋 또는 다섯・일곱・아홉・열한 개로 나타내기도 하고 이렇게 백팔・천・만・팔만사천 개의 삭가라(爍迦羅, 견고하여 부서지지 않음) 머리를 나타내기도 하고, 혹은 팔을 가지고서 둘·넷·여덟·열·열둘·열넷·열여섯·열여덟·스무 개 이렇게 백팔·천·만·팔만사천 개의 모다라(母陀羅, 지문指紋이 둥근 원 모양으로 길상吉祥) 팔을 나타내기도 하며, 혹은 눈을 가지고서 둘·셋·넷·아홉 개 이렇게 백팔·천·만·팔만사천 개의 청정한 보목寶目을 나타내기도 하여, 혹은 자비로써, 혹은 위엄으로써, 혹은 정定으로써, 혹은 혜慧로써 중생들을 구호하여 대자재함을 얻게 하고 있습니다.

두 번째는 제가 문사聞思로 육진六塵을 벗어나 마치 소리가 담장에 걸리지 않는 것과 같으므로, 제가 묘하게도 능히 여러 가지 형상을 나타내고 여러 가지 주문을 외워서 그 형상과 그 주문으로 능히 모든 중생에게 두려움 없음을 베풀고 있습니다. 이런 까닭으로 시방의 미진수 국토에서 저를 두려움 없음을 베푸는 자인 시무외자施無畏者라고 부르고 있습니다.

세 번째는 제가 본래 묘한 원통의 청정본근淸淨本根을 닦아 익혔으므로, 다니는 세계마다 모든 중생들이 몸과 값진 보배를 희사하면서 제게 애민哀愍을 구하고 있습니다.

네 번째는 제가 불심佛心을 얻어 구경을 증득하고, 능히 진보珍寶로써 시방의 여래께 공양을 올리고, 곁으로는 법계의 육도 중생에게 미치어서 아내를 구하는 자는 아내를 얻고, 아들을 구하는 자는 아들을 얻으며, 삼매를 구하면 삼매를 얻고, 장수를 구하면 장수를 얻으며, 이렇게 내지 대열반을 구하면 대열반을 얻게 하고 있습니다.

부처님께서 원통을 물으시니, 저는 '이문耳門으로 원조삼매圓照三昧를 닦아서 인연 따라 중생을 교화하는 마음이 자재하며, 입류入流

하여 삼마지三摩地를 얻어서 보리를 성취하는 공부'가 으뜸이 되겠습니다.

세존이시여, 저 관세음부처님께서 '원통법문을 잘 얻었다'고 저를 칭찬하시고, 대회에서 저를 수기하사 관세음이라 하셨으며, 저의 관청觀聽이 시방에 원명圓明하므로 관음이라는 이름이 지금 시방에 두루하게 되었습니다."

3. 대중들이 금강삼매를 얻다

그때 세존께서 사자좌에 앉은 채로 그 오체五體에서 보배로운 광명을 놓아서 멀리 시방의 미진수 부처님과 모든 법왕자 보살의 정수리에 대시다. 저 모든 부처님들께서도 미진수 세계로부터 오체에서 보배로운 광명을 놓아서 부처님의 정수리에 대시고 모든 대보살과 아라한에게도 비추셨다. 숲과 나무와 연못들이 모두 법음法音을 연설하고, 광명이 서로 교차하여 마치 보배실로 짠 그물과 같았다. 모든 대중들이 미증유를 얻고, 모두 금강삼매를 얻었다. 이때 하늘에서 청련·황련·적련·백련의 백 가지 보련화寶蓮華가 서로 얽혀서 비 오듯 하니 시방의 허공이 온통 칠보七寶의 빛으로 찬란하였으며, 이 사바세계의 산하대지는 보이지 않고, 시방의 미진수 국토가 합하여 하나의 세계가 된 것만 보였고, 범패梵唄와 영가詠歌가 저절로 연주되었다.

❧ 대중들이 먼저 사마타奢摩他 법문에서 불변하는 진짜 마음을 알고

서, 부처님 게송을 듣고 견처見處가 더 밝아지더니, 지금 삼마제三摩提 법문에 와서는 삼매 중에서도 뛰어난 금강삼매金剛三昧를 모두 얻었다고 한다. 그러면 금강삼매를 얻었다는 것을 어떻게 증명하는가? '이 사바세계의 산하대지는 보이지 않고 시방의 미진수 국토가 합하여 하나의 세계가 된 것만 보였다'는 것이 그 증거이다.

제7절 문수보살의 게송

1. 문수보살의 평론

이때 여래께서 문수사리법왕자文殊師利法王子에게 말씀하셨다.

"그대는 지금 이 스물다섯 명의 무학無學인 대보살들과 아라한들의 이야기를 전부 다 들었다. 제각기 최초에 도를 이룬 방편을 말하였는데, 모두 진실한 원통을 닦은 이야기로서, 그들의 수행에는 우열이나 전후의 차별이 있을 수가 없다.

그러나 이제 아난으로 하여금 도를 깨닫게 하려면 이 스물다섯 가지 수행 중에서 어느 것이 그의 근기根機에 가장 적당하겠느냐?

또 내가 없는 후세에 이 세상의 중생들이 보살승에 들어가서 위없는 무상도를 구하려면 어느 방편을 사용해야만 쉽게 성취할 수 있겠느냐?"

문수사리법왕자가 부처님의 자비하신 뜻을 받들어 자리에서 일어나서 부처님 발에 절하고, 부처님 위신威神을 받들어 게송으로 부처님께 대답하였다.

각해覺海의 성품이라 맑고 두렷해
뚜렷한 맑은 각覺이 원래 묘妙한데
원명元明이 비추면서 대상이 생기고
대상(所)이 생기면서 조성照性 없어져
미망迷妄에 난데없이 허공 생겨나
허공을 의지하여 세계 생기니
생각이 가라앉아 국토가 되고
깨닫고 아는 놈은 중생이라네.

허공이 대각大覺에서 생겨난 것이
바다에 한 물거품 생긴 것 같네.
먼지 수만큼 많은 유루有漏의 국토들도
모두가 허공에서 생긴 것이네.
물거품 사라지면 허공 없거니
하물며 삼계인들 존재하리까.

근원(元)엔 두 성품이 본래 없지만
그러나 방편에는 문이 많다네.
성인의 성품에는 모두 통하여
순역順逆이 모두 같은 방편이지만
초심자가 삼매에 들어갈 적엔

더디고 빠른 것이 같지가 않네.

색진色塵은 망상이 맺혀서 된 것
정료精了로 투철하게 요달 못하네.
분명하게 꿰뚫어 알지 못하니
어떻게 원통을 얻을 수 있나.

음성音聲이 섞이어서 언어가 되나
언어는 명구名句와 의미로 된 것
하나가 전체를 포함 못하니
어떻게 원통을 얻을 수 있나.

냄새(香)는 코에 닿아야 알 수 있어
비근鼻根에 안 닿으면 원래 없는 것
안 닿으면 냄새를 맡질 못하니
어떻게 원통을 얻을 수 있나.

미진味塵은 본연한 성품 아니라
맛보는 순간에만 존재한다네.
한결같지 아니한 그 성품으로
어떻게 원통을 얻을 수 있나.

촉감(觸)은 부딪칠 때 분명히 알고

부딪침 없어지면 알 수가 없네.
붙고 떨어지고 일정치 않아
어떻게 원통을 얻을 수 있나.

법진法塵은 마음에서 일어나는데
법진을 의지하면 대상이 있으며
능소能所가 벌어지면 변섭遍涉 안 되니
어떻게 원통을 얻을 수 있나.

안근眼根은 툭 트이어 잘도 보지만
앞만 보고 뒤는 보질 못하는구나.
사방에서 뒤쪽은 보지 못하니
어떻게 원통을 얻을 수 있나.

비근鼻根은 들이쉬고 내어쉬므로
교차되는 순간에는 호흡이 끊겨
끊어지면 비근과 교섭 없으니
어떻게 원통을 얻을 수 있나.

설근舌根이 맛 아는 것 대상 있으니
오미五味를 인연하여 깨달아 안다네.
오미가 없어지면 각료覺了도 없어
어떻게 원통을 얻을 수 있나.

신근身根은 촉진觸塵과 같은 것이니
둘이 다 원만한 각관覺觀 아니네.
한계가 있으므로 회통 안 되니
어떻게 원통을 얻을 수 있나.

의근意根은 난사亂思와 섞여 있어서
담료湛了한 그 성품을 볼 수 없는데
상념을 벗어날 수 없는 중생이
어떻게 원통을 얻을 수 있나.

안식眼識은 세 가지가 섞여서 된 것
근본을 따져보면 실상實相 아닐세.
정해진 자체가 원래 없는데
어떻게 원통을 얻을 수 있나.

심문心聞이 시방에 통연洞然한 것은
큰 인연의 힘으로 생긴 것이라
초심初心은 들어갈 수 없는 것인데
어떻게 원통을 얻을 수 있나.

비단백鼻端白을 보는 것도 방편이라서
마음을 거두어서 머물게 하네.
머물면 마음이 주住하게 되니

어떻게 원통을 얻을 수 있나.

설법說法은 말과 글로 희롱하는데
개오開悟를 먼저 이룬 자가 쓴다네.
명구名句는 기멸 있어 무루 아니니
어떻게 원통을 얻을 수 있나.

지계持戒는 신체만을 단속하는 것
몸 아닌 다른 것은 단속 못하네.
원래가 온갖 곳에 두루 못하니
어떻게 원통을 얻을 수 있나.

신통神通은 전생에서 닦은 과보니
불법을 분별함과 관계가 없네.
염연念緣은 사물들을 못 여의는데
어떻게 원통을 얻을 수 있나.

만약에 땅의 성품(地性) 관찰해 봐도
굳세고 막히어서 통달 못하네.
유위有爲는 성인들의 성품 아니니
어떻게 원통을 얻을 수 있나.

만약에 물의 성품(水性) 관찰해 봐도

물이란 상념은 진실 아니고
여여如如는 각관覺觀과는 다른 것이니
어떻게 원통을 얻을 수 있나.

만약에 불의 성품(火性) 관찰해 봐도
유有를 싫어함은 여읨 아니며
초심자 구제하는 방편 아니니
어떻게 원통을 얻을 수 있나.

만약에 바람 성품(風性) 관찰해 봐도
움직임 고요함이 상대적이네.
상대는 무상각無上覺이 될 수 없으니
어떻게 원통을 얻을 수 있나.

만약에 허공 성품(空性) 관찰해 봐도
혼둔昏鈍은 애초부터 각覺이 아니네.
각료覺了가 없는 것은 보리菩提와 달라
어떻게 원통을 얻을 수 있나.

만약에 식의 성품(識性) 관찰해 봐도
관하는 식이 또한 상주常住 아니며
마음을 두는 것이 허망한 건데
어떻게 원통을 얻을 수 있나.

제행諸行은 생멸하니 무상無常하다네.
염불하는 성품 또한 생멸심이며
원인과 같지 않은 결과 얻으니
어떻게 원통을 얻을 수 있나.

제가 지금 세존께 사뢰옵니다.
부처님이 사바세계에 출현하시니,
이 세계에 사용하는 참된 교체敎體는
청정淸淨이 소릴 듣는 문문聞에 있다네.

🙏 문수보살이 24가지 원통 공부가 제대로 원통을 얻지 못한다고 일일이 비판을 하고는, 끝부분에 와서 사바세계는 이근耳根이 교체敎體가 되는 세상이라고 하시면서, 이근을 통한 원통 공부를 권한다. 흔히 '신생아가 출생하면 눈은 생후 두서너 달이 지나야 비로소 볼 수가 있지만, 귀는 나자마자 바로 소리를 듣는다'고 설명하는 것을 보면 '교체가 소리를 듣는 이근耳根에 있다'는 문수보살의 말씀이 이해가 된다. 그러나 전생에 안근이나 의근 등으로 공부를 많이 했던 사람은 꼭 이근 공부에 구애될 것은 아니라 하겠다.

삼마제를 닦아서 얻으려 하면
반드시 문중聞中으로 들어가야만
고통을 여의고 해탈 얻으니
정말로 좋구나, 관세음이여.

앞에서 진심眞心을 설명하는 사마타 법문에서는 보는 견見을 가지고 이야기 소재로 삼았는데, 지금 삼매를 닦는 삼마제 법문에서는 듣는 문聞을 방편으로 삼아서 공부하기를 권한다. 본래 견문각지見聞覺知가 모두 마음의 작용이니 결국 같은 공부 방법이기는 하나, 안근眼根은 800공덕이고 이근耳根은 1200공덕이니, 이근이 원통하다는 말씀이시다.

'반드시 문중聞中으로 들어가야만 한다'는 것은 앞에서 나왔듯이, 공부하는 대상이 성진聲塵인 소리가 아니고 들을 줄 아는 성품인 문성聞性이다. 그런데 문성은 아무 모습도 흔적도 소리도 없으니 '무엇을 어떻게 걷어잡고 공부를 짓느냐?'가 문제이다. 문수보살이 이런 점을 감안하여 자기 나름대로 이근 원통 공부 방법을 설명하고 있다.

갠지스 강 모래 수만큼 많은 겁 동안
미진수 불국토에 드나들면서
크고도 자재하신 신력을 얻어
무외無畏로 중생에게 베푸신다네.

묘음妙音과 중생 소원 관세음觀世音으로
범음梵音과 희유하신 해조음海潮音으로
세간을 구호하여 편안케 하며
세간을 벗어나서 상주常住 얻게 해.

제가 이제 부처님께 사뢰옵니다.
관음보살 말씀과 같사옵니다.
비유컨대 사람이 정거靜居할 적에
시방에서 동시에 북을 친다면
시방 소리 일시에 두루 들나니
이것이 이근耳根의 원진실圓眞實이네.

눈으로 장외障外를 보지 못하고,
입도 코도 모조리 마찬가지며,
신체는 촉진觸塵과 만나야 알고,
생각은 분잡하여 두서가 없네.

담장이 막혔어도 소리는 들려
멀거나 가깝거나 모두 들리네.
오근들은 이근耳根만 같지 못하니
이것이 이근의 통진실通眞實이네.

소리의 성품이란 동動과 정靜이라
문중聞中에는 있기도 없기도 하네.
소리가 없으면 무문無聞이라나
듣는 문문聞은 문성聞性이 없지 않다네.
소리가 없을 적에 멸하지 않고
소리가 있을 적에 생하지 않아

생과 멸 두 가지를 모두 여의니
이것이 이근의 상진실常眞實이네.

자면서 꿈을 꾸고 있을 적에나
생각하지 않을 때도 없지 않다네.
각관覺觀은 사유를 벗어났으니
마음과 몸으로는 미칠 수 없네.

우리가 살고 있는 사바세계는
소리 내어 말을 해야 뜻이 통하니
중생들이 문성聞性을 알지 못하고
소리만 따라다녀 유전한다네.

아난도 기억력이 뛰어나지만
사사邪思에 떨어짐을 못 면했으니
경계에 빠져서 따라갔다네.
듣는 성품 돌이키면 망심 없는 걸.

2. 문수보살의 가르침

아난아, 이 법문을 새겨들어라.
내가 이제 부처님 위력 받자와
금강왕金剛王의

환幻과 같은 불가사의한
불모佛母인 참 삼매를 설명하리라.

그대가 미진수 부처님들의
일체의 비밀 법문 들었더라도
욕루慾漏를 먼저 제거 못했던 탓에
다문多聞만 쌓아 허물이 되었다.

부처님의 불법은 듣고 지니며
어찌하여 듣는 문성聞性 듣지 않느냐?
들음은 자연히 생기지 않고
소리로 인하여서 듣는다 한다.

선문旋聞하여 소리를 벗어버리면
벗어난 그놈은 무엇이던가.
일근一根이 본원本源으로 되돌아가면
육근六根이 해탈을 이루게 된다.

견문見聞은 병난 눈에 헛것과 같고
삼계는 허공 꽃과 같다고 한다.
문성聞性을 되돌리면 눈병이 낫고
육진六塵이 사라지면 각覺이 원정圓淨해.

청정함이 지극하고 광光이 통달해
고요함(寂)과 비춤(照)이 허공 품었다.
되돌아서 세간을 관찰해 보니
꿈속에 보던 일과 다름이 없다.

마등가摩登伽도 꿈속의 환각이거늘
누가 있어 그대 몸을 붙들었더냐?
세상에 재주 있는 요술쟁이가
환술로 지어놓은 남자 여자다.

비록 모든 육근이 움직이지만
하나의 기틀(一機)이 이끌어간다.
기틀이 쉬게 되면 고요해지고
모든 헛것 본래 성품 없는 것이다.

육근도 또한 다시 이와 같아서
하나의 정명精明에 의지한지라
나누어져 육화합六和合이 이뤄졌다.
여섯 중에 하나라도 휴복休復한다면
여섯 작용 한꺼번에 불성不成이 된다.

육진 번뇌 단번에 없어지면서
원명하고 정묘함을 이루게 된ㄷ.

육진이 남았으면 유학有學들이고
밝음이 지극하면 여래님이다.

대중과 아난은 들어보아라.
성진聲塵만 듣던 문기聞機를 돌이켜서
능히 듣는 네 문성聞性을 반문反聞하여라.
그 성품이 무상도를 이룰 것이니
진실로 원통이란 이러하다.

'선여도문기旋汝倒聞機 반문문자성反聞聞自性'은 반문反聞 공부법을 명시明示한 것이다. 즉 '삼마제'를 닦으려면 "문기聞機를 되돌려 문성聞性을 관조(觀照)하라"는 말씀이다. '선여도문기旋汝倒聞機'를 통설通說은 "전도顚倒하게 듣는 기틀을 돌이켜라"고 새긴다. 이 '전도하게 듣는 기틀'이란 것은 문기聞機가 외부의 성진聲塵인 소리만 들으려 하는 것을 말하므로, 쉽게 풀어서 "바깥소리인 성진聲塵을 듣는 문기聞機를 되돌이켜 문성聞性을 들어라"고 새겼다.

'반문문자성反聞聞自性'을 운허 스님과 탄허 스님은 "들음을 돌이키어 자성自性을 들으면"이라고 새기시고, 각성 스님은 "듣는 자성自性을 돌이켜 들으면"으로 새기시는데, 문성聞性이 곧 자성自性이니 그 의미는 같다. 의역하면 "능히 들을 줄 아는 네 문성聞性을 반문反聞하라"는 뜻이 된다. 십우도十牛圖에 비유하면 '찾는 소'는 문성聞性에 해당하고, '소 찾는 사람'은 문기聞機에 해당한다. 이 구절은 이근원통耳根圓通에 대한 문수보살의 가르침이다.

이것이 미진수 부처님들이
열반의 문에 들어가는 외길이다.

과거의 모든 여래 부처님들도
이 법문을 통하여서 성취하셨고
현재의 세상 모든 보살님들도
지금 각각 원명圓明에 들어가시고
미래에 도를 닦을 수학인修學人들도
마땅히 이 법문을 의지하리라.
나 문수도 또한 그렇게 증득했나니
관세음보살만의 방편 아니다.

🎧 이근耳根을 방편 삼아서 공부하는 방법이 모든 부처님들이 열반에 들어간 외길이라는 설명이다. 실제로 과거의 선지식들이 소리와 이근을 인연하여 견성見性한 경우가 많았다는 기록을 보면, 외길인 일로一路가 이근원통耳根圓通 공부인가 보다.

3. 문수보살의 선택

부처님 세존께서 나에게 친히
그 모든 방편들을 질문하시어
말겁末劫의 모든 중생 구제하시고
출세간 하려는 자 구출하시네.

열반의 마음을 성취하려면
관세음 이근원통耳根圓通 으뜸이다.

그 밖의 여러 가지 다른 방편은
모두 다 부처님의 위신력으로
임시로 진로塵勞를 끊는 것일 뿐
근기가 얕고 깊은 모든 사람이
다 같이 닦아 배울 법문 아니다.

안 새는 무루無漏라서 불가사의한
여래장인 부처님께 정례합니다.
미래의 중생에게 가피하시어
이 법문에 미혹하지 않게 하소서.

성취하기 쉬운 방편 이근원통은
아난과 말겁 중에 헤매는 중생
가르쳐 수행하기 적당하오니
오로지 이근으로 수행을 하면
원통이 무엇보다 뛰어납니다.
진실한 제 마음은 이러합니다.

제8절 본심을 증득하다

이때 아난과 모든 대중이 몸과 마음이 분명하게 밝아지고서 크게 열리었다. 그들이 부처님의 보리菩提와 대열반大涅槃을 관찰하여 보니, 마치 볼일이 있어서 멀리 나들이 나갔던 사람이 아직 집에는 돌아가지 못하였으나, 집에 돌아가는 길을 환하게 아는 것과 같았다. 거기 모인 대중들이 천룡팔부와 유학有學인 이승二乘과 새로 발심한 보살들을 포함하여 그 수가 무릇 열 개의 항하사와 같았는데, 그들이 모두 본심本心을 증득하고, 티끌번뇌를 멀리 여의고 법안法眼이 청정함을 얻었다. 성비구니性比丘尼인 마등가도 이 게송을 듣고서 아라한이 되었으며, 한량없는 중생들이 모두 무등등無等等한 무상정변정각無上正徧正覺인 아뇩다라삼먁삼보리의 마음을 내었다.

🐾 대중들이 본심本心인 묘명진심妙明眞心을 증득하고, 번뇌를 여의고 법안정法眼淨을 얻어 열반의 길을 환히 알았다고 한다. 이제야 모두들 크게 깨달아서 이른바 증오證悟를 했다는 말이다. 이제 그냥 몽중夢中의 불과佛果를 성취할 일만 남았다.

앞에 사마타 법문인 제3권 말미에서 대중들이 진심을 처음으로 알아차려서 해오解悟하더니, 이어서 제4권에서 견성見性하고 계속하여 제5권에서 마음눈이 개명開明하여 견처見處가 밝아졌다. 다시 제6권에서 가장 깊은 삼매라는 금강삼매金剛三昧를 얻더니, 지금은 몸과 마음이 분명하게 밝아지고서 크게 열리어 증오證悟한 것이다. 세어보면 초견성初見性에서 대오大悟할 때까지 견처에 변화가 많았다.

십우도에도 견우見牛하고 득우得牛한 뒤로 목우牧牛·기우귀가騎牛歸家·망우존인忘牛存人·인우구망人牛俱忘이 더 들어 있다. 이런 과정을 거쳐서 본래 갖춘 지혜가 온전히 드러나는데, 이것이 보통의 수행자가 겪는 점수漸修 과정으로, 바로 제10권에 말미에 나오듯이 "이 치理致는 단박에 깨닫는 것이니 깨달으면 모두 녹지만, 수행하는 일은 단박에 제거하지 못하므로 차례차례 없어진다"는 말씀과 같다. 일부 수행자들이 말하듯이 단번에 확철대오하는 법이 아니다. 이는 불법을 배우는 학인들이 간과해서는 안 될 부분이다.

제9절 도량과 음살도망

아난이 의복을 정돈하고 대중 가운데서 합장하고 정례하였다. 그는 마음과 그 흔적이 두렷이 밝아져서 슬픔과 기쁨이 교차하였는데, 다시 미래의 중생들을 이익되게 하고자 부처님께 머리를 조아리고 사뢰었다.

"대비하신 세존이시여, 저는 이제 성불하는 법문을 알았으니 닦아나가는 데 의혹이 없습니다. 그런데 부처님께서 말씀하시기를 '자기는 제도되지 못하였어도 먼저 남을 제도하겠다는 것은 보살의 발심이고, 자기의 깨달음이 이미 원만圓滿하고 뒤에 다른 이를 깨닫게 하는 것은 여래가 세상에 응화應化함이다'라고 하셨습니다. 저도 비록 제도되지는 못하였으나 말겁의 일체 중생을 제도하기를 원합니다.

세존이시여, 부처님이 열반에 드신 뒤에 세월이 흘러서 삿된 스승들의 설법이 갠지스 강의 모래 수와 같을 적에, 이 모든 중생들이 그 마음을 거두어서 삼마지三摩地에 들고자 하면 어떻게 하여야 도량道場을 잘 세우게 되고, 모든 마魔의 장애를 멀리하며, 보리심菩提心에서 퇴굴하지 않겠습니까?"

그때 세존께서 대중들 가운데서 아난을 칭찬하셨다.

"착하고, 착하다. 네가 도량을 잘 세워서, 말겁에 생사의 바다에 빠져 잠긴 중생들을 구호하고자 이런 질문을 하는구나. 너를 위하여 말하리니, 네가 이제 잘 들어라."

아난과 대중이 즉시 "가르침을 받들겠습니다"라고 공손하게 말하였다.

부처님이 아난에게 말씀하셨다.

"너는 항상 들었으리라. 내가 비나야(律藏) 가운데에 수행의 세 가지 결정한 뜻을 말하였다. 이른바 마음을 거두어 잡는 것을 계戒라고 하고, 이 계를 인하여 정定이 생기고, 이 정을 인하여 혜慧를 발하니, 이것을 세 가지 무루학(無漏學, 三學)이라고 한다.

아난아, 어찌하여 마음을 거두어 잡는 것을 계戒라고 하느냐? 만약 이 모든 세계의 육도 중생들이 그 마음에 음행婬行하지 않으면 생사의 상속相續을 따르지 않게 된다. 네가 삼매를 닦는 것은 진로塵勞에서 벗어나려는 것인데, 음심婬心을 제거하지 않으면 진로에서 벗어날 수 없다. 비록 지혜가 많고 선정이 앞에 나타나더라도, 음행을 끊지 않으면 반드시 마도魔道에 떨어져서 상품은 마왕魔王이 되고, 중품은 마민魔民이 되며, 하품은 마녀魔女가 된다. 저 모든 마들도 역시 무리가 있어서, 각기 스스로 '무상도無上道를 이루었다'고 말하니, 내가 멸도한 뒤에 말법에 들어가면 이런 마민魔民이 많아져서 세간에 치성할 것이며, 널리 음탐婬貪을 행하면서도 선지식이라고 자칭하여 모든 중생들로 하여금 애견愛見의 구렁텅이에 떨어뜨려서 보리의 길을 잃게 할 것이다. 네가 세상 사람으로 하여금 삼마지三摩地를 닦게 하려면 먼저 마음에서 음욕을 끊어야만 하니, 이것이 여래와 과거 부처님과 세존들의 첫 번째 결정적인 청정한 밝은 가르침(第一決定淸淨明誨)이다.

그러므로 아난아, 만약 음행을 끊지 않고 선정을 닦는 자는, 마치 모래자갈을 쪄서 밥을 지으려고 하는 것과 같다. 백천 겁을 지내더라도 그것은 다만 뜨거운 모래자갈일 따름이니, 왜냐하면 밥이 될 재료가 아니고 모래자갈이기 때문이다. 네가 음행하는 몸으로 부처의 묘과妙果를 구한다면 비록 묘오妙悟를 얻더라도 모두 음행이 근본이 된다. 근본이 음행이기 때문에 삼악도를 윤회하고 벗어나지 못하니, 어떻게 여래의 열반을 닦아 증득할 수 있겠느냐? 반드시 음행의 씨앗을 몸과 마음에서 모두 끊어버리고, 끊었다는 성정性情까지도 또한 없어야만 부처님의 보리를 희망할 수 있다.

내 말과 같이 말하는 것은 불설佛說이라고 하고, 이 말과 같지 않으면 파순波旬의 말이다.

🐾 '도량 세우는 방법'을 설명하시면서 먼저 삼학三學 중에서 지계持戒를 강조하신 것은, 대중들이 음婬·살殺·도盜·망妄을 저지르면 좋은 도량을 세울 수 없기 때문이다. 부처님 없이 혼자 수행하는 경

우에는 지계로 마음 도량부터 잘 세워야 삼마지三摩地를 제대로 수행할 수 있다는 의취意趣이다. 음탐淫·살殺·도盜·망妄은 앞에 세계의 연기 법문에서 나왔듯이, 탄생의 직접적인 원인이 되는 음행淫行의 금지가 맨 먼저 나온다. 파순波旬은 욕계 제6천에 있는 마왕의 이름이다.

아난아, 또 모든 세계의 육도 중생들이 그 마음에 살생하지 않으면(不殺) 생사의 상속을 따르지 않게 된다. 네가 삼매를 닦는 것은 진로에서 벗어나려는 것인데, 살생하는 마음을 제거하지 않는다면 진로에서 벗어날 수 없다. 비록 지혜가 많고, 선정이 앞에 나타나더라도, 살생을 끊지 않으면 반드시 귀신의 길에 떨어져서 상품은 대력귀大力鬼가 되고, 중품은 비행야차飛行夜叉가 되며, 하품은 지행나찰地行羅刹이 된다. 저 모든 귀신들도 역시 무리들이 있어서 스스로 '무상도無上道를 이루었다'고 말하니, 네가 멸도한 뒤에 말법에 들어가면 이러한 귀신들이 많아져서 세간에 치성할 것이며, '고기를 먹어도 보리의 길을 얻는다'고 말할 것이다.

아난아, 내가 비구들에게 다섯 가지 깨끗한 고기(五淨肉)를 먹게 하였지만, 이 고기는 나의 신력神力으로 화생化生한 것이라서 본래 목숨이 있는 것이 아니다. 너희 바라문들이 토지가 무덥고 모래자갈이 많아서 풀과 채소가 생산되지 않으므로, 내가 대비大慈 신력으로 가피한 것이다. 대자비大慈悲로 고기라는 이름을 빌린 것을 너희들이 먹은 것이었다. 그러나 여래가 멸도한 뒤에 중생의 고기를 먹는다면 어떻게 불자라고 하겠느냐!

너희들은 마땅히 알아야 한다. 이 고기를 먹는 사람은 비록 마음이 열려서 삼마지를 얻은 듯하여도 사실은 모두 대나찰大羅刹이라서 과보가 끝나면 반드시 생사의 고해에 빠질 것이니, 불제자가 아니다. 이런 사람들은 서로 죽이고 먹고 먹히기를 그치지 아니 하리니, 어떻게 삼계에서 벗어날 수 있겠느냐?

네가 세상 사람으로 하여금 삼마지를 닦게 하려면 다음으로 살생을 끊게 할 것이니, 이것이 여래와 과거 부처님과 세존의 두 번째 결정적인 청정한 밝은 가르침(第二決定淸淨明誨)이다.

그러므로 아난아, 만약 살생을 끊지 않고 선정을 닦는다면 마치 사람이 제 귀를 스스로 막고는 크게 소리를 지르면서 남이 듣지 못하기를 바라는 것과 같으니, 이런 것을 '숨기고자 하면서 더욱 드러낸다'고 한다. 청정한 비구나 보살들은 길에 다닐 때에도 산 풀은 밟지 않는데, 더구나 그것을 뽑겠느냐? 그런데 어떻게 대자대비를 말하면서 중생들의 피와 살을 가져다가 먹어 배를 채우겠느냐?

만약 모든 비구들이 동방에서 생산되는 명주·풀솜·비단옷과 이곳에서 생산되는 가죽신·가죽옷을 입지 않고, 짐승의 젖과 그것을 가공한 식품을 먹지 않으면 이런 비구는 세속에서 해탈하여 묵은 빚을 갚았으므로 삼계에서 헤매지 않게 된다. 왜냐하면 그렇게 중생들의 몸으로 만든 것을 먹거나 입으면 모두 저것들과 인연이 맺는 짓이니, 마치 사람들이 땅에서 나는 곡식을 먹고는 발이 땅에서 떨어지지 않는 것과 같다. 몸과 마음으로 모든 중생의 피와 살 또는 그 몸으로 된 것을 먹거나 입지 않으면 나는 이 사람을 참으로 해탈한 자라고 말한다.

내 말과 같이 말하는 것은 불설이라고 하고, 이 말과 같지 않으면 파순의 말이다.

아난아, 또 모든 세계의 육도의 중생들이 마음에 훔치지 않으면 (不偸) 생사의 상속을 따르지 않게 된다. 네가 삼매를 닦는 것은 진로塵勞에서 벗어나려는 것인데, 훔치는 마음을 제거하지 않는다면 진로에서 벗어날 수 없다. 비록 지혜가 많고 선정이 앞에 나타나더라도, 도둑질을 끊지 않는다면 반드시 삿된 길로 떨어져서 상품은 정령精靈이 되고, 중품은 요매妖魅가 되며, 하품은 모든 사매邪魅 들린 사람이 된다. 저 삿된 것들도 그 무리들이 있어서 스스로 '무상도를 이루었다'고 말한다. 내가 멸도한 뒤 말법에 들어가면 이러한 요사한 것들이 세간에 치성하여서 감추고 속이면서도 선지식이라고 자칭하며, 제각기 '상인上人의 법을 이미 얻었다'고 말한다. 무식한 사람들을 현혹하거나 겁을 주어 본심을 잃게 하니, 그 무리들이 지나는 곳마다 그 집안이 망하게 될 것이다.

내가 비구들로 하여금 가는 곳마다 걸식하게 하는 것은 그들로 하여금 탐욕을 버리고 보리도를 이루게 하기 위함이다. 모든 비구들이 스스로 밥을 지어 먹지 않는 것은 여생을 삼계의 나그네가 되어서 한 번 다녀가면 다시 돌아오지 않는다는 것을 보여준 것이다. 그런데 도적들이 나의 옷을 빌려 입고 여래를 팔아 여러 가지 짓거리를 하면서 그것이 모두 불법이라고 말하고, 심지어 출가하여 구족계를 잘 지키는 비구들을 소승도小乘道라고 비난하여 한량없는 중생을 의혹과 잘못으로 이끌어서 무간지옥에 떨어지게 하는구나!

만약 내가 멸도한 뒤에 어떤 비구가 발심하여 삼마지 닦기를 결정하고 불상 앞에서 몸에 한 등을 켜거나, 손가락 한 마디를 태우거나, 몸에 향 한 개를 사루면 이런 사람은 무시無始의 묵은 빚을 일시에 갚아버리고 이 세상을 영원히 하직하고 모든 번뇌를 벗는다. 그가 비록 위없는 깨달음의 길을 밝히지 못한다고 하더라도, 불법에 대하여 마음이 이미 결정되었다고 할 것이다. 만일 이렇게 몸을 버리는 작은 인因이라도 짓지 않는다면 비록 무위無爲에 이른다고 하더라도 반드시 인간으로 다시 태어나서 그 묵은 빚을 갚게 되리니, 마치 내가 말 사료인 보리쌀을 먹은 일과 다름이 없다.

어느 해에 흉년이 들어, 부처님께서 오백 비구와 같이 3개월간 말 사료인 보리를 먹고 지내신 일이 있었다.

네가 세상 사람으로 하여금 삼마지를 닦게 하려면 다시 도둑질을 끊게 할 것이니, 이것이 여래와 과거 부처님과 세존의 세 번째 결정적인 청정한 밝은 가르침(第三決定淸淨明誨)이다.

그러므로 아난아, 도둑질을 끊지 않고 선정을 닦는다면 마치 새는 그릇에 물을 부어서 그릇을 물로 가득 채우려고 하는 것과 같아서, 미진겁을 지내어도 물이 담기지 않는다.

만약 모든 비구가 의발 이외에는 한 푼도 저축한 것이 없고, 걸식한 것도 남겨서 굶주린 중생에게 나눠주며, 큰 집회에서 대중에게 합장하고 예배하여, 누가 때리고 꾸짖더라도 칭찬처럼 생각하며, 반드시 몸과 마음 두 가지를 모두 버려서 몸과 살과 뼈와 피를 중생과 더불어 공유하며, 또 여래의 불요의설不了義說을 가져다 자기의 견해라고 말하여 초학初學을 그르치는 짓을 하지 않으면 '이 사람은 진짜 삼매를 얻었다'고 부처님이 인가하는 바이다.

내 말과 같이 말하는 것은 불설이라고 하고, 이 말과 같지 않으면 파순의 말이다.

아난아, 이와 같이 세계의 육도 중생이 비록 몸과 마음이 살생하고 도둑질하고 음행하는 버릇이 없어져서 삼행三行이 원만하더라도, 만일 대망어大妄語를 하면 삼마지가 청정치 못하고 애견愛見의 마魔를 이루어 여래의 종자를 잃게 된다. 이른바 얻지 못한 것을 '얻었다'고 말하고, 알지 못하는 것을 '안다'고 말하는 것이 그것이다. 또 세간에서 존경을 높이 받고자 사람들에게 말하기를 '내가 수다원과·사다함과·아나함과·아라한도·벽지불승·십지·지전地前의 모든 보살의 지위를 이미 얻었다'고 하거나 그들의 예참禮懺을 구하고 공양을 탐한다면 이러한 일전가(一顚迦: 일천제)는 부처의 종자를 없애는 것이 마치 칼로 다라나무(패다라수)를 자르는 것과 같다. 부처님은 '이런 사람은 선근이 영원히 사라지고 다시 지견이 없어서, 삼계의 고해에 빠져 삼매를 이루지 못한다'고 경고한다.

내가 멸도한 뒤에 보살이나 아라한들로 하여금 응화신으로 말법시대에 태어나서 여러 가지 모습으로 윤회하는 자들을 제도하게 할 적에, 혹 사문·백의거사白衣居士나 임금·관리·동남·동녀·음녀·과부·간부·백정·고기장수(屠販)로 나투어서 그들과 일을 같이 하면 불승佛乘을 칭찬하여 그들의 몸과 마음으로 하여금 삼마지에 들게 하지만, 결코 '내가 참 보살이다', '내가 참 아라한이다'는 말로 부처님의 밀인密因을 말세의 학인에게 경솔히 누설하지 못하게 한다. 다만 목숨을 마치는 임종에 가만히 유언할 수 있을 뿐인데, 어떻게 중생을 현혹하고 혼란시키는 대망어를 하겠느냐!

네가 세상 사람들로 하여금 삼마지를 닦게 하려면 대망어를 끊게 해야 할 것이니, 이것이 여래와 과거 부처님과 세존의 네 번째 결정적인 청정한 밝은 가르침(第四決定淸淨明誨)이다.

🕯 '임종에 가만히 유언을 할 수 있을 뿐이다'에 대한 실례로, 곡차로 유명한 진묵震黙 스님을 들 수 있다. 스님이 열반에 들기 전에, 시자를 데리고 물가에 나가서 물에 비친 스님의 그림자를 보고 '저것이 석가불의 그림자이니라'라고 하셨다는 이야기가 전해온다.

그러므로 아난아, 만약 그 대망어를 끊지 않는다면 마치 인분人糞을 깎아 전단향栴檀香 모양으로 만드는 것과 같아서, 향기가 나기를 구하지만 불가능한 일이다.

내가 비구들을 가르치되 '직심直心이 도량道場이다'고 하여 사위의四威儀의 일체 행동 중에도 오히려 헛되고 거짓됨이 없도록 하였거늘, 어떻게 '상인법上人法을 얻었다'고 자칭하겠느냐? 마치 궁한 사람이 제왕이라고 망령되게 사칭하여도 죽임을 당하는데, 하물며 법왕法王을 어떻게 사칭하겠느냐? 인지因地가 참되지 않으면 과보가 참되지 않으니, 부처님의 보리를 구하려 한들 제 배꼽을 씹으려는 사람과 같아서 어떻게 성취할 수가 있겠느냐? 만약 모든 비구의 마음이 곧은 활줄과 같으면 모든 것이 진실하여 삼마제三摩提에 들어가도 마장이 영원히 없을 것이니, '이 사람은 보살의 위없는 지각知覺을 성취할 것이다'고 내가 인가한다.

　내 말과 같이 말하는 것은 불설이라고 하고, 이 말과 같지 않으면 파순의 말이다.

🐾 망어妄語 중에서 수행과 관련된 거짓말을 특히 '대망어大妄語'라고 부르는데, 제대로 알지도 못하면서 남의 스승이 되면 제자들의 수행을 크게 그르치기 때문이다. 말법 시대에 이런 사이비 선지식이 판을 친다고 하셨으니, 수행인은 모름지기 스승을 선택할 적에 진가眞假를 잘 살펴보아야 할 것이다.

능엄경 제7권

제10절 도량과 능엄신주

1. 신주로 습기를 대처함

아난아, 네가 마음을 거두어 잡는 지계持戒를 묻기에, 내가 이제 먼저 삼마지에 들어가는 수행의 묘문妙門을 말하였다. 보살도를 구하는 사람이 먼저 이 음婬·살殺·도盜·망妄인 네 가지 율의律儀를 얼음과 서리처럼 맑게 지키면 자연히 일체의 지엽이 파생되지 않으니, 마음의 세 가지(心三)와 입의 네 가지(口四) 허물이 생길 원인이 전혀 없다.

아난아, 이렇게 음·살·도·망의 네 가지 일에서 잃어버리지 않는다면 마음으로 빛깔·냄새·맛·촉감을 반연하는 일이 없어진다. 그렇게 되면 일체의 마장魔障이 어떻게 생기겠느냐!"

✎ 계율의 중요성을 설명하신 부분이다. 오랜 습기習氣를 대처하는 방법은 지계持戒가 첫째이다. 마음의 세 가지(心三)와 입의 네 가지(口四) 허물은 마음으로 짓는 탐貪·진瞋·치痴 삼독三毒과 입으로 짓는 망어妄語·기어綺語·양설兩舌·악구惡口의 네 가지 허물을 말한다.

빛깔·냄새·맛·촉감은 육진六塵을 약칭한 것이다. 마는 육진과 육식六識을 의지하여 생기는데, 지계로 마음을 거두어 잡으면 육진을 반연하지 않으니 마장魔障이 일어날 수 없다.

만약 숙세의 습기가 있어서 그것을 없앨 방법이 없거든, 너는 그 사람으로 하여금 일심一心으로 나의 '불정광명佛頂光明 마하살달다반달라摩訶薩怛多般怛羅 무상신주無上神呪'를 외우게 하여라. 이것은 여래의 볼 수 없는 정수리의 무위심불無爲心佛이 정수리에서 발휘하시되, 보련화寶蓮華 위에 앉아서 설하신 심주心呪이다. 그리고 너는 과거세에 마등가와 더불어 여러 겁을 같이 지낸 인연이 있어 그 은애恩愛와 습기習氣가 일생이나 일겁의 일이 아니었지만, 내가 한번 선양한 신주神呪의 힘으로 마등가는 애욕의 마음에서 아주 벗어나서 아라한이 되었다. 저 마등가는 음녀淫女로서 수행할 뜻이 없었는데 신력神力이 도와주어서 무학無學을 빨리 얻은 것이다. 너희들은 이 회상會上의 성문들로서 최상승을 구하는 자들이므로 반드시 성불할 것이니, 비유하면 순풍에 먼지를 날리는 것과 같아서 아무런 어려움이 없을 것이다.

✎ 지계持戒가 어려우면 신주神呪를 외워서 습기習氣에 대처하라고 하셨다. '불정佛頂'은 부처님의 정수리로 가장 높다는 뜻과 현묘玄妙하여 볼 수 없다는 뜻이 있다. '마하살달다반달라摩訶薩怛多般怛羅'는 '대백산개大白傘蓋'란 뜻인데, 큰 흰색 일산 같은 자비로 모든 중생들을 덮어준다는 의미이다. '무상신주無上神呪'는 가장 높은 신비로운 주문이다.

만약 말세에 도량에 앉고자 하면 먼저 비구는 청정한 금계禁戒를 지켜야 한다. 마땅히 계행이 제일 청정한 비구를 택하여 스승으로 삼아야 하니, 만약 참으로 청정한 비구를 만나지 못한다면 너는 계율의戒律儀를 성취하지 못할 것이다.

계가 성취된 뒤에는 청정한 새 옷을 입고, 향을 피우고 조용히 앉아서 이 심불心佛이 설하신 신주를 108편 외운 뒤에, 결계結界하여 도량을 건립하고, 시방의 국토에 현재하시는 가장 높으신 부처님께서 대비광大悲光을 놓아 제 정수리에 부어주시기를 기다려야 한다.

아난아! 이와 같이 말세에도 청정한 비구·비구니·신남信男·신녀信女가 마음에 탐욕과 음란을 없애고 부처님 정계淨戒를 지키면서 도량에 거처하여 보살의 원을 발하고, 출입에 목욕하고 여섯 번씩 행도行道하되, 이렇게 잠자지 않고 삼칠일(21일)을 지내면 내가 몸을 나투어 그의 앞에 이르러 정수리를 만져 안위하고 깨달음을 열어 줄 것이다."

2. 도량의 건립

아난이 부처님께 사뢰었다.

"세존이시여, 저는 여래의 가장 높고 자비하신 가르침을 받아 벌써 마음이 개오開悟하여서, 수행하고 증득하여 무학無學인 도를 이룰 것을 확실히 알았습니다. 말법시대에 수행자가 도량을 세우려면 어떻게 결계結界하여야 부처님의 청정한 법도에 맞겠습니까?"

부처님께서 말씀하셨다.

"아난아! 만약 말세에 도량을 세우려면 먼저 설산雪山에서 나는 비니肥膩라는 향초香草를 먹고 설산의 청수淸水만 마신 힘이 센 흰 소의 똥인 백우분白牛糞을 가져다가 전단향과 반죽해서 그 바닥에 발라야 한다. 만일 설산의 소가 아니면 그 똥이 더러워서 바닥에 바를 수가 없다.

만약 설산의 백우분을 못 구하는 경우에는 깨끗한 언덕에서 땅을 다섯 자 이상을 파내려가서 그 속의 황토를 취하여, 그 흙을 상품의 전단향栴檀香과 침수향沈水香·소합蘇合·훈육熏陸·울금鬱金·백교白膠·청목靑木·영능零陵·감송甘松·계설향鷄舌香과 혼합하여 사용하는데, 이 열 가지 향을 곱게 갈고 부드럽게 쳐서 황토와 반죽하여 진흙을 만들어서 도량의 바닥에 바른다.

둘레가 16척 되는 팔각의 단을 만들고, 단의 한복판에는 금·은·동·나무로 만든 연꽃 하나를 놓고, 그 연꽃 속에 바릿대를 놓고, 바릿대에는 8월의 이슬을 담고, 그 물에는 연꽃잎을 띄운다. 둥근 거울 8개를 가져다가 각 방위마다 놓아서 꽃과 바릿대를 둘러싸게 하고, 거울 밖에는 16송이의 연꽃을 세워놓고, 그 연꽃 사이에 16개의 향로를 차려놓아서 향로를 장엄하고, 그 향로에 순수한 침수향沈水香을 사르되 불이 보이지 않게 한다. 그리고 흰 소의 젖 열여섯 그릇을 가져다 놓고, 우유로 전병煎餅을 만들고, 사탕砂糖·유병油餅·유미乳糜·소합蘇合·밀강蜜薑·순소純酥·순밀純蜜과 여러 가지 과자와 음식과 포도와 꿀 등 좋은 음식을 연꽃 밖으로 열여섯 그릇씩 놓아 모든 부처님과 대보살님께 공양을 올린다. 항상 식사 때와 밤중에 꿀 반 되와 소酥 3홉을 준비하여, 단 앞에 따로 작은 화로 하나를 놓고 도루바 향으로 다린 향수香水로 씻은 숯을 잘게 태우면서, 그 불에 소酥와 꿀을 던져서 연기가 잘 나도록 하여 부처님과 보살님께 공양하여라. 그 사방 밖에는 깃발과 꽃을 두루 달고, 단실壇室의 네 벽에는 시방의 여래와 모든 보살들의 형상을 부설하되, 정면에는 노사나불, 석가모니불, 미륵불, 아촉불, 아미타불을 모시고 여러 가지로 변화한 관음상과 금강장보살상을 그 좌우에 모시며, 제석·범왕·오추슬마·람디가·군다리·비구치·사천왕 등과 빈나·야가 등의 상을 문의 좌우에 안치한다. 또 거울 여덟 개를 허공에 매달아서 단에 설치한 거울과 마주 비추게 하여 그 형상이 겹겹이 서로 나타나게 하여라.

처음 7일 동안은 지성으로 시방의 여래와 대보살과 아라한께 절하고, 항상 육시六時에 신주를 외우면서 단을 도는 행도行道를 지극한 마음으로 하되, 한 시간에 108번씩 외운다. 둘째 7일 동안에는 한결같이 전일專一한 마음으로 보살원菩薩願을 발하되 마음에 간단間斷이 없이 할 것이니, 나의 비나야에 원願에 대한 가르침이 있다. 셋째 7일 동안에는 하루 종일 한결같이 부처님의 반다라 신주를 외워야 한다. 다시 제7일이 되면 시방의 여래가 일시에 거울의 빛이 교차되는 곳에 출현하시어서, 부처님께서 친히 이마를 어루만져 주시게 된다. 그러하면 그 즉시 도량에서 삼마지를 닦도록 하여라. 능히 이와 같이 행하면 말세에 수행하는 사람의 신심이 밝고 청정하여 마치 유리와 같아진다.

아난아! 만약 이 비구의 본래의 수계사受戒師나, 10비구 중에서 한 사람이라도 청정하지 못하면 그런 도량은 흔히 성취하지 못한다.

삼칠일이 지난 후부터는 단정히 앉아서 안거한다. 이렇게 백일이 지나면 근성이 예리한 자는 그 자리에서 수다원과를 얻을 것이고, 비록 몸과 마음에 성과를 얻지는 못하더라도 틀림없이 성불할 것임을 스스로 알게 된다.

네가 질문한 도량 건립은 이와 같다."

🐾 도량을 건립하는 자세한 설명인데, 현대에 사는 한국에서는 문자 그대로 따르기 힘든 부분이 많다. 도량은 정성껏 차려야 한다는 뜻으로 보인다. 10비구는 전계傳戒화상·교수敎授아사리·갈마羯磨아사리와 7명의 증명證明 법사를 가리킨다.

3. 다라니를 선설하시다

아난이 부처님 발에 엎드려 절하고 사뢰었다.

"제가 출가한 이후로 부처님의 사랑을 믿고 많이 듣기만 구하였으므로 무위無爲를 증득하지 못하고 저 범천의 사술에 걸렸을 때 마음은 비록 명료하였으나 자유롭게 움직일 힘이 없었는데, 문수보살을 만나서 벗어났습니다. 비록 여래의 불정신주佛頂神呪의 힘을 입었사오나 아직 직접 듣지는 못하였사오니, 원컨대 대자비로 거듭 베풀어 설명하여 주십시오. 그리하여 이 모임의 모든 수행하는 무리와 앞으로 윤회할 자들을 구하여 그들이 부처님의 비밀한 말씀을 듣고 몸과 뜻이 해탈하도록 하여 주십시오."

이때 이 모임의 모든 대중이 함께 절을 하고 여래의 비밀한 장구章句를 듣기를 기다렸다.

그때 세존께서 육계로부터 백보광百寶光을 놓으시니 그 광명 가운데 천엽千葉의 보련寶蓮이 솟아나왔고, 그 연꽃 가운데 화신化身인 여래가 앉아서 열 줄기의 백보광명百寶光明을 놓으셨다. 그러자 그 낱낱의 광명에서 10항하사의 금강밀적金剛密迹들이 산山을 쳐들고 금강저金剛杵를 쥐고서 나타나는데, 그들이 허공에 가득하였다. 대중들이 이것을 우러러 보고는 두려움과 존경심이 함께 우러나고 부처님께서 도와주시기를 고대하면서, 부처님의 볼 수 없는 정수리에서 놓으신 광명 속에 나타난 여래께서 선설하시는 신주를 일심으로 경청했다.

☙ 아래에 나오는 능엄다라니는 원래 범어를 한자로 음역한 것이라서, 우리가 한자로 된 다라니를 한글로 고쳐 읽으면 원래의 범어와는 전혀 다른 발음이 되고 만다. 마치 『반야심경』의 다라니가 범어로는 '가테 가테 파라가테 파라샹가테 보디스바하'와 비슷한 것인데, 우리말은 '아제 아제 바라아제 바라승아제 모지사바하'라고 암송하는 것과 같다. 범어로 된 다라니를 한자로 번역할 적에도 꼭 같은 발음으로 음역하는 것이 어려웠을 텐데, 이렇게 번역한 한자 다라니를 다시 우리식으로 읽어서 발음하니 원문과는 소리가 다를 수밖에 없다. 별도로 우리나라에서 전통적으로 널리 사용해오던 천동사판天童寺版 다라니를 뒤에 붙여 두었으니 참고하시기 바란다.

나무사다타소가다야아라하데삼먁삼몯다샤一 사다타붇다구지스니삼二 나무살바붇다부디사다베뱌三 나무사다남삼먁삼몯다구지남四 사스라바가싱가남五 나무로계아라한다남六 나무소로다파나남七 나무사가리다가미남八 나무로계삼먁가다남九 삼먁가파라디파다나남十 나무데바리시난十一 나무신다야비디야다라리시난十二 샤바노게라하사하사라마타남十三 나무바라하마나十四 나무인다라야十五 나무바가바데十六 로다라야十七 오마바데十八 사혜야야十九 나무바가바데二十 나라야나야二十一 반자마하삼모다라二十二 나무신가리다야二十三 나무바가바데二十四 마하가라야二十五 디리바라나가라二十六 비다라바나가라야二十七 아디목데二十八 시마샤니바시니二十九 마다리가나三十 나무신가리다야三十一 나무바가바데三十二 다타가다구라야三十三 나무바두마구라야三十四 나무발사라구라야三十五 나무마니구라야三十六 나무가사구라야三十七 나무바가바데三十八 데리다슈라세나三十九 파라하라나라사야四十 다타가다야四十一 나무바가바데四十二 나무아미다바야四十三 다타가다야四十四 아라하데四十五 삼먁삼몯다야四十六 나무바가바데四十七 아추볘야四十八 다타가다야四十九 아라하데五十 삼먁삼몯다야五十一 나무바가바데五十二 볘사사야구로볘쥬리야五十三 바라바라사야五十四 다타가다야五十五 나무바가바데五十六 삼보스비다五十七 살린나라라사야五十八 다타가다야五十九 아라하데六十 삼먁삼몯다야六十一 나무바가바데六十二 샤계야모나예六十三 다타가다야六十四 아라하데六十五 삼먁삼몯다야六十六 나무바가바데六十七 라다나계도라사야六十八 다타가다야六十九 아라하데七十 삼먁삼몯다야七十一 데뵤나무사가리다

七十二 이담바가바다七十三 사다타가도스니삼七十四 사다다바다람七十五 나무아바라시담七十六 바라데양기라七十七 사라바부다게라하七十八 니가라하게가라하니七十九 바라비디야치다니八十 아가라미리쥬八十一 바리다라야님게리八十二 사라바반다나목차니八十三 사라바도시다八十四 도시빕바나니버라니八十五 쟈도라시데남八十六 가라하사하사라야사八十七 비다붕사나가리八十八 아시다빙샤데남八十九 낙사차다라야사九十 파라사다나가리九十一 아시다남九十二 마하게라하야사九十三 비다붕사나가리九十四 살바샤도로니바라야사九十五 호람도시빕난자나샤니九十六 비사샤시다라九十七 아기니오다가라야사九十八 아파라시다구람九十九 마하바라전지一百 마하딥다一 마하데사二 마하세다사바라三 마하바라반다라바시니四 아리야다라五 비리구지六 서바비사야七 바사라마례디八 비샤로다九 부드마가十 바사라제하나아자十一 마라제바파라진다十二 바사라단지十三 비샤라자十四 선다샤베데바부시다十五 소마로파十六 마하세다十七 아리야다라十八 마하바라아파라十九 바사라샹가라제바二十 바사라구마리二十一 구람다리二十二 바사라하사다자二十三 비디야건자나마리가二十四 구소모바가라다나二十五 비로자나구리야二十六 야라토스니삼二十七 비지람바마니자二十八 바사라가나가파라바二十九 로사나바사라돈치자三十 세다자가마라三十一 차샤시파라바三十二 이데이데三十三 모다라가나三十四 사베라참三十五 굴반도三十六 인토나마마샤三十七 (여기서 "제자 아무개가 지닙니다"라고 한다.) 옴三十八 리시게나三十九 파라샤신다四十 사다타가도스니삼四十一 훔四十二 도로옹四十三 점바나四十四 훔四十五 도로옹四十六 신담바나四十七 훔四十八 도

로옹四十九 파라비디야삼박차나가라五十 훔五十一 도로옹五十二 살바야차하라차사五十三 게라하야사五十四 비등붕사나가라五十五 훔五十六 도로옹五十七 쟈도라시디남五十八 게라하사하사하남五十九 비등붕사나라六十 훔六十一 도로옹六十二 라차六十三 바가범六十四 사다타가도스니삼六十五 파라덤사기리六十六 마하사하사라六十七 부수사하사라시리사六十八 구지사하살니뎨례六十九 아볘뎨시바리다七十 다타낭가七十一 마하바사로다라七十二 뎨리부바나七十三 만다라七十四 옴七十五 사시뎨바바도七十六 마마七十七 인토나마마사七十八 ("제자 아무개가 지닙니다.") 라사바야七十九 주라바야八十 아기니바야八十一 오다가바야八十二 비바야八十三 샤사다라바야八十四 바라자가라바야八十五 돌비차바야八十六 아샤니바야八十七 아가라미리쥬바야八十八 다라니부미검파가바다바야八十九 오라가바다바야九十 라사단다바야九十一 나가바야九十二 비됴다바야九十三 소바라나바야九十四 야차게라하九十五 라차사게라하九十六 피리다게라하九十七 비샤자게라하九十八 부다게라하九十九 구반다게라하二百 부단나게라하一 가타부단나게라하二 시간도게라하三 아파시마라게라하四 오단마다게라하五 챠야게라하六 혜리바뎨게라하七 사다하리남八 게바하리남九 로디라하리남十 망사하리남十一 메다하리남十二 마사하리남十三 사다하리녀十四 시비다하리남十五 비다하리남十六 바다하리남十七 아슈쟈하리녀十八 짇다하리녀十九 뎨삼살볘삼二十 살바게라하남二十一 비다야사친다야미二十二 기라야미二十三 파리바라쟈가그리담二十四 비다야사친다야미二十五 기라야미二十六 다연니그리담二十七 비다야사친다야미二十八 기라야미二十九 마하파수파다야三十 로다라그리

담三十一 비다야사친다야미三十二 기라야미三十三 나라야나그리담
三十四 비다야사친다야미三十五 기라야미三十六 다타가로다세그리담
三十七 비다야사친다야미三十八 기라야미三十九 마하가라마다리가나
그리담四十 비다야사친다야미四十一 기라야미四十二 가파리가그리
담四十三 비다야사친다야미四十四 기라야미四十五 사야가라마도가라
四十六 살바라다사다나그리담四十七 비다야사친다야미四十八 기라야
미四十九 자도라바기니그리담五十 비다야사친다야미五十一 기라야
미五十二 비리양그리지五十三 난다계사라가나파데五十四 사혜야그리
담五十五 비다야사친다야미五十六 기라야미五十七 나게나사라바나그
리담五十八 비다야사친다야미五十九 기라야미六十 아라한그리담비
다야사친다야미六十一 기라야미六十二 비다라가그리담六十三 비다야
사친다야미六十四 기라야미바사라파니六十五 구혜야구혜야六十六 가
디파데그리담六十七 비다야사친다야미六十八 기라야미六十九 가라망
七十 바가밤七十一 인토니마마샤七十二 ("제자 아무개가 지닙니다.") 바
가밤七十三 사다다파다라七十四 나무수도데七十五 아시다나라라가
七十六 파가바시보타七十七 비가사다다바데리七十八 스부라스부라
七十九 다라다라八十 빈다라빈다라친다친다八十一 훔八十二 훔八十三
반닥八十四 반닥반닥반닥반닥八十五 사바하八十六 혜혜반八十七 아모
가야반八十八 아파라데하다반八十九 바라파라다반九十 아소라비다라
파가반九十一 살바데볘바반九十二 살바나가뱌반九十三 살바야차뱌반
九十四 살바간달바뱌반九十五 살바부다나뱌반九十六 가탁부다나뱌반
九十七 살바도랑기데뱌반九十八 살바도스비리그시데뱌반九十九 살바
시바리뱌반三百 살바아파시마리뱌반一 살바사라바나뱌반二 살바

디뎨계뱌반三 살바다마다계뱌반四 살바비다야라서자리뱌반五 사야가라마도가라六 살바라타사다계뱌반七 비디야자리뱌반八 쟈도라바기니뱌반九 바사라구마리十 비다야라서뱌반十一 마하파라딩양차기리뱌반十二 바사라샹가라야十三 파라댱기라사야반 十四 마하가라야十五 마하마다리가나十六 나무사가리다야반十七 비시나비예반十八 부라하모니예반十九 아기니예반二十 마하가리예반二十一 가다단디예반二十二 메다리예반二十三 로다리예반二十四 자문다예반二十五 가라라다리예반二十六 가파리예반二十七 아디목지다가시마샤나二十八 바사니예반二十九 연기진三十 살타바샤三十一 마마인토나마마샤三十二 ("제자 아무개가 지닙니다.") 도시다진다三十三 아마다리진다三十四 오사하라三十五 가바하라三十六 로디라하라三十七 바사하라三十八 마사하라三十九 사다하라四十 시비다하라四十一 바랴야하라四十二 간다하라四十三 포사파하라四十四 파라하라四十五 사샤하라四十六 파바진다四十七 도시타진다四十八 로다라진다四十九 야챠그라라五十 라차사그라하五十一 페례다그라하五十二 비사자그라하五十三 부다그라하五十四 구반다그라하五十五 시간다그라하五十六 오다마다그라하五十七 차야그라하五十八 아파사마라그라하五十九 타카혁다기니그라하六十 리붇뎨그라하六十一 사미가그라하六十二 샤구니그라하六十三 모다라난디가그라하六十四 아람바그라하六十五 간도파니그라하六十六 시버라예가혜가六十七 듀뎨야기六十八 다례뎨야가六十九 쟈돌타가七十 니뎨시버라비사마시버라七十一 박디가七十二 비디가七十三 시례시미가七十四 사니파뎨가七十五 살바시버라七十六 시로기뎨七十七 말다볘다로제검七十八 아기로검七十九 목카로검八十 가리도

로검八十一 게라하그람八十二 갈나슈람八十三 단다슈람八十四 흐리야
슈람八十五 말마슈람八十六 바리시바슈람八十七 비리시다슈람八十八
오다라슈람八十九 가디슈람九十 바시데슈람九十一 오로슈람九十二 샹
가슈람九十三 하시다슈람九十四 바다슈람九十五 사방앙가파라댱가슈
람九十六 부다비다다九十七 다기니시바라九十八 다도로가건도로기
디바로다바九十九 살파로하링가四百 슈사다라사나가라一 비사슈가
二 아기니오다가三 마라베라건다라四 아가라미리두다렴부가五 다
류ㅣ 라탁六 비리시진가七 살바나구라八 사잉가뱌그라리야차다라
츄九 마라시볘데삼사볘삼十 시다다파다라十一 마하바사로스니삼
十二 마하파라댱기람十三 야바도다샤유사나十四 변다례나十五 비다
야반담가로미十六 데슈반담가로미十七 파라비다반담가로미十八 다
냐타十九 옴二十 아나례二十一 비샤데二十二 볘라바사라다리二十三 반
다반다니二十四 바사라방니반二十五 훔도로웅반二十六 사바하二十七

천동사판天童寺版 능엄신주

스타타가토스니삼 시타타파트람 아파라지탐 프라륭기람 다라니나
맣 사르바붇다보디사트볘뱧 나모 샆타남 사먁삼붇다 코티남 사스
라바카삼가남 나모로케아르한타남 모스로타판나남 나모스크르타
가미남 나모아나가미남 나모로케사먁가타남 사먁프라티판나남 나
모라르나트라야야 나모바가바테 드르다수라세나 프라하라나라자
야 타타가타야아르하테사먁삼붇다야 나모바가바테 아미타바야 타
타가타야아르하테 사먁삼붇다야 나모바가바테 악소뱌야 타타가타
야아르하테 사먁삼붇다야 나모바가바테 바이사이쟈구루바이투랴

프라바라자야 타타가타야아르하테 사먁삼붇다야 나모바가바테 삼푸스피타사렌드라라자야 타타가타야아르하테 사먁삼붇다야 나모바가바테 사캬무나예타타가타야하르하네 사먁삼붇다야 나모바가바테 라트나쿠수마 케투라자야 타타가타야아르하테 사먁삼붇다야 나모바가바테 타타가타쿠라야 나모바가바테 파드마쿠라야 나모바가바테 바즈라쿠라야 나모바가바테 마니쿠라야 나모바가바테 가르자쿠라야 나모테바르시남 나모싣다비댜다라남 나모싣다비댜다라르시남 사파누그라하 사마르타남 나모브라흐마네 나모인드라야 나모바가바테 루드라야 우마파티사헤야야나모나라야나야 락삼미사헤야야 팜차마하무드라 나마스크르타야 나모마하카라야 트리푸라나가라 비드라파나카라야 아디묵토카 스마사나바시니 마트르가나 나맣스크르타야 에뵤 나맣스크르트바 이맘 바가바타 스타타가토스니삼 시타타파트람 나마파라지타 프라튱기람 사르바데바 나마스크르탐 사르바데베뱧 푸지탐 사르바데베스차 파리파리탐 사르바부타그라하 니그라하카림 파라비댜체다나카림 두남타남 사트바남 다마캄 두스타남 니바라님 아카라므르뉴 프라사마나카림 사르바반다 나목사나카림 사르바두스타 두스바프나니바라님 차투라시티 남그라하사하스라남 비드밤사나카림 아스타빔사티남 낙사트라남 프라사다나카림 아스타남마하그라하남 비드밤사나카림 사르바사트루니바라님 구람 두스바프나남차나사님 비사사스트라 아그니우다카우트라님 다파라지타구라 마하찬남 마하디프탐 마하테잠 마하스베탐 즈바라 마하바라 스리야판다라바시님 아랴타라 브르쿠팀 체바잠 바즈라마레티 비스루탐 파드마크맘 바즈라지호바

차 마라체바파라지타 바즈라단디 비사라차 산타바이데하푸지타 사이미루파 마하스베타 아랴타라 마하바라아파라 바즈라상카라체바 바즈라코마리 쿠란다리 바즈라하스타차 마하비댜 타타캄차타 마리카 쿠숨바라타나체바 바이로차나 쿠다르토스니사 비즈름바마나차 바즈라카나카 프라바로차나 바즈라툰디차 스베타차카마랄사 사시프라마 이톄테 무드라가나 사르베랄삼 쿠르반투 마마샤 옴 리시가나 프라사스타 타타가토스니사 훔 브룸 잠바나 홈브룸 스탐바나 홈브룸 보하나 홈브룸 마타나 홈브룸 파라비댜 삼박사나카라 홈브룸 사르바두스타남 스탐바나카라 홈브룸 사르바약사 락사사 그라하남 비드밤사나카라 홈브룸 차투라시티남 그라하사하스라남 비나사나카라 홈브룸 아스타빔사티남 낙사트라남 프라사다나카라 홈브룸 아스타남 마하그라하남 비드밤사나카라 락사락사 맘 바가밤 스타타가토스니사 마하프라튱기레 마하사하스라부제 사하스라시르사이 코티사타사하스라네트레 아벰댜 즈바리타나타나카마하바즈로다라 트르부바나 만다라 옴 스바스티르바바투 마마 라자바야 초라바야 아그니바야 우다카바야 비사바야 사르트라바야 파라차크라바야 두르빅사바야 아사니바야 아카다므르튜바야 다라니부미캄파바야 우르카파타바야 라자단다바야 나가바야 비듀바야 수프라니바야 약사그라하 락사사그라하 프레타그라하 피사차그라하 부타그라하 쿰반다그라하 푸타나그라하 카타푸타나그라하 스칸다그라하 아파스마라그라하 운마다그라하 차야그라하 레바티그라하 우자하리냐 가르바하리냐 자타하리냐 지비타하리냐 루디라하리냐 바사하리냐 맘사하리냐 메다하리냐 마자하리냐 반타하리냐

아수챠하리냐 치차하리냐 테삼사르베삼 사르바그라하남 비댬친다
야미 키라야미 파리브라자카 크르탐비댬 친다야미 키라야미 다카
다키니 크르탐비댬 친다야미 키라야미 마하파수파티 루드라 크르
탐비댬 친다야미 키라야미 타트바가루다사헤야 크르탐비댬 친다
야미 키라야미 마하카라 마트르가나 크르탐비댬 친다야미 키라야
미 카파리카 크르탐비댬 친다야미 기라야미 자야카라마두카라 사
르바르타 사다나 크르탐비댬 친다야미 키라야미 차투르바기니 크
르탐비댬 친다야미 키라야미 브름기리티카 난디케스바라 가나파
티 사헤야 크르탐비댬 친다야미 키라야미 나그나스라마나 크르탐
비댬 친다야미 키라야미 아르한타 크르탐비댬 친다야미 키라야미
비타라가 크르탐비댬 친다야미 키라야미 바즈라파니 크르탐비댬
친다야미 키라야미 브라호마크르탐 루드라크르탐 나라야나크르탐
비댬친다야미 키라야미 바즈라파니 구햐카디파티 크르탐비댬 친
다야미 키라야미 락사락사맘 바가밤 시타타파트라 나모스투테 아
시타나라르카 프라바스푸타 비카시타타파트레 즈바라즈바라 다카
다카 비다카비다카 다라다라 비다라비다라 친다친다 빈다빈다 훔
훔 파트 파트 스바하 헤헤 파트 아모가야 파트 아프라티하타야 파
트 바라프라다야 파트 아수라비드라파카야 파트 사르바데베뱧 파
트 사르바나게뱧 파트 사르바약세뱧 파트 사르바락사세뱧 파트 사
로바가루데뱧 파트 사르바간다르베뱧 파트 사르바아수레뱧 파트
사르바킨다레뱧 파트 사르바마호라게뱧 파트 사르바부테뱧 파트
사르바피사체뱧 파트 사르바쿰반데뱧 파트 사르바푸타네뱧 파트
사르바카타푸타네뱧 파트 사르바두르람기테뱧 파트 사르바두스프

렉시테뱡 파트 사르바즈바레뱡 파트 사르바아파스마레뱡 파트 사르바스라마네뱡 파트 사르바티르티케뱡 파트 사르바운맘데뱡 파트 사르바비댜차례뱡 파트 쟈야카라 마두카라 사르바르타 사다케뵤 비댜차례뱡 파트 차투르바기니뱡 파트 바즈라코마리 쿠란다리 비댜라제뱡 파트 마하프라튬기레뱡 파트 바즈라상카라야 프라튬기라라쟈야 파트 마하카라야 마트르가나 나마스크르타야 파트 인드라야 파트 브라흐미니예 파트 루드라야 파트 비스나비예 파트 비스네비예 파트 브라흐미예 파트 아그니예 파트 마하카리예 파트 로드리예 파트 카라단디예 파트 아인드리예 파트 마트리예 파트 차문디예 파트 카라라트리예 파트 카파리예 파트 아디묵토카스마사나 바시니예 파트 예케칠타 사트바마 마두스타칠나 파파칠타 로드라칠타 비드바이사칠타 아마이트라칠타 우트파다얀티 키라얀티 만트라얀티 쟈판티 조한티 우쟈하라 가르바하라 루디라하라 맘사하라 메다하라 마쟈하라 바사하라 쟈타하라 지비타하라 마랴하라 바랴하라 간다하라 푸스파하라 파라하라 사샤하라 파파칠타 두스타칠타 데바그라하 나가그라하 약사그라하 락사사그라하 아수라그라하 가루나그라하 킨다라그라하 마호라가그라하 프레타그라하 피사차그라하 부타그라하 부타나그라하 카타푸타나그라하 쿰반다그라하 스칸다그라하 운마다그라하 챠야그라하 아파스마라그라하 다카다키니그라하 레바티그라하 쟈미카그라하 사쿠니그라하 난디카그라하 람비카그라하 칸타파니그라하 즈바라 에카하카 드바이티야카 트레티야카 챠투르타카 니탸즈바라 비사마즈바라 바티카 파이티카 스레스미카 산디파티카 사르바즈바라 시로르티 아르바다바베다카 아로차카 악시로감 무카로감 흐르드로감 카르나수람 단다수람 흐르다야수람 마르마수람 파라스바수람 푸르스타수람 우다라수람 카티수람 바스티수람 우루수람 잠가수람 하스타수람 파다수람 사르방가프라튱가수람 부타베타다 다카다키니 즈바라다드루칸듀키티 바로타바이 사르파로하링가 소사트라사가라 비사요가 아그니 우다카 마라베라 칸타라 아카라 므르튜 트라이무카 트라이라타카 브르스치카 사르파나쿠라 심하뱌그라 릭사 타라릭사 차마라지비베 테삼 사르베삼 시타타파트라 마하바즈로오스니삼 마하프라튱기람 야바드바 다사요자나 뱐타레나 사마반담 카로미 디사반담 카로미 파라비댜 반담카로미 테조 반담 카로미 하스타 반담 카로미 파다 반담 카로미 사르방가프라튱가 반담 카로미. 타댜타 옴 아나레 아나레 비사다 비사다 반다반다 반다니반다니 바이라바즈라파니 파트 훔 브룸 파트 스바하. 나모스타타가타야 수가타야르하테 사먁삼붇다야 시담투 반트라 파다 스바하

4. 다라니의 공덕

"아난아! 이 '불정광취佛頂光聚 실달다반달라悉怛多般怛羅 비밀가타祕密伽陀 미묘장구微妙章句'는 시방의 모든 부처님을 출생하니, 시방의 여래가 이 주심呪心으로 인하여 무상정변지각無上正徧知覺을 성취한다.

　시방의 여래가 이 주심呪心을 잡아서 모든 마를 항복받고, 모든 외도들을 제압한다.

시방의 여래가 이 주심呪心을 타고서 보련화에 앉아 미진수의 국토에 응화한다.

시방의 여래가 이 주심呪心을 머금어서 미진수의 국토에서 대법륜을 굴린다.

시방의 여래가 이 주심呪心을 가지고 능히 시방에서 마정수기摩頂授記를 하며, 자기의 불과를 이루지 못하였을 때는 시방의 부처님으로부터 수기를 받는다.

시방의 여래가 이 주심呪心에 의하여 능히 시방에서 여러 가지 고통을 구제하는데, 이를테면 지옥·아귀·축생의 고통, 봉사·귀머거리·벙어리의 고통, 원수와 만나고 사랑하는 사람과 헤어지고, 구해도 얻지 못하고, 오음이 치성하는 사고四苦와 크고 작은 횡액을 동시에 해탈하게 하며, 도적·전쟁·범법·수감 등의 고난과 바람·불·물의 난리와 기갈과 빈궁이 생각에 따라서 소멸하게 한다.

시방의 여래가 이 주심呪心을 따라서 능히 시방에서 선지식을 섬기되 행주좌와에 여의如意하게 공양하고, 항하사 여래의 모임에서 대법왕자大法王子가 된다.

시방의 여래가 이 주심呪心을 행하여서 시방에서 친근한 인연을 능히 거두어주고, 모든 소승으로 하여금 비밀한 법문을 듣고도 놀라지 않게 한다.

시방의 여래가 이 주심呪心을 외워서 최상의 깨달음을 성취하고, 보리수에 앉으며, 대열반에 든다.

시방의 여래가 이 주심呪心을 전하여 멸도한 뒤에 불법을 부촉하여 끝까지 머물게 하며, 계율을 엄정히 하여 모두 청정하게 한다.

만약 내가 이 '불정광취 반달라 신주'에 대하여 말하고자 하면 아침부터 저녁까지 끊임없는 음성으로 중복되는 말이 없이 항하사 같은 겁이 지나도록 말하여도 다 말할 수가 없다.

또 이 신주를 여래정如來頂이라고도 부른다. 너희들과 아직 윤회를 끊지 못한 자들이 발심하여 지성으로 아뇩다라삼먁삼보리로 나아가려 하더라도, 도량에서 이 신주를 지니지 않으면 신심이 모든 마장을 멀리 여읠 수가 없다.

아난아! 모든 세계와 모든 국토의 중생들이 그 국토에서 생산되는 나무껍질이나 패엽이나 종이나 비단 따위에 이 신주를 적어서 향주머니에 간직하면 이 사람이 마음이 혼미하여서 능히 외우지 못하더라도, 혹은 몸에 지니거나 집안에 써서 두는 것만으로도 이 사람이 한평생 모든 독해毒害에 걸리지 않는다.

아난아! 내가 너를 위하여 다시 말하는데, 이 신주는 세간을 구호하여 대무외大無畏를 얻게 하고 중생으로 하여금 출세간의 지혜를 성취하게 한다.

내가 멸도한 뒤에 말세의 중생이 능히 스스로 외우거나 남에게 가르쳐서 외우게 하면 이러한 중생은 불이 태울 수 없고, 물이 빠뜨릴 수 없으며, 크고 작은 어떠한 독도 해칠 수 없다. 이와 같이 내지 용·하늘·귀신·정령·도깨비·마귀들의 악한 주문들이 능히 건드리지 못하며, 마음에 정수正受를 얻어서 어떠한 저주나 푸닥거리나 독약毒藥이나 금은金銀·광석이나 초목·충사蟲蛇 등의 온갖 독기들이 이 사람의 입에 들어가면 감로의 맛이 된다. 온갖 나쁜 별, 귀신들, 해치려는 마음을 품은 자도 이 사람에게는 해악을 끼치지 못하니, 빈나·야가 등 악한 귀왕과 그 권속들이 깊은 은혜를 받고 항상 수호하기 때문이다.

아난아! 마땅히 알라, 이 신주는 항상 8만 4천 나유타 항하사억恒河沙億의 금강장왕金剛藏王보살의 종족들이 일일이 모든 금강의 무리들을 권속으로 삼아 밤낮으로 따라다니면서 시위한다.

설혹 중생들이 삼마지가 아닌 산란한 마음으로 신주를 기억하거나 외우더라도 금강장왕이 저 선남자를 항상 따라다닌다. 하물며 보리심이 확고한 사람은 이 금강장왕보살의 정심精心이 은밀한 가운데 신속하게 그 신식神識을 발명하게 하여, 그 사람이 때에 응하여 8만 4천 항하사 겁의 일을 능히 기억하고 두루 알아서 의혹이 없게 된다.

제1겁으로부터 후신後身에 이르기까지 태어날 적마다 야차·나찰·부단나·가타부단나·구반다·비사차 등이나 모든 아귀나 유형·무형·유상有想·무상無想 같은 나쁜 처소에 태어나지 않는다. 그리고 이러한 선남자가 이 신주를 읽거나 외우거나 쓰거나 인쇄하거나 몸에 지니거나 잘 간직하여 두어서 여러 가지로 공양하면 겁劫마다 빈궁하고 하천한 좋지 않은 곳에는 태어나지 않는다. 만일 이 중생들이 비록 복을 짓지 못했더라도, 시방 여래께서 그들이 지닌 공덕을 모두 이 사람에게 주실 것이다. 이로 말미암아 아승지인 말할 수 없이 많은 겁 동안을 항상 모든 부처님과 함께 같은 처소에 태어나며, 한량없는 공덕이 마치 악차 열매 덩이처럼 한곳에서 훈수되어 영원히 흩어짐이 없을 것이다.

이리하여 파계한 사람은 계근戒根이 청정하게 되고, 계戒를 얻지 못한 사람은 계를 얻게 되며, 정진精進을 못하는 사람은 정진하게 되고, 지혜智慧가 없는 사람은 지혜를 얻게 하며, 청정하지 못한 사람은 속히 청정함을 얻게 하고, 재계齋戒를 가지지 못한 사람은 스스로 재계를 이루게 한다.

아난아! 이 선남자가 이 신주神呪를 지송하면 설혹 신주를 받기 전에 금계禁戒를 범하였더라도, 주呪를 지송한 뒤에는 여러 가지 파계한 죄들이 경중을 가리지 않고 일시에 모두 소멸한다. 비록 술을 먹고 냄새나는 매운 채소인 오신채를 먹어서 여러 가지로 청정하지 못하더라도, 모든 불보살과 금강장왕과 하늘·신선·귀신들까지도 이것을 허물로 삼지 않는다. 설사 깨끗하지 못하고 남루한 옷을 입을지라도 가거나 머물거나 간에 모두 청정할 것이다. 비록 단壇을 만들지도 않고, 도량에 들어가지도 않고, 도를 수행하지도 않더라도, 이 신주를 지송하면 단에 들어가서 행도한 공덕과 다를 것이 없다. 만약 무간지옥에 떨어지는 다섯 가지 중죄인 오역五逆의 무간중죄와 비구의 사기四棄와 비구니의 팔기八棄를 범犯하더라도, 이 신주를 외우면 이와 같은 무거운 죄가 마치 사나운 바람에 모래가 날리어 흩어지듯이 모두 없어져서 털끝만큼도 남지 않게 된다.

아난아! 만약 어느 중생이 무량 무수한 겁으로부터 가볍고 무거운 여러 죄장罪障이 있고 이것을 전에 참회하지 못하고 있었더라도, 이 신주를 읽거나 외우거나 쓰거나 인쇄하여 몸에 지니거나, 거처하는 집이나 별장이나 숙소에 소중하게 보관하면 모든 업이 끓는 물에 눈 녹듯이 없어질 것이며, 머지않아 무생법인無生法忍을 얻게 된다.

❧ 오역五逆의 무간 중죄無間重罪란 어머니를 죽이거나, 아버지를 죽이거나, 아라한을 죽이거나, 부처님 몸에서 피를 내거나, 승단을 파괴하는 행위이다. 사기四棄는 살생·투도·사음·망어를 가리킨다. 팔기八棄는 사기에다 다시 남자와 접촉하거나, 남자와 사귀는 행위, 중죄를 지은 비구의 허물을 덮어 주거나, 그를 따르는 행위를 더한 것이다.

또 아난아! 만약 여인이 아들이나 딸을 낳지 못하여 아기 낳기를 구할 때, 지극한 마음으로 이 신주를 외우거나 이 실달다반달라를 몸에 지니면 문득 복덕이 있고 지혜가 있는 아들이나 딸을 낳는다. 수명이 길기를 구하는 자는 곧 수명이 길어지고, 과보가 빨리 원만하기를 구하면 곧 원만한 과보를 얻고, 몸도 수명도 인물도 힘도 역시 이렇게 될 것이다. 그리고 목숨이 다한 뒤에는 원하는 국토에 태어나며, 변방이나 하천한 신분에는 결코 태어나지 않을 것이니, 이런 잡류雜流의 몸은 받지 않는다.

아난아! 만약 모든 국토의 주·현·취락에 흉년이 들거나 염병이 돌거나 난리가 나거나 도적이 들거나 전쟁이 나거나 그 밖에 여러 가지 액난이 있을 때에, 이 신주를 써서 성문이나 사람들이 많이 모이는 곳이나 게시판 등에 봉안奉安하거나, 그 국토의 중생들로 하여금 이 신주를 받들어 맞이하여 예배 공경하고 일심으로 공양하면서 동시에 몸에 모두 지니고 집에 봉안하게 하면 일체의 재액이 모두 소멸된다.

아난아! 어떤 국토나 어떤 중생이라도 이 신주가 있으면 하늘과

용이 기뻐하여, 바람과 비가 때를 맞춰서 오곡이 풍성하며, 모든 백성들이 안락하게 된다. 그리고 또 모든 악한 별(惡星)을 능히 눌러서 곳곳마다 온갖 변괴나 재앙과 장난이 일어나지 않고, 사람이 횡액을 만나거나 요사하는 일이 없으며, 어떠한 고문기구나 흉기도 그 몸을 해치지 못하며, 밤낮 편안하게 쉬고 잘 수 있으며, 무서운 꿈도 영원히 없어진다.

아난아! 이 사바세계에는 재변을 일으키는 8만 4천의 악한 별이 있는데, 28개의 큰 악성惡星이 그 우두머리이고, 또 그 위에 8개의 큰 악한 별이 주장이 되어서 여러 가지 형상을 하고 세상에 나타나는데, 이때 중생들에게 여러 가지 재앙과 변이가 생긴다. 이 신주가 있는 땅에는 주위의 12유순이 결계結界 지역으로 되어 있기 때문에 그곳에는 모든 나쁜 재앙 따위가 영원히 침입하지 못하고 모두 소멸된다.

이러므로 여래가 이 신주를 설하여서 미래세에 초학인 수행자들을 보호하여 삼마제에 들게 하여서, 신심이 태연하여 큰 안온을 얻게 하며, 다시 일체의 마장·귀신이나 시작이 없는 과거부터 맺은 원수·재앙이나 업보와 묵은 빚쟁이가 와서 괴롭히고 해치는 일이 없게 한다.

너와 또 이 무리 중에 있는 배우는 사람과 미래세의 모든 수행자들이 내가 말한 단과 도량을 의지하여 법대로 계율을 지키면서, 청정한 스님을 수계사로 만나고 또 이 신주를 의심하지 않고 지송하는데도 불구하고, 이 선남자가 부모가 낳아준 몸으로 마음을 통달하지 못한다면 시방의 여래가 곧 거짓말을 한 것이 된다."

5. 신장들이 보호함

부처님께서 이렇게 말씀하시니, 모임 가운데에 있던 한량없는 백천의 금강신장金剛神將들이 한꺼번에 합장하여 부처님 앞에 엎드려 절하고 부처님께 사뢰었다.

"부처님께서 말씀하신 대로 저희들이 그와 같이 보리를 닦는 자를 성심으로 보호하겠습니다."

그때 범왕과 하늘의 제석帝釋과 사천대왕四天大王들이 역시 부처님 앞에 같이 엎드려 절하고 사뢰었다.

"참으로 그와 같이 수행하고 배우는 착한 사람이 있다면 저희들이 마땅히 마음을 다하여 지성으로 보호하여, 그로 하여금 평생에 하는 것이 소원대로 이루어지게 하겠습니다."

또 한량없는 야차 대장과 모든 나찰 왕과 부단나 왕과 구반다 왕과 비사차 왕과 빈나・야가 등 모든 대 귀왕과 귀신장수들이 역시 부처님 앞에 합장하고 엎드려 절하면서 사뢰었다.

"저희들도 맹세코 이런 사람을 보호하여 보리심을 속히 원만하게 얻도록 하겠습니다."

또 한량없는 일월日月 천자天子와 풍사風師・우사雨師・운사雲師・뇌사雷師・전백電伯들과 연세순관年歲巡官과 모든 별의 권속들이 또한 모임 가운데에서 나와 부처님 발에 엎드려 절하고 사뢰었다.

"저희들도 또한 이 수행자를 보호하여 도량을 편안하게 세우고, 두려움이 없어지게 하겠습니다."

또 한량없는 산신山神・해신海神과 일체 토지와 물과 육지와 허공

중에 다니는 만물의 정령精靈들과 풍신왕風神王과 무색계천無色界天들이 동시에 여래 앞에 엎드려 절하고 사뢰었다.

"저희들도 이 수행하는 사람을 보호하여 보리를 성취하는 데 영원히 마장이 없도록 하겠습니다."

그때 8만 4천 나유타 항하사억의 금강장왕보살이 회중에서 일어나서 부처님 발에 엎드려 절하고 사뢰었다.

"세존이시여, 저희들은 닦은 공덕으로 오래 전에 보리를 이루었으나, 장차 열반을 취하지 않고 항상 이 신주를 따라서 말세에 삼마제를 닦는 바른 수행자를 보호하겠습니다.

세존이시여, 이렇게 마음을 닦아서 바른 정定을 구하는 사람이라면 도량에 있거나 다른 데서 거닐면서 공부하거나, 심지어 흐트러진 마음으로 취락에 노닐더라도, 저희들이 항상 따라다니면서 이 사람을 시위侍衛하겠습니다. 비록 마왕이나 대자재천들이라도 그 틈을 엿보지 못하게 할 것이며, 모든 작은 귀신들을 이 착한 사람에게서 십 유순 밖으로 떠나게 하되, 다만 발심하여 선정을 닦는 자는 제외하겠습니다.

세존이시여, 이런 악마들이나 또 그러한 악마의 권속들이 와서 이 착한 사람을 침해하고 흔든다면 저희들이 금강보저金剛寶杵로써 그 악마의 머리를 부수어서 가루로 만들겠사오며, 항상 이 사람의 하는 일이 소원대로 되게 하겠습니다."

제3장 선나를 설명하여 수행修行을 가르침

아난이 자리에서 일어나서 부처님의 발에 엎드려 절하고 사뢰었다.

"저희들이 우둔하여 많이 듣는 다문만 좋아하고 유루인 마음에서 벗어나기를 구하지 않았는데, 부처님의 자비하신 가르침을 듣고서 바른 훈수熏修를 얻어 몸과 마음이 상쾌하여 큰 요익을 얻었습니다.

세존이시여, 이렇게 삼마제를 닦아 증득할 적에, 열반에 이르기 전에 어떤 것을 간혜지乾慧地와 44심心이라고 하며, 어떠한 점차에 이르러야 수행이라는 이름을 얻으며, 어느 방소로 나아가야 십지十地의 지위에 들어간다 하며, 어떤 것을 등각보살等覺菩薩이라고 합니까?"

이렇게 말하고는 오체를 투지하니, 대중들도 일심으로 부처님의 자비로운 가르침을 기다리면서 눈을 바로 뜨고 부처님을 우러러보

왔다.

그때 세존께서 아난을 칭찬하셨다.

"착하고, 착하다! 너희들이 널리 모든 대중과 말세의 일체 중생들 중에서 삼마제를 닦아 대승을 구하려는 자에게 범부로부터 대열반에 이르는 무상의 바른 수행 길을 보여주고자 하는구나. 이제 너희들에게 설명하여 주고자 하니 자세히 들으라."

아난과 대중이 합장하고 마음을 비우고 조용히 가르침을 받들었다.

✣ 여기부터 수도하여 불과를 증득하는 수행 과정을 설명하는 선나禪那 법문이 시작된다. 원래 선나는 dhyāna, 또는 jhāna의 음역으로, 흔히 선禪이라고 부르고, 정려靜慮 또는 사유수思惟修로 번역하는데, 여기 『능엄경』에서는 특별하게 선나가 불지佛地에 이르는 수행의 단계를 가리키고 있다. 44심心은 이른바 57위位의 수행단계 중에서 십신十信·십주十住·십행十行·십회향十廻向·사가행四加行을 말한 것이다.

부처님께서 말씀하셨다.

"아난아, 마땅히 알아라. 묘성妙性이 원명圓明하여 모든 이름과 모습을 떠났으니, 본래 세계와 중생이 없다. 그런데 망妄으로 인하여 생生이 있게 되었고, 생이 있으니 멸滅이 있게 되는데, 이렇게 생멸하는 것을 망이라고 부른다. 망이 없으면 이것을 진眞이라고 하는데, 이것이 여래의 위없는 보리와 열반인 두 가지 전의호轉依

號이다.

> '묘성妙性이 원명圓明하여 모든 이름과 모습을 떠났으니'부터는 세계와 중생이 생겨난 과정을 설명하는 부분으로, 이미 제4권에서 자세한 설명이 있었는데, 지금 다시 요약하여 설명하신다.
> 두 가지 전의호轉依號는 보리를 가지고 번뇌를 전변轉變하는 것과 열반을 가지고 생사를 전변하는 것을 말한다. 이 보리와 열반은 우리의 진심眞心인 영지靈知와 공적空寂을 각각 가리킨다.

제1절 이종전도二種顚倒

아난아! 네가 진짜 삼마지를 닦아서 곧장 여래의 대열반으로 나가고자 한다면 먼저 이 중생과 세계의 두 가지 뒤바뀜의 원인(二顚倒因)을 알아야 한다. 뒤바뀜만 생기지 않으면 이것이 곧 여래의 진짜 삼마지이다.

1. 중생전도

아난아! 무엇을 중생전도衆生顚倒라고 하느냐?
 아난아! 성명性明한 마음의 성품이 명원明圓하기 때문에 그 명明을 인하여서 성性이 발동하고, 그 성性이 망妄하여 견見이 생기니, 무無에서 마침내 유有가 이루어졌다. 이 유有와 소유所有는 인因·소인所因의 모습과 주住·소주所住의 모습이 없어서 전혀 근본이 없다. 이 무주無住를 기본으로 하여 세계와 모든 중생을 건립하였다.

✍ 이 부분을 『능엄경』 제4권 「부루나장」에서 설명하신 것과 비교해 보면, 지금 "성명性明한 마음의 성품이 명원明圓하기 때문에, 그 명明을 인하여서 성性이 발동하고"는 저 「부루나장」의 "성각性覺은 원래 밝은데, 허망하게 '밝힐 깨달음'인 명각明覺이 되었다"에 해당하고, 또 "그 성性이 망妄하여 견見이 생기니, 무無에서 마침내 유有가 이루어졌다"는 저 「부루나장」의 "각覺은 원래 밝으니 새삼스레 밝힐 대상이 아니건만, '밝히자'는 것을 인因하여서 대상이 되었고"에 해당한다. 그리고 "이 유有와 소유所有는"에서 '유有'는 저 「부루나장」의 "대상對象이 허망하게 성립하니 너의 허망한 주체主體인 망능妄能이 생겼다"에 해당하고, '소유所有'는 「부루나장」의 "같음(同)과 다름(異)이 없는 가운데서 문득 다름(異)이 성립하고, 그 다름을 다름으로 인정하기 때문에 그 다름으로 인하여 같음(同)이 성립된다. 이 같음과 다름을 분명히 구분하고 이로 인하여 다시 '같음도 다름도 없음(無同無異)'이 성립한다. 이렇게 요란하게 상대하여 노勞가 생기고 노가 오래되어 진塵을 발생하니, 자상自相이 혼탁하게 된다. 이로 말미암아 진로塵勞와 번뇌煩惱를 일으키는데, 작용하여서는 세계世界가 되고, 고요하여서는 허공虛空이 된다. 허공은 같음인 동同이고, 세계는 다름인 이異가 되며, 무동이無同異인 중생衆生과 업과業果는 참 유위법有爲法이다"에 해당한다.

그리고 "인因·소인所因의 모습"은 "유有와 소유所有"의 과거를 가리키고, "주住·소주所住의 모습"은 "유有와 소유所有"의 현재를 가리 킨다. "성性이 망妄하여 견見이 생기니"의 '성망견생性妄見生'을 운허 스님은 "성性에서 망견妄見이 생기니"라고 새기고, 탄허 스님은 "망성妄性에서 망견妄見이 생기니"라고 새기고, 각성 스님은 "성性이 허망하여서 허망한 그 소견所見이 생기니"로 새긴다.

본래의 원명圓明을 미혹하여서 허망이 생겼으나, 허망한 성품 바탕이 없어서 의지한 것이 없다. 진眞에 복귀하려고 하면 그 진에 복귀하려고 하는 것이 벌써 참 진여성眞如性이 아니다. 진이 아닌 것으로 진에 복귀하고자 하면 완연히 참모습이 아닌 비상非相을 이루니, 아닌 생(非生)과 아닌 주(非住)와 아닌 심(非心)과 아닌 법(非法)이 계속하여 발생한다. 그 생하는 힘이 발명發明하면서 훈습하여 업을 이루고, 동업끼리는 서로 감응하는데, 감업感業을 말미암아 서로 멸하고 서로 생하니, 이리하여 중생전도가 있게 된다.

🙏 '원명圓明을 미혹하여 허망이 생겼으나, 허망한 성품은 바탕이 없어 의지한 것이 없는 줄(迷本圓明 是生虛妄 妄性無體 非有所依)' 알아차리면, 진심으로 복귀하고자 수도하는 마음이 바로 망심妄心이다. 생멸하는 망심은 참이 아닌 모습인 비상非相이니, 참이 아닌 모습으로 수행한다면 참인 진심에 복귀할 수 없다. 그렇다면 어떻게 해야만 망상이 아닌 진심으로 돌아갈 수가 있을까?

2. 세계전도

아난아! 무엇을 세계전도世界顚倒라고 하느냐?

　유有와 소유所有에서 분단分段이 허망하게 생기는데, 이로 인하여 계界가 성립된다. 능인能因도 소인所因도 아니고, 능주能住도 소주所住도 없는데, 흘러 다니면서 머물지 아니하니, 이로 인하여 세世가 성립된다. 삼세三世와 사방四方이 화합하고 서로 어울리므로 변화하는 중생이 12종류를 이룬다.

　이러므로 세계는 움직임인 동動으로 인하여 소리가 있고, 소리로 인하여 빛깔이 있고, 빛깔로 인하여 냄새가 있고, 냄새로 인하여 촉감이 있고, 촉감으로 인하여 맛이 있고, 맛으로 인하여 법을 안다. 여섯 가지의 어지러운 망상이 업성業性을 이루기 때문에, 12가지로 구분되어서 바퀴 돌 듯 윤전輪轉한다. 이러므로 세간은 소리・냄새・맛・촉감 따위가 12가지로 변화하면서 한 바퀴 돌고는 다시 되풀이한다.

　이렇게 바퀴처럼 돌아가는 윤전의 뒤바뀐 모습들과 어울리므로, 세계에는 난생卵生・태생胎生・습생濕生・화생化生과 빛깔이 있는 유색有色・빛깔이 없는 무색無色・생각이 있는 유상有想・생각이 없는 무상無想・빛깔이 있는 것이 아닌 것 같은 비유색非有色・빛깔이 없는 것이 아닌 것 같은 비무색非無色・생각이 있는 것이 아닌 것 같은 비유상非有想・생각이 없는 것이 아닌 것 같은 비무상非無想이 있다.

🐾 이 경은 중생을 12종류로 분류한다. 『금강경』에는 구류중생九流衆生

으로 분류하여 비유상非有想과 비무상非無想을 하나로 묶었고, 비유색非有色과 비무색非無色은 없다.

아난아! 세계에 허망하게 윤회하는 뒤바뀐 움직임(動顚倒)으로 인하여 기氣가 화합하여 8만 4천 가지의 뜨고 잠기는 어지러운 생각을 이룬다. 그러므로 알(卵)로 태어나는 갈라람羯邏藍이 국토에 흘러 돌아서, 물고기·새·거북·뱀의 무리가 가득하다.

세계에 잡염雜染으로 윤회하는 뒤바뀐 애욕(欲顚倒)으로 인하여 물기가 화합하여 8만 4천 가지의 종횡하는 어지러운 생각을 이룬다. 그러므로 태胎로 태어나는 알포담遏蒲曇이 국토에 흘러 돌아서, 사람·축생·용·신선의 무리가 가득하다.

세계에 집착으로 윤회하는 뒤바뀐 취향(趣顚倒)으로 인하여 부드러움이 화합하여 8만 4천 가지의 번복하는 어지러운 생각을 이룬다. 그러므로 습濕으로 생기는 폐시蔽尸가 국토에 흘러 돌아서, 움직거리고 꿈틀거리는 무리들이 가득하다.

세계에 변역하여 윤회하는 뒤바뀐 가탁(假顚倒)으로 인하여 감촉이 화합하여 8만 4천 가지의 신고新故의 어지러운 생각을 이룬다. 그러므로 화化해서 생기는 갈남羯南이 국토에 흘러 돌아서, 허물을 벗고 날아다니는 무리들이 가득하다.

🕉 갈라람(羯邏藍, kalala)은 당시 인도의 의학 용어인데, 입태하여 첫 일주일 동안에 태胎와 난卵이 미분하여 거품처럼 끈끈하면서도 조금 굳은 상태를 가리킨다. 알포담(遏蒲曇, Albuda)은 입태 후 8일부

터 14일까지 태와 난이 점점 분리하는 상태를 가리킨다. 폐시(蔽尸, Pesi)는 피와 살이 겨우 엉긴 상태를 가리키는데, 습생濕生의 초상初相이다. 갈남(羯南, Kalala)은 허물을 벗은 즉시 다른 몸이 나타나는 것을 가리키는데, 화생化生의 초상初相이다.

세계에 유애留碍하여 윤회하는 뒤바뀐 장애(障顚倒)로 인하여 집착과 화합하여 8만 4천 가지의 정요精耀한 어지러운 생각을 이룬다. 이러므로 빛깔이 있는 모습인 색상色相 갈남이 국토에 흘러 돌아서, 길하고 흉한 정명精明의 무리가 가득하다.

세계에서 소산消散하여 윤회하는 뒤바뀐 미혹(惑顚倒)으로 인하여 어둠과 화합하여서 8만 4천 가지의 그늘지고 숨고 싶어 하는 어지러운 생각을 이룬다. 그러므로 빛깔 없는 모습인 무색無色 갈남이 국토에 흘러 돌아서, 허공에 흩어지고 가라앉고 없어지는 무리들이 가득하다.

세계에 허상인 망상罔象으로 윤회하는 뒤바뀐 그림자(影顚倒)로 인하여 억상憶想과 화합하여 8만 4천 가지의 잠겨서 맺히는 어지러운 생각을 이룬다. 이러므로 생각하는 모습인 상상想相 갈남이 국토에 흘러 돌아서, 신神과 귀鬼와 정령의 무리가 가득하다.

세계에 우둔하게 윤회하는 뒤바뀐 어리석음(癡顚倒)으로 인하여 완고와 화합하여 8만 4천 가지의 마르고 딱딱한 어지러운 생각을 이룬다. 이러므로 생각이 없는 모습인 무상無想 갈남이 국토에 흘러 돌아서, 정신이 화하여 된 토목土木·금석金石 따위가 가득하다.

세계에 상대하며 윤회하는 뒤바뀐 거짓(僞顚倒)으로 인하여 더러움과 화합하여 8만 4천 가지의 기대고 의지하는 인의因依의 어지러운 생각을 이룬다. 이러므로 색상이 있는 것이 아닌 성색成色 갈남이 국토에 흘러 돌아서, 새우로 눈을 삼는 해파리 무리가 가득하다.

세계에 서로 상인相引하여 윤회하는 뒤바뀐 성정(性顚倒)으로 인하여 주呪와 화합하여 8만 4천 가지의 호소하는 어지러운 생각을 이룬다. 그러므로 색상이 없는 것이 아닌 무색無色 갈남이 국토에 흘러 돌아서, 저주와 염생厭生들이 가득하다.

세계에 허망과 합合하여 윤회하는 뒤바뀐 망매(罔昧罔顚倒)로 인하여 이異와 화합하여 8만 4천 가지의 서로 돌아 회호廻互하는 어지러운 생각을 이룬다. 그러므로 상상이 있는 것이 아닌 성상成想 갈남이 국토에 흘러 돌아서, 저 뽕나무벌레가 나나니벌이 되는 것 같이 이질異質이 서로 이루는 것들이 가득하다.

세계에 원해怨害로 윤회하는 뒤바뀐 살생(殺生殺顚倒)으로 인하여 괴怪와 화합하여 8만 4천 가지의 부모를 잡아먹는 어지러운 생각을 이룬다. 그러므로 상상이 없는 것이 아닌 무상無想 갈남이 국토에 흘러 돌아서, 저 올빼미 따위는 흙덩이에 붙어서 새끼를 만들고, 파경조破鏡鳥는 독수毒樹의 열매를 품어서 새끼가 되는데, 그 새끼가 자라면 부모를 잡아먹는 이러한 것들이 가득하다. 이것을 12종류의 중생이라고 한다.

제2절 수증하는 과정

1. 삼종점차

아난아! 이러한 중생들이 그 무리 하나하나에 역시 각각 12가지의 뒤바뀜을 갖추었다. 마치 눈을 비비면 공화空華가 어지럽게 생기듯이, 묘원妙圓하고 진정眞淨한 명심明心에 이러한 허망한 난상亂想을 갖추게 된 것이다. 네가 이제 부처님의 삼마제를 닦아서 증득하려고 하면 이 근본 원인이 되는 난상을 삼종점차三種漸次를 세워서 제거하여야 한다. 마치 그릇에 감로를 담고자 하면 묻어 있는 독밀毒蜜을 제거하기 위하여 먼저 끓는 물과 재와 향으로 그릇을 씻어내고 나서야 감로를 담을 수 있는 것과 같다.

  🔖 여기부터 등장하는 수행단계들은 이근원통耳根圓通으로 삼마지를 수증하는 과정을 분류한 것이다. 이른바 57위를 차례대로 '반드시 거치느냐', 아니면 '생략하기도 하느냐'에 대하여는 견해가 갈린다. 수행자의 근기에 따라서 다를 수밖에 없다.

  무엇을 삼종점차三種漸次라고 하느냐?
  하나는 수습修習이니 간접적인 원인인 조인助因을 제거함이요, 둘은 진수眞修니 정성正性을 바로 잡음이며, 셋은 증진增進이니 현업現業을 멀리함이다.

어떤 것이 간접적인 원인인 조인助因인가?

아난아! 이 세계의 12종류의 중생들은 몸이 저절로 보전되지 않으므로 네 종류의 식사에 의하여 살아가는데, 씹어서 먹는 단식段食과, 접촉으로 먹는 촉식觸食과, 생각으로 먹는 사식思食과, 인식으로 먹는 식식識食이 있다. 그러므로 부처님께서 '일체 중생이 모두 먹는 것에 의지하여 살아간다'고 말씀하셨다.

아난아! 일체 중생이 단 것을 먹으면 살고, 독을 먹으면 죽는데, 이 모든 중생들이 삼마지를 구하려면 마땅히 세간의 다섯 가지 냄새나는 매운 채소인 오신채五辛菜를 끊어야 한다. 이 오신채는 익혀서 먹으면 음심婬心이 발동하고, 생으로 먹으면 진심嗔心이 많아진다. 이렇게 오신채를 먹는 사람은 설사 12부경을 선설하더라도 시방의 천인과 신선들이 그 더러운 냄새를 싫어하여 모두 멀리하고, 여러 아귀들은 그가 식사할 적에 그의 입술을 핥고 있으므로 항상 귀신과 더불어 있게 되어서 복덕이 날로 소멸하여 영원히 이익이 없다. 또 오신채를 먹는 사람은 삼마지를 닦아도 보살과 천인과 신선과 시방의 선신들이 와서 보호하지 않는다. 힘이 센 마왕이 그 기회를 틈타서 부처님으로 가장하고 와서 법을 말하되 금계禁戒를 그르다고 비방하기도 하고, 음노치婬怒痴를 도리어 찬탄하기도 하는데, 그렇게 살다가 죽으면 마왕의 권속이 되어 마의 복을 받으며, 그것이 다하면 무간지옥으로 떨어진다.

아난아! 보리를 닦는 자는 영원히 오신채를 끊어야 한다. 이것이 첫 번째의 증진增進 수행하는 점차이다.

어떤 것이 정성正性이냐?

아난아! 중생들이 삼마지에 들어가고자 하면 먼저 청정한 계율을 근엄하게 지켜야 하니 음심을 영원히 끊고, 술과 고기를 먹지 않으며, 음식은 반드시 불로 익히고 날것은 먹지 말아야 한다.

아난아! 수행하는 사람이 만약 음욕과 살생을 끊지 않는다면 삼계에서 벗어나지 못한다. 그러므로 항상 음욕을 독사나 원적을 보듯이 하되, 먼저 성문의 중계重戒인 사기四棄와 팔기八棄를 지켜서 몸을 단속하고 또 보살의 청정한 율의를 행하여 마음을 단속하여야 한다. 금계가 성취되면 이 세간에서 영원히 서로 낳고 죽이는 업이 없어지고, 도둑질과 겁탈을 하지 않아 이 세간에서 서로 누를 끼치거나 묵은 빚을 갚는 일이 없어진다. 이렇게 청정한 사람이 삼마지를 닦으면 천안을 얻지 않아도 부모가 낳아준 육신으로 시방의 세계를 관찰하고, 부처님을 뵙고 법문을 들어서 성지聖旨를 친히 받들게 되며, 큰 신통을 얻어 시방의 모든 세계에 다니며, 숙명통이 청정하여져서 어렵고 험한 것이 없어진다. 이것이 두 번째의 증진 수행하는 점차이다.

> 정성正性은 업으로 받은 성품이니, 탐진치에서 발생하는 음姪·살殺·도盜·망妄하는 성격들을 가리킨다.

어떤 것이 현업現業인가?

아난아! 이렇게 청정하게 금계를 지키는 사람은 마음에 탐음貪姪

이 없어서 밖으로 육진에 끄달리는 일이 많지 않고, 유일流逸하지 않으므로 원래의 자리로 저절로 되돌아가게 된다. 육진六塵에 반연함이 없으므로 육근六根이 상대할 대상이 없으니 흐름을 돌이켜서 온전히 하나가 되며, 육근의 작용이 일어나지 않아서 시방의 국토가 밝고 청정하여 마치 유리 속에 명월明月을 매어단 것 같다. 신심이 상쾌하여 묘원妙圓하고 평등하여 크게 안은을 얻으며, 일체 여래의 신비하고 원만하고 청정하고 묘한 도리가 그 가운데 모두 나타나니, 이 사람은 곧 무생법인을 얻게 된다. 이로부터 점수漸修하여 수행하는 바에 따라서 성인의 지위를 편안하게 세울 것이니, 이것이 세 번째의 증진 수행하는 점차이다.

> 세 번째의 증진(第三增進)은 현업現業을 멀리함인데, 그 내용은 현업인 버릇을 없애는 것만이 아니고, 나아가서 육진을 초월하여 육근의 작용이 없어지면서 신심이 묘원妙圓하고 평등하여 무생법인을 얻는 것까지 널리 포함한다. 그 뒤에 점수漸修하여 57위位가 차례로 벌어진다.

2. 간혜지

아난아! 이 선남자가 욕애欲愛가 말라서 육근과 육진이 만나지 않으면 현전하는 남은 몸이 다시 계속하여 태어나지 않고, 집심執心이 허명虛明하여 순전히 지혜이다. 혜성慧性이 밝고 두렷하고 시방세계가 분명하되 지혜만 있으므로, 이것을 간혜지乾慧地라고 부른다.

🐾 이미 삼종점차三種漸次에서 '현업現業을 멀리하여' 무생법인無生法忍을 얻었기에, 자연히 '욕애欲愛가 마르면서 육근六根과 육진六塵이 만나지 않으므로' 망상이 없어 업을 짓지 않고, '현전現前하는 남은 몸이 다시 계속하여 태어나지 않게 되어' 다음 생을 윤택하는 후유後有가 없어진다. 또 '아我·법法 두 가지가 있다'고 집착하는 마음인 '집심執心이 허명虛明하여 지혜가 원명하니' 이를 간혜지乾慧地라 한다. 중국 명 말기의 감산 덕청 스님은 이 간혜지를 '성위聖位로서 욕류欲流는 이미 말랐으나, 아직 무명류無明流가 남아 있다'고 보았다.

3. 십신

욕애의 습기가 처음으로 말랐으나, 아직 여래의 법류수法流水와는 접하지 못하였으므로, 즉 이 마음으로 중도中道로 흘러 들어가서 원묘한 경계가 열리고, 참으로 묘원妙圓한 데서 거듭 진묘眞妙한 것이 발하여, 묘신妙信이 상주하면서, 일체 망상이 남김없이 다 없어져 중도中道가 순진純眞하면 신심주信心住라고 한다.

🐾 전통적인 해설은 여기서부터 이른바 십신十信·십주十住·십행十行·십회향十廻向·사가행四加行·십지十地·등각等覺·묘각妙覺을 차례대로 제목들을 붙여서 해석한다.
'욕애欲愛가 말라서 근根과 경境이 만나지 않고, 현전하는 몸이 다시 계속하여 태어나지 않지만, 아직 여래의 법류수法流水와 만나지 못하였다'고 한 것은 앞에 나온 간혜지乾慧地를 가리킨다. '여래 법류

'수법류수水法流水'의 류류流는 육근의 유일분경流逸奔境과 이근원통의 반류전일返流全一·입류망소入流忘所나 수다원과의 입류入流에 나오는 류와 같은 글자이지만, 그 내용에 대해서는 고래로 해석이 여러 가지이다. 즉 중도中道의 법류法流, 진제眞諦의 법류法流, 법성法性의 지류智流 또는 행해行海 등으로 풀이가 다양하다.

진신眞信이 명료하고 온갖 것이 원통하여 오음·십이처·십팔계가 능히 장애하지 못하며, 과거와 미래의 수없는 겁 동안 몸을 버리고 몸을 받던 온갖 습기가 모두 앞에 나타나는데, 이 선남자가 능히 모두 기억하고 잊어버리지 않으면 염심주念心住라고 한다.

🐚 전생의 기억이 일부분 나타나는 것은 공부 과정에 흔히 있는 현상으로, 그것이 바로 이 염심주念心住는 아니다.

묘원妙圓이 순진純眞하여 진정眞精이 발화發化하고, 비롯함이 없는 습기가 하나의 정명精明으로 통하여서, 오직 정명으로 진정眞淨에 나아가면 정진심精進心이라 한다.

🐚 '묘원이 순진하여 진정이 발화하고(妙圓純眞 眞精發化)'는 신심주信心住를 말하고, '비롯함이 없는 습기가 하나의 정명으로 통하여서(無始習氣 通一精明)'은 염심주念心住를 말한 것이니, 그 다음의 '오직 정명으로 진정에 나아가면(唯以精明 進趣眞淨)'이 바로 정진심精進心의 내용을 설명한 것이다. 즉 앞의 경계에 모두 들어가서 그에

주住하다가, 다시 벗어나서 진보하는 것이다. 『화엄경』에서 모든 지위에서 입入·주住한 후에 출出하는 삼상三相을 설명하는 것이 바로 이런 것이다.

정명精明은 보리요 진정眞淨은 열반이니, 진심眞心의 지智로써 진심의 이치에 계합契合한다는 뜻이라 해석한다. 감산 덕청 스님은 '이 지위를 이승二乘들이 열반이라고 여긴다'고 설명한다.

심정心精이 현전하여 순수한 지혜가 되면 혜심주慧心住라고 한다.

❧ 심정心精은 진심眞心의 정수精髓라고 해석한다.

지명智明을 계속 유지하되 두루 적담寂湛하여, 적묘寂妙가 항상 응연凝然하면 정심주定心住라고 한다.

❧ 적묘寂妙는 공적한 묘지妙知로 적적성성寂寂惺惺의 뜻이니, 정혜등지定慧等持로 해석한다.

정定에서 광명이 발하고 그 명성明性이 깊이 들어가서, 오직 나아감이 있을 뿐이고 물러남이 없으면 불퇴심不退心이라고 한다.

❧ 정광定光은 정혜등지定慧等持인데, 진보만 하고 후퇴가 없으니 적적성성이 계속한다는 뜻이다.

마음이 나아가되 안연安然함을 계속 유지하여 잃지 않으며, 시방 여래의 기분氣分과 교접하면 호법심護法心이라고 한다.

- 감산 덕청 스님은 정혜등지定慧等持가 진보하면서 또 편안하니, 무명無明을 일부 깨트려서 법신이 점차 나타나는 지위이므로 '여래의 기분氣分과 교접한다'고 본다. 제7신信에 해당한다.

각명覺明을 계속 유지하되, 능히 묘력妙力으로 부처님의 자광慈光을 되돌려서 부처님의 안주安住에 향하는 것이, 마치 두 거울의 광명이 서로 상대할 때 그 가운데 묘한 영상이 중중重重하여 서로 들어가는 것과 같으면 회향심廻向心이라고 한다.

심광心光을 미밀微密하게 반조返照하여 부처님의 항상 응연凝然한 무상묘정無上妙淨을 얻고, 무위에 안주하되 유실이 없으면 계심주戒心住라고 한다.

- 회광반조廻光返照하여 여래의 묘정妙淨을 능히 얻어서 무위無爲에 안주하니 '유실遺失할 것이 없다'고 한다.

계를 지키되 자재하고, 시방에 능히 노닐되 원하는 대로 가는 것을 원심주願心住라고 한다.

4. 십주

아난아! 선남자가 참된 방편으로 이 십심十心을 발하되 심정心精이 발휘되고, 열 가지 작용을 거두어 넣어서 일심을 원성圓成하면 발심주發心住라고 한다.

🎵 '참된 방편'은 삼종점차와 간혜지를 가리키고, '십심十心'은 앞에 나온 십신十信의 열 가지 마음을 가리킨다. 즉 십심十心의 열 가지 작용인 십용十用을 거두어서, '일심一心을 원성圓成하여' 주住함이 없이 주하면 이것이 초주初住인 발심주發心住이다.

마음 가운데 밝음을 발하는 것이, 마치 맑은 유리가 안에 있는 정금精金을 나타내듯 하여, 앞의 묘심妙心으로 이행履行하여 성지聖地를 이루면 치지주治地住라고 한다.

심지心智와 치지治地가 서로 알아차려서 함께 명료함을 얻고, 시방에 두루 노니는 데 장애가 없으면 수행주修行住라고 한다.

수행이 부처님과 같아서 부처님의 기분氣分을 받는 것이, 마치 중음신中陰身이 스스로 부모를 구할 적에 음신陰信이 명통冥通하는 것처럼 여래의 종성種性에 들어가면 생귀주生貴住라고 한다.

🎵 '부처님의 기분氣分을 받는' 것은 묘지妙智로 진심眞心을 훈습함이고, '음신陰信이 명통冥通하는 것'은 부모와 자식의 업이 서로 같아서 동기同氣가 상구相求하고 동성同聲이 상응하듯이 감응感應하는 것

이다.

이미 도태道胎에 노닐면서 부처님의 씨를 받는 것이, 마치 태가 자라서 사람의 형상을 다 갖춘 것과 같으면 방편구족주方便具足住라고 한다.

용모가 부처님과 같고 심상心相도 또한 부처님과 같으면 정심주正心住라고 한다.

몸과 마음이 합성合成하여 날마다 증장하면 불퇴주不退住라고 한다.

십신十身의 신령한 모습이 일시에 구족하게 되면 동진주童眞住라고 한다.

🕉 십신十身은 여래십신如來十身으로 보리신菩提身·원신願身·화신化身·역신力身·장엄신莊嚴身·위세신威勢身·의생신意生身·복신福身·법신法身·지신智身이다.

형체가 완성되어 태에서 나와서 친히 불자佛子가 되면 법왕자주法王子住라고 한다.

성인으로 인정되는 것이, 마치 나라의 왕이 모든 국사國事를 태자에게 맡기는 것과 같고, 찰제리 왕이 장성한 세자에게 관정을 하는 것과 같으면 관정주灌頂住라고 한다.

5. 십행

아난아, 이 선남자가 불자佛子를 이루고 나서 한량없는 여래의 묘덕을 구족하고 시방에 수순隨順하면 환희행歡喜行이라고 한다.

능히 일체 중생들을 잘 이익되게 하면 요익행饒益行이라고 한다.

자신이 깨닫고서 남을 깨닫게 하되 남의 뜻을 거절함이 없으면 무진한행無瞋恨行이라고 한다.

🐾 제3행行인 무진한행無瞋恨行을 『화엄경』에서는 "보살이 인욕忍辱을 항상 행하면 무위역행無違逆行이라고 한다"고 하여 이름이 다르다.

여러 종류로 출생하여 미래제가 다하도록 중생들을 모두 벗어나게 하여서, 삼세가 평등하고 시방에 통달하면 무진행無盡行이라고 한다.

일체가 합동하여 여러 가지 법문에 두루 맞아서 어긋남이 없으면 이치란행離癡亂行이라고 한다.

같은 것 가운데에 여러 가지 다른 것을 나타내고, 하나하나 다른 모습에서 각각 같은 것을 보이면 선현행善現行이라고 한다.

이와 같이 내지 시방 허공에 가득한 미진에서 그 티끌 하나하나에 시방세계를 나타내되, 그 나타난 티끌과 나타난 세계가 서로 걸림이 없으면 무착행無着行이라고 한다.

여러 가지로 앞에 나타나는 것이 모두 제일바라밀다이면 존중행尊重行이라고 한다.

✎ '제일바라밀다第一波羅蜜多'는 무여열반無餘涅槃을 가리킨다.

이와 같이 원융하여 능히 시방의 모든 부처님의 궤칙軌則을 이루면 선법행善法行이라고 한다.

하나하나가 모두 청정하여 무루無漏이고, 하나의 참된 무위無爲로서 성품이 본연本然하면 진실행眞實行이라고 한다.

✎ '하나하나가 모두'는 앞에 나온 아홉 가지 행行을 가리킨다.

6. 십회향

아난아! 이 선남자가 신통을 만족하게 갖추고, 부처를 이루는 일이 끝나고, 순결하고 정진精眞하여, 모든 유환留患을 멀리 버리고서 마땅히 중생을 제도하되 제도하는 모습이 없고, 무위無爲의 마음으로 돌이켜(廻) 열반의 길로 향向하면 일체 중생을 구호하되 중생상을 여읜 회향(救護一切衆生離衆生相廻向)이라고 부른다.

✎ '모든 유환留患'은 공空과 색色, 유有와 무無, 진眞과 속俗, 중생과 부처를 가리킨다.

부숴야 할 것을 다 부수고, 이상離相도 멀리 버리면 불괴회향不壞廻向이라고 한다.

🔖 '부숴야 할 것'은 무명과 번뇌이고, '멀리 버려야 할 것'은 부순다는 생각(壞相)인 이상離相이다.

본각本覺이 담연湛然하여 깨달음이 부처님의 깨달음과 가지런하면 등일체불회향等一切佛廻向이라고 한다.

정진精眞이 광명을 펴서 경지가 부처님의 경지와 같으면 지일체처회향至一切處廻向이라고 한다.

세계와 여래가 서로 섭입涉入하되 걸림이 없으면 무진공덕장회향無盡功德藏廻向이라 한다.

불지佛地와 같은 데서 그 경지마다 각각 청정한 인因을 내고, 그 인을 의지하고 발휘하여서 열반도를 취하면 수순평등선근회향隨順平等善根廻向이라 한다.

참된 선근을 이미 성취하니 시방의 중생들이 모두 나의 본성이다. 성性을 원만히 성취하되 중생을 잃어버리지 않으면 수순등관일체중생회향隨順等觀一切衆生廻向이라 한다.

일체의 법에 즉卽하면서 일체의 모습을 버리되(離) 즉卽에도 이離에도 둘 다 집착함이 없으면 진여상회향眞如相廻向이라 한다.

참으로 여여如如를 얻어서 시방에 걸림이 없으면 무박해탈회향無縛解脫廻向이라 한다.

성덕性德을 원성圓成하되 법계의 사량思量이 없으면 법계무량회향法界無量廻向이라 한다.

7. 사가행

아난아! 이 선남자가 이렇게 청정한 41심心(간혜지·십신·십주·십행·십회향)을 다 마치면 다음에 네 가지 묘원妙圓한 가행加行을 이룬다.

부처님의 각覺으로서 자기의 마음을 삼았으나 나갈 것 같으면서 나가지 못하는 것이, 마치 나무를 비벼서 불을 낼 적에 그 나무에 불이 붙을 것 같은 경지를 난지煖地라고 한다.

또 자기의 마음으로 부처님의 행리처行履處를 이루었으나 의지한 것 같으면서 의지한 것이 아닌 것이, 마치 높은 산에 올라갔을 제 몸이 허공에 들어갔으나 밑에는 약간 걸림이 있는 것 같은 경지를 정지頂地라고 한다.

마음과 부처가 둘이 같아서 중도中道를 잘 얻은 것이, 마치 인욕하는 사람이 품지도 않고 벗어나지도 않은 것과 같은 경지를 인지忍地라고 한다.

셈과 헤아림이 없어져서 중도中道에서 미迷와 각覺이란 둘을 지목할 것이 없는 경지를 세제일지世第一地라고 한다.

8. 십지

아난아! 이 선남자가 대보리大菩提에 잘 통달하였으므로 각覺이 여래와 통하여서 부처님의 경계를 다하면 환희지歡喜地라고 한다.

다른 성품들이 같은 데로 들어가고, 같은 성품도 역시 소멸하면 이구지離垢地라고 한다.

청정한 것이 극에 도달하여 광명이 생기면 발광지發光地라고 한다.

광명이 극에 도달하여 깨달음이 가득하면 염혜지焰慧地라고 한다.

모든 동同과 이異가 능히 도달하지 못하면 난승지難勝地라고 한다.

무위無爲인 진여眞如의 성품이 깨끗하고 밝게 드러나면 현전지現前地라고 한다.

진여의 언저리에 이르면 원행지遠行地라 한다.

하나의 진여심眞如心이면 부동지不動地라고 한다.

진여의 용用을 발하는 것을 선혜지善慧地라고 한다.

아난아! 이 모든 보살이 이로부터 이미 수습하는 공부를 마치고 공덕이 원만하므로, 이 성지聖地를 지목하여 수습위修習位라고 한다.

자비의 그늘과 묘상妙祥한 구름이 열반의 바다를 덮으면 법운지法雲地라고 한다.

9. 등각

여래는 역류逆流하지만 이렇게 보살이 순행順行하여 도달하여서 정각의 실제에 들어가 만나면 등각等覺이라 부른다.

🕉 이 구절에 대한 통설通說은 "여래如來는 역류逆流하거든, 이 보살은 순행順行으로 나아가"라고 새겨서, 역류逆流와 순행順行이 서로 만난다고 해석한다.

10. 묘각

아난아! 간혜심乾慧心으로부터 등각에 이르니, 이 각이 처음에 금강심金剛心 중의 초간혜지初乾慧地를 얻어서, 이렇게 거듭하여 단單으로 복複으로 12를 거쳐서 바야흐로 묘각妙覺에 도달하여 무상도를 이룬다.

  이 여러 가지 지위는 모두 여환如幻인 열 가지 깊은 비유를 금강으로 관찰하되, 사마타 중에서 모든 여래의 비파사나로 청정하게 닦아 증득하면서 점차로 깊이 들어가는 것이다.

❦ 첫 문장에 대한 통설은 "등각等覺이 바로 금강심金剛心 중의 초간혜지初乾慧地에 해당한다"고 해석하거나, "등각 다음이 금강심 중의 초간혜지이다"라고 해석한다. 이렇게 보면 이 금강간혜金剛乾慧의 뒤로 계속하여 '금강심金剛心 중의' 십신十信·십주十住·십행十行·십회향十回向·사가행四加行·십지十地가 더 있다는 해석이 가능하다. 특히 뒤에 나오는 '50종 변마사'의 끝부분에서 "식음識陰이 없어지면 '보살'의 금강간혜金剛乾慧에 들어가서, 내지 금강십지金剛十地를 초월하고"라고 하여, 금강金剛이 붙은 '금강간혜金剛乾慧'와 '금강십지金剛十地'라는 단어가 다시 등장하므로 '금강심 중의' 54위位가 따로 더 있다는 해석이 가능하다.

이 해석은 '단복십이單複十二'의 설명에서도 가능하다. 즉 '단복십이'의 다음에 "이 여러 가지 지위地位는 모두 여환如幻인 열 가지 깊은 비유를 금강金剛으로 관찰하여"라는 문구가 나오므로, '금강金剛

으로 관찰하는' 수행 과정이 따로 한 차례 더 있다고 전제하고서, 단복單複을 "57위位의 수행 과정을 '두 차례' 거친다"라고 해석한다. 특히 뒤에 나오는 '50종 변마사'의 끝부분에서 '금강간혜金剛乾慧'와 '금강십지金剛十地'라는 단어가 등장하므로, '단單'은 처음에 삼종점차三種漸次를 거쳐서 시작한 초간혜지初乾慧地부터 금강간혜지金剛乾慧地까지의 12위位를 말하는 것이고, '복複'은 이 '금강심金剛心으로 관찰하는' 과정, 즉 금강간혜지에서 시작하여 금강십지를 거치는 '금강으로 수행하는 12위位'를 가리킨다고 해석한다. 그러나 통설은 "단單으로 복複으로 12를 중중重重하여서"라고 해석하면서, '단복십이單複十二'에서 '십이十二'는 "간혜지乾慧地·십신十信·십주十住·십행十行·십회향十回向·난煖·정頂·인忍·세제일世第一·십지十地·등각等覺·금강지金剛地"가 모두 합해서 12개임을 말하고, '단복單複'이란 것은 "12개 중에서 '간혜·난·정·인·세제일·등각·금강지'는 홑이니 '단單'이 되고, '십신·십주·십행·십회향·십지'는 열 개씩이니 '복複'이 된다"고 해석한다.

이상 선나 법문의 내용은 무상정각無上正覺을 이룬 부처님만이 설명할 수 있는 성언량聖言量이어서 그 의미를 우리가 명료히 알 수가 없으므로, 여러 주석가들의 해석상에 차이가 있다는 것을 이해하는 정도에서 그칠 수밖에 없다.

'여환如幻인 열 가지 비유'는 곡두·아지랑이·수월水月·공화空華·메아리·신기루·꿈·그림자·영상·허깨비이다. '비파사나'는 원래 능견能見·정견正見·관觀으로 번역하는데, 흔히 무분별無分別인 사마타와 대비하여 분별관分別觀의 뜻으로 사용한다. 그런데 여기에서는 사마타의 안에 비파사나가 포함된다는 의미로 보인다.

아난아! 이와 같이 모두 세 가지 증진增進으로 말미암아 55위의 참 보리의 길을 능히 성취하니, 이렇게 관觀하는 것은 정관正觀이고 다르게 관하면 사관邪觀이다."

🐾 삼종점차三種漸次 덕분에 55위가 가능하다는 말인데, 여기서는 수행 과정을 간혜지乾慧地를 빼고 등각等覺을 넣어서 55위라고 했다. 수행 과정에 대한 옛날 해석에는 간혜지에서 등각까지를 56위位라고도 하고, 또 끝에 묘각妙覺을 넣어서 57위라고도 하고, 또 삼종점차三種漸次를 57위의 앞에 넣어서 60위라고도 하였다.

제3절 경의 이름을 가르침

그때 문수사리법왕자가 대중 가운데 있다가 자리에서 일어나서 부처님 발에 엎드려 절하고 사뢰었다.
"이 경을 무엇이라고 부르며, 저와 중생들이 어떻게 받들어 지녀야 하겠습니까?"
부처님께서 문수사리보살에게 말씀하셨다.
"이 경의 이름은 '대불정 실달다반달라 무상보인 시방여래 청정해안大佛頂悉怛多般怛羅無上寶印十方如來淸淨海眼'이라고 한다.
또 '구호친인救護親因'이라고도 하는데 아난과 이 모임의 성性비구니를 제도하여 해탈시켜서 보리심을 얻어 변지해偏知海에 들어가게 하였기 때문이다.

👉 혹은 이 구절을 "친인親因을 구호救護하여 아난과 이 모임의 성성性비구니를 제도하여 해탈시켜서 보리심을 얻어 변지해偏知海에 들어가게 한 경"이라고 새기기도 한다.

또 '여래밀인수증요의如來密因修證了義'라고도 한다.
또 '대방광 묘련화왕 시방불모다라니주大方廣妙蓮華王十方佛母陀羅尼呪'라고도 한다.
또 '관정장구 제보살만행수능엄灌頂章句諸菩薩萬行首楞嚴'이라고도 부른다.
너희들은 마땅히 이렇게 받들어 지녀야 한다."

제4장 삼계의 칠취七趣를 밝힘

이렇게 말씀하여 마치시니, 아난과 모든 대중들이 여래께서 열어 보이신 밀인密印 반달라般怛羅의 뜻을 얻었으며, 아울러 이 경의 요의인 이름을 듣고서 선나로 성위聖位를 수진修進하는 더 높은 묘리를 깨달아, 마음과 생각이 허응虛凝하여 삼계의 수심修心에서 6품品의 미세한 번뇌를 끊었다.

🐚 송나라 온릉溫陵 계환戒環 스님은 "욕계에서 끊는 번뇌에 6품과 3품이 있다"고 풀이한다.

곧 자리에서 일어나서 부처님 발에 엎드려 절하고 합장 공경하면서 부처님께 사뢰었다.
"큰 위덕威德의 세존이시여, 자비하신 설법이 무한하여 중생의 미세한 침혹沈惑을 잘 열어 주시어서, 오늘 저희들로 하여금 신심이 상쾌한 큰 이익을 얻게 하셨습니다.

세존이시여! 만약 이 묘명妙明하고 진정眞淨한 묘심妙心이 본래 두루 원만하여, 이와 같이 대지의 초목과 꿈틀거리는 생물들까지도 근본이 원래 진여眞如이어서 곧 여래의 성불하신 진체眞體라고 한다면, 부처님의 바탕이 진실하거늘 어찌하여 다시 지옥·아귀·축생·아수라·인도·천도 등의 갈래가 있습니까?

세존이시여, 이러한 갈래인 육도六道가 본래부터 있는 것입니까? 중생들의 허망한 습기習氣로 생긴 것입니까?

세존이시여, 일찍이 보련향寶蓮香 비구니는 보살계를 지니다가 몰래 음행을 하고, '행음行婬은 살생도 아니요 도둑질도 아니어서 업보가 없다'고 망언하였는데, 이 말을 마치자 먼저 여근女根에서 맹렬한 불이 일어났고 다시 몸의 마디마다 맹화猛火가 붙으면서 무간지옥에 떨어졌습니다. 또 유리대왕琉璃大王은 구담족을 모두 죽였고, 선성善星 비구는 '일체 법이 공하다'고 망언하였는데, 둘 다 산 채로 아비지옥에 빠져 들어갔습니다.

이런 지옥들이 일정한 장소가 있습니까? 또는 저절로 된 곳입니까? 제각기 업을 지은 대로 제각기 받는 것입니까?

원컨대 큰 자비로 어리석고 모르는 자들을 깨우쳐 주십시오. 그리하여 계율을 지키는 모든 중생들로 하여금 결정決定된 이치를 듣고 기쁘게 받들면서 조심하고 깨끗하게 하여 계율을 범하지 않도록 하여 주십시오."

부처님께서 말씀하셨다.

"질문이 아주 통쾌하면서 모든 중생들로 하여금 사견邪見에 들어가지 않게 하는구나. 네가 이제 잘 들어라. 너를 위하여 자세히 설명하리라.

아난아! 일체 중생이 실은 본래 참되고 청정하건만, 망견妄見으로 인하여 망령된 버릇이 생기고, 이로 인하여 내분內分과 외분外分으로 벌어졌다.

아난아! 내분內分이란 곧 중생의 분내分內이니, 모든 애염愛染으로 인하여 망정妄情이 일어나고 망정이 쌓여서 쉬지 않으면서 능히 애수愛水를 낸다. 그러므로 중생이 마음에 맛있는 음식인 진수珍羞를 생각하면 입에 침이 생기고, 기억 속의 사람을 생각하되 사랑하거나 원망하면 눈에 눈물이 고이고, 재보를 탐구하여 마음으로 침을 흘리면 온몸이 광윤光潤하고, 마음이 행음行婬을 애착하면 남근과 여근에 자연히 액이 흐른다.

아난아! 모든 애욕이 비록 다르나 물이 흘러 맺히는 것은 같으니, 축축한 물기는 올라가지 못하고 자연히 떨어지게 되는데, 이것을 내분內分이라고 한다.

아난아! 외분外分이란 곧 중생의 분외分外이니, 모든 갈앙渴仰으로 인하여 허상虛想이 생기고 그 허상이 쌓여서 쉬지 않으면 능히 승기勝氣를 낸다. 이러므로 중생들이 금계를 지키면 몸이 가볍고 맑으며, 마음에 주인呪印을 지니면 눈매가 늠름하고, 천상에 나기를 기원하면 꿈에 날아다니며, 마음을 불국佛國에 두면 거룩한 경계가 나타나고, 선지식을 섬기면 신명身命을 가볍게 여긴다.

아난아! 모든 허상이 비록 다르나 경거輕擧한 것은 같으니, 날아서 움직이는 것은 침몰하지 않으므로 자연히 초월하는데, 이것을 외분外分이라 한다.

아난아! 일체 세간에서 나고 죽는 것이 상속相續하는데, 태어나는 것은 순습順習을 따르고 죽는 것은 변류變流를 따른다. 목숨을 마칠 때에 온기가 사라지기 전에 일생 동안 지은 선업과 악업이 한꺼번에 문득 나타나는데, 이것은 사死의 역逆하고 생生의 순順하는 두 가지 습기가 서로 어울리기 때문이다.

순수하게 생각(想)만 있으면 날아서 반드시 천상에 태어나는데, 만약 나는 마음에 복福과 혜慧를 겸하고 다시 청정한 원願까지 겸하면 자연히 마음이 열려서 시방의 부처님을 뵙고, 원을 따라서 일체 정토에 왕생한다.

✎ 천상에 태어나는 천도天道에 해당한다.

정情이 적고 생각(想)이 많으면 경거輕擧하는 것이 멀리 가지 못하여, 날아다니는 선인仙人이나 큰 힘을 가진 귀왕鬼王이나 비행야차飛行夜叉나 지행나찰地行羅刹이 되어 사천四天으로 다니면서 장애가 없다. 만약 착한 원願과 착한 마음이 있어서 나의 법을 호지하거나, 혹 금계를 보호하고 계를 지키는 사람을 따르거나, 혹 신주神呪를 보호하여 신주를 지송하는 자를 따르거나, 혹 선정禪定을 보호하여 법인法忍을 편안히 지키면, 이런 이는 여래의 좌하座下에 친히 머문다.

❧ 선도仙道와 신도神道에 해당한다. 육도를 이야기할 때는 이 신선도神仙道가 제외된다.

정情과 생각(想)이 균등하면 날거나 떨어지지 않아서 인간으로 태어나는데, 생각은 밝아서 총명하게 되고, 정은 어두워서 둔하게 된다.

❧ 인도人道이다.

정情이 많고 생각(想)이 적으면 축생畜生의 세계에 흘러 들어가는데, 중重한 것은 털이 있는 무리가 되고, 경輕한 것은 날개가 있는 족속族屬이 된다.

❧ 축생도畜生道이다.

정情이 7할이고 생각(想)이 3할이면 가라앉아 내려가서는 수륜水輪을 지나서 화제火際에 태어나는데, 맹렬한 화기火氣를 받으므로 아귀의 몸이 되어서 항상 몸이 불타며, 물도 몸을 해치므로 먹지도 마시지도 못하고 백천 겁을 지낸다.

❧ 아귀도餓鬼道이다.

정情이 9할이고 생각(想)이 1할이면 밑으로 화륜을 뚫고 내려가서 몸이 화火와 풍風이 교차하는 데로 들어가는데, 경輕한 것은 유간지옥에 태어나고 중중重한 것은 무간지옥에 태어난다.

순전히 욕정뿐이면 아비지옥에 빠진다.

만약 그 침닉沈溺하는 마음에 대승을 비방하고, 부처님의 금계를 훼범毀犯하며, 광망誑妄하게 법을 설명하고, 허망하게 신도의 보시를 받으며, 외람되게 공경을 받거나, 오역이나 십중十重의 중죄를 지었으면 다시 시방의 아비지옥에 태어난다.

❧ 지옥도地獄道이다. 수륜水輪 밑에 화륜火輪이 있고, 다시 그 밑에 풍륜風輪이 있는데, 아귀세계는 수륜과 화륜의 사이에 있고, 지옥세계는 화륜과 풍륜의 사이에 있다고 한다.

악업을 지은 대로 자초하여 받는 것이지만, 중동분衆同分 중에 같이 받는 장소인 원지元地가 있다.

❧ 중생이 특정한 세계에 태어나는 것은, 그 세계와 업상業狀이 같아서 같은 사이클끼리 서로 공명하여 저절로 그 세계에 태어난다.

제1절 지옥취

아난아! 이런 것들이 모두 저 중생들이 제각기 지은 업으로 감득하는 것인데, 열 가지 버릇인 인(習因)을 지어서 여섯 가지의 교보交報

를 받는다.

무엇이 열 가지 습인習因인가?

아난아! 첫째는 음습婬習으로 교접하는 것이 서로 접촉으로 나타나는데, 서로 접촉하기를 쉬지 않으면 그 가운데 맹렬한 불이 일어나는 것이, 마치 손을 마주 대고 비비면 뜨거운 촉감이 생기는 것과 같다. 두 버릇이 서로 타오르기 때문에 철상지옥鐵牀地獄과 동주지옥銅柱地獄이 있다. 그러므로 시방의 모든 여래께서 행음行婬을 지목하여 욕화欲火라고 하셨고, 보살은 음욕 보기를 불구덩이 피하듯 한다.

둘째는 탐습貪習으로 서로 계교計較하는 것이 서로 빨아들이는 것으로 나타나는데, 빨아들이는 것이 그치지 않으므로 거기에 추위가 쌓이고 얼음이 굳으며, 그 속에서 꽁꽁 얼게 된다. 마치 사람이 입으로 바람을 들이마시면 찬 촉감이 생기는 것과 같다. 두 버릇이 서로 이기려고 하므로 추워서 덜덜 떨며 신음하는 한빙지옥寒氷地獄이 있다. 그러므로 시방의 모든 여래께서 많이 구하는 것을 지목하여 탐수貪水라 하셨고, 보살은 탐욕 보기를 안개 낀 바다를 피하듯 한다.

셋째는 교만한 버릇(慢習)으로 서로 능멸하는 것이 서로 과시하는 것으로 나타나는데, 세차게 흐르기를 쉬지 않으므로 솟구치고 달리는 파도가 생기고 물결을 쌓아서 물이 된다. 마치 사람이 혀를 스스로 맛보면 침이 생기는 것과 같다. 두 버릇이 서로 두드리기 때문에 혈하血河·회하灰河·열사熱沙·독해毒海·융동融銅을 마시는 지옥들이 있다. 그러므로 시방의 모든 여래께서 아만을 지목하여 치

수痴水를 마시는 것이라 하고, 보살은 아만 보기를 큰 늪을 피하듯 한다.

　넷째는 성내는 버릇(瞋習)으로 서로 충돌하는 것이 서로 밉고 거슬리는 것으로 나타나는데, 거슬림이 쉬지 않으면 마음의 열이 불을 발하고 기운을 녹여서 쇠가 되므로 칼산·쇠 곤장·칼 나무·칼 바퀴·도끼·작두·창·톱 따위가 있으니, 마치 사람이 원한을 품으면 살기가 뻗치는 것과 같다. 두 버릇이 서로 치기 때문에 거세하고, 다리를 끊고, 허리를 찍고, 목을 베고, 송장을 찢고, 찌르고 치는 지옥들이 있다. 이러므로 시방의 모든 여래께서 성내는 것을 가리켜서 날카로운 칼이라고 하고, 보살은 성내는 것 보기를 주륙을 피하듯 한다.

　다섯째는 사기 치는 버릇(詐習)으로 유혹하는 것이 서로 끌어당기는 것으로 나타나는데, 끌어당김을 멈추지 않으므로 포승과 고랑으로 묶고 감금하는 것들이 있다. 마치 물이 밭에 들어가면 초목이 생장하는 것과 같다. 두 버릇이 서로 연장하기 때문에 고랑·수갑·항쇄·족쇄·채찍·곤장이 있는 지옥들이 있다. 그러므로 시방의 모든 여래께서 사기를 지목하여 참소하는 도적이라 하고, 보살은 사기꾼 보기를 맹수를 무서워하듯 한다.

　여섯째는 거짓말하는 버릇(誑習)으로 속이는 것이 서로 거짓말하는 것으로 나타나는데, 거짓으로 속이는 것을 그치지 않고 날리는 마음으로 꾀를 부리기 때문에 티끌·땅·똥·오줌 따위의 더러운 것들이 있다. 마치 티끌이 바람을 따르면 보이지 않는 것과 같다. 두 버릇이 서로 증폭하기 때문에 빠지고, 가라앉고, 올리고, 차고,

날렸다가 떨어뜨리고, 띄우다가 가라앉히는 지옥들이 있다. 이러므로 시방의 모든 여래께서 거짓으로 속이는 것을 지목하여 겁살劫殺이라 하고, 보살은 속임수 보기를 뱀을 밟는 것처럼 한다.

일곱째는 원망하는 버릇(怨習)으로 미워하는 것이 원한을 품는 것으로 나타나는데, 돌을 던지고, 바위를 굴리고, 뒤주에 가두고, 함거에 싣고, 항아리에 넣고, 자루에 넣어 메치는 것들이 있다. 마치 음독陰毒한 사람이 가슴 속에 악을 쌓는 것과 같다. 두 버릇이 서로 삼키므로 던지고, 차고, 사로잡고, 치고, 쏘고, 내버리고, 움켜쥐는 지옥들이 있다. 이러므로 시방의 모든 여래께서 원수를 지목하여 위해귀違害鬼라고 하며, 보살은 원한 보기를 몸이 썩어버리는 짐주鴆酒를 마시는 것처럼 한다.

여덟째는 잘못 보는 버릇(見習)으로 생기는 신견身見·견취見取·계금취戒禁取 등 잘못 각오覺悟하는 모든 업들이 어기고 거부하는 것으로 나타나는데, 그러므로 상반相反을 낳아서 왕사王使와 주리主吏가 문적文籍을 증거로 수집함이 있나니, 마치 길을 가는 사람들이 왕래하면서 서로 보는 것과 같다. 두 버릇이 서로 어울리므로 심문하고, 넘겨짚고, 고문하고, 조사하고, 수색하고, 들춰내고, 증거 대고, 원고와 피고가 문부文簿를 들고 진부眞否를 가리는 지옥들이 있다. 그러므로 시방의 모든 여래께서 악견惡見을 지목하여 사견의 구덩이라 하고, 보살은 모든 허망한 편집偏執 보기를 독극물이 가득한 골짜기에 들어가듯 한다.

아홉째는 모함하는 버릇(枉習)으로 덮어씌우는 것이 무고와 비방으로 나타나는데, 그러므로 산을 합하고 돌을 합하여 연자나 맷

돌로 부수고 갈아버리는 것들이 있다. 마치 남을 모함하는 놈이 선량한 사람을 핍박하고 괴롭히는 것과 같다. 두 버릇이 서로 배척하기 때문에 누르고, 비틀고, 때리고, 뭉개고, 차고, 쥐어짜고, 좁은 구멍으로 뽑아내는 지옥들이 있다. 그러므로 시방의 모든 여래께서 원망과 비방을 지목하여 참소하는 호랑이라고 하고, 보살은 모함하는 것 보기를 날벼락을 만나는 것같이 한다.

열째는 소송하는 버릇(訟習)으로 떠들어대는 것이 감추고 덮는 것으로 나타나는데, 그러므로 거울로 비추거나 불로 밝히는 것들이 있다. 마치 햇빛 속에서 그림자를 감출 수 없는 것과 같다. 두 버릇이 서로 고발하기 때문에 악우惡友, 업경業鏡, 화주火珠로 업을 파헤쳐 드러내고 대질하는 지옥들이 있다. 이러므로 시방의 모든 여래께서 덮어 감추는 것을 음적陰賊이라 하고, 보살은 덮어 감추는 것 보기를 높은 산을 머리에 이고 큰 바다에 들어가듯 한다.

어떤 것을 여섯 가지 교보交報라고 하는가?

아난아! 일체 중생이 육식六識으로 업을 지어서 초래하는 나쁜 과보는 육근六根에서 나온다. 어찌하여 악보가 육근에서 나온다고 하느냐?

첫째는 보는 과보(見報)가 악과惡果를 불러오는 것이다. 이 보는 업이 마주치면 임종할 때 먼저 맹렬한 불이 시방세계에 가득함을 보고, 죽은 자의 식신인 영혼이 날아 떨어져서 연기를 타고 무간지옥으로 들어가 두 가지 광경을 만난다. 하나는 밝게 보이는 것이니 두루 보이는 것마다 갖가지 흉악한 것뿐이어서 한량없는 무서움에 떨고, 또 하나는 어둡게 보이는 것이니 깜깜하여 보이지 않으므로 역시 한량없는 공포를 겪는다. 이 견화見火가 견見을 태워버리면 뜨거운 모래나 뜨거운 재가 되고, 청聽을 태우면 능히 확탕鑊湯과 양동洋銅이 되고, 호흡을 태우면 검은 연기와 붉은 불꽃이 되며, 맛을 태우면 볶은 철환과 쇳물 죽이 되고, 촉觸을 태우면 뜨거운 재와 용광로의 숯불이 되며, 심心을 태우면 성화星火가 쏟아져서 허공에서 타오른다.

둘째는 듣는 과보(聞報)가 악과를 불러오는 것이다. 이 듣는 업이 마주치면 임종할 때 먼저 파도가 천지를 뒤덮음을 보고, 죽은 자의 식신인 영혼이 떨어져 내려와서 그 물결의 흐름을 타고 무간지옥으로 들어가, 거기서 두 가지 광경을 만난다. 하나는 귀가 열려서 온갖 시끄러운 소리를 듣고 정신이 혼란하여지는 것이고, 또 하나는 귀가 막혀서 적연히 들리는 것이 없어 넋이 빠져 들어가는 것이다. 이 문파聞波가 문聞에 쏟아지면 질책이 되고 힐문이 되며, 견見에 쏟아지면 우뢰가 되고 맹수의 포효가 되고 악독한 기운이 되며, 호흡에 쏟아지면 비가 되고 안개가 되고 모든 독충을 뿌리는 것이 되어서 그러한 독충이 몸에 가득하게 되며, 맛에 쏟아지면 고름이 되고 피가 되고 가지가지의 더러움이 되며, 촉觸에 쏟아지면 축생이 되고 귀신이 되고 똥과 오줌이 되며, 뜻(意)에 쏟아지면 번개가 되고 우박이 되어서 혼과 넋이 부서진다.

셋째는 냄새 맡는 과보(齅報)가 악과를 불러오는 것이다. 이 후업齅業이 마주치면 임종할 때에 먼저 독기가 원근에 꽉 차 있음을 보고, 죽은 자의 식신인 영혼이 땅에서 솟아나서 무간지옥으로 들어가, 거기서 두 가지 광경을 만난다. 하나는 코가 뚫려서 모든 독기를 심하게 맡고 마음이 요란함이요, 또 하나는 코가 막혀서 냄새가 통하지 않아 답답하여 땅에 쓰러지는 것이다. 이 후기嗅氣가 호흡을 충衝하면 막힘이 되고 통함이 되며, 견見을 충하면 불이 되고 홰가 되며, 청문聽聞을 충하면 빠지는 것이 되고 넘치는 것이 되고 녹는 것이 되고 끓는 것이 되며, 맛을 충하면 썩는 것과 쉬는 것이 되며, 촉을 충하면 터지는 것이 되고 문드러짐이 되며 큰 살덩이가 되어 백천 구멍이 생기는데 한량없는 것들이 빨아먹게 되며, 생각(思)을 충하면 재가 되고 장瘴이 되고 모래와 자갈을 날려서 몸뚱이를 쳐 부수게 된다.

넷째는 맛보는 과보(味報)가 악과를 불러오는 것이다. 이 미업味業이 마주치면 임종할 때에 먼저 철망에 맹렬한 불이 붙어서 온 세계를 뒤덮는 것이 보이면서, 죽은 자의 식신인 영혼은 밑으로 떨어지다가 그 철망에 걸려서 거꾸로 매달린 채 그 머리부터 무간지옥에 들어가, 거기서 두 가지 광경을 만난다. 하나는 흡기吸氣이니 한빙으로 맺혀져서 몸뚱이의 살이 얼어 터지는 것이고, 또 하나는 토기吐氣이니 맹화로 날아서 그 골수까지도 태운다. 이 상미嘗味가 맛보는 것에 닿으면 승복承服과 인종忍從이 되고, 견에 닿으면 불타는 쇠가 되고 돌이 되며, 문聞에 닿으면 예리한 무기나 칼이 되고, 숨에 닿으면 큰 철롱鐵籠이 되어서 국토를 온통 덮어버리고, 촉觸에 닿으면 활이 되고 화살이 되고 쇠뇌가 되고 쏘는 것이 되며, 생각(思)에 닿으면 나르는 열철熱鐵이 되어 공중에서 비 오듯 쏟아진다.

다섯째는 촉감觸感의 과보가 불러오는 악과이다. 이 촉업觸業이 마주치면 임종할 때 먼저 큰 산이 사면으로부터 마주쳐 와서 합하므로 다시 피할 길이 없는 것을 보고, 죽은 자의 식신인 영혼은 또 큰 철성鐵城에 불 뱀, 불 개, 호랑이, 사자가 있는 것을 보며, 우두옥졸牛頭獄卒과 마두나찰馬頭羅刹들이 손에 창을 들고 성문으로 몰아넣어서 무간지옥으로 향하는데, 여기서 두 가지 광경을 만난다. 하나는 합촉合觸이니 산이 모여들어서 몸을 조이므로 뼈와 살과 피가 터져나가는 것이고, 다른 하나는 이촉離觸이니 칼로 몸을 갈라서 염통·간 따위를 도려내는 것이다. 이 합촉이 촉觸에 닿으면 지옥의 길이 되고 관문이 되고 관청이 되고 문초하는 곳이 되며, 견見에 닿으면 태우고 사르는 것이 되며, 문聞에 닿으면 치고 때리고 찌르고 쏘는 것이 되며, 숨에 닿으면 비틀고 조르고 고문하고 결박하는 것이 되며, 맛보는 데 닿으면 보습으로 가는 것과 제갈 물리는 것과 베는 것과 끊는 것이 되며, 생각에 닿으면 떨어지고 날리고 볶고 굽는 것이 된다.

여섯째는 생각의 과보(思報)가 불러오는 악과이다. 이 생각의 업이 마주치면 임종할 때에 먼저 사나운 바람이 불어서 국토가 무너지는 것을 본다. 그리고 죽은 자의 식신인 영혼이 바람에 날리어 상공으로 올라갔다가 땅으로 떨어지면서 바람을 타고 무간지옥으로 들어가, 여기서 두 가지 광경을 만난다. 하나는 불각不覺이니 극도로 혼미하여서 계속 헤매는 것이고, 다른 하나는 불미不迷니 각지覺知하면 곧 고통인지라 한량없이 지지고 볶는 그 고통을 참을 수가 없다. 이 삿된 생각이 사념에 맺히면 형벌을 받는 방소方所가 되고, 견見에 맺히면 감鑑이 되고 증證이 되며, 문聞에 맺히면 마주치는 바위나 얼음·서리·먼지·안개가 되며, 숨에 맺히면 큰 화차·불타는 배·불타는 함거가 되고, 맛보는 데 맺히면 크게 울부짖고 후회하고 우는 것이 되며, 촉觸에 맺히면 크고 작은 고통이 되어 하루에도 만 번 죽고 만 번 깨어나고 하면서 엎어지고 자빠진다.

아난아! 이것을 지옥의 십인十因과 육과六果라고 하는데, 모두 중생들이 미망으로 짓는 것이다.

만약 중생들이 악업을 죄다 지으면 아비지옥에 들어가서 한량없는 고통을 받으면서 한량없는 겁을 지낸다.

육근으로 각각 짓고, 그 지은 것이 다른 경계를 겸하거나 다른 근을 겸하면 여덟 가지 무간지옥에 들어간다.

몸과 입과 뜻으로 살생하고 도둑질하고 음행을 하면 이 사람은 곧 18지옥에 들어간다.

삼업三業을 겸하지 않고 중간에 혹 한 번의 살생이나 한 번의 도둑질을 한 것이면 이 사람은 36지옥에 들어간다.

능견能見과 소견所見인 일근一根으로 일업一業만 범하였다면 이 사람은 108지옥에 들어간다.

이처럼 중생들이 제각기 업을 지어서 세계 중에서 동업同業인 동분同分 지옥에 들어가는데, 이것은 망상으로 만들어낸 것이지 본래부터 있는 것이 아니다.

제2절 귀취

또 아난아! 중생들이 율의律儀를 그르다 하여 파하거나, 보살계를 범하거나, 부처님 열반을 훼방하거나, 그 밖의 잡업雜業을 지으면 여러 겁 동안 지옥에서 불타는 고보苦報인 소연燒然을 받다가 그 과보가 끝나면 여러 가지 귀신의 형체를 받는다.

만약 지옥에 갔던 본인本因이 재물을 탐한 죄라면 이 사람은 과보가 끝나면 물건을 만나서 형체를 이루니 이것을 괴귀怪鬼라고 한다.

색음色婬을 탐한 것이 죄가 된 사람은 과보가 끝나면 바람을 만나 형체를 이루니 발귀魃鬼라고 한다.

혹惑을 탐하여 죄가 된 사람은 과보가 끝나면 짐승을 만나서 형체를 이루니 매귀魅鬼라고 한다.

한恨을 탐하여 죄가 된 사람은 과보가 끝나면 벌레를 만나서 형체를 이루니 고독귀蠱毒鬼라고 한다.

억憶을 탐하여 죄를 지은 사람은 과보가 끝나면 쇠운衰運을 만나 형체를 이루니 여귀癘鬼라고 한다.

오傲를 탐하여 죄를 지은 사람은 과보가 끝나면 기氣를 만나 형체를 이루니 아귀餓鬼라 한다.

망罔을 탐하여 죄를 지은 사람은 과보가 끝나면 어둠을 만나서 형체를 이루니 염귀魘鬼라고 한다.

명明을 탐하여 죄를 지은 사람은 과보가 끝나면 정령을 만나서 형체를 이루니 망량귀魍魎鬼라고 한다.

성成을 탐하여 죄를 지은 사람은 과보가 끝나면 밝음을 만나서 형체를 이루니 역사귀役使鬼라고 한다.

당黨을 탐하여 죄가 된 사람은 과보가 끝나면 사람을 만나서 형체를 이루니 전송귀傳送鬼라고 한다.

아난아! 이 사람들은 모두 순정純情으로 추락하였다가 업화業火로 타서 없어지고 올라와서 귀신이 된 것인데, 모두가 스스로 망상의 업이 불러온 것이다. 만약 보리를 깨닫고 보면 곧 묘원명妙圓明하여 본래부터 있는 것이 아니다.

🙎 괴귀怪鬼는 탐습貪習으로 지옥에 갔다 와서는, 진귀한 목木-석石이나 보석寶石-경鏡-검劍 등에 붙은 귀신이다. 발귀魃鬼는 음습婬習으로 지옥에 갔다 온 귀신인데 욕화慾火가 있으니 바람을 만나면 가뭄귀신이 된다. 매귀魅鬼는 사습詐習으로 지옥에 갔다 온 귀신이고, 고독귀蠱毒鬼는 원습怨習으로 지옥에 갔다 온 귀신이며, 여귀癘鬼는 진습瞋習으로 지옥에 갔다 온 귀신인데 괴질怪疾을 일으킨다. 아귀餓鬼는 만습慢習으로 지옥에 갔다 온 귀신이다. 염귀魘鬼는 광습誑習으로 지옥에 갔다 온 가위 눌리는 귀신이다. 망량귀魍魎鬼는 견습見習으로 지옥에 갔다 온 도깨비 귀신이며, 역사귀役使鬼는 왕습枉習으로 지옥에 갔다 와서 부적·주문을 따르는 귀신이다. 전송귀傳送鬼는 송습訟習으로 지옥에 갔다 와서 박수·무당에게 붙은 귀신이다.

제3절 축생취

또 아난아! 이 귀신의 업이 다하면 곧 정情과 상想이 둘 다 텅 비게 되어서 비로소 원래 빚진 사람이나 원수끼리 서로가 만나게 되는데, 몸이 짐승인 축생이 되어서 옛날 빚을 갚게 된다.

물건에 붙었던 괴귀는 그 물건이 없어지고 과보가 다하면 세간에 태어나서 흔히 올빼미 종류가 된다.

바람에 붙었던 발귀는 바람이 없어지고 과보가 다하면 세간에 태어나서 흔히 구징(咎徵: 불길한 조짐을 나타내는 축생)의 부류가 된다.

일체 이상한 종류인 축생에 붙었던 매귀가 그 축생이 죽고 과보가 다하면 세간에 태어나서 흔히 여우의 부류가 된다.

벌레에 붙었던 고독귀가 벌레가 없어지고 과보가 다하면 세간에 태어나서 흔히 독류毒類가 된다.

쇠운에 붙었던 여귀가 쇠운이 끝나고 과보가 다하면 세간에 태어나서 흔히 회충의 부류가 된다.

기운을 받았던 아귀가 기운이 소멸되고 과보가 다하면 세간에 태어나서 흔히 식류食類가 된다.

🦚 이들은 배고픈 귀신이었으므로 버릇대로 맹수猛獸가 된다고도 하고, 반대로 배가 고파서 많이 잡아먹었던 과보로 가축이 된다고도 한다.

어둠에 붙었던 염귀가 어두움이 사라지고 과보가 다하면 세간에 태어나서 흔히 양·누에와 같은 복류服類가 된다.

정령과 화합했던 망량귀가 화합이 사라지고 과보가 다하면 세간에 태어나서 흔히 철새 같은 응류應類가 된다.

명주明呪로 영험하던 역사귀가 명주가 사라지고 과보가 다하면 세간에 태어나서 흔히 좋은 징조인 봉황 같은 휴징休徵의 부류가 된다.

일체 모든 사람에게 의지하였던 전송귀가 사람이 죽고 귀신의 과보가 다하면 세간에 태어나서 흔히 사람을 따르는 순류循類가 된다.

아난아! 이들은 모두가 업화業火가 말라버리고 나서 그 옛날 빚을 갚으려고 인간 곁에서 축생이 된 것이니, 이것들도 다 자기의 허망한 업이 불러 만든 것이다. 만약 보리를 깨닫고 보면 이 허망한 인연이 본래 있는 것이 아니다.

네가 말한 바 보련향 비구니나 유리왕과 선성 비구의 그와 같은 악업은 본래 스스로가 지은 것이지, 하늘에서 떨어졌거나 땅에서 솟아난 것이 아니며, 또한 다른 사람이 지어준 것도 아니다. 자기의 허망한 업으로 스스로 짓고 스스로 받는 것이니, 모두가 보리의 마음 가운데에서 허망하게 뜬(浮虛) 망상이 응결한 것이다.

❧ 만약 무상보리를 깨달으면 업보로 나타나는 인연들이 모두 허망하게 기멸하는 것이지 본래 존재하는 것이 아닌 줄을 안다. 모두 진심眞心에 허망한 버릇이 엉기어서 망상으로 지어낸 환몽幻夢일 뿐이다.

제4절 인취

또 아난아! 이 축생들이 묵은 빚을 갚으면서 만약 빚진 것보다 더 많이 갚으면 이 축생은 다시 사람이 되어서 더 많이 갚은 것을 도로 받아낸다.

그런데 더 많이 받은 자가 만약 유력하고 복덕이 있으면 인간세계에서 사람의 몸을 잃지 않고 빚을 도로 갚게 되지만, 만약 그럴 만한 복이 없으면 축생이 되어서 더 받은 것을 갚는다.

아난아! 마땅히 알아야 한다. 만약 재물이나 힘으로 갚을 만큼 갚았으면 그것으로 그쳐야 한다. 만약 잘못하여 그의 목숨을 죽이거나 혹 그의 고기를 먹으면 미진겁을 지내도록 서로 먹고 죽이는 것이 마치 바퀴가 돌아가듯이 서로 오르락내리락하면서 그칠 날이 없다. 사마타를 닦거나 부처님께서 세상에 출현하시는 때를 제외하고는 그런 짓거리를 그치게 할 수가 없다.

너는 지금 마땅히 알아라. 저 올빼미 종류가 빚을 갚고서 형상을 회복하여 인도人道에 태어나면 사나운 완악한 무리에 참여한다.

저 구징咎徵의 부류가 빚을 갚고서 형상을 회복하여 인도에 태어나면 괴이한 짓을 좋아하는 이인異人의 무리에 참여한다.

저 여우 종류가 빚을 갚고서 형상을 회복하여 인도에 태어나면 어리석고 용렬한 무리에 참여한다.

저 독한 것들이 빚을 갚고서 형상을 회복하여 인도에 태어나면 심술궂은 무리에 참여한다.

저 회충 종류가 빚을 갚고서 형상을 회복하여 인도에 태어나면 미천한 무리에 참여한다.

저 잡혀 먹히는 것들이 빚을 갚고서 형상을 회복하여 인도에 태어나면 유약한 무리에 참여한다.

저 옷감이 되는 것들이 빚을 갚고서 형상을 회복하여 인도에 태어나면 노동하는 무리에 참여한다.

저 계절을 따라 이동하는 것들이 빚을 갚고서 형상을 회복하여 인도에 태어나면 글자를 아는 무리에 참여한다.

저 휴징休徵의 무리가 빚을 갚고서 형상을 회복하여 인도에 태어나면 총명한 무리에 참여한다.

저 사람을 따르는 것들이 빚을 갚고서 형상을 회복하여 인도에 태어나면 통달한 무리에 참여한다.

아난아! 이들은 모두 묵은 빚을 갚고 사람의 형상을 회복하였으나, 모두 시작이 없는 과거로부터 업에 얽히고 전도되어 서로 낳고 서로 죽이면서 여래를 만나지 못하거나 정법을 듣지 못하여 진노 속에서 윤회하고 있는 것이다. 그러므로 이런 무리들을 가련하다고 한다.

제5절 선취

아난아! 또 사람으로서 정각正覺을 의지하여 삼마지를 닦지 않고, 따로 망념을 닦아서 형체를 견고하게 만드는 일에 전념하되, 인적이 미치지 않는 산림에서 노니는 열 가지의 신선神仙이 있다.

아난아! 저 모든 중생들이 장생하는 약 먹는 것을 견고하게 하되 쉬지 않아서, 식도食道가 원만하게 성취되면 지행선地行仙이라고 한다.

초목을 견고하게 하되 쉬지 않아서, 약도藥道가 원만히 성취되면 비행선飛行仙이라 한다.

금석을 견고하게 하되 쉬지 않아서, 화도化道가 원만히 성취되면 유행선遊行仙이라고 한다.

움직임과 그침을 견고하게 하되 쉬지 않아서, 기운과 정기精氣가 원만히 성취되면 공행선空行仙이라고 한다.

진액을 견고하게 하되 쉬지 않아서, 윤덕潤德을 원만히 이루면 이것을 천행선天行仙이라고 한다.

정색精色을 견고하게 하되 쉬지 않아서, 순수한 기氣를 마시는 것이 원만히 성취되면 통행선通行仙이라고 한다.

주呪와 금禁을 견고하게 하되 쉬지 않아서, 술법을 원만히 성취하면 도행선道行仙이라고 한다.

사념思念을 견고하게 하되 쉬지 않아서, 사억思憶이 원만히 성취되면 조행선照行仙이라고 한다.

감리坎离의 교구交媾를 견고하게 하되 쉬지 않아서, 감응이 원만히 성취되면 정행선精行仙이라고 한다.

변화를 견고하게 하되 쉬지 않아서, 각오覺悟가 원만하게 성취되면 절행선絶行仙이라고 한다.

아난아! 이들이 모두 사람으로서 마음을 단련하되 정각正覺을 닦지 않고 따로 장생하는 이치를 얻어서 천세 만세를 사는데, 깊은 산속이나 혹은 큰 섬같이 인적이 없는 곳에서 산다. 이들도 역시 윤회하고 망상으로 유전하는데, 삼매를 닦지 않기 때문에 과보가 끝나면 돌아와서 모든 갈래로 다시 들어간다.

제6절 천취

🙎 하늘나라는 삼계구지三界九地로 분류하는데, 크게는 세 종류가 있고 다시 구지九地로 나뉘고, 세분하면 28천天이 된다. 큰 분류인 삼계三界는 육신·묘신妙身·식신識身을 함께 가진 욕계천欲界天과 묘신·식신을 함께 가진 색계천色界天과 식신만 가진 무색계천無色界天으로 나눈 것이다. 욕계천은 육신과 관련된 오욕락五欲樂이 있는 세계이므로 욕계欲界라고 부르고, 색계천은 물질로 된 묘신妙身을 벗어버리지 못하므로 색계라고 부른다. 무색계천은 물질이 아닌 상념으로 된 이른바 식신이라는 몸만 있으므로 일명 사공천四空天이라고도 한다. 구지九地는 욕계천과 색계의 사선천四禪天과 무색계의 사공천四空天을 합한 것을 가리킨다.

1. 욕계천

1) 사천왕천

아난아! 세간의 사람들이 상주하는 진심을 구하는 마음이 없고 처첩에 대한 은애를 버리지 못하였으나, 사음에는 마음이 흘러가지 않아서 고요하고 맑아져서 광명이 나면 목숨을 마친 뒤에 해와 달에 이웃한 곳에 태어나게 되니, 이와 같은 한 무리를 사천왕천四天王天이라고 한다.

🙎 먼저 육신을 가진 욕계欲界 육천六天을 설명한다. 욕계는 육신에 따

른 오욕락을 가진 세상인데, 『능엄경』은 가장 끊기 어려운 색욕色慾의 경중을 기준으로 욕계천의 등급을 구별하여 설명한다.

2) 도리천

자기의 아내에게도 음애婬愛가 엷어졌으나, 청정하게 지낼 때에도 완전히 음애를 버리지 못한 자는 목숨을 마친 뒤에 해와 달이 있는 곳을 초월하여 인간 세계의 맨 꼭대기에 거처하니, 이와 같은 한 무리를 도리천忉利天이라고 한다.

3) 수염마천

음욕의 경계를 만나면 잠깐 교접하지만 떠나면 생각이 없어져서, 인간의 세상에서 흔들림이 적고 고요함이 많은 자는 목숨을 마친 뒤에 해와 달의 광명이 올려 비추지 못하는 허공 가운데 밝게 머문다. 이 사람들은 자기들의 몸에서 스스로 광명이 나오는데, 이와 같은 한 무리를 수염마천須燄摩天이라고 한다.

> 수염마천須燄摩天은 흔히 야마천夜摩天이라고 하는데, 해와 달이 없으므로 제 몸에서 저절로 광명이 나와서 밝다.

4) 도솔타천

항상 고요하나 교접해야만 할 상대가 나타나면 거절하지를 못하는 자는 목숨을 마친 뒤에 높이 정미精微한 곳에 올라가서 밑에 있는 모든 인간과 천상을 접촉하지 않는다. 괴겁壞劫인 때에도 삼재三災

가 미치지 못하니, 이와 같은 한 무리를 도솔타천兜率陀天이라 한다.

☙ 도솔타천兜率陀天은 보통 도솔천이라 부르며, 내원궁內院宮과 외원궁外院宮이 있다. 그중 괴겁壞劫에도 무너지지 않는 곳은 미륵보살이 계시는 내원궁을 말한다.

5) 낙변화천

스스로는 욕심이 없으나 상대방의 요구에 응하여 행사할 뿐이고, 교접하는 동안에도 마치 밀랍을 씹는 것과 같이 아무 재미가 없는 자는 목숨을 마친 뒤에 월화지越化地에 태어난다. 이와 같은 한 무리를 낙변화천樂變化天이라 한다.

☙ 월화지越化地는 하천下天을 초월하고 스스로 변화하여 오욕락을 즐길 수가 있는 낙변화천樂變化天, 즉 화락천化樂天의 다른 이름이다.

6) 타화자재천

세간에 마음이 없으면서도 세간과 어울려서 같이 행사하되, 교접하는 일에 아주 초월한 자는 목숨을 마친 뒤에 변화가 있거나 변화가 없는 경지를 두루 능히 초월하니, 이와 같은 한 무리를 타화자재천他化自在天이라고 한다.

☙ 변화變化가 있는 경지는 낙변화천樂變化天이고, 변화가 없는 경지는 도솔타천兜率陀天과 그 아래에 있는 욕계천들이다.

아난아! 이러한 육천六天이 형상으로는 비록 동動에서 벗어났으나, 마음 자취가 아직도 교접을 하므로, 여기까지를 욕계欲界라고 한다.

🐾 욕계欲界 육천六天은 흔히 수미산須彌山과 일월日月의 위치를 기준으로 설명하는데, 수미산의 존재와 장소가 불분명하고 일월의 주위나 상하를 설명하기가 곤란하므로, 그 위치는 파악하기 어려운 문제 중의 하나이다.

2. 색계

🕉 색계色界는 육신이 없고 정묘한 색신色身만 가진 세상이다. 육신이 없으니 육체에 수반하는 욕망이 없어서 선정에 들기 쉬워서 정定과 혜慧가 균등한 세상이며, 선을 수행한 등급에 따라서 초선初禪·이선二禪·삼선三禪·사선四禪으로 나누니, 그 견처에 따라 태어나는 곳이 정해진다. 일반적으로 선을 흔히 사선四禪·팔정八定으로 분류할 때, 사선은 바로 이 색계사천色界四天에 상응하는 선정을 가리킨다. 일반적으로 초선천은 이생희락지離生喜樂地라 부르고, 이선천은 정생희락지定生喜樂地, 삼선천은 이희묘락지離喜妙樂地, 사선천은 사념청정지捨念淸淨地라고 부른다.

1) 초선천

아난아! 세간에서 마음을 닦는 사람들이 선나를 닦지 않아서 지혜는 없더라도 몸을 잘 단속하여 음욕을 쓰지 않고, 다니거나 앉을 적에 상념이 모두 없어 애욕에 물들지 않으면 욕계에 머물지 않는다. 이런 사람은 생각에 따라서 몸이 범천梵天의 무리가 되니, 이와 같은 한 무리를 범중천梵衆天이라고 한다.

욕심 부리는 버릇이 없어지고 욕심을 떠나서 모든 계율을 좋아하고 따르면 이 사람은 때에 따라 능히 청정한 덕德을 행한다. 이와 같은 한 무리를 범보천梵輔天이라고 한다.

  몸과 마음이 묘원妙圓하고 위의에 청정한 금계를 빠트림이 없으면서, 다시 더하여 밝게 깨달으면 이런 사람은 때에 따라 능히 범천의 무리를 통솔하는 대범왕大梵王이 된다. 이와 같은 한 무리를 대범천大梵天이라고 한다.

  아난아! 이 세 가지 뛰어난 무리들은 모든 고뇌가 능히 괴롭히지 못한다. 비록 참된 삼마지를 정수正修하는 것은 아니지만, 청정한 마음에 모든 번뇌가 움직이지 않으므로 초선初禪이라고 한다.

> 욕계에서 선정을 익혀서 욕계정欲界定을 얻은 뒤에, 다시 고뇌가 괴롭히지 못하는 초선의 경지를 얻으면 그곳이 바로 초선천初禪天의 세계이다.

2) 이선천

아난아! 그 다음 범천梵天은 범인梵人을 거느리고 범행이 원만하며, 맑은 마음이 움직이지 않으면 적담寂湛이 광명을 낸다. 이와 같은 한 무리를 소광천少光天이라고 한다.

  광명끼리 서로 어울려 밝게 비춤이 다함이 없이 시방세계를 비추어서 두루 유리를 이루면 이와 같은 한 무리를 무량광천無量光天이라고 한다.

  원광圓光을 받아 지녀서 교체敎體를 성취하고, 교화를 드날림이 청정하여 응용이 다함이 없으면 이와 같은 한 무리를 광음천光音天이라고 한다.

아난아! 이 세 가지 뛰어난 무리들은 어떠한 근심걱정도 능히 괴롭히지 못한다. 비록 참된 삼마지를 정수正修하는 것은 아니지만, 청정한 마음 가운데 거친 번뇌인 추루麤漏를 이미 조복하였으므로 이선二禪이라고 한다.

👉 선정이 깊어져서 근심걱정인 우수를 벗어나면 바로 정생희락지定生喜樂地인 이선천二禪天의 세상이다.

3) 삼선천

아난아! 이러한 하늘사람이 원광圓光으로 음音을 삼아서 음으로 미묘한 이치를 드러내며 정묘한 행을 이루면 적멸락寂滅樂과 통하니, 이와 같은 한 무리를 소정천少淨天이라고 한다.

 청정한 공空이 앞에 나타나고 즐거움을 끝없이 끌어내어 펴면서 신심이 경안輕安하면 적멸락을 이루니, 이와 같은 한 무리를 무량정천無量淨天이라고 한다.

 세계와 신심이 모두 원만하고 청정하며 깨끗한 덕을 성취하고 훌륭한 의탁처가 앞에 나타나면 적멸락으로 돌아가니, 이와 같은 한 무리를 변정천遍淨天이라고 한다.

 아난아! 이 세 가지 뛰어난 무리들은 크게 수순함을 갖추고 신심이 안은하여 한량없는 즐거움을 얻는다. 비록 참된 삼마제를 바르게 얻지는 못하였으나, 안은한 마음에 환희를 모두 갖추었으므로 삼선三禪이라고 한다.

🐾 이선二禪을 넘어서 기쁨이란 감정에서 벗어나고 한량없는 즐거움인 적멸락을 얻으면 이른바 이희묘락지離喜妙樂地가 되니, 이것이 바로 삼선천三禪天의 경지이다. 여기서 진일보하여 즐거움마저 버리면 비로소 사념청정지捨念淸淨地인 사선천四禪天의 세계에 들어간다.

4) 사선천

①범부천

아난아! 또 하늘사람은 몸과 마음이 핍박하지 아니하여 괴로움의 원인이 이미 없어졌다. 즐거움도 상주하지 않으므로 오래되면 반드시 무너지고 만다. 고와 낙의 두 마음을 함께 단박에 버리면(捨) 거칠고 무거운 모습이 없어지면서 정복淨福의 성품이 생긴다. 이와 같은 한 무리를 복생천福生天이라고 한다.

사심捨心이 원융해서 뛰어난 견해가 청정하여 복이 막힘이 없는 가운데 묘하게 수순함을 얻어 미래제가 다하도록 계속되면 이와 같은 한 무리를 복애천福愛天이라고 한다.

아난아! 이 하늘에 두 갈래의 길이 있다.

만약 앞 마음에서 무량한 정광淨光과 복덕이 원명함을 수증修證하고 머물면 이와 같은 한 무리를 광과천廣果天이라고 한다.

🐾 '앞 마음'이란 앞에 나온 복애천福愛天을 가리킨다. 그곳에서 지름 길인 광과천廣果天과 우회로인 무상천無想天으로 갈라진다.

만약 앞 마음에서 고와 낙을 모두 싫어하고 버리는 마음인 사심

捨心을 정밀히 연구하되, 끊임없이 계속하여 사도捨道를 원만하게 추궁하면 신심이 함께 소멸하고 심려心慮가 타고 남은 재와 같이 되어서 500겁을 지낸다. 이 사람이 생멸로써 인을 삼았기 때문에 불생멸하는 성품을 밝히지는 못하고, 처음 반 겁에는 멸하였다가 나중 반 겁에는 생한다. 이와 같은 한 무리를 무상천無想天이라고 한다.

> 무념무상無念無想은 육식의 분별 작용을 잠시 멈춘 것이지, 제7식과 제8식까지 멈춘 것은 아니다.

아난아! 이 네 가지 뛰어난 무리들은 세간의 모든 고와 낙의 경계에 흔들리지 않는다. 비록 무위인 참다운 부동지不動地는 아니지만, 소득이 있는 마음에서는 공용이 순숙하니, 사선四禪이라 한다.

② 오불환천
아난아! 이 가운데 또 오불환천五不還天이 있으니, 하계인 구품의 습기를 한꺼번에 끊어버리고 고와 낙을 모두 잊어서 하계에는 거처할 곳이 없으므로, 사심捨心인 중동분衆同分에 거처를 세운 것이다.

> 오불환천五不還天은 소승의 제3과인 아나함阿那含들의 거처이다. 아나함은 모든 버릇을 끊고 즐거움인 낙까지 잊어 사이클이 맞는 곳이 없으므로, 오직 사념청정지捨念淸淨地인 사선천에 자기들 끼리 모여서 거처를 정할 수밖에 없다. 그래서 오불환천을 오나함천五那

含天 또는 오정거천五淨居天이라고 한다.

아난아! 고와 낙의 두 가지가 다 없어져서 투쟁하는 마음이 교차하지 않으면 이와 같은 한 무리를 무번천無煩天이라고 한다.

행주좌와에 사수捨受만 있어서 고수苦受나 낙수樂受가 섞일 곳이 없으면 이와 같은 한 무리를 무열천無熱天이라고 한다.

시방의 세계에 묘견妙見이 두렷이 맑아서 다시는 진상塵象인 모든 묶은 때가 없으면 이와 같은 한 무리를 선견천善見天이라고 한다.

정견精見이 앞에 나타나고 습기를 녹이는 것이 장애가 없어지면 이와 같은 한 무리를 선현천善現天이라고 한다.

모든 기미幾微를 연구하여 알고 색성色性의 성품까지 완전히 파악해서 변제邊際가 없는 데에 들어가면 이와 같은 한 무리를 색구경천色究竟天이라고 한다.

아난아! 이 불환천은 저 사선천의 4위位의 천왕들도 듣고서 부러워만 할 뿐이지, 능히 알지도 보지도 못한다. 마치 이 세간의 광야나 심산에 있는 아라한들이 거처하는 거룩한 도량을 세상의 보통 사람들이 보지 못하는 것과 같다.

아난아! 이러한 18천은 독신으로 생활하여 남녀 간의 교접이 없지만 아직 몸을 벗어나지는 못하였으므로, 여기까지를 색계色界라고 한다.

❧ 초선천의 범중천梵衆天부터 사선천의 색구경천色究竟天까지를 색계 18천이라고 한다. 이 세계는 육체는 없으나 정묘색신精妙色身이라

는 기氣로 구성된 유체幽體가 남아 있다고 한다.

3. 무색계

또 아난아! 유정천有頂天인 색변제色邊際에 다시 두 갈래의 길이 있다. 만약 사심捨心에서 지혜를 발명하여 그 혜광慧光이 원통하면 문득 티끌세계에서 벗어나서 아라한을 이루고 보살승에 들어가니, 이와 같은 한 무리는 회심回心한 대아라한이라고 한다.

❧ 색계의 맨 꼭대기에서 수행 과정이 돈점頓漸의 두 갈래로 갈라진다. 돈기頓機는 선정에서 지혜를 통달하여 바로 아라한을 이루어 보살승으로 돌아가니 이것을 이근利根인 회심回心이라 하고, 점기漸機는 다시 무색계의 사공천四空天을 거치면서 색色·공空·식識을 버리는 과정에 들어가니 바로 둔근鈍根인 불회심不回心이라 한다.

1) 공처

만약 사심捨心에서 버림과 싫음을 성취하고, 몸이 장애가 된다는 사실을 깨달아 그 장애를 없애고 공에 들어가면 이와 같은 한 무리를 공처空處라고 한다.

❧ 육신뿐 아니라 정묘색신精妙色身도 내버렸다.

2) 식처

모든 장애가 소멸되고 무애無礙하고 무멸無滅하면 그 가운데 오직 아뢰야식과 말나식 전체와 미세한 의식 반분半分이 남게 되니, 이와 같은 한 무리를 식처識處라고 한다.

🐚 몸을 버리면 공처정空處定이고, 다시 공空도 버리면 식처정識處定이다. 통설은, 식처識處에는 제6식은 이미 없어지고, 제7식도 미세한 반분半分만 남았다고 해석한다. 한편 유식唯識에서는 '육식전멸六識全滅 즉출삼계卽出三界'라고 하여 '육식이 전멸全滅하면 즉 삼계를 벗어난다'고 말한다. 그러나 『능엄경』은 식처識處가 아직도 중생세계에 속하니, 아뢰야식(阿賴耶識, 제8식)과 말나식(末那識, 제7식)이 전부 남아 있고, 의식(意識, 제6식)은 공색空色을 반연하는 추중麤重한 의식은 없지만 미세한 반쪽이 남아 있다고 해석한다. 원문의 '무애무멸無礙無滅'에 대해 운허 스님은 '장애가 없어졌다는 것까지 없어지면', 탄허 스님은 '장애 없음도 없는 것까지 멸하면'이라고 해석한다. 또한 '말나식末那識 전체와 미세한 의식 반분(全於末那半分微細)'에 대해 운허 스님과 각성 스님은 '말나식의 미세한 반분'이라고 새기고, 탄허 스님은 '전체의 말나에서 반분의 미세'라고 새긴다.

3) 무소유처

공空도 색色도 모두 없고 식심識心도 모두 없으면 시방이 고요하고 훤칠하여 갈 데가 없으니, 이와 같은 한 무리를 무소유처無所有處라고 한다.

4) 비상비비상처

식성識性이 움직이지 않아서 궁구하고 연구할 것이 없다. 무진無盡 가운데서 진성盡性을 발선發宣하여 있는 듯하면서도 있는 것이 아니고 다한 듯하면서도 다한 것이 아니니, 이와 같은 한 무리를 비상비비상처非想非非想處라고 한다.

> 식성부동識性不動의 식성識性이 무소유처無所有處에 나오는 식심도멸識心都滅의 식심識心과 같으냐, 다르냐에 대하여 견해가 갈린다. 통설은 무소유처無所有處에서 식심識心이 소멸하였으므로 이 식성識性을 무명無明이라고 본다.

'궁구하고 연구할 것이 없다(以滅窮研)'는 식성識性이 부동不動하니 더 궁구하고 연구할 것이 없다는 말이다. '궁구하고 연구할 것이 없다. 무진無盡 가운데서 진성盡性을 발선發宣하여(以滅窮研 於無盡中發宣盡性)'의 의미를, 운허 스님은 '멸滅로서 끝까지 연구하되, 다함이 없는 데서 다한다는 성품을 발명發明하여'라 새기고, 탄허 스님은 '멸滅로서 끝까지 연구하되, 다함이 없는 중에서 다한다는 성性을 발선發宣하여'로 새기고, 각성 스님은 '멸滅로서 궁구하고 잘 연마하여, 다함이 없는 가운데서 그 다하는 성性을 발명發明하여'로 새긴다.

'있는 듯하면서도 있는 것이 아니고 다한 듯하면서도 다한 것이 아니니(如存不存 若盡非盡)'는 무명無明인 업상業相이 있으니 '있는 듯'

이고, 식성識性이 부동하니 '없는 듯'인데, 되돌아 식성이 부동하니 '다한 듯'이고, 무명이 남아 있으니 '다한 것이 아니다.'

이러한 무리들은 공空을 궁구하였지만 마침내 공의 이치를 통달하지 못하였다.

불환천不還天에서부터 성도聖道가 끝난 이와 같은 한 무리는 불회심不回心한 둔근鈍根인 아라한이라고 한다. 만일 무상천無想天이나 여러 외도천外道天에서 공을 궁구하되 이곳에 돌아오지 못하고 유루有漏에 미혹하거나 이곳에 대하여 견문見聞이 없으면 바로 윤회에 들어간다.

아난아! 이 모든 천상의 천인들은 범부로 업과業果를 받으며, 그 업보가 다하면 다시 윤회한다. 그러나 저 천왕들은 보살로서, 삼마지에서 노닐면서 점차로 향상하여 성인의 무리가 수행하는 길로 회향한다.

아난아! 이러한 사공천四空天은 신심身心이 다 없어져 정성定性이 앞에 나타나되 업과색業果色이 없으니, 이러한 처음부터 끝까지를 무색계라 한다.

🐾 무색계無色界는 업보로 받는 업과색業果色이 없고 선정禪定의 성품性品인 정과색定果色만 있다.

이것이 모두 묘각명심妙覺明心을 모르고 망견妄見을 쌓아 생을 나투어서 삼계가 허망하게 있게 된 것인데, 그 중간에 허망하게 칠취

七趣를 따라 빠져서 헤매므로 보특가라(補特伽羅: 중생)들이 끼리끼리 무리를 이룬다.

🕉 보특가라는 삭취취數取趣라 번역하니, 자주 육취六趣를 취하여 윤회한다는 뜻으로 바로 중생衆生을 가리킨다.

제7절 아수라

또 아난아! 이 삼계 안에 다시 네 가지 종류의 아수라가 있다.

🕉 아수라阿修羅는 태胎・란卵・습濕・화化의 사종四種이 있으므로 이해하기 쉽게 맨 마지막에 설명한 것 같다.

만약 귀도鬼道에서 법을 수호한 힘으로 신통을 얻어서 허공에 들어가는 아수라는 난생卵生으로 귀취鬼趣에 속한다.
만약 하늘에서 덕德이 감하면서 떨어져 해와 달에 이웃한 곳에 사는 아수라는 태생胎生으로 인취人趣에 속한다.
어떤 아수라왕은 세계를 관장하는데, 힘이 세고 두려움이 없으므로 능히 범왕・제석천・사천왕과 더불어 권세를 다투니, 이 아수라는 변화로 생기는 것으로 천취天趣에 속한다.
아난아! 따로 하열한 아수라가 있으니, 큰 바다 속에서 생겨나서 수혈구水穴口에 잠겨 있으면서, 아침에는 허공을 돌아다니다가 저

녁에는 물로 돌아가서 잔다. 이 아수라는 습기로 생기는 것으로 축생취畜生趣에 속한다.

제8절 윤회하는 원인

아난아! 이와 같은 지옥·아귀·축생·인간·신선·하늘·아수라의 칠취七趣를 정밀하게 연구하면 모두가 혼침한 유위상有爲相이다. 망상으로 태어나고 망상으로 업을 따르지만, 묘원명妙圓明인 무작본심無作本心에서 보면 다 허공 꽃과 같아서 원래로 붙어 있는 것이 없고, 다만 한결같이 허망한 것이어서 다시 어떠한 근서根緖도 없다.

아난아! 이 중생들이 본심本心을 몰라서 이 윤회를 받는다. 한량없는 겁이 지나가도 진정眞淨을 얻지 못하는 것은 모두 살殺·도盜·음婬을 따르는 탓이며, 이 세 가지를 거부하면 또 살·도·음이 없는 곳에 태어난다. 살·도·음이 있는 곳은 귀신이라 부르고, 살·도·음이 없는 곳은 하늘이라 부르는데, 있는 곳과 없는 곳을 오르내리면서 윤회성輪廻性을 일으킨다. 만일 묘妙를 얻어서 삼마제를 발하면 곧 묘妙하고 상常하고 적적寂하여 유·무가 둘 다 없고, 무이無二도 역시 없다. 불살不殺·불투不偸·불음不婬도 오히려 없는데, 어찌 새삼스레 살·도·음을 따르겠느냐?

🔖 '묘妙하고 상常하고 적적寂하여'는 마음이 갖추고 있는 반야般若와 법신法身과 해탈解脫의 삼덕三德을 가리킨다.

아난아! 삼업을 끊지 못하고 제각기 업을 따로 짓는데, 제각기 따로 짓지만 그 따로 짓는 것에 여러 동분同分이 있기 때문에 일정한 곳이 없지 않다. 망념에서 발생하니, 발생이 허망하여 인因이 없어서 찾을 수가 없다. 네가 힘써 수행하여 보리를 얻고자 하거든 삼혹三惑을 없애야 한다. 삼혹을 없애지 못하면 비록 신통을 얻더라도 그것은 모두 세간의 유위有爲 공용功用이다. 버릇이 없어지지 않으면 마도에 떨어지고, 비록 망심을 제거하고자 하여도 허위만 더하게 되니, 그러므로 여래께서 불쌍하다고 말씀하신다. 모두 네 망심妄心이 스스로 짓는 것이니, 보리의 허물은 아니다.

이렇게 하는 말은 정설正說이고, 다른 말은 마왕魔王의 말이다.”

제5장 마사魔事를 밝힘

제1절 마구니의 정체

그때에 여래께서 곧 법회를 끝마치려 하시다가 설법하시던 법상인 사자상獅子床에서 칠보七寶로 된 좌탁을 잡아당기시고, 자금산紫金山과 같은 몸을 돌이켜서 다시 기대어 앉으시면서 대중과 아난에게 말씀하셨다.

"너희들 유학有學의 연각과 성문이 금일에 마음을 돌이켜서 대보리인 위없는 묘각妙覺에 나아가려고 하므로 내가 참 수행법을 이미 설명하였다. 그러나 너희들은 아직 사마타와 비파사나를 닦을 적에 나타나는 미세한 마사魔事를 알지 못하니, 마의 경계가 앞에 나타나면 너희들이 잘 알지 못하므로 마음이 정도正道가 아닌 것에 쏠려서 사견에 떨어지게 된다. 네가 음마陰魔·천마天魔·귀신에 붙들리거나 이매魑魅를 만나면 마음에 분명하게 알지 못하므로 도적을 잘못 알고서 아들로 여기게 된다.

🕉 음마陰魔는 오음마五陰魔이고, 천마天魔는 욕계 제6천인 마라천魔羅天에 있는 마왕魔王을 비롯하여 욕계천에 있는 모든 마군들이고, 이매魑魅는 저급한 귀신이다.

또 다시 그런 가운데 적은 것을 얻고서 만족하기도 한다. 마치 제사선천第四禪天의 무문無聞 비구가 성과聖果를 증득했다고 망언하다가 하늘의 과보가 끝나서 쇠상衰相이 앞에 나타나니 '아라한도 후유後有의 몸을 만나는구나!'라고 비방하다가 아비지옥에 떨어진 것과 같다.

너는 자세히 들으라. 내가 이제 너를 위하여 자세하게 가려내어 설명하리라."

아난이 일어서서 모임에 같이 있는 유학有學들과 함께 기뻐하여 부처님의 발에 엎드려 절하고서 부처님의 자비로운 가르침을 엎드려 듣고 있었다.

부처님이 아난과 여러 대중에게 말씀하셨다.

"너희들은 마땅히 알아라. 유루세계에 12가지 중생들의 본각本覺인 묘명妙明한 각원심체覺圓心體는 시방의 부처님과 더불어 무이無二하고 무별無別하다. 너희들이 망상으로 진리를 미혹한 것이 허물이 되어 어리석음과 탐애貪愛가 발생하고, 발생하여서는 두루 미혹하므로 허공의 성性이 있게 되었으며, 미혹이 변화하기를 그치지 않아서 세계가 생겼으니, 이 시방의 미진수의 유루有漏인 국토는 모두가 이 미완迷頑한 망상으로 생긴 것이다.

마땅히 알아라. 허공이 너의 마음 안에서 생긴 것이 마치 조각구름이 허공 속에서 일어난 것과 같고, 그 허공 안에 모든 세계가 다 들어 있다. 너희들 중에서 한 사람이 진성眞性을 발명하여 근원에 돌아가면 이 시방 허공이 모두 다 소멸하는데, 어찌 허공 중에 있는 국토들이 흔들리고 파열되지 않겠느냐?

☙ '본각本覺인 묘명妙明한 각원심체覺圓心體는'에서부터 '미혹이 변화하기를 그치지 않아서 세계가 생겼다'까지는 제2권에 나온 '너의 몸과 마음이 모두 이 묘명진정妙明眞精한 묘심妙心에서 나툰 것인데, 너희들이 어찌하여 본묘本妙하고 원묘圓妙한 밝은 마음을 유실遺失하였느냐? 보명寶明한 묘성妙性이 깨달은 오悟 중에 있으면서 미迷를 인식하려고 하여 회매晦昧하여 허공이 되고, 허공과 회암晦暗한 가운데서 암暗이 맺혀서 물질物質이 된다'는 것과 같은 내용이다.
다시 '허공이 너의 마음 안에서 생겼고, 너희들 중에서 한 사람이 진성을 발명하여 근원에 돌아가면(發眞歸元) 허공이 없어진다'고 한 구절은 진심眞心에서 우주 전체가 일어났다 꺼졌다 하는 소식을 설명한 것이다.

너희들이 선禪을 수행하여 삼마지를 이루어서 시방의 보살과 무루無漏인 대아라한들과 더불어 심정心精이 통하여 당처에서 담연해지면, 일체의 마왕과 귀신과 범부천凡夫天들이 그들의 궁전들이 갑자기 무너지고 갈라지며 대지가 흔들리고 갈라짐을 보게 되며, 수륙水陸에 비등飛騰하는 무리들이 모두 놀라고 겁을 낸다. 다만 범부들은 혼미하고 어두워서 천와遷訛함을 느끼지 못한다. 그러나 저 무리들은 모두가 다섯 가지 신통을 얻었으므로, 네가 저 무리들의 처소를 파괴하는 것을 어찌 그냥 보고만 있겠느냐? 저 무리는 아직 누진통을 얻지 못하여 진로塵勞인 세계를 연연하므로, 귀신과 천마와 도깨비와 요정들이 삼매를 닦는 때에 모두 몰려와서 너를 괴롭힌다.

🐾 삼매三昧가 깊어지면 마구니들이 공부를 방해하는 이유가 바로 이것이다.

그러나 저 마구니들이 비록 크게 성을 내더라도, 그들은 진로 세계의 안에 있고 너희들은 묘각의 가운데에 있으므로, 바람이 햇빛을 부는 것 같고 칼로 물을 베는 것 같아서 마침내 조금도 저촉하지 못한다. 마치 너희들은 끓는 물과 같고 그들은 굳은 얼음과 같아서 더운 기운이 점점 가까이 가면 머지않아 녹아버린다. 그들이 신통력을 믿더라도 다만 객客이 될 뿐이고, 성취하느냐 파란破亂하느냐는 너의 마음 안에 있는 오음五陰 주인에게 달려 있다. 주인이 만약 혼미하면 객이 그 틈을 타겠지만, 선나에 처하여서 각오覺悟하되 미혹이 없으면 저 마구니의 장난도 너를 어찌하지 못한다.

🐾 '오음五陰 주인主人'이란 제 마음을 가리킨다. 흔히 오음은 자동차와

같고, 주인은 운전수와 같다고 하는 비유가 생각난다.

밝은 데 들어가면 어둠이 사라진다. 저 모든 마사魔邪들은 다 어두운 기운을 받았으므로, 밝음이 어둠을 깨트리듯이 가까이 가면 어두운 것은 저절로 소멸하는데, 어떻게 감히 머물러 있어서 선정을 어지럽힐 수가 있겠느냐?

그러나 만약에 밝게 깨닫지 못하고 오음에 미혹하면 너 아난이 반드시 마구니의 아들이 되어서 마인魔人을 이루게 된다. 저 마등가는 비록 하열하지만 신주로 너를 홀려서 부처님의 율의를 파하려고 하였고, 팔만세행八萬細行 중 계율 하나를 훼손할 뻔했으나 네 마음이 청정했기 때문에 오히려 빠져들지는 않았지만, 이 마구니들은 네 보각寶覺의 전신을 무너뜨릴 것이다. 마치 고관高官이 적몰을 당하여 완전히 영락하면 애처로워도 구해 줄 수가 없는 것과 같다.

🍃 명명明과 암暗이 부딪치면 반드시 명명明이 이긴다. 수억만 년 된 동굴 속의 어둠도 성냥불 한 개로 즉시 밝아진다. 물과 불이 부딪치면 세력이 큰 쪽이 이기는데, 암暗과 명명明은 반드시 명명明이 승리하는 이유는 무엇인가?

제2절 오음의 경계와 마장

1. 색음의 경계를 밝히다

1) 색음의 시종始終

아난아! 마땅히 알아라. 네가 도량에 앉아서 모든 생각을 소멸하여 그 생각이 만약 다 없어지면 곧 생각이 없으므로, 일체가 정명精明하고 동과 정에 변이하지 않고 기억함과 잊음이 한결같다. 그 자리에 머물러서 삼마지에 들어가면 마치 눈 밝은 사람이 컴컴하고 어두운 곳에 있는 것과 같아서, 정미로운 성품이 묘妙하고 청정하나 마음이 아직 광명을 발하지 못하니, 이것을 색음色陰의 굴레라고 한다.

❧ 여기서부터 오음五陰의 경계와 함께 나타나는 마장魔障을 같이 설명하신다. 도를 통하고자 마음공부를 하다가 보면 여러 가지 경계가 나타난다. 이런 경계를 잘 이해하면 공부에 어려움이 없지만, 모르고 있으면 공부를 그르치는 경우가 허다하다. 그래서 경계라는 말보다 마장이라는 말을 많이 사용하고 있다. 불교 공부를 열심히 하던 사람이 갑자기 정신이 이상하거나 다른 종교로 개종하는 경우는 모두 이러한 오음의 경계를 만나서 마장에 걸린 것이니, 수행인은 각별히 주의해야 한다. 그래서 이 설법을 50종류의 마사魔事를 분변分辨한 것이라고 하여 특별히 50종변마사五十種辨魔事 법문이라고 부른다.

만약 눈이 밝아져서 시방이 환하게 열리면 다시는 유암幽黯이 없으니, 이것을 색음의 굴레를 벗어났다고 한다.

이 사람은 곧 겁탁劫濁을 능히 초월하는데, 그 까닭을 살펴보면 견고망상堅固妄想이 근본이었던 것이다.

2) 색음의 십종경계十種境界

①몸이 걸림이 없음

아난아! 이 가운데서 묘명妙明을 정미롭게 연구하면 사대가 밀직密織되지 않아서 잠깐 사이에 몸이 능히 장애를 벗어난다. 이것은 '정명精明이 전경前境에 흘러넘치는 현상'이다.

이런 경계는 다만 공용功用으로 잠깐 동안만 그렇게 되는 것이지 성인이 된 증거는 아니다. 성인이 되었다는 마음을 가지지 않으면 좋은 경계라고 하지만, 만약 성인이 되었다고 하는 견해를 일으키면 곧 여러 가지 사마邪魔를 받게 된다.

🐾 '몸이 능히 장애를 벗어난다'는 것은 일체의 물질이 장애가 되지 않아서 몸이 산하와 절벽과 장벽에 구애받지 않고 자유롭게 이동하는 현상이다. 삼마지를 닦아서 나타나는 '좋은 경계' 중의 하나인데, 이런 좋은 경계는 항상 나타나는 것이 아니고 우연히 나타나는 일시적인 경계이다. 만일 일시적이 아니고 생각하는 대로 항상 몸이 자유자재하게 이동하면 그것은 육신통 중에서 신족통神足通에 해당한다. 조선 시대 백은白隱 수좌에 얽힌 이야기를 소개하자면, 그에게 어느 날 이런 신통이 나타나 생각만 하면 원하는 장소에 즉

시 도착하게 되었다. 눈이 어두운 그의 스승이 인가하였고, 백은은 그런 신통을 즐기다가 나중에는 범법자가 되고 끝내 신통도 사라지고 말았다고 전한다. 이런 경계는 다만 공용功用으로 잠깐 동안만 그렇게 되는 것이니, 그것에 관심을 두지 말고 계속 수행만 하여야 한다. 만약에 스스로 성인이 되었다는 사견을 일으키거나 자만심을 가지면 그길로 공부는 중지되고 샛길로 빠지고 만다.

② 몸속의 벌레를 집어냄

아난아! 또 이 마음으로써 묘명妙明을 정미롭게 연구하여 그 몸을 안으로 투철하면 이 사람이 홀연히 그 몸 안에서 요충과 회충을 집어내기도 하는데, 그 몸은 조금도 다치지 않는다. 이것은 '정명精明이 형체에 흘러넘치는 현상'이다.

이 경계는 다만 정행精行으로 잠깐 동안만 그렇게 되는 것이지 성인이 된 증거는 아니다. 성인이 되었다는 마음을 내지 않으면 좋은 경계라고 하지만, 만약 성인이 되었다고 하는 견해를 일으키면 곧 여러 가지 사마邪魔를 받게 된다.

🐾 타종교의 부흥회에서 이런 신통을 부린다는 이야기를 들었던 것 같다. 몸속의 암을 맨손으로 끄집어낸다는 이야기 같은 것인데, 대부분은 사기극이지만 간혹 이런 신통은 나올 수도 있다. 하지만 정견正見을 얻어서 그런 신통이 나오는 것은 아니다.

③ 허공에서 설법을 듣다

또 이 마음으로써 내외內外를 정미롭게 연구하면 그때 혼백·의지·정신이 집수와 몸(執受身)을 제외하고는 모두 같이 드나들어서 서로 손님이 되기도 하고 주인이 되기도 하는데, 문득 공중에서 설법 소리를 듣기도 하고 혹은 시방에서 함께 밀의密義를 말하는 것을 듣기도 한다. 이것은 '정신과 혼백이 번갈아 서로 떠났다가 합쳤다가 하면서 착한 종자種子를 성취하는 현상'이다.

🐾 허공에서 환청幻聽 같은 소리를 듣는 장면은 타종교나 귀신들린 사람에게도 나타나는 현상이지만, 그 설법의 내용이 공부에 유익한 경우에는 수행 과정에서 나오는 좋은 경계이다.

잠깐 동안만 그렇게 되는 것이지 성인이 된 증거는 아니다. 성인이 되었다는 마음을 내지 않으면 좋은 경계라고 하지만, 만약 성인이 되었다는 견해를 일으키면 여러 가지 사마邪魔를 받게 된다.

④ 부처세계가 나타남

또 이 마음이 맑게 드러나고 밝게 사무쳐서 내광內光이 발명하면 시방이 모두 염부단 금색이 되며 모든 종류가 여래로 변화하는데, 이때 문득 비로자나불이 천광대天光臺에 걸터앉아 계시고 천불이 둘러싸고 모시고 백억의 국토와 연꽃이 함께 나타나는 광경을 보기도 한다. 이것은 '마음 혼이 신령스럽게 깨달은 것에 젖어서 마음 광명이 밝아져서 모든 세계를 비추는 현상'이다.

제5장 마사를 밝힘

🦶 주위의 사물이 황금색으로 보이는 환각幻覺 현상은 공부하는 사람들 사이에서 자주 회자되는 내용이다.

　잠깐 동안만 그렇게 되는 것이지 성인이 된 증거는 아니다. 성인이 되었다는 마음을 내지 않으면 좋은 경계라고 하지만, 만약 성인이 되었다는 견해를 일으키면 곧 여러 가지 사마邪魔를 받게 된다.

⑤ 칠보 빛깔이 나타남
또 이 마음으로써 묘명妙明한 성품을 정미롭게 연구하고 쉬지 않고 관찰하여 억누르고 항복하며 제지하고 초월하면, 그때에 홀연히 시방 허공이 칠보색七寶色이 되거나 혹은 백 가지 보석 빛깔이 동시에 두루 가득하되 서로 걸리지를 아니하여 청황적백靑黃赤白이 각각 순수하게 나타나기도 한다. 이것은 '억누르는 공력功力이 분수에 넘치는 현상'이다.

🦶 이것도 환각에 속하는 현상이다.

　잠깐 동안만 그와 같이 되는 것이지 성인이 된 증거는 아니다. 성인이 되었다는 마음을 내지 아니하면 좋은 경계라고 할 수 있으나, 만약 성인이 되었다는 견해를 일으키면 곧 여러 가지 사마邪魔를 받게 된다.

⑥ 어둠 속에서 물건을 봄

또 이 마음으로써 연구하여 맑아지고 사무쳐서 정광精光이 산란하지 아니하면 문득 밤중에 캄캄한 방안에서 가지가지 물건을 보기도 하는데, 한낮과 다르지 않고 또 암실暗室의 물건도 없어지지 아니한다. 이것은 '마음이 미세하여 그 보는 바를 치밀하게 맑혀서 보는 바가 어둠을 밝히는 현상'이다.

🐾 이런 현상도 수행 중에 자주 듣는 이야기이다.

잠깐 동안만 그와 같이 되는 것이지 성인이 된 증거는 아니다. 성인이 되었다는 마음을 갖지 아니하면 좋은 경계라고 말할 수 있으나, 만약 성인이 되었다는 견해를 일으키면 곧 여러 가지 사마魔邪를 받게 된다.

⑦ 몸에 감각이 없음

또 이 마음으로써 허융虛融에 원입圓入하면 사지가 홀연히 초목과 같아서 불로 지지고 칼로 찢어도 조금도 아프지 않기도 하고, 또 불이 능히 태우지 못하거나 칼로 살을 베더라도 마치 나무를 깎는 것과 같기도 한다. 이것은 '진塵이 제거되고 사대성四大性을 배제해서 한결같이 순수한 데 들어간 현상'이다.

🐾 적어도 이 경지에 도달한 경우에는 분신焚身이 가능하다.

잠깐 동안만 그와 같이 되는 것이지 성인이 된 증거는 아니다. 성인이 되었다는 마음을 갖지 아니하면 좋은 경계라고 할 수 있으나, 만약 성인이 되었다는 견해를 일으키면 곧 여러 가지 사마邪魔를 받게 된다.

⑧ 부처님과 불국토를 봄

또 이 마음으로써 청정함을 성취하여 청정한 마음의 공부가 지극하면 대지와 시방의 산하가 다 불국토를 이루어서 칠보를 구족하고 광명이 변만遍滿한 것을 홀연히 보기도 하고, 또 항하 모래수와 같은 여러 불여래가 허공계에 변만하고 화려한 누각과 궁전을 보기도 하고, 걸림이 없이 아래로는 지옥을 보고 위로는 천궁을 보기도 한다. 이것은 '좋아하고 싫어하는 생각이 엉기되 날로 깊어져서 그 생각이 오래되어 변화로 이룬 현상'이다.

🎵 일종의 환각현상이다. '좋아하고 싫어하는 생각이 엉기되 날로 깊어져서 그 생각이 오래되어 변화로 이룬 현상'이니, 실제로 불국토나 천궁과 지옥을 본 것은 아니다.

성인이 된 증거는 아니니 성인이 되었다는 마음을 내지 아니하면 좋은 경계라고 말할 수 있으나, 만약 성인이 되었다는 견해를 일으키면 곧 여러 가지 사마邪魔를 받게 된다.

⑨ 먼 곳을 보고

또 이 마음으로써 심원하게 연구하면 문득 밤중에 먼 곳에 있는 시정市井과 골목과 친척·권속 등을 보기도 하고 혹은 그 말하는 소리를 듣기도 한다. 이것은 '마음을 핍박함이 지극하여 마음광명이 날려 나오기 때문에 막혀서 안 보이는 먼 곳을 자주 보는 현상'이다.

🐾 밤중에만 천안天眼과 천이天耳가 열리는 경우이다.

성인이 된 증거는 아니니 성인이 되었다는 마음을 내지 아니하면 좋은 경계라고 할 수 있으나, 만약 성인이 되었다는 견해를 가지면 곧 여러 가지 사마邪魔를 받게 된다.

⑩ 변형하는 선지식을 봄

또 이 마음으로써 정미롭고 지극하게 연구하면 선지식의 모습이 변형하는 것을 보기도 하는데, 잠시 동안 무단히 여러 가지로 변형하는 것을 본다. 이것은 '사심邪心이 도깨비를 받아들이거나 혹은 천마가 그 사람의 심장과 복부에 들어가서 무단히 묘한 이치를 통달하는 설법을 듣는 현상'이다.

🐾 위의 아홉 가지는 나타나는 경계만 말하였으나, 여기서부터 마구니의 장난인 마사魔事가 나타난다. 마구니가 나타나는 것은 수행자가 사심邪心을 품는 것이 원인이다. 어떤 것이 사심인가? 정견正見이 아닌 것이다. 도깨비는 망상이 일으킨 망경妄境이니 실제로는 없는

경계이다. 천마天魔는 수행자의 망견妄見을 보고서 감응하여 따라붙는 천상의 마구니다.

성인이 된 증거는 아니니 성인이 되었다는 마음을 내지 아니하면 마의 장난이 없어지거니와, 만약 성인이 되었다는 견해를 일으키면 곧 여러 가지 사마邪魔를 받게 된다.

3) 아난에게 부촉함

아난아! 그와 같은 열 가지 선나의 경계가 나타나는 것은 모두 이 색음色陰과 용심用心이 교호交互하므로 그러한 현상이 나타난 것이다.

> '색음色陰과 용심用心이 교호交互한다'라는 구절을 운허 스님은 '색음에 대하여 용심이 교호하므로', 탄허 스님은 '색음의 용심이 교호함일새', 각성 스님은 '색음에 대한 마음 쓰는 것이 교호하므로'라고 새긴다. 여기서 교交는 견고망상인 색음과 선관禪觀이 교전交戰하는 것이고, 호互는 서로 승부한다는 말이다. 선관이 망상을 잠깐 동안 제압하면 평상시와 다른 좋은 경계가 나타난다.

중생들이 완미頑迷하여 그것을 스스로 가려내지 못하는데, 그래서 이런 인연을 만나면 혼미하여 스스로 알아차리지 못하고서 '성인이 되었다'고 말하여 대망어大妄語를 범하고 무간지옥에 떨어진다.

너희들은 마땅히 의지하여 여래가 멸도한 이후의 말법 세상에 이러한 도리를 잘 알려주어서 천마가 그 방편을 사용하지 못하게 하며, 중생들을 잘 보호하여 무상도를 이루게 하여라.

2. 수음의 경계와 마장

1) 수음의 시종始終

아난아! 저 선남자가 삼마제와 사마타를 수행하여 색음이 다 없어진 자는 부처님의 마음을 보는 것이, 마치 밝은 거울 가운데 영상이 나타나는 것과 같다. 그러나 얻은 것이 있는데도 능히 사용하지 못하는 것이, 마치 가위눌린 사람이 손과 발이 완연하고 보고 듣는 것이 헷갈리지 않는데도 마음이 객사客邪에 걸려서 움직이지 못하는 것과 같으니, 이것을 수음受陰의 굴레라고 한다.

🐚 계환 스님과 진감 스님은 여기가 초신初信에 해당한다고 한다. 색음을 이미 벗어나서 불심佛心을 보았으나, 진심眞心이 아니고 그 연영緣影을 보았을 뿐이라는 것은 감산憨山 스님의 해석이다. '얻은 바가 있으나 자유롭게 사용하지 못하는 것이, 마치 가위눌린 사람과 같다'는 것은 연영緣影만 보았기 때문이다. 그런데 불심佛心은 모습이 없는데 어떻게 그 영상을 볼 수가 있을까?

만약 가위눌린 증세가 없어지면 그 마음이 몸을 떠나서 제 얼굴을 보게 되며, 가고 머무는 것이 자유로워 조금도 걸림이 없는데, 이것을 수음受陰의 굴레를 벗어났다고 말한다.

이 사람은 곧 견탁見濁을 능히 초월하는데, 그 까닭을 살펴보면 허명망상虛明妄想이 근본이었던 것이다.

🐾 견탁見濁은 견문각지見聞覺知가 육신에 막혀서 유애留碍된 것을 가리킨다. 정진精進하여 수음受陰의 굴레를 벗어나면 마음이 몸을 벗어나서 사방을 자유롭게 왕래往來하게 된다.

2) 수음마의 십종경계
① 연민하다가 비마悲魔를 만남

아난아! 선남자가 색음色陰이 녹고 수음受陰이 명백한 가운데서 큰 광요光耀를 얻고 그 마음이 광명을 발할 적에, 안으로 억제를 과분하게 하면 문득 거기에서 무궁한 비悲가 생긴다. 이와 같이 내지 모기와 등에 같은 벌레를 보더라도 마치 갓난애와 같이 여기고 연민하는 마음을 내어 눈물을 흘린다. 이것은 '공부할 적에 억누름이 지나친 현상'이라고 한다.

깨달으면 허물이 없지만 성인이 된 증거는 아니니, 깨달아 알고 미迷하지 아니하면 시간이 지나면서 저절로 녹아 없어진다. 만약 성인이 되었다고 하는 견해를 내면 곧 비마悲魔가 심장에 들어가서 사람들만 보면 슬퍼하여 우는 일이 무한하고, 그렇게 정수正受를 잃어버렸기 때문에 마땅히 윤회에 떨어지게 된다.

🐾 비마悲魔가 심장에 들어가는 경우는 스스로 성인이 되었다고 하는 사견邪見을 내기 때문이다. 그렇다면 연민하는 마음이 생겨서 저절로 눈물이 흐르면 어떻게 하여야 하는가? 내가 그런 생각을 하는

줄을 분명히 알면 연민도 눈물도 저절로 사라진다. 깨달으면 허물이 없지만 성인이 된 증거는 아니니, 깨달아 알고 미하지 아니하면 시간이 지나면서 저절로 녹아 없어진다. 이른바 '염기즉각念起卽覺 각지즉무覺之卽無'이다.

②자만하다가 광마狂魔를 만남
아난아! 또 저 정定 가운데 선남자가 색음色陰이 녹고 수음受陰이 명백함을 보면서 기대하던 좋은 모습이 앞에 나타남을 볼 적에, 감격이 너무 지나치면 문득 그 가운데에서 무한한 용기가 생겨서 그 마음이 맹리猛利하여 뜻이 부처님과 같은 듯하므로 '3아승지겁을 일념에 능히 초월했다'고 말하게 된다. 이것은 '공부할 적에 자만이 지나친 현상'이라고 한다.

깨달으면 허물이 없지만 성인이 된 증거는 아니니, 깨달아 알아서 미하지 아니하면 시간이 지나면서 저절로 녹아서 없어진다. 만약 성인이 되었다는 견해를 내면 곧 광마狂魔가 그 심장에 들어가서, 사람들만 보면 과시하여 아만이 비길 데가 없어 그 마음이 위로는 부처님도 보이지 않고 아래로는 사람도 보이지 않으니, 그렇게 정수正受를 잃어버렸기 때문에 마땅히 윤회에 떨어지게 된다.

③침억沈憶하다가 억마憶魔를 만남
또 저 정定 가운데 선남자가 색음이 녹고 수음이 명백함을 보면서 앞으로는 더 신증新證이 없고 돌아서면 고거故居가 없을 적에, 지혜의 힘이 쇠미하여 중간 지점에 들어가 멀리 보이는 바가 없게 되면

마음에 문득 크게 고갈枯渴함을 내어 언제나 침울한 기억이 흩어지지 아니하는데, 그것을 가지고 부지런히 정진하는 것으로 여긴다. 이것은 '수심修心에 지혜가 없어서 스스로 실수한 현상'이라고 한다.

깨달으면 허물이 없거니와 성인이 된 증거는 아니다. 만약 성인이 되었다는 견해를 내면 곧 억마憶魔가 그의 심장에 들어가서 아침과 저녁으로 심장을 거머쥐어서 한곳에 매달아 두게 되니, 그렇게 정수正受를 잃어버렸기 때문에 마땅히 윤회에 떨어지게 된다.

④ 항심恒審을 잃고 지족마知足魔를 만남
또 저 정定 가운데 선남자가 색음이 녹고 수음이 명백함을 보면서 지혜의 힘이 선정보다 지나쳐서 너무 영리하게 되어 온갖 뛰어난 성性을 마음속에 품을 적에, 제 마음에 '이미 노사나가 된 것이 아닌가?' 의심하여 조금 얻고서 만족하게 여긴다. 이것은 '마음 쓰는 것이 항심恒審을 상실하여 지견知見에 빠진 현상'이라고 한다.

깨달으면 허물이 없거니와 성인이 된 증거는 아니다. 만약 성인이 되었다고 하는 견해를 내면 곧 하열하고 쉽게 만족하는 마구니가 그 심장에 들어가서, 사람들을 보면 '나는 위없는 제일의제第一義諦를 얻었다'고 말하니, 그렇게 정수正受를 잃어버렸기 때문에 마땅히 윤회에 떨어지게 된다.

⑤ 우울하다가 우수마憂愁魔를 만남
또 저 정定 가운데 선남자가 색음이 녹고 수음이 명백함을 보면서 신증新證은 얻지 못하고 고심故心은 이미 버렸으나, 색음과 수음을

살펴보고 스스로 어렵고 험난하다는 생각을 낼 적에, 마음에 홀연히 무궁한 근심을 내어서 철상鐵牀에 앉은 것 같고 독약을 마신 것 같으며 살고 싶은 마음이 없어져서, 항상 남에게 자기 목숨을 끊어 주기를 구하여 일찍 해탈하려고 한다. 이것은 '수행이 방편을 잃은 현상'이라고 한다.

깨달으면 허물이 없거니와 성인이 된 증거는 아니다. 만약 성인이 되었다고 하는 견해를 내면 곧 항상 우수憂愁하는 마가 그 사람의 심장에 들어가서 손에 칼을 가지고 스스로 제 살을 베면서 그 목숨 버리기를 좋아하고, 혹은 항상 근심하고 걱정해서 산림으로 숨어 들어가서 사람을 보기를 좋아하지 않으니, 그렇게 정수正受를 잃어버렸기 때문에 마땅히 윤회에 떨어지게 된다.

⑥ **경안輕安하다가 희락마喜樂魔를 만남**

또 저 정定 가운데 선남자가 색음이 녹고 수음이 명백함을 보면서 청정한 가운데서 마음이 안은할 적에, 홀연히 스스로 한량없는 기쁨이 생겨 마음속에 즐거움을 스스로 자제하지 못한다. 이것은 '경안輕安을 스스로 자제할 지혜가 없는 현상'이라고 한다.

깨달으면 허물이 없거니와 성인이 된 증거는 아니다. 만약 성인이 되었다고 하는 견해를 내면 곧 희락喜樂을 좋아하는 마魔가 그 심장에 들어가서, 사람을 보기만 하면 웃기도 하고 길거리에서 혼자 노래하고 춤추면서 '이미 걸림이 없는 해탈을 얻었다'고 말을 하니, 그렇게 정수正受를 잃어버렸기 때문에 마땅히 윤회에 떨어지게 된다.

⑦아만을 내다가 만마慢魔를 만남

또 저 정定 가운데 선남자가 색음이 녹고 수음이 명백함을 보면서 스스로 이미 만족하다고 여길 적에, 무단히 대아만이 생겨서 이와 같이 내지 만慢·과만過慢·만과만慢過慢·증상만增上慢·비열만卑劣慢이 한꺼번에 발생하여, 마음속으로 시방의 여래도 가볍게 보거늘 하물며 하위의 성문·연각은 말할 필요도 없다. 이것은 '뛰어남을 보고 스스로를 구원할 지혜가 없는 현상'이라고 한다.

깨달으면 허물이 없거니와 성인이 된 증거는 아니다. 만약 성인이 되었다고 하는 견해를 내면 곧 어떤 대아만의 마구니가 그 사람의 심장에 들어가서, 탑묘에 절도 하지 않고 경전과 불상을 헐고 부수면서 단월檀越, 신도)에게 말하기를 '불상은 금·동·토·목이며, 경이란 나뭇잎과 비단 천이다. 육신이 참되거늘 공경하지 아니하고 도리어 나무와 흙을 숭배를 하니, 참으로 전도되었다'고 말한다. 그를 깊이 믿는 자들로 하여금 그 말에 따라 불상과 경을 헐고 무너뜨리고 땅속에 묻어버리게 하며, 중생을 의혹하게 하고 그르치게 지도하여 무간옥에 들어가게 한다. 그리고 자신은 정수正受를 잃어버렸기 때문에 마땅히 윤회에 떨어지게 된다.

🏃 만慢은 근본적인 번뇌의 하나인데 그 종류가 많다. 동료끼리 서로 잘난 체하는 것은 만慢이고, 자기를 믿고 남을 능멸하는 것은 아만我慢이고, 동료에게 이기려고 하는 것은 과만過慢이고, 자기보다 우월한 자를 이기려고 하는 것은 만과만慢過慢이고, 얻지 못한 것을 얻었다고 하는 것은 증상만增上慢이고, 용렬함을 자랑하는 것은 비

열만卑劣慢이고, 불경과 불상을 존중하지 않는 것은 사만邪慢이다.

⑧ 경청輕淸 중에 마魔를 만남

또 저 정定 가운데 선남자가 색음이 녹고 수음이 명백함을 보면서 정명精明한 가운데서 정미로운 이치를 원만히 깨달아서 크게 수순함을 얻을 적에, 그 마음에 홀연히 한량없는 경안輕安이 나타나면 '이제 성인이 되어 크게 자재함을 얻었다'고 말하게 된다. 이것은 '지혜로 경청輕淸을 얻는 현상'이라고 한다.

깨달으면 허물이 없거니와 성인이 된 증거는 아니다. 만약 성인이 되었다는 견해를 내면 곧 경청을 좋아하는 마구니가 그 심장에 들어가서, 스스로 말하기를 '이만하면 만족하다'고 하여 다시 더 수행하지 아니한다. 이런 무리들은 대개 무문無聞 비구가 되어서 중생들을 의심하고 그르치도록 지도하여 아비지옥에 떨어지게 한다. 그리고 자신은 정수正受를 잃어버렸기 때문에 마땅히 윤회에 떨어지게 된다.

⑨ 공空에 떨어져 공마空魔를 만남

또 저 정定 가운데 선남자가 색음이 녹고 수음이 명백함을 보면서 명오明悟한 가운데 허명성虛明性을 얻을 적에, 그 가운데서 홀연히 영멸永滅에 돌아가서 '인과가 전혀 없다'고 말하면서 언제나 공空에 들어서 공심空心이 앞에 나타나고, 나아가 마음에 '길이 단멸斷滅한다'는 견해를 낸다.

깨달으면 허물이 없거니와 성인이 된 증거는 아니다. 만약 성인이 되었다는 견해를 내면 곧 공마空魔가 그 심장에 들어가서, 곧 계를 지키는 자를 '소승이 된다'고 비방하고 '보살은 공空 도리를 깨달았는데, 어떻게 계를 지키거나 범하는 일이 있겠느냐!'고 한다. 그 사람이 신심이 있는 단월檀越 앞에서 술을 마시고 고기를 먹으며 음예婬穢를 자행하되 마력魔力으로 사람들을 포섭하므로 사람들이 의심하지 않고 비방하지도 못한다. 사람들이 오랫동안 귀심鬼心이 들렸으므로 똥·오줌·술·고기를 먹으면서도 모두 다 '공하다'고 하면서 부처님의 계율을 깨뜨리고 국법을 어기게 된다. 그리고 자신은 정수正受를 잃어버렸기 때문에 마땅히 윤회에 떨어지게 된다.

⑩ 애욕에 빠져 욕마欲魔를 만남

또 저 정定 가운데 선남자가 색음이 녹고 수음이 명백함을 보면서 허명虛明에 맛이 들어 깊이 사람의 심장과 뼈에까지 사무쳐 들어갈 적에, 그 마음에 홀연히 무한한 애욕이 생기고 애욕이 지극해서 발광하여 곧 탐욕스런 짓을 한다. 이것은 '정定의 경계가 안순安順함이 마음에 들어가자, 그것을 바로 잡는 지혜가 없어서 애욕에 잘못 빠지는 현상'이라고 한다.

깨달으면 허물이 없거니와 성인이 된 증거는 아니다. 만약 성인이 되었다는 생각을 내면 욕마欲魔가 그 심복心腹에 들어가서, 언제나 '애욕이 바로 보리의 도이다'라고 말한다. 모든 백의(白衣, 신도)를 가르치되 평등하게 음욕을 행하게 하고, 그 음욕을 행하는 자를 법을 지니는 지법자持法子라고 부른다. 귀신의 힘 때문에 말세에 어리석은 범부들을 잘 포섭하는데, 그 무리가 백에 이르거나 내지 이

백 혹은 오륙백이 되기도 하며, 많게는 천만까지 되기도 한다. 마심魔心이 싫증을 내어 그 몸을 떠나고 나면 그 사람의 위덕이 없어지면서 국법을 어기게 되고, 중생을 의심하게 하고 그르치게 지도하여 무간지옥에 들어가게 한다. 그리고 자신은 정수正受를 잃어버렸기 때문에 마땅히 윤회에 떨어지게 된다.

3) 아난에게 부촉함

아난아! 그와 같은 열 가지 선나禪那의 경계가 나타난 것은 모두 이 수음受陰과 용심用心이 교호交互하므로 그러한 현상이 나타난 것인데, 중생들은 완고하고 혼미해서 스스로 가려내지 못한다.

> '수음受陰과 용심用心이 교호交互한다'는 말은, 허명虛明한 망상과 선나의 용심用心이 교전交戰하여 일진일퇴하는 것을 가리킨다.

그래서 이런 인연을 만나면 혼미하여 알아차리지 못하고 '성인의 경지에 올랐다'고 말하여 대망어를 범하고 무간지옥에 떨어진다.

너희들은 마땅히 여래의 말씀을 가져다가 내가 열반한 뒤에 말법 세상에 전하여 두루 중생들로 하여금 이러한 도리를 깨닫게 하고, 천마로 하여금 그 방편을 사용하지 못하게 하며 수행자를 보호하여 무상도無上道를 이루게 하여라.

> 공부하는 중간에 스스로 '성인의 경지에 올랐다'고 착각하면 스스로 천마를 불러서 마구니를 자초한다. 공부인에게 겸손한 태도가

제5장 마사를 밝힘

이렇게도 중요하다.

3. 상음想陰의 경계와 마장

1) 상음의 시종始終

아난아! 저 선남자가 삼마지를 닦아서 수음受陰이 없어진 자는 비록 누漏가 다하지는 못했으나 마음이 몸을 떠나는 것이 마치 새가 새장을 벗어난 것 같아서, 범부의 몸으로 위로 보살의 60성위聖位를 거치되 의생신意生身을 얻어서 가는 데마다 걸림이 없음을 능히 성취한다. 비유컨대 어떤 사람이 깊이 잠들어 잠꼬대를 할 적에, 이 사람이 비록 별달리 아는 것은 없으나 그 말이 음운音韻이 분명하고 앞뒤가 맞아서 잠자지 않는 이는 그 말을 알아듣는 것과 같으니, 이것을 상음想陰의 굴레라고 한다.

🐾 '수음受陰이 없어지면' 마음이 몸을 떠난다. '보살의 60성위聖位를 거치되'는 수음이 없어지면서 바로 간혜지乾慧地에 들어간다는 뜻이라고 감산憨山 스님은 해석하지만, 진감 스님은 이신二信이나 삼신三信에 해당한다고 한다. '60성위聖位'는 57위位의 앞에 3종의 점차를 넣은 것이다.

만약 동념動念이 다 없어져서 뜬생각이 소멸한 것이, 마치 각명覺明한 마음에서 진구塵垢를 씻어버린 듯하면 이른바 생사의 머리와 꼬리를 원조圓照하니, 이것을 상음想陰의 굴레를 벗어났다고 말한다.

이 사람은 곧 번뇌탁煩惱濁을 능히 초월하는데, 그 까닭을 살펴보면 융통망상融通妄想이 근본이었던 것이다.

🐾 견문각지見聞覺知가 육진六塵경계와 반연하여 생각이 일어나는 것이 번뇌탁煩惱濁이다.

2) 상음마의 십종
①선교善巧를 좋아하다가 괴귀怪鬼를 만남
아난아! 선남자가 수음受陰이 허묘虛妙하고 삿된 생각을 만나지 아니하여, 두렷한 정定이 발명發明한 삼마지 중에 그 마음이 원명圓明을 좋아하여 그 정사精思를 예리하게 하여 선교善巧를 탐내어 구하면, 그때 천마天魔가 그 기회를 틈타서 정精을 날려 어떤 사람에게 붙게 하고서 그 사람의 입으로 경법經法을 말하게 한다.

🐾 '선교善巧'는 방편을 적절하게 활용함이다. 상음마想陰魔는 수행하는 사람이 내심으로 좋아하고 탐내는 것이 있으면 그것을 빌미로 찾아온다.

그 사람은 자기에게 마구니가 붙은 줄도 모르고 '무상열반을 스스로 얻었다'고 말하면서 저 선교를 구하는 선남자에게 다가가서 자리를 펴고 설법을 한다. 그 설법을 듣는 선남자는 마구니가 붙은 그 사람의 모습이 잠시 동안 비구의 모습이 되기도 하고, 혹은 제석천왕이나 부녀나 비구니의 모습으로 되기도 하며, 혹은 어두운 방에서 잠을 잘 때에 몸에 광명이 나는 것을 보기도 한다. 선남자가 어리석고 혼미하여 그 사람을 보살인 줄로 미혹하여, 그의 교화를 믿고 마음이 방탕하여 부처님의 율의를 파하고 몰래 탐욕을 행하게 된다. 입으로는 재앙과 상서와 변이를 말하기를 좋아하며, 혹은 '여래가 어느 곳에서 출세했다'고 말을 하며, 혹은 괴겁壞劫의 불을 말하기도 하며, 혹은 도병겁刀兵劫을 말하여 사람들을 공포에 떨게 하여 그 집의 재산을 흩어지게 한다.

이것은 괴귀怪鬼가 늙어서 마魔가 된 것인데, 이 사람을 괴롭히다가 싫증이 나서 그 몸에서 떠나면 제자와 스승이 함께 국법을 어기게 된다.

네가 마땅히 먼저 깨달으면 윤회에 들어가지 아니하지만, 미혹하여 알지를 못하면 무간지옥에 떨어진다.

☙ 수행자가 좋아하고 탐내는 것이 있으면 그런 종류의 귀신이 붙은 제3자가 수행자 앞에 나타나서 선지식 행사를 한다. 수행자가 그 제3자를 진짜 선지식으로 잘못 알고 스승 삼아 공부하면서 사도邪道로 빠진다. 마구니가 떠나고 나면 국법에 의하여 처벌을 받는 사람들 중에서 '제자'는 수행하던 선남자이고, '스승'은 마구니가 붙었던 제3자이다.

② 경력經歷을 좋아하다가 발귀魃鬼를 만남
아난아! 또 선남자가 수음受陰이 허묘虛妙하고 삿된 생각을 만나지 아니하여 두렷한 정定이 발명發明한 삼마지 중에, 마음이 유탕遊蕩

함을 좋아하여 그 정사精思를 날리어 경력經歷을 탐내어 구하면, 그 때 천마가 그 기회를 틈타서 정精을 날려 어떤 사람에게 붙게 하고서 그 사람의 입으로 경법(經法; 여기저기서 이경異境을 경험함)을 말하게 한다. 그 사람은 자기에게 마가 붙은 줄도 모르고 또한 '무상 열반을 스스로 얻었다'고 말하며, 저 유탕함을 구하는 선남자에게 다가가서 자리를 펴고 설법을 한다. 그 사람의 모습은 변함이 없는데도 그 설법을 듣는 선남자는 문득 자기 몸이 보배연꽃 위에 앉았는데 전체가 변화하여 붉은 금빛 덩어리가 되는 것을 보며, 듣는 사람들마다 다 그러하므로 '미증유함을 얻었다'고 말하게 된다. 선남자가 어리석고 혼미하여 그 사람을 보살이라고 미혹하고 마음이 방탕해져서 부처님의 율의를 파하고 몰래 탐욕을 행한다. 입으로는 여러 부처님이 세상에 나오신다고 말하기를 좋아하여 '어느 곳에 어떤 사람은 어떤 부처님의 화신이 여기에 왔다'고 하며, 또 '어떤 사람은 어느 보살 등이 와서 인간을 교화한다'고 하면, 선남자가 그것을 보기 때문에 마음이 쏠리고 갈앙하여 사견邪見이 암암리에 치열하게 일어나서 종지種智가 소멸하게 된다.

이것은 발귀魃鬼가 늙어서 마가 된 것이니, 이 사람을 괴롭히다가 싫증이 나서 그 몸을 떠나게 되면 제자와 스승이 함께 국법을 어기게 된다. 네가 마땅히 먼저 깨달으면 윤회에 들어가지 아니하지만, 미혹하여 알지 못하면 무간지옥에 떨어진다.

③계합契合을 좋아하다가 매귀魅鬼를 만남
또 선남자가 수음受陰이 허묘虛妙하고 삿된 생각을 만나지 아니하

여 두렷한 정定이 발명한 삼마지 중에서, 마음이 면밀하게 합치되는 것을 사랑하여 그 정사精思를 맑히어 계합(契合; 묘리妙理에 밀계密契하는 것)하기를 탐내어 구하면, 그때 천마가 그 기회를 틈타서 정精을 날려 어떤 사람에게 붙게 하고서 그 사람의 입으로 경법經法을 말하게 한다. 그 사람은 자기에게 마가 붙은 줄을 모르고 또한 '무상열반을 스스로 얻었다'고 말하며, 저 계합을 구하는 선남자에게 다가가서 자리를 펴고 설법을 한다. 그의 모습과 법을 듣는 무리가 겉으로는 변함이 없으나, 그 듣는 선남자로 하여금 법을 듣기도 전에 마음이 열리어 찰나 찰나에 달라져서 숙명통을 얻기도 하고 타심통을 얻기도 하며, 지옥을 보기도 하고 인간의 좋고 나쁜 일을 알기도 하며, 입으로 게송을 말하기도 하고 경을 외우기도 하여 제각기 기뻐하여 일찍이 없었던 희한稀罕을 얻도록 한다.

선남자가 어리석고 혼미하여 그가 보살이라고 미혹하여 그를 마음에 몹시 좋아하고 애착하여 부처님의 율의를 파하고 몰래 탐욕을 행하리라. 입으로 말하기를 '부처도 대불大佛과 소불小佛이 있으며, 어느 불이 선불先佛이고 어느 불은 후불後佛이며, 그중에는 진짜 부처와 가짜 부처와 남자 부처와 여자 부처가 있으며 보살들도 역시 그러하다'고 하거늘, 그 사람이 눈으로 보기 때문에 본심을 씻어 버리고 사특한 소견에 쉽게 들어간다.

이것은 매귀魅鬼가 늙어서 마가 된 것인데, 이 사람을 괴롭히다가 싫증이 나서 그 몸에서 떠나가게 되면 제자와 스승이 함께 국법을 어기게 된다.

네가 마땅히 먼저 깨달으면 윤회에 들어가지 아니하지만, 미혹하여 알지 못하면 무간지옥에 떨어진다.

④ 변석辨析을 좋아하다가 마를 만남

또 선남자가 수음受陰이 허묘虛妙하고 삿된 생각을 만나지 아니하여 두렷한 정定이 발명한 삼마지 중에, 마음이 근본을 사랑하여 만물이 변화하는 성질의 처음과 종말을 궁구하여 관찰하고 그 마음을 가다듬어서 변석(辨析; 지식을 모두 알려고 하는 것)하기를 탐내어 구하면, 그때 천마가 그 기회를 틈타서 정精을 날려 어떤 사람에게 붙게 하고서 그 사람의 입으로 경법經法을 말하게 한다. 그 사람은 자기에게 마가 붙은 줄도 모르고 또한 '무상열반을 스스로 얻었다'고 말하며, 저 근원을 구하는 선남자에게 다가가서 자리를 펴고 설법을 한다. 몸에 위신력威神力이 있어 선남자를 굴복시키고, 그 좌하座下의 사람들로 하여금 비록 법을 듣지 못했으나 저절로 굴복하게 하여, 모든 사람들이 '부처님의 열반과 보리와 법신이 곧 현전한 나의 육신이다'라고 하며, '아버지와 아들이 대대로 서로 낳는 것이 곧 이 법신이 항상 머물러 끊어지지 않음이라'고 하며, 모두 현재를 가리켜 '곧 불국토이며 정토나 금빛 몸이 따로 없다'고 한다.

선남자가 그 말을 믿고 받아서 먼저 가졌던 마음을 잃어버리고 신명을 다 바쳐서 귀의하여 미증유를 얻었다고 하며, 그들이 어리석고 미迷해서 보살이라고 미혹하여 그 마음을 추구하되 부처님의 율의를 파하고 탐욕을 몰래 행하리라. 입으로는 '눈·귀·코·혀가 모두 이 정토이고, 남근과 여근이 곧 보리와 열반의 진실한 곳이다'

라고 말하기를 좋아하거늘, 저 무지한 이들이 이 더러운 말을 믿게 되리라.

이것은 고독귀蠱毒鬼와 염승악귀魘勝惡鬼가 늙어서 마가 된 것인데, 이 사람을 괴롭히다가 싫증이 나서 그 몸을 떠나게 되면 제자와 스승이 함께 국법을 어기게 된다.

네가 마땅히 먼저 깨달으면 윤회에 들어가지 아니하지만, 미혹하여 알지 못하면 무간지옥에 떨어진다.

⑤ 명감冥感을 좋아하다가 여귀癘鬼를 만남

또 선남자가 수음이 허묘하고 삿된 생각을 만나지 아니하여 두렷한 정定이 발명한 삼마지 중에, 마음이 현응懸應함을 사랑하여 두루 정밀하게 연구하고 명감(冥感; 선지식의 감응을 기대하는 것)을 탐내어 구하면, 그때 천마가 그 기회를 틈타서 정精을 날려 어떤 사람에게 붙게 하고서, 그 사람의 입으로 경법을 말하게 한다. 그 사람은 자기에게 마가 붙은 줄도 모르고 말하기를 '위없는 열반을 스스로 얻었다' 하고, 저 감응을 구하는 선남자에게 다가가서 자리를 펴고 설법을 하되, 능히 청중으로 하여금 잠깐 동안에 그 몸이 백 세·천 세와 같게 됨을 보게 하고, 마음에 연모하는 애착을 내어 능히 떠나지 못하고 노복이 되어 사사四事로 공양하되 피로를 느끼지 않게 한다. 그 좌하의 사람들로 하여금 그가 선세先世의 스승이거나 본래 선지식임을 알게 하여, 각별히 법에 대한 애착을 내어서 달라붙는 것이 아교풀과 같아서 '일찍이 없었던 것을 얻었다'고 하리라.

선남자가 어리석고 혼미하여 보살인 줄 미혹하고 그 마음을 친근親近하여 부처님의 율의를 파하고 몰래 탐욕을 행하리라. 입으로 말하기를 '내가 전세前世의 어느 생에서 아무 사람을 먼저 제도했으니, 그때에는 나의 처였으며 혹은 첩이었고 혹은 형이었고 동생이었는데, 지금 또 제도하게 되었으니 서로 따라 다니다가 어느 세계에 가서 어느 부처님께 공양하리라'고 말하며, 또 '따로 대광명천大光明天이 있으니 부처님이 거기에 계시며 일체 부처님의 휴거休居하는 곳이다'라고 말을 하거든, 저 무지한 이들이 그 허광한 말을 믿고 본심을 잃어버릴 것이다.

이것은 여귀癘鬼가 늙어서 마가 된 것인데, 이 사람을 괴롭히다가 싫증이 나서 그 몸을 떠나면 제자와 스승이 함께 국법을 어기게 된다.

네가 마땅히 먼저 깨달으면 윤회에 들어가지 아니하지만, 미혹하여 알지 못하면 무간지옥에 떨어진다.

⑥ 정밀靜謐을 좋아하다가 마를 만남

또 선남자가 수음이 허묘하고 삿된 생각을 만나지 아니하여 두렷한 정定이 발명한 삼마지 중에, 마음이 깊이 들어가는 것을 좋아하여 극기하고 애써서 음적陰寂한 데 있기를 좋아하고 정밀(靜謐; 선정禪定이 깊은 것)하기를 탐내어 구하면, 그때 천마가 그 기회를 틈타서 정精을 날려 어떤 사람에게 붙게 하고서 그 사람의 입으로 경법을 말하게 한다. 그 사람은 자기에게 마魔가 붙은 줄도 모르고 말하기를 '위없는 열반을 스스로 얻었노라'고 하면서 저 음적陰寂함을 구하는 선남자에게 다가가서 자리를 펴고 법을 말한다. 그 설법을 듣는 사람으로 하여금 각각 본래의 업을 알게 하며, 혹은 그곳에서 어떤 사람에게 말하기를 '네가 지금 죽기도 전에 벌써 축생이 되었다' 하고, 다른 사람을 시켜 뒤편에서 꼬리를 밟으라 하면 그 사람이 갑자기 일어나지 못하리니, 그때에 온 대중이 마음을 기울여 흠복欽伏하게 된다. 남의 마음먹은 것을 먼저 미리 알며, 부처님의 율의보다 더 까다롭게 하여 비구들을 비방하고 도중徒衆들을 꾸짖으며, 남의 비밀한 일을 들추어내되 혐의를 피하지 아니하리라. 입으로 아직 당하지 않은 화와 복을 곧잘 말하거든, 그때에 이르면 털끝만치도 틀리지 아니하리라.

이것은 대력귀大力鬼가 늙어서 마가 된 것인데, 이 사람을 괴롭히다가 싫증이 나서 그 몸을 떠나면 제자와 스승이 함께 국법을 어기게 된다.

네가 마땅히 먼저 깨달으면 윤회에 들어가지 아니하지만, 미혹하여 알지 못하면 무간지옥에 떨어진다.

⑦ 숙명통을 좋아하다가 마를 만남

또 선남자가 수음이 허묘하고 삿된 생각을 만나지 아니하여 두렷한 정定이 발명한 삼마지 중에, 마음이 지견知見을 사랑하여 부지런히 애써 연구하여 숙명宿命을 탐내어 구하면, 그때 천마가 그 기회를 틈타서 정精을 날려 어떤 사람에게 붙게 하고서 그 사람의 입으로 경법을 말하게 한다. 그 사람은 자기에게 마가 붙은 줄도 모르고, 또한 '위없는 열반을 스스로 얻었다'고 말을 하면서 저 알기를 구하는 선남자에게 다가가서 자리를 펴고 설법을 한다. 그 사람이 법을 말하는 곳에서 까닭 없이 큰 보주寶珠를 얻기도 하며, 그 마가 어떤 때는 축생으로 변화하여 입으로 구슬이나 여러 가지 보배나 간책簡策이나 부독符牘이나 온갖 기이한 물건을 물어다가 먼저 그 사람에게 주고, 뒤에 그 사람 몸에 붙기도 하며, 혹은 설법을 듣는 이들을 꾀어 땅속에 들어가게 하되 명월주明月珠가 비추는 것을 보게 하여 듣는 이들이 일찍이 없었던 미증유를 얻었다고 하리라.

흔히 약초만 먹고 일반 음식은 먹지를 아니하며, 어떤 때는 하루에 삼씨 하나와 보리 한 톨만 먹어도 그 몸이 살찌고 충실한 것은 마의 힘으로 유지하기 때문이다. 그 때문에 비구들을 비방하고 제자들을 꾸짖되 혐의를 피하지 아니하며, 입으로는 타방他方 보장寶藏과 시방의 성현들이 숨어 있는 데를 말하기를 좋아하거든, 그 뒤를 따라가는 이들이 가끔 기이한 사람을 보게 되느니라.

이것은 산림·토지·성황·산천의 귀신들이 늙어서 마귀가 된 것인데, 그 사람을 통하여 혹은 음행을 하게 하여 부처님의 율의를 파괴하고, 받들어 섬기는 이와 몰래 오욕을 행하기도 하며, 혹은 정진하면서 풀과 나무만을 먹기도 하여 일정한 행사가 없이 그 사람을 괴롭히다가, 싫증이 나서 그 몸을 떠나면 제자와 스승이 함께 국법을 어기게 된다.

네가 먼저 깨달으면 윤회에 들어가지 않지만, 미혹하여 알지 못하면 무간지옥에 떨어진다.

⑧ 신통을 좋아하다가 마를 만남
또 선남자가 수음이 허묘하고 삿된 생각을 만나지 아니하여 두렷

한 정定이 발명한 삼마지 중에, 마음이 신통과 여러 가지 변화를 좋아하여 변화하는 원리를 연구하고 신통력을 탐내어 취하려 하면, 그때 천마가 그 기회를 틈타서 정精을 날려 어떤 사람에게 붙게 하고서 그 사람의 입으로 경법을 말하게 한다. 그 사람은 자기에게 마가 붙은 줄도 모르고 '위없는 열반을 스스로 얻었다'고 말하면서 저 신통을 구하는 선남자에게 다가가서 자리를 펴고 설법을 한다. 그 사람이 혹 손으로 화광火光을 쥐기도 하고, 손으로 그 화광을 집어서 설법 듣는 사부대중의 머리 위에 두면 설법을 듣는 이들의 머리 위에 화광이 두서너 자 높이로 일어나되 뜨겁지도 않고 타지도 않는다. 또 물 위로 다니기를 평지와 같이 하며, 혹은 공중에서 단정히 앉아 움직이지 않기도 하며, 혹은 작은 병 속에 들어가고, 혹은 주머니 속에 들어가기도 하며, 혹은 들창으로 나가고 담을 뚫고 나가되 장애가 없기도 하거니와 오직 칼이나 병장기에만 자재하지 못하느니라. 스스로 '내가 이 부처이다'라고 말하면서, 백의白衣를 입고서도 비구에게 예배를 받으며, 선과 율을 비방하고 도중徒衆들을 꾸짖으며, 남의 일을 들추어내되 기혐譏嫌을 피하지 아니하며, 입으로 항상 신통 자재함을 말하며, 혹 사람들로 하여금 곁에서 불국토를 보게 하는데, 귀신의 힘으로 사람을 현혹함이요 진실한 것이 아니다. 음행을 찬탄하고 추잡한 행실도 탓하지 않으며, 외설한 짓을 행하면서 법을 전하는 것이라고 한다.

이것은 천지간에 기운 센 산과 바다·바람·하천·토지 등의 정기精氣와 일체 초목의 오래된 정매精魅나 혹은 용매龍魅나 목숨을 마친 선인仙人이 다시 살아나서 된 도깨비와 혹은 기한이 차서 벌써 죽었을 선인에게 그 형체가 변화하기 전에 다른 요괴가 붙은 것 등이 늙어서 마귀가 된 것인데, 이 사람을 괴롭히다가 싫증이 나서 그 몸을 떠나면 제자와 스승이 흔히 국법을 어기게 된다.

네가 마땅히 먼저 깨달으면 윤회에 들어가지 아니하지만, 미혹하여 알지 못하면 무간지옥에 떨어진다.

⑨ 심공深空을 좋아하다가 마를 만남

또 선남자가 수음이 허묘하고 삿된 생각을 만나지 아니하여 두렷한 정定이 발명한 삼마지 중에, 마음이 적멸에 들기를 사랑하여 변화하는 성품을 연구하고 깊은 공을 탐내어 구하면, 그때 천마가 그 기회를 틈타서 정精을 날려 어떤 사람에게 붙게 하고서 그 사람의 입으로 경법을 말하게 한다.

🐾 상음想陰이 점점 없어지니 멸滅을 좋아한다.

그 사람은 자기에게 마가 붙은 줄도 모르고, 역시 '위없는 열반을 스스로 얻었다'고 말을 하면서 저 공空을 구하는 선남자에게 다가가서 자리를 펴고 설법을 한다. 대중들이 보면 그의 형체가 홀연히 공하여져서 사람들이 보지 못하는 중에 다시 허공으로부터 갑자기 형체가 나타나기도 하여서, 없어지고 나타남에 자재함을 보인다. 혹은 그 몸을 유리처럼 꿰뚫어 보이게도 하고, 혹은 손발을 내밀면 전단 향기가 나도록 하며, 혹은 대변과 소변이 두터운 석밀石蜜처럼 보이게도 하면서, 계율을 비방하고 출가한 승려를 업신여긴다. 입으로는 항상 '원인도 없고 결과도 없어서 한 번 죽으면 영원히 없으니, 다시 후신後身도 없고 범부와 성인도 없다'고 말한다. 비록 '공적空寂을 얻었다'고 말하나 몰래 탐욕스런 짓을 하는데, 음행을 당한 사람도 역시 마음이 공하여져서 '인과가 없다'고 주장한다.

이것은 일식·월식의 정기나 금옥金玉·지초芝草·기린·봉황·거북·학 등이 천만 년을 지나면서 죽지 않고 정령이 되어 국토에 출생한 것들이 늙어서 마가 된 것인데, 이 사람을 괴롭히다가 싫증이 나서 그 몸에서 떠나면 제자와 스승이 흔히 국법을 어기게 된다.

네가 마땅히 먼저 깨달으면 윤회에 들어가지 아니하지만, 미혹하여 알지 못하면 무간지옥에 떨어진다.

⑩장수를 좋아하다가 마를 만남

또 선남자가 수음이 허묘하고 삿된 생각을 만나지 아니하여 두렷한 정定이 발명한 삼마지 중에, 마음이 장수長壽하기를 사랑하여 애써서 기미를 연구하고 영생을 탐내어 구하면서 분단생사分段生死를 버리고 변역생사變易生死를 얻어서 미세한 모습이 상주하기를 바라면, 그때 천마가 그 기회를 틈타서 정精을 날려 어떤 사람에게 붙게 하고서 그 사람의 입으로 경법을 말하게 한다. 그 사람은 자기에게 마가 붙은 줄도 모르고, 말하기를 '위없는 열반을 스스로 얻었다'고 하면서 저 영생을 구하는 선남자에게 다가가서 자리를 펴고 설법을 한다. 흔히 '다른 지방에 왕래하여도 걸림이 없다'고 말하며, 혹은 만 리 밖에 갔다가 순식간에 돌아오되 항상 그 지방의 산물을 가지고 오며, 혹 어떤 때에는 집안에 있으면서 사람을 불러서 몇 걸음 떨어진 거리를 '동쪽에서 서쪽 벽으로 걸어가 보라'고 하면 이 사람이 빨리 걸어가는데도 여러 해가 지나도 서쪽 벽에 도달하지 못한다. 사람들이 그런 것을 보면 마음으로 믿어서 '부처님이 출현하였다'고 현혹된다. 입으로는 항상 말하기를 '시방의 중생이 모두 나의 아들이며, 내가 제불諸佛을 낳았고, 내가 세계도 만들었으며, 내가 원래 부처인지라, 자연으로 이 세상에 출세하였고 수행하여 얻은 것이 아니다'고 한다.

이것은 세상에 머무는 자재천마自在天魔가 그의 권속인 차문다遮文茶나 사천왕의 비사동자毗舍童子 중에서 발심하지 못한 녀석을 시켜서 그 허명虛明함을 이용하여 그 사람의 정기精氣를 먹게 한 것이다.

또 어떤 때는 마구니 들린 스승을 이용하지 않고, 집금강신執金剛神이라고 자칭하는 이가 수행자에게 나타나서 '너에게 장수를 준다'고 하는 광경을 보게 하며, 혹은 미녀의 몸을 나타내어서 수행자를 음욕에 빠지게 하여, 일 년도 못되어서 간과 뇌가 다 고갈되어 혼잣말을 하는 것이 요매妖魅들의 소리처럼 들려서 앞 사람이 자세히 알아듣지 못하게 한다. 그 수행자는 국법을 어겨서 형刑을 받기도 전에 먼저 말라죽게 되니, 사람을 괴롭혀 죽음에 이르게 한다.

네가 마땅히 먼저 깨달으면 윤회에 들어가지 아니하지만, 미혹하여 알지 못하면 무간지옥에 떨어진다.

3) 아난에게 부촉함

아난아! 마땅히 알아라. 이 열 가지 마구니가 말세에 나의 법 가운데서 출가하여 도를 닦는 척하는데, 다른 이의 몸에 붙기도 하고 스스로 형상을 나타내기도 하면서 '이미 정변지正徧知를 이루었다'고 말하되, 음욕을 찬탄하고 부처님의 계율과 위의를 파괴하며, 먼저 고약한 마사魔師와 마의 제자들이 음녀와 음녀으로 서로 전하며, 그러한 사정邪精들이 그 마음을 매혹하여 가까우면 구생九生이요 멀면 백세를 지내면서 진정하게 수행하는 이들을 모두 마구니의 권속으로 만들고, 죽은 뒤에는 반드시 마구니의 백성이 되게 하여 정변지를 잃어버리고 무간지옥에 떨어진다.

너는 먼저 적멸을 취하지 말 것이니, 비록 무학無學을 얻더라도 원願을 세워 말법 가운데 들어가서 대자비를 내어 바른 마음으로 깊이 믿는 중생들을 잘 구원하고 제도해서 마가 붙지 않게 하고 정지견正知見을 얻게 하여라. 내가 지금 너를 제도하여 이미 생사를 벗어나게 했으니, 너도 내가 지시한 대로 행하여 '부처님의 은혜를 갚는다'는 말을 듣도록 하여라.

아난아! 그와 같은 열 가지 선나의 경계가 나타난 것은 모두 상음想陰과 용심用心이 교호交互하므로 이러한 열 가지의 현상이 나타난 것이다.

☞ '상음想陰과 용심用心이 교호交互한다'는 말은 융통融通한 망상과 선나禪那의 용심用心이 서로 교전交戰하는 것을 가리킨다.

중생들은 완고하고 혼미하여 스스로 가려내지 못하므로, 이런 인연을 만나면 혼미하여 스스로 알아채지 못하고 '성인이 되었다'

고 대망어를 범하여 무간지옥에 떨어진다. 너희들은 반드시 여래의 말씀을 내가 멸도한 후에 말법에 전하여 두루 중생으로 하여금 이러한 도리를 깨우치게 하고, 천마天魔로 하여금 그 방편을 사용하지 못하게 하며, 학인을 보호하여 위없는 무상도를 이루게 하여라.

4. 행음의 경계와 사견

1) 행음의 시종始終

아난아! 저 선남자가 삼마지를 닦아 상음想陰이 없어진 자는 평상시에 꿈과 생각이 소멸하여 깰 때와 잘 때가 한결같고, 각명覺明이 비고 고요함이 마치 맑은 허공과 같아서 다시는 추중麤重한 전진前塵의 그림자가 없다. 세간의 산하대지를 보되 거울에 물건이 비치듯 하여 와도 붙은 바가 없고 가도 종적이 없어서 허수虛受하고 조응照應하여 묵은 습기가 전혀 없고 오직 하나의 정진精眞뿐이다. 생멸의 근원이 이로부터 드러나는데, 시방의 12가지 중생을 보되 그 종류를 다 알며, 비록 각각의 생명의 유서由緖를 낱낱이 통달하지는 못했으나 동분생기同分生基가 아지랑이처럼 반짝거리고 청요清擾하면서 부근진浮根塵인 신체의 기관이 된 것임을 본다. 이것을 행음行陰의 굴레라 한다.

❊ 상음想陰이 없으니 멸수상정滅受想定을 얻는데, '평상시에 꿈과 생각이 소멸하여, 깰 때와 잘 때가 한결 같아' 이른바 몽상소멸夢想銷滅 오매항일寤寐恒一한 경지에 든다. 그리하여 경계를 대하여 감명鑑明은 하나 분별하는 묵은 습기氣가 전혀 없고 오직 하나의 정진精眞뿐이다. 각각의 생명의 유서由緖는 제8식 종자種子인 식음識陰이고, 동분생기同分生基는 행음行陰의 모습이다.

만약 이 청요清擾하고 반짝거리는 원성元性이 원징元澄에 성입性入하여 원습元習을 한 번 맑히면 마치 파도가 없어지면 징수澄水로 변하는 것과 같으니, 이것을 행음行陰의 굴레를 벗어났다고 한다.

이 사람은 곧 중생탁衆生濁을 능히 초월하는데, 그 까닭을 살펴보면 유은망상幽隱妄想이 근본이었던 것이다.

🐚 '원성元性'은 행음行陰이고, '원징元澄'은 식음識陰이다. 행음行陰은 천류川流하는 파랑이 있으나, 식음은 파랑이 없어져 잠잠하므로 '징수澄水'에 비유하였다.

2) 행음마行陰魔인 십종 사견

① 무인론無因論에 빠짐

아난아! 마땅히 알아라. 이 정지正知를 얻은 사마타 중의 선남자가 정심正心을 응명凝明하면 열 가지 천마가 기회를 틈타지 못한다. 바야흐로 정밀하게 연구하여 생류生類의 근본을 다 궁구하되, 본류本類 중에서 생원生元이 노출된 자로서 유청幽清하고 두렷이 요동하는 근원을 관찰하다가 그 두렷이 요동하는 근원인 원원圓元 가운데서 계탁을 내는 자는, 이 사람은 두 가지 무인론無因論에 떨어진다.

🐚 상음想陰이 없어지면 이미 멸수상정滅受想定을 얻었으니 외마外魔가 붙지 못한다. 따라서 행음行陰과 식음識陰에는 외부에서 오는 천마 등의 장난은 없고, 스스로 착각하는 견해가 지어낸 사견이

수행에 장애가 된다. 그래서 마음공부에는 반드시 눈 밝은 스승이 필요하다.

㉮ 본무인本無因이라는 사견
하나는, 이 사람이 '근본이 원인이 없다(本無因)'고 보는데, 왜냐하면 이 사람은 생기生機가 전파全破되어 안근眼根의 팔백 공덕에 의지하여 팔만 겁 안에 있는 중생들의 업류業流가 굽이쳐 돌아서, 여기서 죽었다가 저기서 태어나는 것을 본다.

다만 중생들이 그곳에서 윤회하는 것만 보고 팔만 겁 밖에는 캄캄하여 보이지 않으므로, 문득 '이런 세간의 시방 중생이 팔만 겁 동안 원인이 없이 스스로 존재한다'고 계탁하여 정변지를 잃고 외도에 타락하여 보리 성품을 미혹하게 된다.

㉯ 말무인末無因이라는 사견
둘은, 이 사람이 '종말이 원인이 없다(末無因)'고 보는데, 왜냐하면 이 사람이 태어나는 근본을 보고서는 '사람은 사람을 낳고, 새는 새를 낳고, 까마귀는 본래부터 검고, 따오기는 본래부터 흰 것이며, 인간과 천상은 본래 서서 다니고, 축생은 본래 기어 다니며, 흰 것이 씻어서 된 것도 아니고, 검은 것이 물들여서 만들어진 것도 아니다. 팔만 겁 동안에 다시 고쳐지거나 옮겨지는 것이 없었다'는 것을 안다.

'지금 이 형체가 다한다고 해도 역시 그러하리라. 내가 본래 보리를 보지 못하였으니, 어찌 다시 보리를 이루는 일이 있겠느냐?

오늘날 일체의 물상物象이 모두 본래 원인이 없음을 응당 알아야 한다.'

이렇게 계탁하므로 정변지를 잃고 외도에 타락하여 보리의 성품을 미혹한다. 이것을 '제일외도第一外道가 무인론無因論을 세움'이라고 한다.

②변상론偏常論에 빠짐

아난아! 이 삼마제 중의 선남자가 정심正心을 응명凝明하면 천마가 기회를 틈타지 못한다. 생류生類의 근본을 궁구하여 저 유청幽淸하고 항상 요동하는 근원을 관찰하다가, 그 원상圓常 가운데서 계탁을 내는 자는, 이 사람은 네 가지 변상론偏常論에 떨어진다.

㉮심경心境이 원상圓常하다는 사견

하나는, 이 사람이 마음과 경계의 성품을 궁구하여 '두 곳에 다 원인이 없다'고 하고, '이만 겁 중에 시방의 중생이 생멸하는 것이 모두 순환하는 것이요 산실되지 않는다'는 것을 닦아 익혀서 능히 알고서는, 항상하다고 계탁한다.

㉯사대四大가 원상圓常하다는 사견

둘은, 이 사람이 사대의 근원을 궁구하여 '사성四性이 상주한다'고 하고, '사만 겁 중에 시방중생이 생멸하는 것이 모두 그 바탕이 항상하고 산실되지 않는다'는 것을 닦아 익혀서 능히 알고서는, 항상하다고 계탁한다.

㈢ 팔식八識이 원상圓常하다는 사견

셋은, 이 사람이 육근과 말나식과 집수(執受: 제8식)와 심의식心意識 가운데서 근본인 원유元由 자리는 성품이 상항常恒하다고 궁진窮盡하여, '팔만 겁 중에 일체 중생이 순환하여 상실하지 아니하고 본래부터 상주한다'는 것을 닦아 익혀서 능히 알고서는, 불실하는 성품을 궁구하고서 항상하다고 계탁한다.

❧ 위 본문 첫 구절에 대해 운허 스님과 탄허 스님은 '육근과 말나식과 집수식을 궁진하여, 심의식 중의 본원의 말미암은 곳이 성性이 상항常恒한 고로'라고 새기시고, 각성 스님은 '육근과 말나식과 집수와 심의식 가운데 근본 원유元由 자리를 궁진窮盡하여, 성품이 상항常恒하기 때문에'라고 번역한다.

㈣ 무상無想이 원상圓常하다는 사견

넷은, 이 사람이 상음想陰을 이미 다했으므로 생리生理인 행음行陰에는 다시 유지流止·운전運轉함이 없어서 생멸하는 상심想心이 지금은 이미 영원히 없어졌으니, 생리生理 중에 저절로 불생멸을 이룬다고 생각하여, 마음으로 요량하여 항상하다고 계탁한다.

이렇게 항상하다고 계탁하므로 정변지를 잃고 외도에 타락하여 보리성을 미혹하니, 이것은 '제이외도第二外道가 원상론圓常論을 세움'이라고 한다.

③ 사전도론四顚倒論에 빠짐

또 삼마지 중의 선남자가 정심正心을 견응堅凝하면 마魔가 기회를 틈타지 못한다. 생류生類의 근본을 궁구하여 저 유청幽淸하고 항상 요동하는 근원을 관찰하다가 자타自他의 가운데서 계탁을 내는 자는, 이 사람이 네 가지 전도견顚倒見에 떨어지는데, 일분一分은 무상無常이고 일분은 항상이라고 여긴다.

㉮ 아我는 상常, 타他는 무상無常이라는 사견

하나는, 이 사람이 묘명진심妙明眞心이 시방세계에 두루함을 보고는 담연湛然을 구경의 신아神我라고 여긴다. 그리하여 아我가 시방에 두루하여 응명凝明 부동하고, 일체 중생이 나의 마음속에서 스스로 생기고 스스로 죽는다고 계탁한다. 곧 나의 심성은 항상하되, 저 생멸하는 것들은 참으로 무상한 성性이라 여긴다.

🐟 '신아神我가 있다'고 하면 외도고, '제법이 무아無我이다'라고 하면 불교이다.

㉯ 불괴不壞는 상常, 괴壞는 무상無常이라는 사견

둘은, 이 사람이 마음을 관찰하지 않고 시방의 항사국토恒沙國土만을 두루 관찰하고서, 겁劫에 무너지는 곳을 보면 구경에 무상한 종성種性이라 하고, 겁에 무너지지 않는 곳을 보면 구경에 항상하다고 여긴다.

🐾 무상無常한 것과 항상한 것이 각각 있다고 보는 견해이다. 세상에서 마음은 항상하고 나머지는 무상하다고 생각하는 사고방식이 여기에 해당한다. 그러나 망상은 무상한 것인 줄 관찰해 보지 않아서 생기는 착각이다.

㉰ 심心은 상常, 신身은 무상無常이라는 사견
셋은, 이 사람이 자기의 마음이 정세精細하고 미밀微密함이 미진과 같아서 시방에 유전하여도 그 성품은 옮기거나 바뀜이 없으면서, 이 몸으로 하여금 곧 생기고 곧 멸하게 하는 것을 특별히 관찰하고, 그 무너지지 않는 것은 아성我性이 항상하다고 여기고, 아我에서 유출하는 모든 생사는 무상한 성性이라고 여긴다.

🐾 '마음은 영원히 불변하고, 몸은 변한다'는 생각이니, 이것은 불경 공부를 하지 않아서 진심과 망심을 구분하지 못하는 불자들이 가지는 상식적인 견해이기도 하다. 남양南陽 혜충慧忠 국사가 꾸짖었던, 남방南方의 불자佛子들이 고수하는 견해이다.

㉱ 행음行陰은 상常, 색수상色受想은 무상無常이라는 사견
넷은, 이 사람이 상음想陰은 다 없어졌으나 행음行陰이 흘러가는 것을 보고는, 행음은 항상 흐르는 것이므로 항상한 성性이라 계탁하고, 색음·수음·상음은 지금 이미 없어진 것이므로 무상이라고 여긴다.
이렇게 일분一分은 무상無常하고 일분은 항상하다고 계탁하므로

외도에 타락하여 보리성을 미혹하니, 이것은 '제삼외도第三外道의 일분상론一分常論'이라고 한다.

④ 유변론有邊論에 빠짐
또 삼마지 중의 선남자가 정심正心을 견응堅凝하면 마가 기회를 틈타지 못한다. 생류生類의 근본을 궁구하여 저 유청幽淸하고 항상 요동하는 근원을 관찰하다가, 분위分位 중에서 계탁을 내는 자는, 이 사람이 네 가지 유변론有邊論에 떨어진다.

🔹 '분위分位'는 분류하는 것이니, 여기에서는 삼제三際와 견문見聞과 피아彼我와 생멸을 기준으로 삼아서 분류하고 있다.

㉮ 과거, 미래는 유변有邊이라는 사견
하나는, 이 사람이 마음에 계탁하기를 태어나는 본원本元의 흐르는 작용인 행음行陰이 쉬지 않는다 하고, 과거와 미래는 유변有邊이라 계탁하고, 상속심相續心은 무변無邊이라 계탁한다.

㉯ 견문見聞은 유변有邊이라는 사견
둘은, 이 사람이 팔만 겁까지는 관찰하여 중생을 보고, 팔만 겁 이전은 고요해서 듣고 보는 것이 없으므로 보고 들음이 없는 곳은 무변이라 하고, 중생이 있는 곳은 유변이라 여긴다.

㉰ 타인은 유변有邊이라는 사견

셋은, 이 사람이 계탁하되 아我는 '두루 아는 놈'이니 무변성無邊性을 가졌고, 저 모든 사람들은 아我의 지중知中에 나타나니 아我가 저 사람들의 지성知性을 알지 못하므로, 저 사람들은 무변한 마음을 가지지 못하고 다만 유변한 성품이라고 여긴다.

㉱ 반半은 유변有邊이라는 사견

넷은, 이 사람이 행음이 공함을 궁구하되 그가 본 것을 심로心路로써 계탁하여, 일체 중생의 몸 안에 있는 모든 것이 반은 생하고 반은 멸한다고 하면서, 세계의 일체 소유도 반은 유변이요 반은 무변이라고 여긴다.

　이렇게 유변과 무변으로 계탁하므로 외도에 타락하여 보리성을 미혹하니, 이것은 '제사외도第四外道가 유변론有邊論을 세움'이라고 한다.

⑤ 교란론矯亂論에 빠짐

또 삼마지 중의 선남자가 정심正心을 견응堅凝하면 마가 기회를 틈타지 못한다. 저 생류生類의 근본을 궁구하여 저 유청幽淸하고 항상 요동하는 근원을 관찰하다가, 지견知見 중에서 계탁을 내는 자는, 이 사람이 죽지 않으려고 교란하는 네 가지 전도된 변계허론偏計虛論에 떨어진다.

㉮ 팔역八亦이라는 교란矯亂

하나는, 이 사람이 변화하는 본원을 관찰하되 천류하는 곳을 보고는 변한다 하고, 상속하는 곳을 보고는 항상하다 하며, 소견所見을 보는 곳을 생이라 하고, 견見을 보지 못하는 것을 멸이라 하며, 상속하는 원인의 성性이 끊어지지 아니한 것을 증增이라 하고, 정작 상속하면서 중간이 떨어진 곳은 감減이라 하며, 각각 생기는 것을 유有라 하고, 서로서로 없어지는 것을 무無라고 한다.

이치로는 통틀어 보고 마음으로는 따로따로 보기 때문에, 법을 구하는 사람이 와서 그 올바른 뜻을 물으면 '내가 지금 역생亦生 역멸亦滅하니 나기도 하고 없어지기도 하며, 역유亦有 역무亦無하니 있기도 하고 없기도 하며, 역증亦增 역감亦減하니 늘기도 하고 줄기도 한다'고 대답하며, 항상 말을 교란하게 하여 그 사람으로 하여금 장구章句를 유실하게 한다.

㉯ 무無라는 교란

둘은, 이 사람이 마음에서 서로서로 없는 곳을 자세히 관찰하고 '무無'를 인因하여 증득하였기에, 사람이 와서 물으면 다만 한 마디로 무無라고만 대답하고, 그 무를 제외하고는 아무 말도 하지 않는다.

㉰ 유有라는 교란

셋은, 이 사람이 마음에서 각각 있는 곳을 자세히 관찰하여 유有를 인因하여 증득하였기에, 사람이 와서 물으면 다만 한 마디로 '시是'라고만 대답하고, 그 시를 제외하면 아무 말도 하지 않는다.

㉑ **역유역무**亦有亦無**라는 교란**

넷은, 이 사람이 유와 무를 함께 보고 경계가 두 가지가 있으므로 그 마음도 어지러워져서, 사람이 와서 물으면 대답하기를, '역유亦有가 곧 역무亦無이며, 역무亦無한 중에 이 역유亦有가 아니다'라고 하여, 일체를 교란해서 궁구하여 따질 수가 없다.

𝄞 '역유亦有가 곧 역무亦無이며, 역무亦無한 중에 이 역유亦有가 아니다(亦無之中不是亦有)'를 탄허 스님과 운허 스님은 '역무亦無한 중에 이 역유亦有가 아니다'라고 해석하고, 각성 스님은 '또한 없는 것 가운데 옳지 못한 것이 또한 있는 것이다'라고 해석한다.

이렇게 교란矯亂과 허무虛無를 계탁해서 외도에 타락하여 보리성을 미혹하니, 이것은 '제오외도第五外道가 죽지 않으려고 교란하는 네 가지 전도성顚倒性인 변계허론徧計虛論을 세움'이라고 한다.

⑥ **사후에 유상**有相**이라는 사견에 빠짐**

또 삼마지 중의 선남자가 정심正心을 견응堅凝하면 마가 기회를 틈타지 못한다. 저 유청幽清하고 항상 요동하는 근원을 관찰하다가, 무진無盡한 흐름에서 계탁을 내는 자는, 이 사람이 '죽은 뒤에도 모습이 있다'는 발심전도發心顚倒에 떨어진다.

㉮ **색수상행**色受想行**에서 16상**相**을 내는 사견**

혹 스스로 육신을 고집하여 '색色이 곧 아我이다'라고 하며, 혹 아我

가 원만하여 국토를 포함하여 두루함을 보고 '아我가 색色을 소유했다'고 하며, 혹 저 앞의 인연들이 아我를 따라 회복回復하므로 '색色이 아我에 속하였다'고 하며, 혹 아我가 행行 중에서 상속하므로 '아我가 색色에 있다'고 말한다. 모두 계탁하기를 '죽은 뒤에 모습이 있다'고 말하니, 이렇게 순환하여 16가지 모습이 있다.

❦ 먼저 색음色陰에 이러한 네 가지 사견邪見이 있고, 다시 수受와 상想과 행행에도 각각 네 가지 사견이 성립하니, 합치면 16상相의 사견이다.

㉰ 번뇌와 보리에 끝까지 모습이 있다는 사견
이로부터 혹 계탁하기를 '끝까지 번뇌와 보리의 두 성질이 나란히 달리면서 각각 서로 저촉하지 않는다'고 한다.
　이로 말미암아 사후에 모습(相)이 있다고 계탁하므로, 외도에 타락하여 보리성을 미혹하니, 이것은 '제육외도第六外道가 오음이 사후에 유상有相이다고 하는 심전도론心顚倒論을 세움'이라고 한다.

⑦ 사후에 무상無相이라는 사견에 빠짐
또 삼마지 중의 선남자가 정심正心을 견응堅凝하면 마가 기회를 틈타지 못한다. 생류의 근본을 궁구해서 저 유청幽淸하고 항상 요동하는 근원을 관찰하다가, 먼저 제거하여 없앤 색・수・상 가운데서 계탁을 내는 자는, 이 사람이 사후에 모습이 없다는 발심전도發心顚倒에 떨어진다.

㉮ 팔무상론八無相論인 사견

그 색음色陰이 멸함을 보고 몸이 인因한 바가 없고, 그 상음想陰이 사라짐을 보고 마음이 얽매인 바가 없고, 그 수음受陰이 사라져서 다시 연철連綴이 없는지라, 세 가지 음陰의 성性이 소멸하여 사라지니, 비록 생리生理인 행음行陰이 있더라도 수受 · 상想이 없어서 초목과 같다. '이 몸을 현재에도 오히려 얻을 수가 없는데, 사후에 어떻게 다시 모습相이 있겠느냐' 하여 사후에 모습이 없다고 생각한다. 이렇게 순환하여 여덟 가지 무상無相이 있다.

☙ 색수상행色受想行의 사음四陰이 현재에도 각각 모습이 없고 미래에도 각각 모습이 없으니, 팔무상八無相이다.

㉯ 열반의 인과도 공하다는 사견

이로부터 혹 계탁하기를 열반의 인과因果 일체가 모두 공하여 한갓 이름만 있고 구경에는 단멸이라고 한다.

   이렇게 죽은 뒤에는 없다고 계탁하므로 외도에 타락하여 보리성을 미혹하니, 이것이 '제칠외도第七外道가 오음이 사후에 무상無相이다고 하는 심전도론心顚倒論을 세움'이라고 한다.

⑧ 팔구비론八俱非論에 빠짐

또 삼마지 가운데 선남자가 정심正心을 견응堅凝하면 마가 기회를 틈타지 못한다. 생류의 근본을 궁구하여 저 유청幽淸하고 항상 요동하는 근원을 관찰하다가, 행음이 존재하는데 수음과 상음은 겸하여 없어졌기에, 쌍으로 유무를 계탁하여 그 자체를 서로 부수는 자는, 이 사람이 '사후에는 모두 다 아니다'라는 전도론에 떨어진다.

㉮ 사음四陰이 비유비무非有非無라는 사견邪見
색色・수受・상想 중에서는 유有로 보아도 유가 아니고, 행行의 천류에서는 무無로 보아도 무가 아니라 하며, 이렇게 순환하여 음계陰界에서는 '여덟 가지가 모두 다 아니다'고 하는 모습을 궁진窮盡하고서, 인연을 만나면 모조리 다 '사후에는 유상有相・무상無相이다'라고 말한다.

㉯ 제행諸行도 구비俱非라는 사견
또 제행의 성품이 사후에 유무가 서로 파탈破奪한다고 계탁하고, 마음으로 통달하여 깨달았다는 생각을 내어 유와 무가 모두 다 아니라고 하면서 허와 실을 제대로 모른다.

이렇게 사후에 모두 다 아니라고 계탁하여 후제後際가 캄캄하여 말할 수가 없으므로 외도에 타락하여 보리성을 미혹하니, 이것은 '제팔외도第八外道가 오음이 사후에는 모두 다 아니라는 심전도론心顚倒論을 세움'이라고 한다.

⑨ 단멸론斷滅論에 빠짐
또 삼마지 중의 선남자가 정심正心을 견응堅凝하면 마가 기회를 틈타지 못한다. 생류의 근본을 궁구하여 저 유청幽淸하고 항상 요동하는 근원을 관찰하다가, 후後의 후에는 무無라고 계탁하는 자는 칠단

멸론七斷滅論에 떨어진다. 혹은 몸이 없어진다고 하며, 혹은 욕진欲盡이 멸한다고 하며, 혹은 고진苦盡이 멸한다고 하며, 혹은 극락極樂이 멸한다고 하며, 혹은 극사極捨가 멸한다고 계탁하여, 이렇게 순환하여 칠처七處를 모두 궁진窮盡하여 현전에 소멸하고는 다시 회복되지 않는다고 한다.

🐭 몸이란 욕계 인천人天의 몸을 가리킨다. 욕진欲盡은 오욕이 없으니 초선천을 가리킨다. 고진苦盡은 고수苦受가 없으니 이선천을 가리킨다. 극락極樂은 희수喜受가 없고 낙수樂受만 있으니 삼선천을 가리킨다. 극사極捨는 낙수도 떠났으니 사선천과 무색계천이다.

이렇게 사후에는 단멸한다고 계탁하므로 외도에 타락해서 보리성을 미혹하니, 이것은 '제구외도第九外道가 오음이 사후에는 단멸한다는 심전도론心顚倒論을 세움'이라 한다.

⑩ 열반론에 빠짐
또 삼마지 중의 선남자가 정심正心을 견응堅凝하면 마가 기회를 틈타지 못한다. 생류의 근본을 궁구하여 저 유청幽淸하고 항상 요동하는 근원을 관찰하다가, 후後의 후에 유有라고 계탁하는 자는, 이 사람은 오열반론五涅槃論에 떨어진다.

혹은 욕계欲界로 바른 전의轉依를 삼으니 원명圓明함을 보고 애모하기 때문이며, 혹은 초선으로 바른 전의를 삼으니 근심이 없기 때문이며, 혹은 이선으로 바른 전의를 삼으니 고가 없기 때문이며, 혹

삼선으로 바른 전의를 삼으니 극열極悅이 따르기 때문이며, 혹 사선으로 바른 전의를 삼으니 고락이 둘 다 없어져서 윤회하는 생멸을 받지 않는다고 보기 때문이다.

이렇게 유루천有漏天을 잘못 알고 무위로 보아서 다섯 곳의 안은함을 훌륭한 정의淨依로 여기고서, 이와 같이 순환하여 오처五處를 구경이라고 생각한다.

이렇게 오처가 현재 열반이라고 계탁하므로 외도에 타락하여 보리성을 미혹하니, 이것은 '제십외도第十外道가 오음 중에서 오처五處가 현재 열반이라는 심전도론心顚倒論을 세움'이라고 한다.

🐾 바른 전의轉依와 훌륭한 정의淨依는 열반을 가리킨다.

3) 아난에게 부촉함

아난아! 이 열 가지 선나의 광해狂解는 모두 이 행음과 용심用心이 교호하므로 이러한 알음알이가 나타나는데, 중생이 완고하고 혼미해서 스스로 가려내지 못한다. 그래서 이런 현상을 만나면 미혹한 것을 이해한다고 여기고서, 스스로 '성인의 경지에 올랐다'고 말하는 대망어를 범하여 무간지옥에 떨어진다.

🐾 '행음行陰과 용심用心이 교호交互한다'는 말은 유은幽隱한 망상과 선나禪那의 용심用心이 서로 교전한다는 말이다.

너희들은 반드시 여래의 말씀을 내가 멸도한 후에 말법에 전하

여 중생으로 하여금 이러한 도리를 깨달아 알게 하여야 한다. 심마
心魔로 인하여 스스로 큰 허물을 일으키지 않게 하여 잘 보호하고
감싸주어서 사견을 쉬게 하고, 그 신심이 참 이치를 깨닫게 하며,
위없는 도에 대하여 갈림길을 만나지 않게 하여라. 결코 조금 얻은
것으로 만족하지 않게 하여 대각왕大覺王의 청정한 표지가 되게 하
여라.

❈ 심마心魔는 스스로 잘못 생각하는 광해狂解나 사견邪見으로 생긴 마
장이니, 앞에 등장한 마구니나 천마보다 극복하기가 더 어렵다. 상
식으로 이해하는 세속제로는 이러한 사견을 탈피하는 것이 불가능
에 가깝다. 언어와 사량을 초탈한 승의제라야 이런 광해나 희론에
빠지지 않고 정견正見을 얻을 수 있다. 불교를 제외한 모든 종교는
세속제에 근거하는 사견을 교리로 삼고 있으며, 그렇기 때문에 아
무리 열심히 믿고 정진해도 결코 열반에 들어가지 못한다. 수행자
들은 이것을 명심해야 한다.

5. 식음의 경계와 사견

1) 식음의 시종始終

아난아! 저 선남자가 삼마제를 닦아 행음이 없어진 자는 세간성世間
性인 유청幽清하고 요동하는 동분생기同分生機가 문득 사라지고, 잠재
하는 미세한 흐름인 보특가라의 업을 받는 깊은 명맥命脈에 감응이
아주 끊어져서 열반의 하늘이 크게 밝아지려 하는 것이, 마치 마지

막 닭이 울 적에 동쪽 하늘을 보면 동이 훤하게 트는 것과 같다.

  육근이 비고 고요하여 다시는 돌아다니는 것이 없으며, 내외가 맑고 밝아서 들어가도 들어가는 바가 없다. 시방의 12종류가 명命을 받는 원유元由를 깊이 통달하여 그 원유를 관찰하고 파악하여서 모든 종류를 불러들이지 아니하며, 시방세계에서 이미 동同을 얻어서 정색精色이 어둡지 아니하여 깊고 은밀함을 발현하니, 이것을 식음識陰의 굴레라고 한다.

> 행음行陰이 없어지면 '동분생기同分生機가 문득 사라지고 후신後身이 없어서, 내외가 맑고 밝아서 들어가도 들어가는 바가 없다.' 행음에서 설명한 동분생기同分生基를 여기서는 동분생기同分生機라고 표현하고 있다. '이미 동同을 얻어서'의 동同은 두 가지로 해석하는데, 하나는 일정명一精明으로 보고, 하나는 일공성一空性으로 본다.

  만약 모든 무리에서 동同을 얻은 가운데 육문六門을 헐어 없애고 합개合開를 성취하고, 견문見聞이 서로 융통하고 육근호용六根互用이 청정하며, 시방세계와 신심이 유리처럼 내외가 명철하게 되면, 이것을 식음의 굴레를 벗어났다고 한다.

  이 사람은 명탁命濁을 능히 초월하는데, 그 까닭을 살펴보면 망상허무罔象虛無한 전도망상이 근본이었던 것이다.

2) 식음마의 십종 사견

① 인인·소인집所因執에 빠짐

아난아! 마땅히 알아라. 이 선남자가 행음行陰이 공함을 궁구하여 식음識陰에 환원하면 생멸은 이미 없앴으나 적멸에는 정묘함이 아직 원만하지 못할 적에, 자기의 몸으로는 육근의 막힌 것을 합개合開하고, 또한 시방의 모든 종류와 각지覺知가 통하여, 각지가 통하고 합해서 원원圓元에 능히 들어가면서, 만일 돌아갈 곳인 식음識陰을 진상眞常인 본인本因이라고 내세우는 특이한 견해를 내면, 이 사람은 '인인·소인所因의 집착'에 떨어진다.

🐚 '원원圓元'은 식음識陰이다. 식음의 별칭이 이 외에도 많으니, 원융圓融·원명圓明·원상圓常이 다 식음이다.

사비가라처럼 귀속할 곳을 명제冥諦라고 하는 무리와 반려가 되어 불佛의 보리를 모르고 지견知見을 망실한다. 이것은 '제일第一의 소득심所得心을 내세워서 소득과所得果를 이루는 것'이라고 하니, 원통圓通을 어기게 되고 열반의 성城을 등져서 외도의 종류에 태어난다.

🐚 '필경에 돌아가 쉴 곳이 있다'고 하면서 '얻을 것이 있다'고 생각하는 것이 외도들의 특징이다. 식음을 명제冥諦라고 오인한 사비가라의 견해와 같이, 근본원인이 아닌데도 본인本因이라고 착각하면 외도이다.

②능能・비능집非能執에 빠짐

아난아! 또 선남자가 행음이 공함을 궁구하여 이미 생멸을 없앴으나 적멸에는 정묘함이 아직 원만하지 못할 적에, 만약 식음을 자체自體로 여겨서, 온 허공계의 12류생 안에 있는 중생들이 다 내 몸에서 한 무리가 흘러나간 것이라고 하는 특이한 견해를 내면, 이 사람은 '능能・비능非能의 집착'에 떨어진다. 마혜수라처럼 무변신無邊身을 나투는 무리와 반려가 되어 불의 보리를 모르고 지견知見을 망실한다. 이것은 '제이第二의 능위심能爲心을 내세워 능사과能事果를 이룸'이니, 원통을 어기고 열반의 자리를 등져서 대만천大慢天의 '아我가 두루하고 원만하다'고 하는 종류에 태어난다.

🐾 식음識陰을 여래장如來藏으로 오인한 사견이니, 일체유심조一切唯心造나 만법유식萬法唯識을 오해하여 생긴 것이다. 어떤 점이 오해인가? 삼라만상이 모두 몽환인 줄 모르기 때문이다.

③상常・비상집非常執에 빠짐

또 선남자가 행음이 공함을 궁구하여 이미 생멸을 없앴으나 적멸에는 정묘함이 아직 원만하지 못할 적에, 만약 식음에 대해서 '돌아가 의지할 바가 있다'고 하여 자기 몸과 마음이 그것에서 흘러나왔다고 스스로 의심하며, '시방 허공도 다 거기에서 생겼다'고 하여, 곧 모든 것이 생겨서 흘러나왔다는 그곳에서 '진상眞常인 신身'과 '생멸이 없다'는 견해를 내고서, 생멸의 가운데 있으면서 '상주하는 것이라'고 미리 계교하여, 이미 불생멸에 대해서 잘못 알고 또한 생멸에 대해서도 잘못 알아, 침미沈迷한 데에 안주하여 특이한 견해를 내면, 이 사람은 곧 '상常·비상非常의 집착'에 떨어진다.

자재천이 창조주라고 주장하는 무리와 반려가 되어 불의 보리를 모르고 지견을 망실한다. 이것은 '제삼第三의 인의심因依心을 내세워 망계과妄計果를 이룸'이라 하니, 원통을 어기고 열반의 성을 등져서 도원倒圓의 종류에 태어난다.

❧ 식음識陰이 상주한다고 착각하고, 나의 심신이 그것에서 유출되었다고 오해하는 사견이다.

④ 지知·무지집無知執에 빠짐

또 선남자가 행음이 공함을 궁구하여 이미 생멸을 없앴으나 적멸에는 정묘함이 아직 원만하지 못할 적에, 만약 식음에 대해서 그 아는 것이 두루하고 원만하기 때문에 아는 것을 인하여 알음알이를 내세워서, 시방의 풀과 나무가 다 정情이 있어서 사람과 더불어 다름이 없다고 하여, 초목이 사람이 되고 사람이 죽어서 도로 시방의 풀과 나무가 된다고 하며, 가릴 것 없이 두루 안다고 하여 특이한 견해를 내면, 이 사람은 곧 '지知·무지無知의 집착'에 떨어진다.

일체가 각覺이라고 고집하는 바타婆吒와 산니霰尼의 무리와 반려가 되어 불의 보리를 모르고 지견을 망실한다. 이것은 '제사第四의 원지심圓知心을 계교하여 허습과虛謵果를 이룸'이니, 원통을 어기고 열반의 성을 등져서 도지倒知의 종류에 태어난다.

🐾 무정물無情物도 영지靈知가 있다는 무정성불론無情成佛論과 같은 사견이다. 일심一心에서 견분見分과 상분相分으로 전변한 것이지, 상분도 불성이 따로 있는 것은 아니다. 무정물도 불성이 있다고 하면 일심이 아니고 만심萬心이 된다. 마치 꿈속의 인물이 '나도 불성이 있다'고 주장하는 것과 같다.

⑤ 생生·무생집無生執에 빠짐

또 선남자가 행음이 공함을 궁구하여 이미 생멸을 없앴으나 적멸에는 정묘함이 아직 원만하지 못할 적에, 만약 원융하여 근根을 호용한 가운데서 이미 수순함을 얻고서는 문득 '원융하여 변화하는 데서 일체가 발생한다'고 하여 불의 광명을 구하고, 물의 청정을 좋아하고, 바람의 주류周流를 사랑하고, 진塵이 성취함을 관찰하여, 각각 숭배하고 섬겨서 이 군진羣塵을 본인本因이라고 생각하여 상주한다는 특이한 견해를 내면, 이 사람은 곧 '생生·무생無生의 집착'에 떨어진다.

모든 가섭파와 바라문처럼 마음을 괴롭히고 몸을 혹사하면서 불을 섬기고 물을 숭배하여 생사를 벗어나려는 무리들과 반려가 되어 부처님의 보리를 모르고 지견을 망실한다. 이것은 '제오第五의 계교해서 집착하고 숭배하고 섬겨서, 마음을 미迷하고 물건을 좇아가서 허망하게 본인本因을 구하여 허망하게 과보를 기다림'이니, 원통을 어기고 열반의 성을 등져서 전화顚化의 종류에 태어난다.

🐾 지수화풍 사대四大를 본인本因으로 보고, 그것이 여래장 이외에 따

로 상주하고 있다고 착각하는 사견이다.

⑥ 귀歸・무귀집無歸執에 빠짐

또 선남자가 행음이 공함을 궁구하여 이미 생멸을 없앴으나 적멸에는 정묘함이 아직 원만하지 못할 적에, 만약 원명圓明에 대해서 명중明中의 허무를 계탁하여 변화하는 모든 것을 그르다고 멸하고, 영멸의永滅依를 귀의할 곳이라고 여기는 특이한 견해를 내면, 이 사람은 '귀歸・무귀無歸의 집착'에 떨어진다. 무상천無想天의 순야다舜若多 무리와 반려가 되어 부처님의 보리를 모르고 지견을 망실한다.

　이것은 '제육第六의 뚜렷한 허무한 마음으로 공망과空亡果를 이룸'이라고 하니, 원통을 어기고 열반의 성을 등져서 단멸의 종류에 태어난다.

☙ '영멸의永滅依'는 단멸한 공을 의지한다는 말이니 허무에 치우친 사견이다. 허무도 또한 공이라서 의지할 수가 없는 것인 줄 모르는 견해이다. 여기의 무상천無想天은 사선천四禪天의 무상천이 아니고, 무색계無色界의 마지막인 비상비비상처非想非非想處를 가리킨다.

⑦ 탐貪・비탐집非貪執에 빠짐

또 선남자가 행음이 공함을 궁구하여 이미 생멸을 없앴으나 적멸에는 정묘함이 아직 원만하지 못할 적에, 만약 식음의 원상圓常에 대해서 몸을 견고하게 만들어 상주하려 하면서 정원精圓과 같이 영원히 죽지 않으려 하는 특이한 견해를 내면, 이 사람은 곧 '탐・비탐

非貪의 집착'에 떨어진다.

곧 장명長命을 구하는 아사타阿斯陀 무리와 반려가 되어 부처님의 보리를 모르고 지견을 망실한다. 이것은 '제칠第七의 명원命元을 집착하여 고망인固妄因을 세워서 장로과長勞果에 나아감'이니, 원통을 어기고 열반의 성을 등져서 망연妄延의 종류에 태어난다.

🔖 식음識陰을 명命으로 잘못 생각하니, 선가仙家의 성명쌍수설性命雙修說과 같은 사견이다.

⑧ 진眞·무진집無眞執에 빠짐

또 선남자가 행음이 공함을 궁구하여 이미 생멸은 없앴으나 적멸에는 정묘함이 아직 원만하지 못할 적에, 식음인 명命이 서로 통함을 관찰하여 문득 진로塵勞를 남겨두되 그것이 녹아 없어지는 것을 두려워하여, 이에 연화궁蓮華宮에 앉아서 칠보를 널리 변화하여 만들고 미녀를 많이 모아서 마음대로 즐기려는 특이한 견해를 내면, 이 사람은 '진眞·무진無眞의 집착'에 떨어진다.

타지가라吒枳迦羅 무리와 반려가 되어 부처님의 보리를 모르고 지견을 망실한다. 이것은 '제팔第八의 삿된 생각의 인因을 발하여 치진과熾塵果를 세움'이니, 원통을 어기고 열반의 성을 등져서 천마天魔의 종류에 태어난다.

🔖 타지가라吒枳迦羅는 욕계 제육천의 자재천왕自在天王으로, 좋아하는 욕경慾境을 신통력으로 스스로 만들어서 오래토록 즐긴다고 한다.

⑨ 정성성문定性聲聞에 빠짐

또 선남자가 행음이 공함을 궁구하여 이미 생멸을 없앴으나 적멸에는 정묘함이 아직 원만하지 못할 적에, 명命이 명백한 가운데 정精과 추麤를 분별하고 진眞과 위僞를 소결疎決하되, 인因과 과果가 서로 대응한다고 오직 감응만을 구하여 청정도淸淨道를 등지니, 이른바 고苦를 보고 집集을 끊으며 멸滅을 증득하려고 도道를 닦아서 적멸에 이르면 그만 쉬어서 다시는 전진하지 않는다. 이런 특이한 견해를 내면 이 사람은 곧 '정성성문定性聲聞'에 떨어진다.

모든 증상만增上慢인 무문無聞 비구들과 반려가 되어 불보리佛菩提를 모르고 지견을 망실한다. 이것은 '제구第九의 정미롭게 감응하는 마음을 원만히 하여 취적과趣寂果를 이룸'이니, 원통을 어기고 열반의 성을 등져서 전공纏空의 종류에 태어난다.

🐾 '청정도淸淨道를 등지면'에서 청정도는 깨달은 후에 무수지수無修之修하고 무증지증無證之證하는 여환삼매如幻三昧를 닦는 것을 말한다. 이른바 공화空華 만행萬行을 수습하고, 몽중夢中 불과佛果를 성취하는 오후수행悟後修行을 소홀하게 하는 것이 성문의 병통이다.

⑩ 정성벽지定性辟支에 빠짐

또 선남자가 행음이 공함을 궁구하여 이미 생멸은 없앴으나 적멸에는 정묘함이 아직 원만하지 못할 적에, 만약 원융하고 청정한 각명覺明에 대해서 깊고 묘한 것을 개발 연구하되, 이것이 열반이라 주장하고 전진하지 않는데, 이런 특이한 견해를 내면 이 사람은 '정성벽지定性辟支'에 떨어진다.

마음을 돌리지 못하는 연각·독각들과 반려가 되어 부처님의 보리를 모르고 지견을 망실한다. 이것을 '제십第十의 원각圓覺에 합하는 마음으로 담명과湛明果를 이룸'이니, 원통圓通을 어기고 열반의 성을 등져서 각覺은 원명하나 원만에 융화되지 못한 종류에 태어난다.

🐚 원융圓融하고 청정한 각명覺明이란 육근을 맑히어서 공허한 영지靈知를 가리킨다.

3) 아난에게 부촉함

아난아! 이 열 가지 선나에서 도중에 광해狂解를 내거나 미혹하기 때문에 아직 부족한데도 불구하고 '만족하게 증득했다'는 생각을 하는 것은 모두 식음識陰과 용심用心이 교호交互하므로 이런 것이 생기는데, 중생이 완고하고 미혹하여 스스로 가려내지 못한다.

그래서 이런 현상을 만나면 각각 좋아하는 바와 먼저 익혔던 버릇으로 마음이 혼미하여져 스스로 휴식하면서 필경에 돌아가 편히 쉴 곳이라고 여기고, '위없는 보리를 만족했다'고 말하여 대망어를 이룬다. 외도와 사마邪魔는 받을 업보가 끝나면 무간지옥에 떨어지게 되고, 성문과 연각은 증진을 이루지 못한다.

🐚 '식음識陰과 용심用心이 교호交互한다'는 것은 미세한 정상精想과 선나의 용심이 교전한다는 말이다.

너희들은 이것을 명심하고 여래의 도를 붙들되, 이 법문을 가져다가 내가 멸도한 후의 말세 중생에게 잘 전하여 널리 중생들로 하여금 이러한 도리를 깨닫게 하여라. 또 견마見魔로 인하여 스스로 죄를 짓지 않도록 보호하고 편안하게 하며 불쌍하게 여겨 구원하되 삿된 반연을 다 쉬게 하고, 그의 몸과 마음이 불지견에 들어가게 하여서 처음부터 성취하게 하고 기로岐路를 만나지 않게 하여라.

이와 같은 법문을 의지하여서 과거세의 항하 모래수와 같은 많은 겁 동안에 미진수의 여러 부처님께서 마음이 열리고 위없는 무상도를 얻으셨다.

❧ 이러한 견마見魔도 심마心魔와 같아서, 잘못 아는 사견이 마장인 것이다. 자기의 공부가 잘못되어 스스로 만든 장애이지, 바깥에서 마구니나 천마들이 야기한 것이 아니니 누구를 탓하겠는가! 마음 공부하는 사람들은 부디 조심해야 한다. 속담에 '아는 길도 물어서 가라'고 했는데, 하물며 열반의 대도大道는 더 말할 나위도 없다. 반드시 눈 밝은 선배들을 찾아서 물어보고 조심조심 나아가야 한다. 만일 선지식이 없으면 『능엄경』의 이 50종변마사五十種辨魔事 법문을 숙독하고, 자기의 견처에 변화가 생기면 이 변마장辯魔章 법문과 대비하면서 대처하여야 한다. 일찍이 감산 대사도 그렇게 공부를 했다고 『몽유집夢遊集』에 전한다.

제3절 오음을 벗어남

식음識陰이 없어지면 네가 현전에서 모든 근을 호용(諸根互用)하는데, 호용하는 중에 보살의 금강간혜金剛乾慧에 능히 들어가서 원명圓明한 정심精心이 그중에서 발화發化하니, 마치 깨끗한 유리 속에 보월寶月을 넣은 듯하다. 이와 같이 하여 십신十信·십주十住·십행十行·십회향十迴向·사가행四加行의 마음과 보살이 행하는 금강십지金剛十地를 초월하니, 등각이 원명圓明하여 여래의 묘장엄해妙莊嚴海에 들어가 보리를 원만히 갖추어서 무소득無所得에 돌아간다.

> 식음識陰이 없어지면 바로 금강간혜金剛乾慧이니, 십신十信 내지 십지十地의 과정을 거치지 않고 초월하여, 이른바 일념一念에 무상보리를 증득하여 불과에 일초직입一超直入하여 바로 무소득無所得에 돌아간다.
>
> 감산 덕청 스님은 앞에서 '수음이 없어지면 간혜지에 들어가 보살의 60성위를 거친다'고 설명했는데, 여기서는 '식음까지 없어지면 금강간혜金剛乾慧에 바로 들어가서 60성위를 거치지 않고 금강십지金剛十地까지 능히 초월하니, 상근기인 경우에 해당한다'고 설명한다.

이것은 과거의 부처님 세존께서 사마타 중의 비파사나에서 각명覺明을 분석하신 미세한 마사魔事에 관한 설명이다. 마의 경계가 앞에 나타날 적에 너희들이 바로 알아차려서 마음의 때를 씻어버리고 사견에 떨어지지 않으면, 음마陰魔는 소멸하고 천마天魔는 부수어지고 대력귀신大力鬼神은 넋을 잃고 도망칠 것이며 이매魑魅와 망양魍魎이 다시 나오지 못할 것이니, 바로 보리에 이르고 조금도 부족함이 없을 것이요, 하열한 이도 증진하여 대열반에 대하여 마음이 혼미하고 답답하지 아니할 것이다.

만약 말세의 어리석고 둔한 중생이 선나와 설법을 알지도 못하면서 삼매 닦기를 좋아하는 경우에, 그가 사도에 빠질까 염려가 되면 일심으로 권하여 나의 불정다라니佛頂陀羅尼 신주를 지니게 하여라. 만약 외우지 못하면 선당禪堂에 써두거나, 아니면 몸에 지니기라도 하면 모든 마가 요동하지 못한다.

너는 마땅히 시방의 여래께서 구경까지 닦아서 나아가신 최후의 수범垂範을 공경하고 받들도록 하여라."

🔸 견문見聞이 없는 하근기가 불경을 차례대로 배우지도 아니하고, 선문禪門의 '일초직입여래지一超直入如來地'라는 호쾌한 말을 듣고서 참선을 하여 확철대오하려는 경우가 허다하다. 특히 50종변마사 법문도 배우지 않고, 무작정 화두 참구만 수행하다 보면 견문이 짧은 탓에 50종의 마구니에 걸려서 공부를 그르치기 쉽다. 그러니 주의해야 한다. 부처님께서 이런 하근기 수좌들을 위하여 능엄다라니의 효능을 여기서 다시 한 번 더 강조하셨다.

제6장 오음五陰을 밝힘

제1절 오음은 망상이다

아난이 곧 자리에서 일어나 부처님의 가르침을 듣고서 엎드려 절하고 공경히 받들되, 기억하고 지녀서 잃어버리지 않고 대중 가운데서 다시 부처님께 사뢰었다.

"부처님께서 말씀하신 바와 같이, 오음五陰의 모습 중에 오종五種의 허망이 본래 상심想心이라고 하는데, 저희들이 평소에 여래의 미세한 개시開示를 받지 못하였습니다. 또 이 오음은 한꺼번에 없애는 것입니까, 차례로 끊는 것입니까? 또 오음의 오중五重은 어디까지가 그 경계입니까?

원컨대 여래께서 큰 자비를 베푸시어 이 대중의 마음눈을 맑고 밝게 하시며, 말세의 일체 중생들을 위하여 장래의 눈이 되게 하여 주십시오."

부처님께서 아난에게 말씀하셨다.

"정진묘명精眞妙明한 본각本覺은 원만하고 청정하여 생사와 모든 진구塵垢가 남아 있지 않고, 내지 허공까지도 모두 다 망상으로 인하여 생긴 것이다. 이렇게 본각인 묘명정진妙明精眞이 허망하게 여러 기세간器世間을 발생한 것은, 마치 연야달다가 제 머리를 모르고 영상影像을 인정하는 것과 같다.

망妄은 원래 원인이 없는데 망상 가운데서 인연성因緣性을 세우고, 인연을 미혹한 자는 자연自然이라고 주장한다. 저 허공성虛空性도 실은 환幻으로 생긴 것이니, 인연이니 자연이니 하는 말은 모두 중생들이 망심으로 계탁한 것이다.

아난아! 망妄이 생긴 까닭을 알아야만 망의 인연을 설명할 수가 있다. 만약 망이 원래 없다면 망의 인연도 원래 없는데, 어떻게 알지도 못하면서 자연이라고 추측하겠느냐? 그러므로 여래가 네게 오음의 본인本因이 모두 이 망상임을 밝혀주려고 한다.

1. 색음은 견고망상堅固妄想

너의 몸은 처음에 부모의 생각(想)으로 인하여 생겼는데, 네 마음이 생각이 아니면 부모의 생각을 능히 찾아가서 수명을 전수받지 못하였을 것이다.

🐾 이 내용은 제4권 「부루나장」에 있는 '소견所見이 다르면 서로 미워

하고 생각이 같으면 서로 사랑하는데, 정액이 흘러서 종자種子가 되고 생각을 받아들여서 태胎가 된다. 암수가 서로 교접할 적에 같은 업끼리 서로 끌어당기니, 그러한 인연으로 수정되고 자궁에 착상하여 입태되어서 이 세상에 태어난다'는 구절에 나온 입태하여 출생하는 과정을 간단히 설명한 것이다. 즉 신체를 가진 동기는 그 부모와 본인이 보유하는 생각들이 주파수가 같기 때문에, 버릇 따라 서로 어울리면서 갑자기 모태母胎에 들게 되는 과정을 말하고 있다.

내가 앞에서 '마음에 신맛을 생각하면 입안에 침이 생기고, 마음에 높은 곳에서 걷는 것을 생각하면 발바닥이 오그라든다'고 말했는데, 높은 벼랑도 없고 신 물건도 오지 않았는데 네 몸이 허망통륜虛妄通倫이 아니라면 어떻게 '신맛 이야기'만 듣고서 입에 침이 나오겠느냐? 그러므로 마땅히 알아라. 너의 현재의 색신色身을 견고堅固한 제일第一의 망상妄想이라고 부른다.

2. 수음은 허명망상虛明妄想

높은 곳에 오르는 것을 생각하기만 하여도 네 몸이 참으로 아찔한 느낌을 능히 느끼듯이, 이렇게 수음受陰이 생기면 능히 육체를 움직인다. 지금 네 앞에 나타나는 순익順益하고 위손違損하는 두 가지 느낌인 낙수樂受와 고수苦受가 계속하는 것을 허명虛明한 제이第二의 망상妄想이라고 부른다.

🐾 순익順益은 낙수樂受고, 위손違損은 고수苦受다.

3. 상음은 융통망상融通妄想

너의 생각이 너의 몸을 움직이게 하는데, 네 몸은 네 생각과 같은 부류가 아닌데 어찌하여 생각이 시키는 대로 여러 가지로 동작하고, 또 마음이 생기면 몸이 따라 움직여서 생각과 더불어 서로 상응하느냐? 깨어 있을 적에는 망상이요, 잠잘 때는 꿈이니, 이렇게 너의 상념이 망정妄情을 요동하는 것을 융통融通한 제삼第三의 망상妄想이라고 부른다.

4. 행음은 유은망상幽隱妄想

변화하는 이치가 머묾이 없어 항상 움직이되 눈에 띄지 않아서, 손톱 발톱이 자라고 털이 나며 기운은 줄어들고 얼굴은 쭈그러져서 밤낮으로 신진대사를 하는 데도 네가 이것을 깨닫지 못한다.

아난아! 행음行陰이 만약 네가 아니라면 어떻게 몸이 변천하며, 만일 그것이 너라면 네가 어떻게 알지 못하느냐? 네 행음이 생각생각에 머물지 아니하는 것을 유은幽隱한 제사第四의 망상妄想이라고 부른다.

5. 식음은 미정망상微精妄想

또 너의 정명精明이 맑으면서 요동하지 않아 항상한 것이라면 몸이 견·문·각·지를 내지 못할 것이고, 만약 참으로 정진精眞이라면 허망한 습기를 용납하지 못할 것이다. 그런데 너희들이 예전에 한 번 보았던 기이한 물건을 여러 해가 지나도록 생각하지 않고 있더라도, 뒤에 그것을 다시 보게 되면 기억이 완연하여 일찍이 유실하지 않았음을 안다. 이 정료精了가 맑고 요동하지 않으면서도 생각 생각마다 훈습을 받는 사실을 어떻게 설명할 수 있겠느냐?

아난아! 마땅히 알아라. 이 맑은 담湛은 참되지 아니하니, 마치 급류수가 겉으로 보기에는 고요하여 세찬 흐름을 볼 수는 없으나, 흐름이 없지 않은 것과 같다. 만일 생각의 근원인 상원想元이 아니면 어떻게 허망한 훈습을 받겠느냐? 네가 육근을 호용하지 못하면 이 망상이 없어지지 않는다.

그러므로 네가 지금 견·문·각·지하면서 관습串習하는 그 기틀은 곧 담료湛了하면서 망상罔象 허무虛無하니, 이것을 제오第五의 전도된 미세한 정상精想이라고 부른다.

제2절 돈오와 점수

아난아! 이 오수음五受陰은 다섯 가지 망상으로 이루어진 것이다. 네가 지금 오음 경계의 얕고 깊음을 알고자 질문하였는데, 색色과 공空은 이 색음의 경계인 변제邊際이고, 촉觸과 이離는 이 수음의 변제이고, 기억과 망각은 상음의 변제이고, 멸과 생은 행음의 변제가 되며, 담湛이 들어가 담에 합함은 식음의 변제이다.

이 오음이 원래 중첩하여 생겼는데, 생길 때는 식부터 생기고 소멸할 때는 색부터 제거된다. 이치는 단박에 깨닫는 것이니 깨달으면 모두 녹지만, 수행하는 일은 단박에 제거하지 못하므로 차례차례 없어진다.

내가 이미 너에게 겁바라 수건의 매듭으로 설명했는데, 무엇이 분명하지 않아서 그것을 다시 묻느냐?

🕉 오음이 생기고 사라지는 차례를 밝히시고, 이치는 돈오頓悟하지만 구업을 닦아내는 수행은 점수漸修임을 설명하신 법문이다. 오늘날 돈오돈수頓悟頓修를 주장하는 견해가 우리나라 선문에 유행하는데, 이 구절을 보지 않았는지 아니면 보았지만 자기들은 최상근기라서 여기에 구애받지 않는다는 것인지 무척 궁금하다.

너는 마땅히 이 망상의 근원을 알아서 마음을 개통開通하고, 장래 말법 시대의 수행자에게 전해 주어서 허망한 줄 알게 하여서 싫증을 내게 하고, 열반이 있음을 알게 하여서 삼계에 연연하지 않도록 하여라."

제7장 유통분

"아난아! 만일 어떤 사람이 시방에 두루한 허공에 가득한 칠보七寶를 가지고 미진수와 같은 많은 부처님을 받들어 섬기고 공양하여 마음에 헛되이 지나감이 없게 한다면 어떻게 생각하느냐, 이 사람이 이렇게 부처님께 보시한 인연으로 복을 많이 얻겠느냐?"

아난이 사뢰었다.

"허공이 끝이 없으니 진보珍寶도 끝이 없습니다. 옛날에 어떤 중생이 부처님께 칠전七錢을 보시하고도 죽어서 전륜왕이 되었는데, 하물며 허공에 가득하고 불국토에 충만한 진보를 현전에 모두 보시하는 행동은 비록 겁劫이 다하도록 생각하여도 끝이 없는데, 하물며 그 지은 복이야 어찌 끝이 있겠습니까!"

부처님께서 아난에게 말씀하셨다.

"부처님인 여래의 말씀은 허망하지 않다. 만약 어떤 사람이 몸으로 사중四重과 십바라이죄十波羅夷罪를 모두 지어서, 순식간에 이 세계와 다른 세계의 아비지옥들을 두루 거치고 내지 시방의 무간지옥까지 경력해야 하는 중죄를 범하였더라도, 한 생각에 능히 이 법문을 가지고 말법의 초학자에게 개시하여 주면, 그 사람의 죄와 업장이 찰나에 소멸하여 그가 받을 지옥의 고인苦因이 변하여 안락국 安樂國을 이룬다. 또 복을 받는 것이 앞에서 보시한 사람이 지은 복의 백 배·천 배·천만억 배가 되어서, 이와 같은 산수와 비유로는 설명할 수가 없다.

아난아! 만약 어떤 중생이 이 경을 능히 외우고 신주를 능히 지니면 설령 내가 겁이 다할 때까지 그 공덕을 말한다 하더라도 다 말할 수가 없다. 내가 가르치는 말을 의지하여 가르친 대로 도를 수행하면 바로 보리를 이루고, 다시는 마의 장난이 없다."

부처님께서 이 경을 설하여 마치시니, 비구·비구니·신남·신녀와 일체 세간의 천·인·아수라와 타방의 보살·이승·성선동자聖仙童子와 처음 발심한 대력귀신大力鬼神들이 모두 크게 기뻐하면서 예배하고 돌아갔다.

부록

중봉中峰의「징심변견徵心辯見」

「징심변견徵心辯見」은 중국 원元나라 때 고승인 명본明本 중봉中峰 대사가 『능엄경』 제1권과 제2권에 나오는 징심변견 법문에 대하여 보충 해석한 글이다. 이 글은 중봉 대사 어록인 『중봉광록中峰廣錄』 제13권에 들어 있다. 『능엄경』을 처음 공부할 적에 생기는 마음에 대한 의심을 분명하게 밝혀서, 초심자가 읽으면 누구든지 진심眞心과 망심妄心을 쉽게 구별하고 파악할 수 있도록 자세하게 논변하였다. 문답하는 형식으로 설명하였기에 「능엄징심변견혹문楞嚴徵心辯見或問」이라는 제목이 붙어 있다.

그윽한 지도리인 현추玄樞가 조용히 운행하고 있으니 우주에 퍼져서 만법마다 모두 두루하고, 신령스런 비춤인 영감靈鑑이 높이 걸려서 항하사 세계를 통섭하니 어떤 모습도 감추지를 못한다. 모습을 모두 감추지 못하는 것을 견見이라 하고, 만법에 모두 두루한 것을 심心이라 부르는데, 견見 밖에 따로 심心이 없고, 심心을 떠난 견見이 따로 없다. 마치 순금으로 만든 금붙이와 같고, 맑은 물에서 일어나는 파랑과 같다. 금붙이를 버리고 금을 찾을 수가 없으니 금이 바로 금붙이이고, 파랑을 버리고 물을 구할 수가 없으니 물이 바로 파랑을 만든다. 비록 이름은 달라서 차별이 있는 것 같으나, 바탕은 하나이므로 차별이 없다. 이리하여 세존께서 현추의 정체正體에 의거하여 여러 각도에서 질문을 하셨고, 아난은 영감靈鑑의 진광眞光을 몰라서 칠처七處를 가지고 대답했던 것이다.

玄樞가 密雲하여 亘刹土而無法不周하고 靈鑑이 高懸하여 統沙界
현추 밀운   긍찰토이무법부주   영감   고현   통사계
而有形莫隱이라 有形莫隱之謂見이요 無法不周之謂心이라 曾無
이유형막은   유형막은지위견   무법부주지위심   증무
外見之心하니 寧有離心之見이랴 類純金之鑄像하고 有湛水之興
외견지심   영유이심지견   유순금지주상   유담수지흥
波로다 舍像無以覓其金하니 全金是像이요 撥波何以求其水하니
파   사상무이멱기금   전금시상   발파하이구기수
卽水生波로다 名雖異而似差이나 體常一而無別이다 是以로 世尊
즉수생파   명수이이사차   체상일이무별   시이   세존
이 據玄樞之正體하여 設問多端하고 阿難이 昧靈鑑之眞光하여 指
  거현추지정체   설문다단   아난   매영감지진광   지
歸七處하니라.
귀칠처

혹문_ 아난이 칠처七處를 가리키는 그 행동이, 이른바 말세 중생의 미혹을 제거하고자 일부러 그렇게 한 것입니까, 아니면 정말 몰라서 그렇게 미련하게 헤매었습니까?

답_ 그 지혜를 보지 않으면 그 우치를 알 수가 없다. 우愚는 지智를 펴내는 단서이고, 지智는 우愚를 털어내는 근본이다. 여래는 대웅大雄의 정지正智를 품어서 영감靈鑑이 소소昭昭하고, 아난은 소승의 편우偏愚를 나타내니 현추玄樞에 어둡다. 그러나 지智는 우愚를 털어내

기를 기다리지 않고 지智를 기르니, 여래는 징徵하되 징함이 없고, 우愚는 지智가 발동하기를 기다리지 않고 우愚를 고수하니, 아난은 답하되 정답이 아니다.

　일시의 방편을 가지고 만고의 원문圓聞을 열었으니, 크도다! 아난의 자비여! 아난은 과거의 부처님들이 설명하신 법요를 듣고 모두 다 기억하여 빠트림이 없다. 그 심법을 상세하게 이해하지 못하면서 어떻게 모두 다 기억할 수가 있겠는가! 실은 말세 중생들을 불쌍하게 여기어서 아난이 일부러 어리석음을 보이고, 여래께서 품은 뜻을 곡진하게 설명하시도록 방편을 베풀었던 것이니, 후학에게 공부할 기회를 만들어 주고자 벌린 연극이다.

혹문_ 아난이 칠처七處를 가리켰으나 모두 마음이 없었습니다. 그렇다면 사람마다 모두 '마음이 없다'고 하면 옳습니까?
답_ 심心은 사구를 떠났으니 그 당체가 유무에 걸리지 않고, 도는 백비百非가 끊어졌으니 응념應念을 어떻게 이(離: 無)와 재(在: 有)로 논하겠느냐! 모르면 시비가 봉기하고, 알면 범성凡聖의 정情이 융화한다. 그러므로 아난이 가리킨 곳에 '마음이 없다'고 누가 말하겠는가! 오직 심원心源을 몰라서 치우쳐 편소偏小에 떨어져 있으므로, 여래께서 곡진하게 잘 설명하시어 그 치우친 것을 공박하신 것이다.

　또한 마음의 이理는 일체 중생이 제각기 구족하고 있다. 하물며 사람이 만물의 영장인데 어떻게 심체心體를 구족하지 않았겠느냐! 만약 '마음이 없다'고 말한다면 참으로 스스로 미혹한 것이다.

혹문_ 가리킨 바 칠처가 모두 치우친 편偏이라면 어떤 것이 올바른 정正입니까?

답_ 코끼리는 몸을 감추지 않았는데, 코끼리 몸을 제대로 파악하지 못한 것은 장님들의 잘못이다. 허공에는 본래 방위가 없지만, 방향은 중생들의 집착 때문에 있는 것이다. 코끼리는 장님 때문에 일부러 숨지 않는데, 허공이 중생들의 집착 때문에 일부러 방향을 정하겠는가. 성심聖心에 어찌 정正과 편偏이 있겠는가! 편과 정은 사람의 소견 때문에 생긴다.

이제 비유를 들어서 밝혀보자. 어떤 사람이 칠처에서 각각 거주한 적이 있었는데, 누군가 그에게 물었다.

"달이 뜨고 지는 방향이 어디였소?"

그 사람이 처음에 대답하기를 "수水의 동東에서 뜨고 서西로 지더라"고 하였으니, 이것은 전에 수국水國에 살면서 본 것을 대답한 것이다.

또 다시 대답하기를 "산의 꼭대기에서 뜨고 산 너머로 지더라"고 하였으니, 이것은 전에 산속에 살면서 본 것을 말함이다.

또 다시 대답하기를 "성의 머리에서 뜨고 성 밖으로 지더라"고 하였으니, 이것은 전에 성내에 살면서 본 것이다.

또 다시 대답하기를 "뱃머리의 좌에서 뜨고 우로 지더라" 하고, "누각의 위에서 뜨고 아래로 지더라" 하고, "마을의 앞에서 뜨고 뒤로 지더라" 하고, "성곽의 동에서 뜨고 서로 지더라"고 하였다.

모두 다 종전에 거주하던 일곱 곳에서 본 것이 마침내 가슴에 집착을 이룬 것이니, 지혜로운 사람이라면 그 설명을 모두 긍정할 리가 없다. 물론 그가 가리킨 곳이 모두 '달이 뜨고 지는 방향'이 아닌 것은 아니지만, 그러나 달이 실제로 이 칠처에서 출몰한 것은 아니다. 그렇게 방향을 가리킨 대답들이 모두 틀린 것은, 비록 처처에서 달을 보기는 했으나 하늘을 한 번 쳐다보지 않았기 때문이다.

마치 아난이 가리킨 칠처를 '모두 심心이 아니다'라고 말할 수는 없는 것과 같다. 다만 그가 스스로 한 번 회광回光하여 조견照見해 보지 않았기 때문이다.

혹문_ 그렇다면 아난이 가리킨 곳에는 '마음이 일찍이 없었다'는 말입니까?
답_ 무형인 모습을 눈으로 어떻게 볼 수가 있으며, 없는 존재를 종적을 가지고 어떻게 찾겠는가! 피彼를 떠나고 차此를 떠나서 탁연卓然히 독존하고, 중中도 아니고 변邊도 아니면서 담연히 상주한다. 이것을 일체 중생이 여러 겁을 거치면서도 스스로 알지 못하고 있다. 세상에서 가장 큰 것은 허공이다. 티끌과 모래같이 수많은 세계를 이 허공이 모두 포괄하고 있다. 여래께서 『능엄경』에서 "마땅히 알아라. 네 마음에서 허공이 생긴 것이 마치 하늘에 한 조각의 구름이 생긴 것과 같다(當知虛空生汝心內 猶如片雲點太淸裏)"고 하시고, 또 "허공이 대각大覺에서 생긴 것이 마치 바다에 물거품 한 개가 생긴 것과 같다(空生大覺中 如海一漚發)"고 말씀하셨다. 즉 허공이 가장 크지만, 진짜 마음인 묘명심妙明心에서 보면 구름 한 조각이나 물거품 한 개에 불과할 뿐이다. 그러하니 이러한 마음의 체량體量은 범우凡愚가 측량할 수 없다. 아난이 보인 대답은 이와 같은 줄 모르는 미혹 때문이다. 망견妄見이 장애가 되어서 칠처를 가리킨 것이, 마치 큰 바다를 버려두고 뜬 물거품 한 개를 가지고 바다라고 생각하는 것과 같다. 그래서 여래께서 부득이 이렇게 징심徵心하지 않을 수가 없었으니, 아난의 편소偏小한 집착이 분명하여져서 더 이상 숨길 수가 없게 되었던 것이다.

혹문_ 심체가 이미 산하대지에 두루하다면 어찌하여 몸을 떠난 외부에는 지각이 전혀 없습니까? 어떻게 '마음이 몸 밖에 두루한데도, 지각을 갖추지 않았다'고 말할 수가 있겠습니까?
답_ 바람이 불면 수많은 구멍이 같이 소리를 내지만 바람은 자신이 유력有力한 줄 모르고, 해가 뜨면 사방의 어둠이 훤하게 밝아져도 아침 햇살은 스스로 무공無功인 것과 같다. 지리至理는 항상 접촉하고 있으면서도 미망 때문에 스스로 미혹한다. 네가 지금 '몸을 떠나면 지각이 없다"고 말했는데, 그것은 잠시 그만두고, 몸 안의 지각이란 것을 한번 살펴보자.

지각이란 것이 사실은 단순히 '밥 먹으면 배부르고, 옷 입으면 따뜻하고, 더럽히면 때가 묻고, 씻어내면 깨끗해지고', 나아가서 '같이 따라가면 기뻐하고, 거슬리면 성내고, 영화를 즐겨하고, 치욕을 괴로워하는 것과, 사물에 박통하고 고금을 기억하는 것' 등에 불과하다. 이렇게 반연한 것들은 모두 지각과 비슷하지만 진짜 지각이 아니다. 네가 아직 이것을 모르고 있으니, 어찌하여 비슷하다고 하느냐? 육근과 육진 경계가 상대하여 허망한 연진緣塵이 화합하여 있는 듯하지만, 진짜 지각이 아니다. 여래께서 징변徵辯하신 것은 바로 이것을 밝히고자 하심이다. 네가 깨닫지 못하여 아직도 이것을 지각이라고 여기고 있구나. 또 너의 몸 가운데서 이 망妄을 버린다면 지각이라고 할 것이 무엇이 있겠느냐?

혹왈_ 이 몸이 지각知覺이 없다면 토목土木과 같다는 말입니까?
답_ 이 몸이 허망한 인연 기운을 버리면 토목과 전혀 다름이 없다.

혹왈_ 이 허망한 인연 기운은 어디에서 생깁니까?
답_ 일어난 곳이 없다. 이것은 너의 일념一念이 스스로 진각眞覺의 바탕에 등을 진 것이다. 이리하여 진각이 변전하여 허망한 연진緣塵이 되었다.

혹왈_ 깨달아 통달한 사람도 밥 먹으면 배부르고 옷 입으면 따뜻합니다. 배부르고 따뜻한 줄 알면 허망과 같고, 알지 못하면 토목과 같습니까?
답_ 네가 잘 모르구나. 진각眞覺의 바탕이 어떻게 잠시라도 부재在할 수가 있겠느냐! 너는 아직 못 들었느냐? 미迷하면 식識이고, 오悟하면 지智이다. 이름은 바뀌지만 바탕은 안 바뀐다. 그래서 『능엄경』에서 "근진은 같은 근원이고, 결박과 해탈이 둘이 아니다. 식의 성품은 허망하니, 마치 허공 꽃과 같다(根塵同源 縛脫無二 識性虛妄 猶如空花)"고 하였다. 어떤 것이 식인가? 바탕을 인정하여 아我라고 여기고 집착하여 분별하는 것이다. 어떤 것이 지智인가? 바탕이 아가 아닌 줄을 알아서 모든 분별을 여의는 것이다.

혹왈_ 깨달아 통달한 사람도 산을 보고 물이라고 말하지 않고 중을 보고 속인이라고 말하지 않습니다. 이러한데도 분별이 없다고 하겠습니까?
답_ 진적眞寂인 바탕에는 본래 영감분별靈鑑分別을 갖추고 있어서 식분별識分別과는 다르다. 즉 식識은 기심起心 분별이고, 지智는 무념無念 분별이다.

혹왈_ 무념인데 어떻게 분별합니까?
답_ 그대는 세상에서 밝은 거울을 보지 못했는가. 거울은 무정無情이라서 식이란 것이 없으니, 어떻게 염체念體가 있겠느냐? 그런데도 예쁜 것은 예쁘게 비추고 못난 것은 못나게 비추니, 어찌 분별을 아니한다고 하겠느냐? 대개 그 바탕이 허명虛明하므로 통감洞鑑하여 훤히 비춘다. 분별하는 것 같으나 실로 분별하는 생각이 없으니, 나의 영감분별靈鑑分別하는 바탕과 무엇이 다르겠느냐? 그래서 '만 개의 구멍이 바람만 불면 소리를 내고, 사방의 어둠이 햇빛을 만나면 밝아지지만', 바람은 구멍에서 소리를 내려는 의도가 없이 움직이고, 햇빛은 어둠을 밝히려는 생각 없이 비춘다. 모두 바탕이 본래 그러하기 때문이다. 유위有爲인 것 같으나 실은 유위의 마음이 없다. 네가 만일 이것을 체득하면 하루 종일 먹고 마시더라도 배부름을 방해하지 않고, 실로 음식을 씹는다는 능能이 없다. 종일 옷을 입어도 따뜻함을 장애하지 않고, 옷을 걸친다는 집착이 없다. 그래서 고인이 말하기를 "공화空華인 범행梵行을 수습하고, 수월水月인 도량에 연좌宴坐한다"고 하였다. 범성凡聖의 정정을 잊고 시비是非의 견見을 다 없애면 진지眞知인 영각靈覺이 일도一道로 제평齊平하니, 어찌 몸 안과 몸 밖으로 나누겠느냐?

　네가 앞에서 묻기를 "몸의 밖에는 지각이 전혀 없다"고 하였는데, 이제 네게 묻겠다. 네가 지금 이 사대 색신 밖에 물物이 있다고 지각하느냐, 물이 없다고 지각하느냐? 만약 유물有物을 불각不覺하면 마땅히 토목과 같다. 유각有覺이라면 능히 요지了知하느냐, 요지가 불능不能이냐? 설령 네가 실심失心하여 요지가 불능하여서 명明을 암暗이라 하고 색色을 공空이라 하여 틀리게 말하더라도 지각이 없는 것은 아니다. 손이 가리키는 바를 따라 허공과 물상物象의 대소大小와 미오美惡를 분명하게 구별한다. 진실로 지각이 아니라면 무엇이 이렇게 하겠는가. 문득 망혹妄惑이 단번에 공하고, 집착하는 정식情識을 털어버리면 시방의 허공이 곧 대원경大圓鏡으로서 갈고 닦지 않아도 고古를 비추고 금今을 비추며, 삼천 세계의 찰해刹海가 능엄왕楞嚴王으로서 수증修證을 빌리지 않고도 범凡을 융화融化하고 성聖을 융화하는 것을 알게 된다.

　여기에 도달하면 허망한 지각이 의지할 곳이 없다. 그래서 영명永明 화상은 일심만법一心萬法으로 바탕을 삼고, 여래의 일대시교에서 중요한 문장을 정리하여 『종경록宗鏡錄』을 지었으니, 일심一心으로 종宗을 삼아 만법萬法을 조조照하여서 경鏡을 삼았다. 비록 100권의 문장이 번잡하지만, 대의大意는 오직 허망을 가려내고 무념無念인 진각眞覺을 밝혀서 드러내려는 데 있다. 영명 화상이 『종경록』을 짓기 전에도 일심은 만법을 비추고 있었음을 알아야 한다. 어찌 영명 화상만 그렇겠느냐? 석가모니가 영축산을 나오기 전에도 일심은 만법을 비추고 있었다. 이 이치는 고금을 통하여 무변無變이며, 어묵語默을 따르되 옮기지 않는다. 단적으로 말한다면 견문見聞을 털어버리고 맨몸으로 체달하여야 알 수가 있지, 실로 말이나 뜻으로 통달할 수 있는 것이 아니다.

그리하여 영가永嘉 대사가 이르되 "만약 지知로써 적寂을 알더라도 이것은 무연지無緣知가 아니다(若以知知寂 此非無緣知)"고 하였으니, 이것은 문자와 능소能所에 의지하여 영지靈知의 바탕을 아는 것을 깨트렸다. 즉 『능엄경』에서 말한 "지견知見에 입지立知하면 즉 무명의 근본이다(知見立知 卽無明本)"에 해당한다. 왜냐하면 영감靈鑑의 바탕에 본래 갖추고 있는 무념인 지知를 묘하게 계합하려고 하면 이 무념인 지가 따로 소지(所知: 객관)가 있는 것을 용납하지 않기 때문이다.

또 "저절로 아는 지라고 알더라도 역시 무연지가 아니다(若以自知知 亦非無緣知)"고 하였으니, 이것은 비록 문자와 인연을 빌리지는 않았으나 숙근夙根이 불매不昧하여 태어나면서 능지能知하는 것이니, 무연無緣이 아니고 능지(能知: 주관)의 흔적이 아직 남아 있는 것이다. 『능엄경』에서 말한 "자기 마음으로 자기 마음을 취하면 환이 아닌 것이 환법을 이룬다(自心取自心 非幻成幻法)"는 것이다. 왜냐하면 대개 진적체眞寂體 가운데 있는 지각은 원래 일법一法도 인연하지 않고서 갖추어져 있기 때문이다. 진실로 바탕에 의하지 않고 증證하더라도, 터럭만 한 말이 있으면 그 지견은 모두 희론에 떨어진다. 네가 몸 안과 몸 밖을 말하는 것이 어찌 희론이 아니겠느냐! 실로 광우狂愚이다.

혹문_ 중생의 지각과 여래의 지각이 같습니까, 다릅니까?
답_ 중생이 소금을 먹으면 "짜다"고 하고, 부처님은 "싱겁지 않다"고 한다. 부처님이 불을 보면 "뜨겁다"고 하고, 중생은 "차지 않다"고 한다. 비록 차전(遮詮: 부정)과 표전(表詮: 긍정)이 다르지만, 지각하는 성품은 같다. 진실로 진眞과 망妄이 간격이 없는데 중생과 부처가 어떻게 다르겠는가. 그러나 지각에 두 가지가 있으니, 하나는 진지眞知 진각眞覺이고, 하나는 망지妄知 망각妄覺이다. 이 두 가지는 같은 듯하지만 다르고, 비록 다르지만 같다. 그래서 범성凡聖이 이것으로 구분되고, 미오迷悟가 여기서 갈라진다. 『원각경』 서문에 말하기를 "혈기가 있는 종류는 반드시 지知가 있다"고 했으니, 무릇 지가 있는 것은 반드시 같은 바탕이다. 이 말씀은 진지眞知의 바탕을 일체 중생이 본래 구족하고 있어서 부처님의 상주하는 법신의 바탕과 다르지 않다는 것을 바로 지적한 것이다. 이 바탕은 담연湛然 상적하되 영지靈知하므로 마음이라고 하는데, 두루 법계를 포함한다. 비록 모든 세간의 모습들이 찰나 찰나에 생주이멸하지만, 이 바탕은 부동이다. 여래께서 징심徵心하신 것은 이 마음을 나타내고자 하신 것이다. 이 마음은 일체의 명상名相과 성범聖凡·염정染淨·인연因緣과 자연自然·진망眞忘·화합和合과 나아가 견문각지 등등의 법을 여의었다. 소위 망妄이란 것은 지금 이 사대를 몸으로 삼고, 근진根塵이 상대하여 온蘊·장藏·음陰·식識이 처소를 따라 집착하고 분별을 일으켜서 취사取捨 증애憎愛하는 생각이 천류遷流하여 쉬지 않는 것을 마음이라고 여기는 것이다. 이 망체妄體는 근진으로 말미암아 허망하게 화합한 것이므로 그 바탕이 있는 것 같지만, 근진이 만일 사라지면 이 망妄인 마음도 역시 소멸한다. 이것을 아난이 마음이라고 가리킨 것이니, 여래께서 어찌 나무라지 않았겠느냐? 그래서 이 허망심은 전진前塵을 여의면 필경에 바탕이 없다고 하시면서,『능엄경』에서 "육진으로 말미암아 지가 발현하고, 육근을 인연하여 모습이 있다. 모습과 견이 성품이 없어서 마치 서로 의지하고 서 있는 교로와 같다(有塵發知 因根有相 相見無性 同於交蘆)"고 하셨다. 이것이 앞에서 말한 같은 듯하면서 다름이다.

혹문_ 이 망妄의 바탕이 진眞을 의지하여 존재합니까, 아니면 진을 떠나서 따로 존재합니까? 만약 진을 의지하여 존재한다면 망이 곧 진이고, 만약에 진을 떠나서 따로 존재한다면 두 개의 바탕을 이루게 됩니다.

답_ 진眞을 의지하여 망妄이 생기니, 마치 물이 얼음이 되는 것과 비슷하다. 망을 말미암아 진을 나타내게 되니, 마치 연기를 보고 불이 있음을 아는 것과 같다. 단단한 얼음이 바로 물이라고 하지만 얼음은 유동하지 못하고, 맹렬한 불이 바로 연기라고 하지만 불은 막히는 성질이 없다. 집착하면 천 갈래 길이 제각기 있고, 요지了知하면 일도一道가 가지런하다. 법계의 이치가 이러하므로 여래가 침묵을 지킬 수가 없다. 중생들이 성인의 선권善權인 방편을 잘 알지 못하여 그 말에 쏠려서 집착하고 얽매이어서, 동이同異가 없는 데서 깜냥대로 동이를 본다. 여래께서 동同에서 이異를 세워서 먼저 진과 망을 분명하게 구별하시고, 다시 이異를 부수고 동同을 세워서 진망을 모두 털어내었다.『능엄경』에서 수건에 여섯 번 매듭을 묶은 일건육결一巾六結을 비유로 들어서 자세히 밝혔는데, 일건은 진을 비유하고 육결은 망을 비유한 것이다. 일건이 아니면 육결을 이루지 못하니 망은 진을 의지하고, 또 육결이 아니면 일건을 나타내지 못하니 진은 망을 의지한다. 그래서 여래께서『능엄경』에서 이르시기를 "매듭을 푸는 것은 차례를 따르고, 육결을 풀면 일건도 없다(解結因次第 六解一亦亡)"고 하셨으니, 망을 모두 없애면 일진一眞인들 어떻게 존재하겠는가! 이렇게 망을 가지고 진을 관찰하면 비록 다르지만 같다.

혹문_ 진眞은 망妄의 끝을 껴잡고, 망은 진의 근원까지 사무치니, 진망이 같은데 중생과 부처의 길이 항상 다른 까닭은 무엇입니까?
답_ 생기지만 무생無生이니 제불은 중생의 식해識海에 있으면서 열반에 들고, 고요하지만 상동常動이니 중생은 제불의 심원心源에 있으면서 생사에 떨어진다. 이리로 구하면 전혀 같고, 사사로 미뤄보면 전혀 다르다. 지각知覺의 바탕을 똑같이 갖추었지만, 제불은 공겁 이래로 여리如理하게 이해하고, 해解를 따라 수행하고, 행行을 따라 증득하지만, 중생은 미혹하여서 이해하지 못하고, 이해하여도 수행하지 못하고, 행하여도 증득하지 못한다. 그러므로 서로 다르다. 미혹하여 이해하지 못하는 부류는 논할 필요조차 없지만, 입은 실상實相을 이야기하면서 뜻은 반연을 따르고, 행적은 공종空宗을 밟으면서 정식情識은 유해有海에 빠지는 무리들은 요해한다는 헛이름만 있고 실은 범우凡愚의 열행劣行에 떨어져 있다. 그러나 진眞과 망妄이 동원同源임은 자성을 본래 구족하고 있음을 말하지만, 고

금에 "망妄을 끊지 않고도 진眞에 돌아가고, 진眞을 내버리지 않고도 계리契理한 사람이 있다"는 말은 아직 들어보지 못했다. 물론 사람에 따라 돈頓과 점漸의 차이는 있다. 이상은 사事와 행行으로 말한 것이다.

　다시 이리로 말한다면 십법계十法界가 모두 같이 일심一心을 갖추고 있으니, 경에 이르기를 "심과 불과 중생은, 셋이 차별이 없다(心佛衆生 三無差別)"고 했으니, 어찌 중생과 부처의 과果가 다르겠느냐? 즉 서로 다르고 같지 않은 것은 망妄을 보내지 못하고, 진眞을 없애지 못하고, 견見을 버리지 못한 탓이다. 통틀어 말하자면 아직 유심唯心인 이치를 밝혀내지 못하고 있다.

혹문_ 진眞과 망妄 이외에 따로 마음이 있습니까, 없습니까?
답_ 가옥은 총명總名인데, 이 가옥을 의지하여 성주괴공成住壞空을 나타낸다. 마음은 정체正體이고 마음을 의지하여 진眞과 망妄을 밝힌다. 비유하는 글로써 거듭 설명해 보자. 일심一心은 허공에 비유하고, 진眞은 밝음에, 망妄은 어둠에 비유하면 밝은 낮에는 허공이 같이 밝고, 어두운 밤에는 허공이 같이 어둡다. 진과 망이 일심과 같이 하는 것이 이것과 유사하다. 허공이 아니면 명암을 나타내지 못하듯이. 진망도 일심을 여의지 않는다. 생각해 보면 허공의 바탕은 고금에 확연하여 명과 암에 따라가지 않음이 분명하다.

혹문_ 육근六根이 모두 묘용妙用을 가지는데, 여래께서 단지 견見만 설명하신 것은 무슨 까닭입니까?

답_ 오직 견만 설명하신 것은, 처음에 아난이 "제가 눈으로 여래의 32상을 보았습니다"라고 하였기 때문에 견만 가지고 설명하셨다. 일근一根만 요달하면 모든 육처六處를 분명하게 알게 된다. 견견에 두 가지가 있다. 여래께서 "심체心體 영지靈知가 요료불매了不昧하는 것을 견見이다"고 말씀하신 것은 진견眞見이고, 아난이 중생들의 버릇에 의지하여 "눈으로 전진前塵의 색상色象을 대하는 것을 견이라"고 말한 것은 망견妄見이다. 망견은 여러 가지 전진을 여의면 견이 없고, 진견은 전진이나 인연·화합 등의 모습과 관련이 없는 진적체眞寂體의 확연한 영감靈鑑을 가리키므로, 어떻게 해와 달이 능히 견見하게 할 수 있겠느냐? 여래께서 아난과 같이 전진이 모두 8종種임을 설명하시고, 전진을 그 소속한 곳으로 돌려보내고는 "돌려보낼 수 없는 것은 네가 아니고 무엇이냐(不汝還者 非汝而誰)" 하시어 망妄을 깨트리고 진眞을 보이셨다.

혹문_ 눈이 전진前塵을 대하는 것을 견見이라 할 수 없다면, 내 눈에는 견이 없다고 하겠는지요?

답_ 여래께서 『능엄경』에서 이르시되 "눈이 본다면 금방 죽은 사람도 눈은 현재 그대로 있는데, 어찌하여 못 보느냐(若曰眼見 諸已死人 眼目現在 云何不見)" 하셨으며, 또 "비유컨대 장님이 수술을 하여 안광眼光이 열리면 '눈이 본다'고 말한다. 만약 눈이 정상적인 사람이 암실에 있다가 문득 불을 켜서 밝게 보이면 '불이 본다'고 할 수가 있느냐? 불은 빛깔을 나타내고, 보는 것은 눈이지 불이 아니다. 이와 같이 눈은 빛깔을 나타내고, 보는 것은 마음이지 눈이 아니다"

라고 하셨다. 여기서 알아차리면 눈에는 실로 견見이 없는 줄을 알게 된다.

혹문_ "만약 물건이 견이라면 이 물건은 견이니 물건이 아니다. 만약 물건이 견이 아니라면 어떻게 물건을 보겠느냐?"하는 법문은 견과 물건이 같다는 말입니까, 다르다는 말입니까?
답_ 요컨대 물건은 견이 아니고, 견은 물건이 아니다. 견은 물건을 나타내고, 물건은 견을 나타낸다. 물건은 견이 아니면 물건이 아니고, 견은 물건이 없으면 견이 아니다.

혹문_ 물건을 여의면 오직 견뿐이고, 오직 견이라면 바로 마음이다. "견을 견할 적에 견은 견이 아니다(見見之時 見非是見)"라는 것은 무슨 뜻입니까?
답_ 원래 여래께서 영감靈鑑 심체를 직지直指하신 것은 특별히 근진이 상대하여 일어나는 망심만 깨트리려는 것이 아니고, 동시에 망을 여읜 절대인 진심도 함께 깨트리려는 것이다. 무릇 진과 망 두 가지는 모두 중생의 무시로부터 내려온 견병見病이다. 그러므로 『능엄경』에서 "명明을 볼 적에 견見은 명明이 아니다(見明之時 見不是明)"라고 설명한 것은 망을 깨트려서 진을 밝히는 파망현진破妄顯眞이고, 그 다음에 "견見을 견할 적에 견은 견이 아니다(見見之時 見非是見)"라고 설명한 것은 진眞도 같이 털어버리는 망진구견妄眞俱遣이다. 그래서 『능엄경』 게송에서 이르되 "망妄을 설명하여 진眞을 나타내지만, 망과 진은 같은 이망二妄이다. 오히려 진도 비진도 아니거늘, 어찌 능견能見과 소견所見이 있으랴(言妄顯諸眞 妄眞同二妄 猶非眞非眞 云何見所見)"라고 설명하시니, 여래께서 여기에서 말과 이치가 궁극에 이르렀던 것이다. 그렇게 진망을 모두 털어버리고 나서, "견은 오히려 견을 여의었으니, 견으로는 미칠 수가 없다(見猶離見 見不能及)"라고 하신 것은, 영감靈鑑의 바탕이 내외가 원명하여 견문각지를 여읜 것임을 가리킨 것이다. 그래서 유마힐이 이르시되 "법은 견문각지가 아니다. 만약 견문각지를 구하면 그것은 견문각지를 구하는 것이지 법을 구하는 것이 아니다"라고 하셨다. 대개 견문각지는 모두 허망한 근진이 화합하여 존재하는 것이다. 묘명진심妙明眞心은 탁 트이어서 변제邊際가 없다. 이것으로 견見하면 태양을 장공長空에 붙인 것이고, 이것으로 문聞하면 칩뢰蟄雷를 허곡虛谷에다 계啓함이다. 어떻게 다시 부광浮光과 환영幻影에 농락당하겠는가.

혹문_ 오랫동안 망妄에 묶여 있었는데, 이제 망을 단절하고자 하나 방편이 없으니 가르쳐 주십시오.

답_ 나는 망이 어디에서 일어나는지 모르는데, 그대는 망을 단절하고자 하는구나. 만약 망이 마음에서 일어난다면 망을 단절할 수 있고, 마음도 역시 단절할 수 있다. 마음이 단절된다면 제불의 일승, 보살의 6바라밀, 연각의 12연, 성문의 4제, 천인의 10선을 모두 단절할 수 있다. 나아가서 눈으로 보는 것, 귀로 듣는 것과, 코로 냄새 맡고, 혀로 맛보고, 의意의 법연法緣과 내지 수습水濕·화열火熱·풍동風動·지견地堅과 세간·출세간을 모두 단절할 수가 있다.

그러나 이러한 제연諸緣을 단절할 수가 없으므로, 네가 말하는 망妄도 역시 단절시킬 이치理致가 없다.

문왈_ 진실로 단절할 수가 없다면 상속할 수밖에 없는 것입니까?
답_ 쯧쯧! 이 무슨 말인가. 마음을 일으켜서 망을 단절하는 것도 허용되지 않는데, 어찌 상속을 용납하겠느냐? 네 말을 들어보니, 너의 망체妄體는 과연 단멸한 적이 있었구나. 진실로 단멸한 적이 없다면 어떻게 상속한다고 할 수가 있느냐? 무시無始인 겁전劫前에 최초에 불각不覺하여 촌념寸念을 문득 일으켜 진심眞心을 위배하여 천류하면서 지금까지 머문 적이 없었다. 나아가서 제불의 출세와 조사의 서래西來도 모두 너의 망정妄情이 집수執受하는 바이다. 만약 이 망을 단절코자 한다면 마땅히 자심自心을 밝혀야 한다. 자심을 한 번 밝히면 무변無邊인 망연妄緣을 적체覿體하고 융회融會한다. 글에 이르기를 "망妄은 마음이 밝지 않으면 단절하지 못하고, 마음은 망을 단절하지 않으면 밝지 않다. 마음이 밝은 것은 망을 단절하여 밝고, 망이 단절되는 것은 마음을 밝혀서 단절된다"고 하였다. 망이 단절되는 고로 색공色空과 명암이 안광眼光을 장애하지 못하니 변견辯見할 것이 무엇이 있으며, 마음이 밝은 고로 견문각지가 호말毫末에 돌아가니 징심徵心할 것이 무엇이 있겠는가!

부언附言

『능엄경』의 한역漢譯에 대해서는 재미나는 전설이 있다. 인도의 나란다사 대학에서 특별 열람실에 보관하던 이『능엄경』은 국법으로 해외 반출이 금지되었다고 한다. 그런데 반랄밀제般刺密諦라는 스님이 중국에 전도할 목적으로『능엄경』을 중국으로 몰래 가지고 와서 번역을 시도하였다. 그때가 서기 705년으로 중국 당唐나라 시절인데, 당시에 광주廣州 자사刺使인 방융房融의 집에서 한역을 마치자, 반랄밀제는 경을 가지고 다시 인도 나란다사로 되돌아가서 처벌을 받았다고 전해온다. 번역 작업의 주동인물인 방융은 그 뒤에 정승까지 지냈다고 한다.

또 이율곡李栗谷 선생과『능엄경』에 대해서는 그가 "『능엄경』을 천 독 했다"는 이야기와, 전생에 김시습金時習이었다는 시구가 전해온다. 율곡 선생이 항상 넉자배기로 글을 쓰는 버릇이 있어 선조宣祖가 그 이유를 물었더니, 율곡 선생의 대답이 "석재산중昔在山中 다독능엄多讀楞嚴"이었다. "전에 절에서『능엄경』을 다독했습니다"라는 말인데, 산중에 삼 년이나 있었다고 하니, 하루에 일 독만 하더라도 삼년에 천 독은 했다는 계산이 나온다. 속독의 대가인 율곡 선생은 독서할 적에 한꺼번에 열 줄씩 읽었다고 전하니, 천 독보다 더 많이 읽었을지도 모르겠다.

● 야청也靑황정원黃鉦源

1945년에 태어나, 부산중고등학교와 서울대학교 법과대학을 졸업하였다. 한국해양대학교 법학부 교수로 봉직했으며 현재 동 대학 명예교수이다.

10대에 교회에 나가다가, 1964년에 청담靑潭스님의 설법을 처음 들었다. 60년대 후반에 탄허吞虛스님께 배우고, 73년~85년에는 백봉白峯거사의 보림선원에서 배웠으며, 80년대에는 각성覺性스님께 배웠다.

80년대 말에 보림회寶林會회장을 지냈으며, 『원각경 이가해』, 『불교와 마음』, 『주역 삼가해』 등을 출판하였다.

우리말 능엄경

초판 1쇄 발행 2013년 10월 25일 | 초판 4쇄 발행 2021년 7월 5일
황정원 풀어씀 | 펴낸이 김시열
펴낸곳 도서출판 운주사

(02832) 서울시 성북구 동소문로 67-1 성심빌딩 3층
전화 (02) 926-8361 | 팩스 0505-115-8361
ISBN 978-89-5746-359-8 03220   27,000원
http://cafe.daum.net/unjubooks 〈다음카페: 도서출판 운주사〉